中国涉外法治发展报告（2022）

对外经济贸易大学涉外法治研究院
对外经济贸易大学法学院　编

对外经济贸易大学出版社
中国·北京

图书在版编目（CIP）数据

中国涉外法治发展报告. 2022 / 对外经济贸易大学涉外法治研究院，对外经济贸易大学法学院编. —北京：对外经济贸易大学出版社，2023.6

ISBN 978-7-5663-2507-5

Ⅰ. ①中… Ⅱ. ①对…②对… Ⅲ. ①涉外行政法–研究报告–中国–2022 Ⅳ. ①D922.134

中国国家版本馆 CIP 数据核字（2023）第 121997 号

中国涉外法治发展报告（2022）

对外经济贸易大学涉外法治研究院，对外经济贸易大学法学院 **编**
责任编辑：刘传志
助理编辑：吴中杰

出版发行：对外经济贸易大学出版社
社　　址：北京市朝阳区惠新东街 10 号
网　　址：www.uibep.com
资源网址：www.uibepresources.com
邮政编码：100029
邮购电话：010－64492338
发行部电话：010－64492342
E-mail：uibep@126.com

成品尺寸：170mm×240mm
印　　张：23.25
字　　数：392 千字
ISBN 978-7-5663-2507-5
印　　刷：北京九州迅驰传媒文化有限公司
版　　次：2023 年 6 月北京第 1 版
印　　次：2023 年 6 月第 1 次印刷
定　　价：88.00 元

《中国涉外法治发展报告（2022）》
编 委 会

《中国涉外法治发展报告（2022）》

主　　　编　王敬波
副　主　编　黄　勇　左海聪
本期执行主编　边永民

编 写 人 员（按撰写章节先后）
总 报 告：左海聪
第 一 章：李沣桦　卢瑶瑶　王仕娴　姜栢安　张笑颜
第 二 章：梅夏英　许　可　邓志松
第 三 章：王敬波　满艺姗
第 四 章：边永民　霍政欣　李庆明　刘晓豹　郭嘉豪
第 五 章：纪文华　唐凤胤
第 六 章：陈卫东　崔　凡　熊光清　黄芷蕙　姜嘉滢　江俊成
　　　　　李　晔　谢嘉煾　文雨涵
第 七 章：陈正健　程泳珊　高睿爽　付　康
第 八 章：伏　军　尚博文
第 九 章：黄　勇　董其超
第 十 章：许庆坤
第十一章：左海聪　方晓庆　李雪童　洪艺娴　彭姝雅　宋梦凡
　　　　　钱梦洁　蒯嘉诚
第十二章：董冰莹　彭先伟　侯星竹　王雨晴　刘墨馨
第十三章：薛　源　郑　军　杨瑞琪

目　录

第一编　宏　观　编

第二编　外交法治编

第三编　涉外经济法治编

第四编　涉外民商事法治编

总 报 告

2022年，党的二十大胜利召开，对我国加强涉外法治工作作出战略部署。我国积极参与全球治理，冷静应对国际重大法律事件，在涉外立法、执法、司法和法律服务方面均取得显著进展。本报告在上年度报告的基础上，对本年度的涉外法治发展及其特点进行全面分析，作出前景展望，提出政策建议。

报告分为总报告和分报告。总报告对我国涉外法治年度发展进行综合分析，分报告分为四编十三章，总计30余万字。第一编宏观编，包含“一带一路”涉外法治、数据治理涉外法治和国际化营商环境法治三章；第二编外交法治编，由对外交往法治和反制裁法治、出口管制法治二章组成；第三编涉外经济法治编，含对外贸易法治、涉外投资法治、涉外金融法治和反垄断涉外法治四章；第四编为涉外民商事法治编，包括中国国际私法、国际商法、海商海事法和国际商事争议解决法四章。

本报告每章均包括四个部分：大事记、综合分析、热点聚焦以及展望与建议。大事记部分选择相关领域本年度重大的涉外法治事件进行记录；综合分析部分主要对各领域法治发展的特点进行概括；热点聚焦部分针对重大的立法、司法、执法事件等进行剖析评论；展望与建议部分，就未来的法治发展趋势进行前瞻并提出建议。

一、2022年度涉外法治的重大进展

（一）党的二十大报告为涉外法治发展擘画蓝图

党的二十大报告，是党团结带领全国各族人民夺取新时代中国特色社会主义新胜利的政治宣言和行动纲领，是马克思主义的纲领性文件。党的二十大报告有多个部分涉及涉外法治工作。在关于中国式现代化的阐述中，报告指出，“走和平发展道路的现代化”，这是中国式现代化的五项特色内涵之一；“推动构建人类命运共同体”，这是中国式现代化的九个本质要求之一。党的二十大报告中关于中国式现代化的相关论述对于我们理解涉外法治的定位和根本任务具有

指导意义。这些论述表明，涉外法治，是走和平发展道路的重要保障和手段。推动构建人类命运共同体，是涉外法治要完成的根本任务之一。

党的二十大报告主要在四个部分中对涉外法治提出要求。在“四、加快构建新发展格局，着力推动高质量发展”之“（五）推进高水平对外开放”中，提出：“依托我国超大规模市场优势，以国内大循环吸引全球资源要素，增强国内国际两个市场两种资源联动效应，提升贸易投资合作质量和水平。稳步扩大规则、规制、管理、标准等制度型开放。推动货物贸易优化升级，创新服务贸易发展机制，发展数字贸易，加快建设贸易强国。合理缩减外资准入负面清单，依法保护外商投资权益，营造市场化、法治化、国际化一流营商环境。推动共建‘一带一路’高质量发展……加快建设海南自由贸易港，实施自由贸易试验区提升战略，扩大面向全球的高标准自由贸易区网络。有序推进人民币国际化。深度参与全球产业分工和合作，维护多元稳定的国际经济格局和经贸关系。”以上各个方面的工作要求，都需要涉外法治工作予以保障，也为涉外法治工作明确了重点事项。

在“七、坚持全面依法治国，推进法治中国建设”之“（一）完善以宪法为核心的中国特色社会主义法律体系”中，提出：“加强重点领域、新兴领域、涉外领域立法，统筹推进国内法治和涉外法治，以良法促进发展、保障善治。”我们认为，报告从完善法律体系的角度要求加强涉外领域立法，统筹推进国内法治和涉外法治，有两层含义。第一，涉外法治建设是中国特色社会主义法律体系的重要组成部分，必须与国内法治统筹推进；第二，加强涉外领域立法，是今后一个时期涉外法治工作的重点任务。

在“十一、推进国家安全体系和能力现代化，坚决维护国家安全和社会稳定”之“（一）健全国家安全体系”中，报告提出：“强化经济、重大基础设施、金融、网络、数据、生物、资源、核、太空、海洋等安全保障体系建设。健全反制裁、反干涉、反‘长臂管辖’机制。”这里，健全反制裁、反干涉、反“长臂管辖”机制，被作为健全国家安全体系中的重要任务，其重要性得到凸显。

在“十四、促进世界和平与发展，推动构建人类命运共同体”中，对国际形势作出分析，对外交工作进行部署强调：“坚决反对一切形式的霸权主义和强权政治，反对冷战思维，反对干涉别国内政，反对搞双重标准”；“反对保护主义，反对‘筑墙设垒’‘脱钩断链’，反对单边制裁、极限施压”；“中国积极参与全球治理体系改革和建设，践行共商共建共享的全球治理观，坚持真正的多边主义，推进国际关系民主化，推动全球治理朝着更加公正合理的方向发展。坚定维护以联合国为核心的国际体系、以国际法为基础的国际秩序、以联合国宪章宗旨和原则为基础的国际关系基本准则，反对一切形式的单边主义，反对搞针对特定国家的阵营化和排他性小圈子。推动世界贸易组织、亚太经合组织等多边机制更好发挥作用，扩大金砖国家、上海合作组织等合作机制影响力，增强新兴市场国家和发展中国家在全球事务中的代表性和发言权。中国积极参与全球安全规则制定，加强国际安全合作，积极参与联合国维和行动，为维护世界和平和地区稳定发挥建设性作用。”“中国提出了全球发展倡议、全球安全倡议，愿同国际社会一道努力落实。”报告的上述内容为参与全球治理中的涉外法治工作指明了重点，提出了要求，也明确了方针和原则。

此外，报告在“推动绿色发展，促进人与自然和谐共生”和“坚持和完善‘一国两制’，推进祖国统一”两个部分中的一些内容也直接涉及涉外法治工作。例如，报告提出“积极参与应对气候变化全球治理”。又如，报告提出“坚持贯彻新时代党解决台湾问题的总体方略，牢牢把握两岸关系主导权和主动权，坚定不移推进祖国统一大业”。

（二）参与全球治理取得新进展

1. 在乌克兰危机上坚持客观公正独立的立场

2022 年 2 月，俄罗斯对乌克兰发起特别军事行动，乌克兰危机爆发。美西方对俄罗斯进行了全面制裁并对乌克兰提供各种支持。我国提出了自己的主张，坚持劝谈促和，并在联合国鲜明表达自己的立场。2022 年 3 月 2 日，在联合国大会第 11 次特别紧急会议就俄罗斯“对乌克兰的侵略”决议草案进行表决时，中国、印度、古巴等 35 个国家投了弃权票。2022 年 11 月 14 日，联合国大会继续召开第 11 届紧急特别会议，并投票通过了名为“推进就侵略乌克兰行为提供补救和赔偿”的决议草案。近 50 个国家作为提案国向联大紧急特别会议提交了这份决议草案。最终，94 个国家为该草案投了赞成票，中国和其他 13 个国家投票反对，另有 73 个国家弃权。

2. 推动 WTO 取得谈判成果

2022 年 6 月 12 日至 17 日，WTO 第 12 届部长级会议（MC12）在瑞士日内瓦成功举行。MC12 取得了超出预期的成果。会议发布了《MC12 成果文件》，各方重申加强以世贸组织为核心的多边贸易体制，推进世贸组织必要改革。会议重要成果还包括：《关于〈与贸易有关的知识产权协定〉的部长决定》《渔业补贴协定》《关于 WTO 新冠肺炎疫情应对和未来疫情应对准备的部长宣言》《关于紧急应对粮食安全问题的部长宣言》《关于世界粮食计划署购粮免除出口禁止或限制的部长决定》《关于电子商务的工作计划》等。MC12 取得成功，表明中美欧印等主要贸易体仍然能够在一些议题上达成共识，多边贸易体制的谈判机制仍然能够取得成果。当然，WTO 深层次的改革依然任重而道远。

3. 在区域贸易协定和区域合作上积极作为

2022 年适逢《上海合作组织宪章》签署 20 周年，成员国长期睦邻友好合作条约签署 15 周年。2022 年 9 月 16 日，习近平主席出席上海合作组织成员国元首理事会第二十二次会议并发表题为《把握时代潮流加强团结合作共创美好未来》重要讲话，习近平主席指出，以上述两份纲领性文件为思想基石和行动指南，上海合作组织逐步成功探索出一条新型国际组织成长壮大之路，积累形成了一系列富有启示意义的重要成功经验，即坚持政治互信，坚持互利合作，坚持平等相待，坚持开放包容，坚持公平正义。这五点经验充分体现了互信、互利、平等、协商、尊重多样文明、谋求共同发展的“上海精神”。成员国领导人签署并发表《上海合作组织成员国元首理事会撒马尔罕宣言》。会议发表了关于维护国际粮食安全、国际能源安全、应对气候变化、维护供应链安全稳定多元化等多份声明和文件，签署关于伊朗加入上海合作组织义务的备忘录，启动接收白俄罗斯为成员国的程序，批准埃及、沙特阿拉伯、卡塔尔，同意巴林、马尔代夫、阿联酋、科威特、缅甸为新的对话伙伴，批准成员国睦邻友好长期合作条约未来 5 年实施纲要等一系列决议。

2022 年 1 月 1 日，《区域全面经济伙伴关系协定》（RCEP）对文莱、柬埔寨、老挝、新加坡、泰国、越南等 6 个东盟成员国以及中国、日本、新西兰和澳大利亚共 10 国正式生效。全球最大自由贸易区正式启航。[①]2022 年 1 月 24 日，商务部等 6 部门发布《关于高质量实施〈区域全面经济伙伴关系协定〉（RCEP）的指导意见》。[②]根据该指导意见，首项重点任务是“利用好协定市场开放承诺和规则，推动贸易投资高质量发展”。在重点任务之一“因地制宜用好 RCEP 规则，提升营商环境”中提出“各地方要严格实施与 RCEP 强制性义务

① 《区域全面经济伙伴关系协定正式生效——推动贸易投资促进开放合作》，http://www.gov.cn/xinwen/2022-01/02/content_5666072.htm，2022 年 12 月 1 日访问。

② 《商务部等 6 部门关于高质量实施〈区域全面经济伙伴关系协定〉（RCEP）的指导意见》，http://www.gov.cn/zhengce/zhengceku/2022-01/26/content_5670518.htm，2022 年 12 月 1 日访问。

对应的国内法律法规规章。以 RCEP 鼓励性义务作为进一步营造良好营商环境的抓手，不断提高地方治理能力”“发挥海南自由贸易港政策和 RCEP 的叠加效应”“支持自由贸易试验区积极推动制度创新”等具体任务。

《中华人民共和国政府和柬埔寨王国政府自由贸易协定》于 2022 年 1 月 1 日正式生效实施。根据该协定安排，双方货物贸易零关税产品税目比例均将达到 90%以上，双方还将加强在服务贸易、投资、“一带一路”倡议、电子商务、经济技术等领域的合作。①2022 年 4 月 7 日，中国和新西兰自贸协定的谈判成果《中国—新西兰升级议定书》正式生效。

2022 年 8 月 18 日，根据《数字经济伙伴关系协定》（DEPA）联合委员会的决定，中国加入 DEPA 工作组正式成立，全面推进中国加入 DEPA 的谈判。

4. 参与谈判和加入多项重要国际条约

继 COP15 第一阶段会议于 2021 年 10 月在云南昆明以线上线下方式成功举行之后，2022 年 12 月 7—19 日，《生物多样性公约》第 15 次缔约方大会第二阶段会议在蒙特利尔举行。在第二阶段会议中，中国继续作为 COP15 主席国，领导大会实质性和政治性事务，COP15 主题和会标等大会主要元素保持不变。大会最终通过了昆明—蒙特利尔全球生物多样性框架，提出了到 2030 年阻止和逆转生物多样性丧失的局面，包括改变过度开发、污染、碎片化和不可持续的农业实践。

从 2012 年开始，为了建立统一的船舶司法出售国际效力制度，国际社会付出了多年的努力。2022 年 12 月 7 日，联合国第 77 届大会第六委员会正式通过有关《联合国船舶司法出售国际效力公约》的决议。联合国大会赞扬联合国国际贸易法委员会拟定的《联合国船舶司法出售国际效力公约》草案，授权在可行的情况下尽快于 2023 年在北京举行公约的签字仪式，并建议将公约命名为《北京船舶司法出售公约》，呼吁各国政府和区域经济一体化组织考虑加入该公约。该公约填补了船舶司法出售国际效力领域的法律空白，并将成为第一个以中国内地城市命名的国际海事公约。②

2022 年 4 月 20 日，第十三届全国人大常委会第三十四次会议决定批准《1930

---

① 《中国—柬埔寨自由贸易协定》正式生效，http://www.mofcom.gov.cn/article/xwfb/xwrcxw/202201/20220103234636.shtml，2022 年 12 月 1 日访问。

② 第 77 届联大正式通过《联合国船舶司法出售国际效力公约》并决定于 2023 年在北京举行签署仪式，载微信公众号“中国海商法协会”，2022 年 12 月 10 日。

年强迫劳动公约》（第29号）和《1957年废除强迫劳动公约》（第105号），2022年8月12日，中国常驻联合国日内瓦办事处和其他国际组织代表陈旭大使向国际劳工组织总干事莱德递交了中国的批准书。中国政府一贯反对强迫劳动，批准两项公约，再次表明中国政府保护劳动者权益、反对和打击强迫劳动的坚定立场。

5. 积极运用国际争端解决机制，维护我国政府和企业合法权益

2022年WTO新增了3起与中国有关的案件，分别是中国－关于货物和服务贸易的措施案（DS610）、中国－知识产权的执行案（DS611）和美国－针对某些半导体和其他产品以及相关服务和技术的措施案（DS615）。前两个案件均由欧盟发起，中国是应诉方；后一个案件中国是起诉方，美国是应诉方。

2022年，美国－针对钢铁和铝产品的某些措施案（DS544）的专家组报告获得通过，专家组裁定美国的措施违反了WTO协定的义务，并且不能依据安全例外获得正当性。

2022年新提起的涉华国际投资仲裁案件共4件，其中ICSID机构仲裁案件有3件，分别是华为公司诉瑞典政府案、PCCW公司诉沙特政府案和华东院、中铁十八局集团诉越南政府案，专设仲裁案件有1件，为庄胜矿产资源集团有限公司诉厄瓜多尔政府案。华为公司诉瑞典政府案中，华为公司认为，瑞典政府以国家安全为由要求电信运营商不得在新网络中安装华为电信设备的措施，违反了《中国—瑞典双边投资条约》关于公平公正待遇和最惠国待遇条款，损害了华为公司及其当地子公司的利益。

（三）涉外立法继续取得突破

2022年通过的涉外立法涵盖了条约缔结、对外贸易、外资和对外投资、金融、反垄断、数据移动等领域。

1.《对外关系法（草案）》和《外国国家豁免法（草案）》等重要涉外立法草案公布，修订了《反垄断法》和《对外贸易法》

2022年12月30日，全国人大将《对外关系法（草案）》《外国国家豁免法（草案）》予以公布，并向社会公开征求意见，[①]这是我国涉外法治领域的重大立法进展，表明我国的涉外法律法规体系将再上一个台阶。

2022年6月24日，第十三届全国人大常委会第三十五次会议表决通过《全

① 13件法律草案公开征求意见，http://www.npc.gov.cn/flcaw/userIndex.html?lid=ff808181844232f70185611f164d4045，2023年1月19日访问。

国人民代表大会常务委员会关于修改〈中华人民共和国反垄断法〉的决定》，该决定于 2022 年 8 月 1 日起正式施行。本次修法是我国《反垄断法》自 2008 年开始实施以来的第一次修改。这次修法，吸收了《反垄断法》实施以来积累的执法和司法经验，解决了《反垄断法》实施后显现出来的一些问题，对平台经济等新业态新模式快速发展带来的滥用数据、技术、资本等优势实施垄断行为、妨碍公平竞争等新问题作出规制。现行《反垄断法》从原来的 8 章 57 条增加至 8 章 70 条，新旧法律之间存在 36 个条文的变化。就内容而言，本次修法在立法目的、法律原则、具体制度、特别条款方面均有改变或创新。

2022 年 12 月 30 日，第十三届全国人大常委会第三十八次会议通过了关于修改《对外贸易法》的决定，删去其中第 9 条关于对外贸易经营者备案登记的规定。本决定自公布之日起生效。[①]自 2022 年 12 月 30 日起，各地商务主管部门停止办理对外贸易经营者备案登记。对于申请进出口环节许可证、技术进出口合同登记证书、配额、国营贸易资格等相关证件和资格的市场主体，有关部门不再要求其提供对外贸易经营者备案登记材料。这是扩大制度型开放、建设更高水平开放型经济新体制的重要举措，有利于推进贸易高质量发展和高水平对外开放。

2. 颁布了一部重要的行政法规《缔结条约管理办法》

2022 年 11 月 7 日，李克强总理签署国务院令，公布《缔结条约管理办法》，该《办法》是落实党中央、国务院关于加强国际法研究和运用，提高涉外工作法治化水平决策部署的重要举措，该办法在总结实践经验和有关规定的基础上，进一步完善和优化相关程序，增强可操作性，确立了重大事项向党中央报告的制度，明确了国务院提请全国人大常委会决定批准和国务院核准条约的范围、条约适用于港澳特别行政区的办理程序、条约的国内法审核等内容。该办法对促进我国条约的规范化管理具有重要影响。

3. 施行了多部部门规章和规范性文件

国家发展改革委、商务部发布的《外商投资准入特别管理措施（负面清单）（2021 年版）》和《自由贸易试验区外商投资准入特别管理措施（负面清单）（2021

① 《全国人民代表大会常务委员会关于修改〈中华人民共和国对外贸易法〉的决定》（2022 年 12 月 30 日第十三届全国人民代表大会常务委员会第三十八次会议通过），http://www.npc.gov.cn/npc/c30834/202212/1fb87c771e914c30918cf750b69cbaa6.shtml，2022 年 12 月 31 日访问。

年版）》于 2022 年 1 月 1 日施行。与之前 2020 年版相比，2021 年版本主要有四方面变化，包括进一步深化制造业开放、自贸试验区探索放宽服务业准入、提高外资准入负面清单精准度、优化外资准入负面清单管理。

2022 年 3 月 12 日，国家发展改革委、商务部发布了《市场准入负面清单（2022 年版）》。《市场准入负面清单（2022 年版）》列有禁止准入事项 6 项，许可准入事项 111 项，共计 117 项，相比《市场准入负面清单（2020 年版）》减少 6 项。《市场准入负面清单（2022 年版）》严格落实“全国一张清单”管理要求。坚决维护市场准入负面清单制度的统一性、严肃性和权威性，确保“一单尽列、单外无单”。按照规定，需要用负面清单管理思路或管理模式出台相关措施的，应纳入全国统一的市场准入负面清单。已经纳入的，各有关部门要做好对地方细化措施的监督指导，确保符合“全国一张清单”管理要求。各地区各部门不得自行发布市场准入性质的负面清单。

2022 年 7 月 29 日，国家发展改革委、商务部发布了《鼓励外商投资产业目录（2022 年版）》（以下简称新版《鼓励目录》）。新版《鼓励目录》延续了 2020 年版的结构，包括两部分：一是全国鼓励外商投资产业目录（全国目录），适用于全国；二是中西部地区外商投资优势产业目录（中西部目录），适用于中西部地区、东北地区以及海南省。与 2020 年版相比，总条目 1 474 条，增加 239 条，修改 167 条。新版《鼓励目录》主要有以下三方面变化：一是持续鼓励外资投向先进制造业。全国目录继续将制造业作为鼓励外商投资的重点方向，提升产业链供应链水平，加快促进技术迭代升级。二是持续引导外资投向现代服务业。全国目录将提升服务业发展质量、促进服务业和制造业融合发展作为修订重点。三是持续引导外资投向中西部和东北地区优势产业。中西部和东北地区具有独特的资源禀赋和产业优势。新版《鼓励目录》自 2023 年 1 月 1 日起施行。

2022 年 1 月 6 日生态环境部、商务部印发《对外投资合作建设项目生态环境保护指南》（以下简称《指南》），旨在指导中国企业进一步规范对外投资合作活动中的环境保护行为，及时识别和防范环境风险，引导企业积极履行环境保护社会责任，树立中国企业良好对外形象，支持东道国的可持续发展，推动对外投资建设项目高质量发展和绿色“一带一路”建设。根据项目投资建设前、施工期、运营期、退出等主要环节，《指南》调整并补充完善了环境尽职调查、环境影响评价、生态环境保护、环境风险防控等生态环境管理的相关规定。《指南》鼓励项目采用国际通行标准或中国更严标准开展生态环境保护相关工作。为加强对外投资合作重点行业生态环境管理工作的指导，根据对外投资合作的重点行业发展情况，《指南》针对能源、石油化工、矿山开采、交通基础设施等行业提出了生态环境保护的具体规定。①

为了进一步推动银行业对外开放，2022 年 11 月 30 日，中国银保监会发布《外国银行分行综合监管评级办法（试行）》，对外国银行分行监管评级工作进行规范，对外国银行分行评级的基本定义、适用范围、主要原则、评级要素、基本程序、评级结果运用等作出了原则性规定。《办法》明确了外国银行分行监管评级基本体系，规范外国银行分行综合监管评级程序，对评级结果运用作出指导。

2022 年 2 月 11 日，证监会对《关于上海证券交易所与伦敦证券交易所互联互通存托凭证业务的监管规定（试行）》（证监会公告〔2018〕30 号）进行修订，修订后名称定为《境内外证券交易所互联互通存托凭证业务监管规定》。该规定优化和拓展互联互通存托凭证业务，境内拓展至深交所，境外拓展至瑞士、德国市场，进一步便利跨境投融资、促进要素资源的全球化配置，有利于拓宽双向融资渠道。该规定的发布是推进制度型开放的务实举措。

2022 年 12 月 2 日，中国人民银行、国家外汇管理局联合发布《关于境外机构境内发行债券资金管理有关事宜的通知》，完善熊猫债的资金管理要求，进一步便利境外机构在境内债券市场融资。《通知》统一银行间和交易所市场熊猫债资金登记、账户开立、资金汇兑及使用、统计监测等管理规则。规范登记及账户开立流程，熊猫债发行前在银行办理登记，允许分期发行中首期登记开户、后续发行后逐次报送发行信息，并可共用一个发债专户。完善熊猫债外汇风险管理，境外机构可与境内金融机构开展外汇衍生品交易管理汇率风险。明确发债募集资金可留存境内，也可汇往境外使用。

《数据出境安全评估办法》于 2022 年 9 月 1 日生效实施。根据该办法，数据出境安全评估应坚持事前评估和持续监督相结合、风险自评估与安全评估相结合的原则。对于达到申报标准的企业，均需网信办安全评估通过后方可数据出境。

① 生态环境部环境影响评价与排放管理司有关负责人就《对外投资合作建设项目生态环境保护指南》答记者问，https://www.mee.gov.cn/ywdt/zbft/202201/t20220111_966727.shtml，2022 年 12 月 14 日访问。

（四）涉外执法质效进一步提升

1. 坚决维护国家主权、安全和发展利益

我国坚定维护我国主权、安全和发展利益。2022 年 2 月，中国政府决定对雷神公司和洛克希德·马丁公司的对台军售行为实施反制，同年 9 月，决定对再次售武的雷神技术公司董事长兼首席执行官海耶斯、波音防务公司总裁兼首席执行官卡尔伯特实施制裁。在同年 8 月对“台独”顽固分子关联机构“台湾民主基金会”“国际合作发展基金会”，对萧美琴、顾立雄、蔡其昌、柯建铭、林飞帆、陈椒华、王定宇等列入清单的“台独”顽固分子实施制裁。同年 12 月 23 日，外交部发布《中华人民共和国外交部令》（第 4 号），公布《关于对余茂春、托德·斯坦恩采取反制裁措施的决定》，该决定列明了法律依据，明确了反制裁措施，还在决定的附件中对被制裁者的基本身份信息进行了说明。①针对美国众议院议长佩洛西于 8 月 2 日窜访台湾，我国外交部在 2022 年 8 月 5 日宣布了 8 项反制措施，中国人民解放军进行了军事演练，还对佩洛西及其直系亲属实施制裁。

2. 持续推进高水平开放，尤其是制度性开放

第一，六部委发布《关于高质量实施〈区域全面经济伙伴关系协定〉（RCEP）的指导意见》，RCEP 对于我国而言其重要性仅次于 WTO 协定的经济贸易协定。六部委发布指导意见，对实施该协定的指导思想和重点任务作出规定，有利于我国企业实施该协定，使我国企业获得协定利益，也会改善我国涉外经济管理制度。

第二，《外商投资法》的实施工作成效显著。根据 2022 年度监督工作计划，全国人大常委会对《中华人民共和国外商投资法》实施情况开展了检查。2022 年 10 月 28 日，全国人大发布了《全国人民代表大会常务委员会执法检查组关于检查〈中华人民共和国外商投资法〉实施情况的报告》（以下简称《报告》）。《报告》由五部分组成，分别为：开展外商投资法执法检查契合当前的形势和需要；外商投资法实施取得积极成效；外商投资法实施中存在的主要困难和问题；产生问题的原因；对贯彻实施外商投资法的意见建议。

第三，贸易、投资、金融领域的制度型开放继续推进。引进外资的负面清单管理目录进一步缩减条目数量，在金融监管领域，随着关于外资银行、保险、

① 《关于对余茂春、托德·斯坦恩采取反制裁措施的决定》，https://www.mfa.gov.cn/web/wjb_673085/zfxxgk_674865/gknrlb/fzcqdcs/202212/t20221222_10993979.shtml，2023 年 1 月 9 日访问。

债券发行方面一系列部门规章的发布实施，中国金融业的制度型双向开放也不断深化。

（五）涉外司法亮点纷呈

2022年的涉外司法工作的亮点有四：一是《全国法院涉外商事海事审判工作座谈会会议纪要》正式实施；二是最高人民法院周强院长向全国人民代表大会常务委员会作了《关于十八大以来涉外商事海事审判工作情况的报告》；三是《关于涉外民商事案件管辖若干问题的规定》发布；四是作出了一批典型的涉外商事判决。

2022年1月24日，最高人民法院发布《全国法院涉外商事海事审判工作座谈会会议纪要》（以下简称《涉外审判纪要》），是我国涉外商事海事法律领域的一件大事。该纪要总结了近年全国各级人民法院涉外商事海事审判工作的经验，就面向涉外商事海事审判的前沿疑难问题作出规定，明确司法实践中出现的常见争议情形，有效促进裁判尺度统一。《涉外审判纪要》含“涉外商事”“海事”“仲裁司法审查”三部分，涉及20个要点，总计111条。尽管不能直接援引为裁判依据，但体现了最高人民法院裁判类似问题的一贯标准，在实务中发挥着重要指导作用。据中国裁判文书网公开信息统计，自《涉外审判纪要》发布以来，有29份裁判文书在法律适用分析部分根据该纪要的规定进行说理。[①]综合来看，《涉外审判纪要》对于统一涉外商事海事案件裁判思路，增强涉外商事海事审判公开性、透明度以及可预期性，提高涉外司法国际公信力和影响力意义重大。

2022年10月28日，最高人民法院周强院长在第十三届全国人民代表大会常务委员会第三十七次会议上作了关于人民法院涉外审判工作情况的报告。报告总结了党的十八大以来我国涉外审判工作取得的历史性成就，分析当前涉外审判工作存在的问题和困难，提出下一步完善涉外审判工作的举措和建议。报告对我国未来一段时间的涉外审判工作具有方向和政策指引作用。

2022年11月14日，最高人民法院发布了《最高人民法院关于涉外民商事案件管辖若干问题的规定》，该规定于2023年1月1日起施行。这一规定事实上废除了《最高人民法院关于涉外民商事案件诉讼管辖若干问题的规定》（法释〔2002〕5号），将涉外民商事案件由中级人民法院集中管辖为主的制度，修改

① 数据来源：通过以文书全文含“全国法院涉外商事海事审判工作座谈会会议纪要”为检索条件，在“中国裁判文书网”检索并核实所得；https://wenshu.court.gov.cn/，2023年2月27日访问。

为由基层人民法院或中级人民法院依标的额管辖为主和基层人民法院或中级人民法院集中管辖为辅的制度。①

2022 年度，人民法院公布了一批典型的涉外商事海事判决，本报告主要选取了以下判例：

1. 北京市第四中级人民法院于 2022 年 6 月 24 日判决的原告国民信托有限公司与被告泰禾投资集团有限公司、黄敏、黄其森、永兴达企业（香港）有限公司、Thaihot Investment（Bermuda）Company Limited（百慕大泰禾投资有限公司）金融借款合同纠纷案（下文简称“国民信托借款案”），②该案是有关外国法查明问题的典型案例，其中的外国法查明费用承担问题尤其值得关注。

2. 山东省高级人民法院于 2022 年 4 月 20 日判决的上诉人利邦国际品牌有限公司、利邦品牌管理（山东）有限公司与被上诉人香港上海汇丰银行有限公司金融借款合同纠纷案（简称“利邦借款案”），③是一起有关冲突法中强制性规定如何认定的典型案例。

3. 山东泰开电力建设工程有限公司、Publicele Ctricity Corporation 等信用证欺诈纠纷：独立保函欺诈纠纷适用法问题。

4. 坚锋公司、天地公司与江苏银行盐城分行等委托合同纠纷：托收义务以及对单据延误、在传送中的丢失免责。

5. 瑞雷制造有限公司（Rally Manufacturing，Inc.）、艾可米科技（浙江）有限公司等国际货物买卖合同纠纷：《联合国国际货物销售合同公约》的适用、宣告无效制度。

6. 汕头市鼎誉玩具科技有限公司、香港环球易购电子商务有限公司等买卖合同民事纠纷：跨境破产清算中公司法人人格混同、关联企业实质合并破产。

7. 中国法院首次基于法律互惠承认英国判决——挪威船东向上海海事法院申请承认英国法院判决案。

8. 利用在先案例查明新加坡法律确认存在有效仲裁协议——以色列某科技公司与北京某科技公司买卖合同纠纷案。④

---

① 最高法民四庭负责人就《最高人民法院关于涉外民商事案件管辖若干问题的规定》答记者问，https://www.court.gov.cn/zixun-xiangqing-379171.html，2022 年 12 月 15 日访问。

② 北京市第四中级人民法院民事判决书，（2020）京 04 民初 327 号。

③ 山东省高级人民法院民事判决书，（2022）鲁民终 173 号。

④ 跨境纠纷化解、域外法律查明、涉外仲裁承认……围观这场发布会带你了解涉外商事审判的“北京经验”，https://bj4zy.bjcourt.gov.cn/article/detail/2022/07/id/6782350.shtml，2022 年 12 月 15 日访问。

9. 向第三方资助机构披露仲裁案件进展不构成对仲裁规则的违反——苏南瑞丽航空有限公司、云南景成集团有限公司等民事执行异议案。

（六）涉外法律服务取得新成效

在司法行政部门的推动下，中国律师“走出去”稳步前行。截至2022年底，中国律师事务所已在世界35个国家和地区设立了180家境外分支机构，在全球设立400多家办公室、联络处等办事机构，在促进“一带一路”建设、保障我国海外利益方面发挥了积极作用。[①]

中国国际经济贸易仲裁委员会受理案件数和争议金额均创历史新高，其中，双方均为境外当事人的国际案件数量83件，同比增长36%，争议金额54亿元人民币，同比增长47%。案件涉及83个国家和地区，其中当事人涉及69个国家和地区，涉及32个“一带一路”沿线国家，覆盖东盟全部10国。约定适用英文、中英文作为仲裁语言的案件共计115宗。

2022年7月18日，国际商事争端预防与解决组织（ICDPASO）首届理事会第五次会议审议通过并发布了《ICDPASO商事仲裁规则》，[②]共7章53条，规定了该规则的适用、仲裁程序的开始、仲裁庭、仲裁程序的进行、和解与调解、裁决等内容。2022年5月26日，国际商事争端预防与解决组织正式发布了《国际商事争端预防与解决组织商事调解规则》。

（七）涉外法治研究深入推进

2022年，中国涉外法治研究持续深入推进。相关研究成果既有统揽全局的宏观谋划，又有专注焦点的深入分析，理论探讨与实践反思兼备，呈现出以中国问题为导向、以全球视野为支撑、以话语体系构建为目标的研究格局。围绕涉外法治，本年度研究议题主要涉及三个方面：一是以习近平法治思想为指导，深度辨析涉外法治的概念、内涵、生成逻辑。如张龑基于规范法学分析视角，证成涉外法治是国家制定或确认的、跨国家生效的、保护国家海外利益、参与全球治理的立法、执法与司法等活动。[③]何志鹏阐明涉外法治包括本国法的域外延伸、外国法域内适用的调控、本国在国际法律场域中的攻防，以及本国对于国际法律秩序的主张、参与和引领。[④]吕江结合“一带一路”展开讨论，认为“一

---

① 刘志强：《立足司法行政职能　奋力推进涉外法治建设迈向新征程》，载《中国法治》2023年第2期。

②《国际商事争端预防与解决组织商事仲裁规则》，http://www.icdpaso.org/content/2309，2022年12月15日访问。

③ 张龑：《涉外法治的概念与体系》，载《中国法学》2022年第2期，第264页。

④ 何志鹏：《国内法治与涉外法治的统筹与互动》，载《行政法学研究》2022年第5期，第16－17页。

带一路”建设正是涉外法治话语生成的重要实践场所。[①]二是积极探索统筹推进国内法治和涉外法治的实践路径。黄进表示，当前统筹推进国内法治和涉外法治应以推进涉外法治为重点，遵循正确处理两个“法治对子”的关系、加强涉外法治工作战略布局、加强涉外法治体系建设、加强国际法的研究和运用、加强涉外法治人才队伍建设等路径。[②]另外，本议题下不乏一些基于新视角的探讨。如黄惠康从香港特别行政区在中国国家治理体系中的独特地位出发，论证其在中国统筹推进国内法治和涉外法治、促进全球治理和国际法治中发挥着不可替代的、越来越大的作用。[③]彭岳通过对改革开放以来中国自由贸易区制度创新法律实践的总结，提出有必要基于程序法治和实质法治的理念，逐步增强涉外经济领域市场主体权利的可预见性与可救济性，从而在实际操作层面为统筹推进国内法治和涉外法治作出实质性贡献。[④]三是就如何统筹推进涉外法治与国内法治所涉的制度性问题展开研究。霍政欣认为，我国应从立法、执法和司法三个维度统筹谋划、系统设计国内法的域外适用体系。[⑤]韩立余进一步强调，中国涉外法律实施要强化国内法在涉外关系法律治理中的作用，强化法律域外适用和域外管辖，区分法律域外效力和域外效果。[⑥]赵骏、顾天杰和刘静坤等学者则聚焦涉外法治体系建设。一方面，应坚持宪法至上原则以有效控制外源性规则的法律风险，立足柔性均衡策略推动国际规则演进，循序渐进地完善适应涉外法治需求的国内法体系。[⑦]另一方面，在“法律战”背景下，应通过构建和完善国内法域外适用法律体系、构建阻断外国域外措施体系等措施，增强参与“法律战”、反制不当法律挑衅行为的法律依据和法治能力。[⑧]除此之外，本年度还涌

① 吕江：《习近平法治思想中涉外法治话语生成与实践逻辑——以“一带一路”倡议为视角》，载《法学评论》2022 年第 1 期，第 1 页。

② 黄进：《论统筹推进国内法治和涉外法治》，载《中国社会科学》2022 年第 12 期，第 92－95 页。

③ 黄惠康：《香港特别行政区在中国涉外法治建设中的独特地位和重要作用——纪念香港回归祖国暨〈香港特别行政区基本法〉实施 25 周年》，载《国际法研究》2022 年第 4 期，第 17 页。

④ 彭岳：《统筹推进国内法治和涉外法治的制度创新——中国自由贸易区建设的经验与启示》，载《国际法研究》2022 年第 3 期，第 50 页。

⑤ 霍政欣：《我国法域外适用体系之构建——以统筹推进国内法治和涉外法治为视域》，载《中国法律评论》2022 年第 1 期，第 51 页。

⑥ 韩立余：《涉外关系治理的法律化与中国涉外法律实施》，载《吉林大学社会科学学报》2022 年第 2 期，第 45－47 页。

⑦ 刘静坤：《涉外法治建设的规则体系探究》，载《武大国际法评论》2022 年第 4 期，第 83 页。

⑧ 赵骏、顾天杰：《国际法律斗争的攻防策略与法治破局：以国内法为视角》，载《太平洋学报》2022 年第 7 期，第 10 页。

现出一批如涉外海洋法治、应对气候变化涉外法治、刑法域外适用等新兴议题的涉外法治研究成果。[1]而对于涉外法治工作队伍建设和人才培养等传统议题的研究，仍然保持着一定热度。[2]

二、2022年度涉外法治工作的特点

与2021年度相比，2022年我国涉外法治工作具有以下特色。

（一）国内法治和涉外法治的统筹性加强

从党的二十大报告来看，将国家安全单列一个部分，将国际安全与国家安全、公共安全一并阐述，将健全反干涉、反单边制裁、反“长臂管辖”机制作为健全国家安全体系的组成部分，体现了将国内法治与涉外法治统筹起来协同推进的思路。

国务院办公厅印发《关于促进内外贸一体化发展的意见》，提出到2025年实现内外贸高效运行、融合发展的目标，提出了健全法律法规、完善监管体制、加强规则衔接、促进标准认证衔接、推进同线同标同质等工作措施。引进外资的负面清单管理目录和国内投资的负面清单管理目录同一时段修订，也体现了对国内投资法治工作和引进外资法治工作的统筹。在金融监管领域，随着外资银行行政许可事项实施办法的修订、外国银行分行综合监管评级办法的修订、境内外证券交易所互联互通存托凭证业务监管规定的发布、境外机构境内发行债券资金管理有关事宜的通知的发布，中国金融业的双向开放也不断深化，国内和涉外相关法律制度的统筹性也得到加强。

（二）全局性涉外法治工作成绩突出

从立法来看，《缔结条约管理办法》的颁布，使得我国条约的缔结更为规范和有序，也为我国实施国际条约提供了一定的依据，对我国涉外法治工作具有全局性影响。《对外关系法（草案）》的公布，也意味着我国涉外法治领域的一部基本法呼之欲出。制定一部具有统摄意义的涉外法律，将极大地加强我国的

① 姚莹：《涉外海洋法治：生成背景、基本内涵与实践路径》，载《武大国际法评论》2022年第4期，第22-44页；秦天宝：《“双碳”目标下我国涉外气候变化诉讼的发展动因与应对之策》，载《中国应用法学》2022年第4期，第105-125页；蒋娜：《中国特色刑法域外适用规则的问题与完善》，载《中国法学》2022年第6期，第219-237页。

② 蒋传光、赵诗杨：《习近平法治工作队伍建设理论及原创性贡献》，载《贵州社会科学》2022年第12期，第72-81页；崔晓静：《高端涉外法治人才培养的理念与模式创新》，载《中国大学教学》2022年第11期，第23-34页。

涉外法治工作。

从执法来看，六部委发布的《关于高质量实施〈区域全面经济伙伴关系协定〉（RCEP）的指导意见》，对实施一项重要的区域经济贸易协定的指导思想和重点任务作出规定，对我国涉外经济管理制度的完善具有全局性影响。全国人大常委会对《外商投资法》的执法检查，不仅促进了各地对《外商投资法》的执行，还通过调研问题，提出完善建议，对我国《外商投资法》在未来的执行以及营商环境的改善，都将产生积极影响。

从司法层面来看，《全国法院涉外商事海事审判工作座谈会会议纪要》的公布和周强院长的报告对未来一段时间内的涉外审判都具有全局性影响。

（三）三反法治能力进一步提升

中美之间的结构性矛盾将在较长时期内存在，中美之间的制裁与反制裁也将在较长时间内并存。美国是二战后运用经济制裁最多的国家，迄今为止，美国不遗余力地对中国开展零和博弈式的“激烈竞争”，这决定了两国之间的制裁和反制裁将日益激烈。2022 年双方在制裁与反制裁、出口管制领域多次进行法律交锋，美国也日益感到我国反制力度的加强。中国通过这些反干涉、反制裁、反“长臂管辖”实践，从而在运用《国家安全法》《反外国制裁法》《反分裂国家法》《出口管制法》《对外贸易法》及相关法规规章方面的能力进一步提升。

（四）在全球法律事务中的引领作用继续加强

2022 年，我国在联合国就乌克兰危机问题的“决议草案”坚持独立立场，推动世贸组织部长会议取得谈判成果，在上海合作组织和区域全面经济伙伴关系协定中发挥重要作用，均与我国坚持以国际法和涉外法为依据处理重大外交事务密切相关，也表明我国在全球法律事务中的引领作用不断增强。

三、2023 年涉外法治工作展望

（一）积极参与全球治理

我国将更加积极地促使乌克兰危机的和平解决，可以考虑根据形势的发展提出自己的解决方案。目前我国是极少数持中立立场的大国，所提出的和平解决方案可以在促使乌克兰危机和平解决上发挥重要作用。

2023 年是“一带一路”倡议提出 10 周年，中国政府准备召开第三届“一带一路”国际合作高峰论坛，“一带一路”的法律机制有望进一步加强。我们认为，“一带一路”法律机制目前已经取得显著成绩，硬法和软法都发挥了积极作用。未来应该考虑进一步运用软法机制，同时考虑适当加强软法文件的透明度。在国际条约的制定上，应该有所作为。

RCEP 的实施在 2023 年将进一步深化，中国政府和企业需要进一步关注 RCEP 实施中的法律问题，抓住机遇，迎接挑战。

我们建议国家更加积极地加入已经通过的国际条约，尤其是内容基本中性的国际商事争议解决和实体法条约。例如，我国可以考虑加入《海牙法院判决公约》，目前，随着欧盟、乌克兰的批准，该公约将于 2023 年 9 月生效。加入该公约，将使我国与欧盟之间的民商事判决得到直接的承认与执行，既有助于我国公民和企业与欧盟公民和企业的民商事交往，也将加深我国政府与欧盟的合作关系。又如，我国可以考虑加快加入《新加坡调解公约》的进程，尽快成为该公约的缔约国。再如，我国也可以考虑加入《联合国国际合同使用电子通信公约》等国际商事实体法公约。

（二）加快建设涉外法律法规体系

首先是依照程序完成《对外关系法》《外国国家豁免法》的制定和《民事诉讼法》的修订。

《对外关系法》第一次对国际条约在国内的执行作出规定，将产生深远的意义。该法将采用概括的语言就这一问题作出规定，因此，法院和行政机关适用和执行国际条约的实践将赋予法律规定以具体的内容。如何解释好相关规定，将是法院和行政机关需要探索的。《外国国家豁免法》将我国长期坚持的绝对豁免立场，改变为相对豁免立场。《民事诉讼法》涉外编的修订，将把我国近年来涉外民事诉讼的成功做法固定下来。

未来，建立涉外法律法规体系的任务仍然繁重，需要适当加快工作节奏和步伐。以下几个方面的法律制定或修订工作值得关注。

要考虑制定《条约实施法》，对国际条约在我国的立法、执法和司法实施作出完整规定。

要加快制定《"一带一路"促进法》。"一带一路"促进法已经列入立法计划，可以按程序加快进行。

《对外投资法》对规范我国海外投资、促进"一带一路"建设具有重要意义，应该早日列入立法计划。

《外汇管理法》作为一部涉外领域的基本法，一直没有提上立法日程，应该加强研究，尽早列入立法计划。

要考虑制定《海洋法》，确立我国的海洋基本法。加快修订《海商法》，完善我国的海上运输、海上保险和海事法律。

要制定与《反外国制裁法》《出口管制法》《外商投资法》相配套的行政法规和部门规章，使得这三部法律的原则和制度进一步细化，以促进有效实施。

（三）加强涉外执法的协调性和可操作性

就健全反制裁、反干涉、反“长臂管辖”机制而言，外交部、商务部、国防部等部门在适用《反外国制裁法》《对外贸易法》《出口管制法》等法律上如何进一步加强协调性，做到既分工明确又相互配合，而且使得对外斗争手段立体化、层次化、体系化，需要不断探索。由于反制裁、反干涉、反“长臂管辖”的立法最近几年才开始实施，我国的实践经验尚不够丰富，导致涉外执法的可操作性和透明度仍然有所欠缺。2023 年继续提高涉外执法的可操作性和透明度仍将是一项重要的任务。

台湾问题是中国的内政问题，是中国核心利益中的核心，如何综合运用《反外国制裁法》《反分裂国家法》《出口管制法》《对外贸易法》，以维护我国的主权和领土完整，也需要加强政府不同部门间的协调。

我国政府要进一步加强海外安全保障能力建设和企业涉外合规经营指导，通过国家力量、法律服务机构以及企业本身的共同努力，提升我国涉外企业的合规经营能力，维护我国公民、法人在海外合法权益。

（四）提升涉外司法的质效和影响力

2023 年应该继续参照执行 2022 年《全国法院涉外商事海事审判工作座谈会会议纪要》，进一步提高法院审理涉外案件的技能，提升裁判书的质量。

我国法院也可以探索在具体案件中确认和适用习惯国际法，同时探索识别、证明和适用国际商事惯例的方法和技能。

我国法院和仲裁机构可以继续加强国际法和外国法适用和解释的研讨和培训，建立国际法和外国法适用的数据库。

建议我国法院建立参照适用外国法院判决制度。参照外国法院判例是确保国际商事条约在不同国家得到统一适用的重要方法。我国法院在蒂森克虏伯案中参照了外国判例，但是并未注明所参照的外国判例的案件名，这使得《贸法会判例摘要汇编》中并未将该案列入参照外国判例的实例。最高人民法院可以考虑通过规范性文件对参照外国判例的依据、条件、方式加以明确，建立我国的参照适用外国判例解释和适用国际条约制度。

第一编　宏观编

第一章 “一带一路”涉外法治发展

第一节 大 事 记

一、中国与尼加拉瓜签署共建“一带一路”谅解备忘录

2022 年 1 月 10 日，中国与尼加拉瓜共同签署《关于共同推进丝绸之路经济带和 21 世纪海上丝绸之路建设的谅解备忘录》，共建“一带一路”合作伙伴再添新成员。自两国复交后，尼加拉瓜共和国政府和中国政府签署了一系列双边条约。①

二、中国和叙利亚签署共建“一带一路”谅解备忘录

2022 年 1 月 12 日，中国和叙利亚共同签署《关于共同推进丝绸之路经济带和 21 世纪海上丝绸之路建设的谅解备忘录》。中国驻叙利亚大使冯飚表示，中叙两国签署共建“一带一路”合作谅解备忘录，为双方在新的历史条件下深化务实合作，实现“一带一路”倡议与叙利亚总统巴沙尔提出的“东向”战略对接，为中方未来参与叙利亚经济重建提供了行动目标、指南和纲领。叙利亚计划与国际合作署署长法迪·哈利勒表示，叙中关系源远流长，叙利亚曾是古代丝绸之路上的重要国家，响应“一带一路”倡议将增进叙中两国的友好合作。②

三、中国与阿根廷签署共建“一带一路”谅解备忘录

2022 年 2 月 4 日，中国与阿根廷共同签署《关于共同推进丝绸之路经济带和 21 世纪海上丝绸之路建设的谅解备忘录》。双方将按照共商、共建、共享原则，共同推进“一带一路”建设，在政策沟通、设施联通、贸易畅通、资金融

① 国家发展和改革委员会：《中华人民共和国政府与尼加拉瓜共和国政府签署共建“一带一路”谅解备忘录》，https://www.yidaiyilu.gov.cn/xwzx/hwxw/214675.htm，2022 年 10 月 26 日访问。

② 国家发展和改革委员会：《中国和叙利亚签署“一带一路”合作谅解备忘录》，https://www.yidaiyilu.gov.cn/xwzx/hwxw/214325.htm，2022 年 10 月 26 日访问。

通、民心相通、第三方市场等领域开展合作，探讨挖掘双方合作的新机遇，实现共同发展和共同繁荣。①

四、最高人民法院发布第三批涉“一带一路”建设典型案例

2022 年 2 月 28 日，最高人民法院发布第三批涉“一带一路”建设典型案例，为高质量共建“一带一路”、推动构建人类命运共同体提供高水平司法服务。此次发布具有以下特点：发挥各类涉“一带一路”建设纠纷典型案例的示范作用，持续增强商业预期；充分发挥国际商事法庭一审终审优势，促进国际商事纠纷高效化解；加强国际司法协助与合作，外国判决和仲裁裁决的执行更趋便利。第三批涉“一带一路”建设典型案例的发布，将充分发挥案例示范作用，彰显人民法院为推动高质量共建“一带一路”以及更高水平对外开放提供有力司法服务和保障的作用。②

五、《关于推进共建“一带一路”绿色发展的意见》发布

2022 年 3 月 16 日，国家发展改革委、生态环境部等四部门发布《关于推进共建“一带一路”绿色发展的意见》，围绕推进绿色发展重点领域合作、推进境外项目绿色发展等提出 15 项具体任务，明确到 2025 年，绿色基建、绿色能源、绿色交通、绿色金融等领域务实合作扎实推进，绿色示范项目引领作用更加明显，境外项目环境风险防范能力显著提升，共建“一带一路”绿色发展取得明显成效。到 2030 年，“走出去”企业绿色发展能力显著增强，境外项目环境风险防控体系更加完善，共建“一带一路”绿色发展格局基本形成。③

六、中国与马拉维签署共建“一带一路”谅解备忘录

2022 年 3 月 23 日，中国与马拉维建交 15 周年之际，共同签署《关于共同推进丝绸之路经济带和 21 世纪海上丝绸之路建设的谅解备忘录》。中国驻马拉维大使刘洪洋表示，马拉维响应“一带一路”倡议将为中马两国关系发展和务

① 国家发展和改革委员会：《中华人民共和国政府与阿根廷共和国政府签署共建“一带一路”谅解备忘录》，https://www.yidaiyilu.gov.cn/xwzx/bwdt/219946.htm，2022 年 10 月 26 日访问。

② 最高人民法院：《最高人民法院发布第三批涉“一带一路”建设典型案例》，https://www.court.gov.cn/zixun-xiangqing-347711.html，2022 年 10 月 26 日访问。

③ 新华社：《〈关于推进共建“一带一路”绿色发展的意见〉发布》，https://baijiahao.baidu.com/s?id=1728597017644256198&wfr=spider&for=pc，2022 年 10 月 26 日访问。

实合作增添新动力。马拉维外交部长滕博表示，马方将积极参与“一带一路”建设，期待与中方在减贫、农产品出口、基础设施建设、卫生等领域深化合作，造福两国人民，同时推动两国关系向更高水平发展。[①]

七、《“十四五”时期推进“空中丝绸之路”建设高质量发展实施方案》发布

2022 年 5 月 6 日，民航局、国家发展改革委联合印发《“十四五”时期推进“空中丝绸之路”建设高质量发展实施方案》（以下简称《方案》），阐明了“十四五”时期推进“空中丝绸之路”建设的指导思想、基本原则、主要目标和重点任务，是“十四五”时期推进“空中丝绸之路”建设的指导性文件。《方案》明确了“十四五”期间“空中丝绸之路”建设，是以更好满足与共建国家互联互通需要为目标，努力构建安全可靠、便捷高效、绿色集约、互惠包容的“空中丝绸之路”，服务新时代民航强国建设，助力共建“一带一路”高质量发展。[②]

八、中国与基里巴斯签署共建“一带一路”实施方案

2022 年 5 月 27 日，中国与基里巴斯共同签署《中华人民共和国政府与基里巴斯共和国政府关于共同推进“一带一路”建设的实施方案》，描绘了中基共建“一带一路”路线图，双方遵循共商、共建、共享原则，坚持开放、绿色、廉洁理念，立足高标准、可持续、惠民生的发展目标，不断深化两国基础设施建设、贸易和投资、应对气候变化、科技和可再生能源、海关检验检疫、文化和旅游等领域务实合作。该方案的签署，为双方深入推进共建“一带一路”合作提供了总体指导和预期，促进两国政治关系更加友好、经济纽带更加牢固、人文联系更加紧密，推动两国互利共赢、共同发展。[③]

九、第五届“一带一路”服务贸易合作论坛在北京举行，数字文化贸易成为新亮点

2022 年 9 月 3 日，第五届“一带一路”服务贸易合作论坛在北京成功举行，

---

① 新华社：《中国与马拉维签署共建“一带一路”谅解备忘录》，http://www.news.cn/silkroad/2022-03/24/c_1128497684.htm，2022 年 10 月 26 日访问。

② 人民网：两部门发文《推进“空中丝绸之路”建设高质量发展明确八方面任务》，https://baijiahao.baidu.com/s?id=1732144971090336173&wfr=spider&for=pc，2022 年 10 月 26 日访问。

③ 国家发展和改革委员会：《中国与基里巴斯签署共建“一带一路”建设的实施方案》，https://www.yidaiyilu.gov.cn/xwzx/gnxw/247213.htm，2022 年 10 月 26 日访问。

中国贸促会研究院副院长赵萍发布《数字文化贸易在构建新发展格局中的重要作用》报告。报告指出了数字文化贸易是新形势下“一带一路”建设的新合作领域、新贸易增长点，分析了中国及“一带一路”沿线国家数字文化贸易发展现状与面临的挑战，并给出了数字文化贸易企业参与“一带一路”建设的对策建议。赵萍表示，全球性的数字文化贸易规则尚未形成，加快构建“一带一路”数字文化贸易规则意义重大。①

十、第二届惠园“一带一路”法治论坛成功举行

2022 年 12 月 3 日，对外经济贸易大学主办的第二届惠园“一带一路”法治论坛以线上会议方式成功举行。该论坛以“‘一带一路’法治建设与国际经贸规则变革”为主题，形成了丰硕的成果。与会专家学者认为，国际经贸规则在变革之中，这对“一带一路”法治建设提出了新的要求，在设施联通取得突破性进展的同时，“一带一路”法治建设亟待加强；谅解备忘录等软法文件十分重要，可以继续运用，但可以考虑适当增强其透明度；国际条约等硬法文件也需要升级扩展和创新。与会代表建议：积极推动在上海合作组织（简称“上合组织”）框架下缔结自由贸易协定；推动建立上合组织成员间的联合仲裁机制；根据《区域全面经济伙伴关系协定》（简称“RCEP”）和《全面与进步跨太平洋伙伴关系协定》（简称“CPTPP”）的要求完善我国国内和多双边数据流动规则；设立中非数字货币结算中心；建立符合发展中国家需求的“一带一路”国际技术转移制度等。②

第二节　综 合 分 析

一、党的二十大报告与推动共建“一带一路”高质量发展

2022 年 10 月 16 日上午 10 时，中国共产党第二十次全国代表大会在北京开幕，习近平代表第十九届中央委员会向大会作了题为《高举中国特色社会主

① 国际商报：《数字文化贸易成“一带一路”合作新亮点》，http://tradeinservices.mofcom.gov.cn/article/ydyl/yaowen/gnyw/202209/138466.html，2022 年 10 月 26 日访问。

② 对外经济贸易大学法学院：《第二届惠园“一带一路”法治论坛成功举办》，http://law.uibe.edu.cn/xwzx/xyxw/149da3740c544dc7ab5f4b0a6ecb58b5.htm，2022 年 12 月 13 日访问。

义伟大旗帜 为全面建设社会主义现代化国家而团结奋斗》的报告（简称“党的二十大报告”），党的二十大报告总结了十八大至今十年来取得的一系列成就，指出十年来“我们实行更加积极主动的开放战略，构建面向全球的高标准自由贸易区网络，加快推进自由贸易试验区、海南自由贸易港建设，共建‘一带一路’成为深受欢迎的国际公共产品和国际合作平台”。共建“一带一路”倡议提出 9 年来，我国持续推进高水平对外开放，“成为一百四十多个国家和地区的主要贸易伙伴，货物贸易总额居世界第一，吸引外资和对外投资居世界前列，形成更大范围、更宽领域、更深层次对外开放格局”，取得了令人瞩目的丰硕成果，共建“一带一路”的朋友圈越来越大，合作质量越来越高，发展前景越来越好。截至 2021 年底，中国企业通过在相关国家的境外经贸合作园区为当地创造了 34 万多个就业岗位，[①]实现了高标准、可持续、惠民生的目标；面对新冠肺炎疫情冲击，“一带一路”建设呈现出强大韧性与澎湃活力，为各国抗击疫情、恢复经济、增进民生福祉注入了宝贵力量，[②]“一带一路”已成为推动构建人类命运共同体的重要实践平台。

党的二十大报告也为未来“一带一路”建设指明了方向，提出要“推动共建‘一带一路’高质量发展”。“一带一路”高质量发展是推动高水平对外开放的重要一环，也是实现 2035 年和 21 世纪中叶的奋斗目标的重要举措，为世界各国共同营造符合人类命运共同体要求的国际贸易环境，构建多元稳定的国际经济格局和经贸关系提供了重要的平台。我国在追求实现自身现代化的同时，坚定历史自信，增强历史主动，同共建各方共同努力，推动共建“一带一路”高质量发展，必将为促进世界经济增长、增进各国人民福祉、推动构建人类命运共同体作出更大贡献。[③]

二、“一带一路”法治建设与国际经贸规则新发展

当今世界正面临百年未有之大变局，各国均在针对世界经济新形势制定新的政策，以应对复杂多变的国际经济环境。国际力量不断变化，全球经贸规则

---

① 深圳特区报：《中国在 24 个沿线国家创造 34.6 万就业岗位》，https://gov.sohu.com/a/585101547_121384255，2022 年 12 月 13 日访问。

② 国际在线：《大家携手前进的阳光大道（人民论坛）——推动共建“一带一路”高质量发展》，https://baijiahao.baidu.com/s?id=1739394961647986789&wfr=spider&for=pc，2022 年 12 月 13 日访问。

③ 毛新雅：《共建“一带一路”成为深受欢迎的国际公共产品和国际合作平台》，载《光明日报》2022 年 11 月 8 日，第 6 版。

不断调整，新一轮国际经贸规则正逐步演变，呈现出一些新的发展趋势。党的二十大报告提出，“推进高水平对外开放”，“稳步扩大规则、规制、管理、标准等制度型开放”，“加快建设贸易强国”，“推动共建‘一带一路’高质量发展”，“维护多元稳定的国际经济格局和经贸关系”。[①]共建“一带一路”倡议提出9年来，中国在“一带一路”法治建设和国际经贸规则建构上取得了丰硕的成果。

（一）区域经贸合作制度获得重大进展

2022年1月1日，RCEP正式生效。作为当今世界覆盖人口数量最多、成员结构最多元、发展潜力最大的自由贸易区，RCEP包括10个东盟国家以及中国、日本、韩国、澳大利亚和新西兰5个非东盟国家，总人口22.7亿，GDP总量26万亿美元，出口总额5.2万亿美元，均占全球总量约30%。[②]RCEP涵盖了从关税降低到降低非关税壁垒，从货物贸易到服务贸易便利化，从金融到电信，从贸易到投资，从原产地规则到贸易便利化，从知识产权到争端解决，从中小企业到经济技术合作等诸多内容，在传统经贸规则领域以及数字贸易等新规则领域，既体现了高标准的大方向，同时也建立了鼓励发展中经济体的灵活机制，实现了高标准和适用性的平衡，为共同构建高水平经贸规则，作出了重要示范。[③]与此同时，上合组织与共建“一带一路”倡议深入融合，《上海合作组织成员国元首理事会撒马尔罕宣言》重申支持“一带一路”倡议，支持各方为共同实施“一带一路”倡议，包括为促进“一带一路”建设与欧亚经济联盟建设对接所做工作。[④]上合组织成为共建“一带一路”重要平台和共同发展的大舞台，共建“一带一路”建设为上合组织突破发展瓶颈带来机遇，成为上合组织深化区域经济合作的切入点和区域经济合作的增长点，[⑤]两者的深入融合为构建国际经贸新规则提供了广阔的空间。

---

① 中国社会科学网：《积极应对国际经贸规则重构加快推进中国制度型开放》，http://www.cssn.cn/jjx/jjx_xzyc/202211/t20221120_5565336.shtml，2022年12月13日访问。

② 张淑静：《坚持高水平实施〈区域全面经济伙伴关系协定〉》，https://baijiahao.baidu.com/s?id=1742695182884801975&wfr=spider&for=pc，2022年12月13日访问。

③ 周汉民：《RCEP机制下国际贸易合作新机遇》，https://new.qq.com/rain/a/20221121A03DG000，2022年12月13日访问。

④ 国际在线：《共建“一带一路”为区域合作添动力》，https://baijiahao.baidu.com/s?id=1744383834694258281&wfr=spider&for=pc，2022年12月13日访问。

⑤ 万喆：《“一带一路”助力上合组织迈向高质量发展》，https://m.gmw.cn/baijia/2022-09/16/36027482.html，2022年12月13日访问。

（二）多边合作框架取得进展，软法体制取得显著成就

在全球层面，“一带一路”倡议同联合国 2030 年可持续发展议程有效对接，形成了促进全球共同发展的政策合力。在区域层面，“一带一路”倡议与《东盟互联互通总体规划》、非盟《2063 年议程》、欧盟“欧亚互联互通战略”等区域发展规划或合作倡议有效对接，达成促进互联互通、支持区域经济一体化进程的共识。[①]2017 年和 2019 年，我国先后成功主办两届“一带一路”国际合作高峰论坛，形成了系列软法文件，构成了“一带一路”合作重要的制度基础。同时，“一带一路”金融合作框架逐渐完善，在资金融通建设方面取得了突破性的进展，参与合作的金融机构类型越来越多，其中包括政策性银行、多边开发性金融机构、商业银行、专项投资基金等，初步形成了多元、包容性的金融合作机制。亚洲基础设施投资银行、丝路基金、金砖国家新开发银行等一系列金融机构和制度的设立，有效地缓解了相关国家基础设施融资难的问题。[②]

（三）“一带一路”国内法治化体系逐渐完善

我国不断将高标准国际经贸规则引入国内立法、大力推进自身涉外经贸法治现代化，中国与“一带一路”参与国之间法治交流已常态化，司法合作更加深入，国内法治不断与“一带一路”国际法治相互促进、良性互动。[③]通过修订《外商投资法》，引入准入前国民待遇、负面清单等先进的国际投资法规则，中国外商投资法律制度全面升级。国家发展和改革委员会、外交部、商务部出台了一系列的部门规章或规范性文件，为“一带一路”倡议下的融资、贸易、设施建设提供了指引。人民法院积极与沿线国家司法机关进行充分合作，推动判决的承认与执行、建立健全国际商事争端解决机制和机构，营造了良好的法治环境，提升了我国司法公信力，为推动“一带一路”建设行稳致远提供了强有力的司法服务和保障。

（四）争议解决机制取得进展，为“一带一路”商事争议的解决提供了便利

最高人民法院国际商事法庭成立 4 年来，不断满足“一带一路”建设主体

---

① 国家统计局：《“一带一路”建设成果丰硕推动全面对外开放格局形成——党的十八大以来经济社会发展成就系列报告之十七》，http://www.stats.gov.cn/tjsj/sjjd/202210/t20221009_1888994.html，2022 年 12 月 13 日访问。

② 陆洋：《“一带一路”金融合作展望》，https://finance.ifeng.com/c/8JcurX2SvSN，2022 年 12 月 13 日访问。

③ 刘敬东：《“一带一路”法治化体系构建的再思考》，http://iolaw.cssn.cn/zxzp/202106/t20210625_5342640.shtml，2022 年 12 月 13 日访问。

多元化的国际商事争端解决需求。目前，最高人民法院国际商事法庭已建立起含10家国际商事仲裁机构以及两家国际商事调解机构的诉讼、调解、仲裁有机衔接的“一带一路”国际商事纠纷多元化解决平台。[①]2020年10月15日，国际商事争端预防与解决组织在北京正式成立，为国际商事主体提供从争端预防到解决的多元化服务。[②]2022年10月21日，外交部与香港特区政府签署了《关于在香港特别行政区设立国际调解院筹备办公室的安排》，明确国际调解院筹备办公室落地香港特区的具体事宜，为“一带一路”争端解决机制提供了新的平台。[③]

国际经济格局的巨大变化带来了国际经济法律制度的重大转变，推动共建“一带一路”高质量发展。维护多元稳定的国际经济格局和经贸关系，离不开国际经济贸易规则的构建，这既是机遇也是挑战。共建“一带一路”，未来中国应积极把握新一代国际经贸规则演变的特点，加快制度创新，积极应对国际经贸规则重构，加快推进制度型开放，促进以发展中国家为主体的投资贸易规则纳入经济全球化多边主义制度体系。

三、“一带一路”与区域经济合作的法律问题

自“一带一路”倡议提出以来，中国和沿线国家经贸合作不断发展，区域经济合作进一步深化。一方面，上合组织成员国将“丝绸之路经济带”作为发展合作的新平台，探索上合组织自贸区实现路径；另一方面，2022年1月1日正式生效的RCEP成员国大多数为“21世纪海上丝绸之路”的重要节点国家，将RCEP与CPTPP等其他巨型跨区域贸易协定对比研究，对解决“一带一路”与区域经济合作的法律问题、构建“一带一路”经贸规则具有示范性的积极意义。[④]

（一）探索上合组织自贸区路径，助力“丝绸之路经济带”建设

随着“一带一路”建设的推进和上合组织区域经济合作的加深，在《上海

① 高晓力：《提供“一带一路”国际商事争端解决的中国方案》，https://cicc.court.gov.cn/html/1/218/149/156/2223.html，2022年12月13日访问。

② 新华社：《国际商事争端预防与解决组织正式成立》，http://www.gov.cn/xinwen/2020-10/15/content_5551655.htm，2022年12月13日访问。

③ 张晓曦：《专家：设立国际调解院筹备办公室有助提升香港国际地位与优势》，https://baijiahao.baidu.com/s?id=1748749985133509862&wfr=spider&for=pc，2022年12月13日访问。

④ 孙壮志，郭晓琼：《高质量共建“一带一路”》，https://m.gmw.cn/baijia/2022-10/13/36083961.html，2022年12月13日访问。

合作组织宪章》签署20周年和《上海合作组织成员国长期睦邻友好合作条约》签署15周年之际，上合组织的经贸和法治发展呈现以下现状：第一，上合组织成员国间经贸合作规模不断增长，发展潜力巨大。即使受到新冠肺炎疫情影响，2017年至2021年间，上合组织成员国间贸易总额年均增幅仍高达31.5%；2021年，上合组织成员国间贸易总额超7 760亿美元，比2020年增长25%；2022年前8个月，中国对上合组织其他成员国进出口1.73万亿元，同比增长26%，高于同期外贸增速。[①]第二，上合组织成员国间案件数量和种类具有逐渐增多的趋势。由于上合组织成员国间经贸往来增加，相关案件数量增多，在互联网环境下，一些新问题不断涌现。2022年8月31日，中国—上合组织国家地方法院大法官论坛举办，针对跨境贸易与投资的司法保障、民事诉讼制度改革、刑事司法合作、知识产权司法保护等领域内新问题进行前瞻性讨论。[②]第三，上合组织成员国法律制度、法治水平差异较大。上合组织成员国的法律制度具有多元化的特点，其中：中国、哈萨克斯坦、俄罗斯、乌兹别克斯坦、吉尔吉斯斯坦、塔吉克斯坦为大陆法系国家，印度为普通法系国家，伊朗为伊斯兰法系国家。2022年8月18日，第十七次上合组织成员国最高法院院长会议指出，由于法治水平不一，目前各成员国正在共同探索司法交流合作新路径，不断健全司法合作平台、拓展司法合作领域、巩固司法合作成果。[③]第四，上合组织成员国间司法协助也面临难题，有待逐步解决。成员国对于域外取证等公约签署率较低，且成员国间双边司法协助条约不够完善。2022年12月9日，上合组织成员国举行司法部长会议，会议同意继续落实2015年8月18日在杜尚别签署的《上海合作组织成员国法务部与司法部合作协议》。[④]第五，上合组织在民商事争议预防和解决方面存在不足。上合组织成员国之间关于争议预防、解决相关纠纷的商事调解、商事仲裁等程序规则和制度有所欠缺，特别是需要推动建立上合组织成员国之间的联合仲裁机制。

“一带一路”倡议具有国际公共产品的属性，契合参与国各地区发展需要，

---

① 王四海，周筠松：《GDP占全球1/4！上合国家经济合作前景广阔》，https://m.gmw.cn/baijia/2022-09/19/1303146656.html，2022年12月13日访问。

② 刘兵、李子路：《中国—上合组织国家地方法院大法官论坛（2022）开幕》，https://baijiahao.baidu.com/s?id=1742680708978205233&wfr=spider&for=pc，2022年12月13日访问。

③ 人民法院新闻传媒总社：《第十七次上海合作组织成员国最高法院院长会议召开周强出席开幕式并致辞》，https://www.court.gov.cn/xinshidai-xiangqing-369331.html，2022年12月13日访问。

④ 上海合作组织：《上海合作组织成员国举行司法部长会议》，http://chn.sectsco.org/politics/20221209/926014.html，2022年12月13日访问。

得到了沿线国家和地区的普遍支持和参与。包括上合组织成员国在内的“丝绸之路经济带”沿线国家和地区的法律传统、法律发展程度存在冲突和差异，需要制定一套国际规则，为参与国提供合作交流、化解分歧的指南。同时，还需要着眼于自贸区建设，积极推动在上合组织框架下缔结自由贸易协定。[①]因此，倡议开启上合组织自贸协定谈判具有一定必要性。[②]

首先，对比欧亚经济联盟和上合组织自贸区两种路径，尚未启动谈判的上合组织自贸区更契合“一带一路”的需要。欧亚经济联盟的创始国家是俄罗斯、白俄罗斯、哈萨克斯坦，2015 年 5 月，中国和俄罗斯签署了关于丝绸之路经济带建设和欧亚经济联盟建设对接合作的联合声明。[③]虽然欧亚经济联盟的制度条件相对成熟，但是由于主导国家俄罗斯缺乏经济实力，且受到政治、能源等因素影响，发展潜力下降，未来很难继续扩展。[④]与前者相比，上合组织可以由中国发挥主导作用，预期的参与国既有中国、印度等大型经济体也有俄罗斯、伊朗等能源丰富的国家，更契合“一带一路”的需要，对外界更有吸引力。

其次，“丝绸之路经济带”制度建设可以为上合组织自贸区的谈判提供基础和推动力。构建更加紧密的上合组织命运共同体，需以国际法治为基础和后盾。[⑤]一方面，上合组织自贸区建设不排斥现行的欧亚经济联盟制度，可以继续让其发挥作用；另一方面，“一带一路”沿线国家存在制度溢出效应，经济合作具有更显著的制度优势，可以很好地为上合组织自贸区谈判提供动力。[⑥]

最后，上合组织自贸区建成后也可以成为助力“丝绸之路经济带”制度建设的重要合作平台。目前，上合组织成员国将“丝绸之路经济带”作为重要的经济合作平台。长远来看，随着上合组织经济合作升级、一体化程度加深，未来上合组织自贸区的谈判和建设，也可以为“丝绸之路经济带”的制度建设提供新的合作平台。

---

① 孔庆江：《中国“一带一路”倡议与亚太地区的自贸区建设》，载《区域与全球发展》2017 年第 1 期，第 5－23 页。

② 黄进：《创新与完善“一带一路”国际经贸规则　高质量推进海丝中央法务区建设》，载《中国涉外法治蓝皮书》2022 年 10 月，第 246－249 页。

③《中华人民共和国与俄罗斯联邦关于丝绸之路经济带建设和欧亚经济联盟建设对接合作的联合声明》，载《人民日报》2015 年 5 月 9 日，第 2 版。

④ 李自国：《欧亚地缘政治变局下的欧亚经济联盟：走势与前景》，载《欧亚经济》2022 年第 6 期，第 1－22 页。

⑤ 殷敏：《构建更加紧密的上合组织命运共同体的国际法释义》，载《法学》2022 年第 10 期，第 177－192 页。

⑥ 武力超、张馨月、周永瑞、林澜：《制度的空间关联与溢出效应研究——兼论“一带一路”国家制度的空间影响》，载《制度经济学研究》2018 年第 2 期，第 163－214 页。

（二）借鉴巨型跨区域贸易协定，完善“一带一路”经贸规则构建

2022 年 1 月 1 日，RCEP 正式生效，其为中国参加的第一个巨型自贸协定（Mega-FTA）。[①]在以 RCEP 与 CPTPP 等为代表的巨型跨区域贸易协定蓬勃发展的背景下，“一带一路”法治建设面临新机遇，对巨型跨区域贸易协定进行的对比研究，可以为“一带一路”经贸规则的范本建设提供诸多借鉴和启示。

作为巨型跨区域贸易协定，RCEP 和 CPTPP 的规则不仅实现了自由贸易协定的传统功能，还都涉及投资、知识产权、电子商务等新议题。总体来看，RCEP 更注重“包容性和灵活性”的平衡，留出一定过渡期，CPTPP 则强调“全面与高标准”。[②]对比来看，对 RCEP 与 CPTPP 文本进行比较，分析得出结论如下：第一，对于货物贸易领域，RCEP 与 CPTPP 涉及关税减让的模式、减税水平等方面的文本有所区别。RCEP 成员货物贸易降税模式分为两种，而 CPTPP 一般情况下模式较为统一。RCEP 最终实现零关税的货物税目比例为 90%左右，而 CPTPP 实现零关税的货物税目比例高达 95%，且效果明显。第二，对于服务贸易和投资领域，RCEP 与 CPTPP 涉及开放程度、投资者与国家间争端解决（ISDS）等方面的文本有所区别。在服务贸易方面，RCEP 将最惠国待遇的适用范围扩展到了 RCEP 之外的国家，为了促进多边合作，RCEP 还提高了临时入境便利度和透明度。在投资方面，为维持国际和平或缔约方自身根本安全利益，RCEP 设置了 CPTPP 所没有的安全例外条款，但暂时搁置了 CPTPP 投资章 B 节设置的 ISDS 条款。第三，对于规则领域中的竞争政策，RCEP 与 CPTPP 涉及竞争立法、竞争执法等细化内容的文本有所区别。RCEP 向部分成员国提供了国内立法和完善的过渡期。CPTPP 包括了更多义务内容，竞争执法更加细化，可操作性更强。RCEP 对国有企业和指定垄断缺乏相关规定，而 CPTPP 均有所涉及。[③]第四，对于规则领域中的新兴议题，RCEP 与 CPTPP 涉及数字贸易开放度等方面的文本有所区别。对 RCEP 未规定的数字产品的非歧视待遇、未包含的源代码等内容，CPTPP 都有涉及。RCEP 规定维持目前不对电子传输内容

---

① 21 世纪经济报道：《RCEP 创造多个“第一”，巨型自贸协定意义重大》，http://fta.mofcom.gov.cn/article/rcep/rcepgfgd/202011/43588_1.html，2022 年 12 月 13 日访问。

② 复旦大学“一带一路”及全球治理研究院：《签署 RCEP 又申请“入群 CPTPP”：什么是亚太地区的贸易之“群”？》，https://brgg.fudan.edu.cn/articleinfo_4033.html，2022 年 12 月 23 日访问。

③ 殷敏，葛琛：《RCEP 竞争政策争端解决规则的困境及中国应对》，载《竞争政策研究》2022 年第 4 期，第 5-16 页。

征收关税的现行做法，而非 CPTPP 中规定的永久性做法。[①]第五，对于争端解决领域，RCEP 与 CPTPP 涉及程序大体相同，但一些具体时限、不受争端解决约束的特殊情况等方面的文本有所区别。在争端解决方面，RCEP 赋予缔约国更大的自主权，其多样灵活、渐进式的规则，充分考虑了亚洲国家现有机制的特征及影响。[②]

“一带一路”经贸规则范本建设具有一定的必要性和紧迫性。区域贸易协定特别是 RCEP 等巨型跨区域贸易协定，结合中国的 FTA、相关国内立法，可以为“一带一路”经贸规则范本建设提供很好的启示，支持“一带一路”经贸规则构建和发展，为“一带一路”高质量发展提供法治保障。

第三节　热 点 聚 焦

一、司法服务“一带一路”倡议

“一带一路”作为全方位、多领域的合作倡议，中外参与主体的司法需求涉及司法活动的各个环节，其深入发展离不开完善的司法保障。人民法院秉持开放包容的司法理念，切实履行国际条约义务，拓宽互惠原则的适用范围，统一申请承认和执行外国民商事判决案件的审查标准，与沿线国家司法机关进行充分合作，推动判决的承认与执行，建立健全国际商事争端解决机制和机构，营造了良好的法治环境，提升了我国司法公信力，为推动“一带一路”建设行稳致远提供了强有力的司法服务和保障。

（一）加强高层司法合作，推动司法全方位互联互通

“一带一路”沿线各国法律制度差异巨大，要合理地解决“一带一路”推进过程中的各种涉外法律争端，离不开各国司法机关的协作沟通。

2022 年 7 月，最高人民法院举办第 3 届中国—东盟大法官论坛并形成《第 3 届中国—东盟大法官论坛南宁声明》，就对接 RCEP 经贸新规则、知识产权合作、推进跨境在线诉讼方面达成了共识。[③]2022 年 9 月举办金砖国家大法官论

---

① 于鹏等：《RCEP 和 CPTPP 的比较研究与政策建议》，载《国际贸易》2021 年第 8 期，第 27－36 页。

② 孔庆江：《RCEP 争端解决机制：为亚洲打造的自贸区争端解决机制》，载《当代法学》2021 年第 2 期，第 34－43 页。

③《第 3 届中国—东盟大法官论坛南宁声明》，https://www.court.gov.cn/zixun-xiangqing-366561.html，2022 年 10 月 26 日访问。

坛并通过了《金砖国家大法官论坛共同声明》表示将促进贸易法律规则的协调统一。[①]截至目前，我国已经与“一带一路”沿线 39 个国家缔结双边司法协助条约，其中有 35 个含有民商事判决承认和执行的内容，极大推动了我国和缔约国之间判决的相互承认和执行。[②]

通过高层司法合作交流，各国司法机关聚焦“一带一路”法治建设新议题，积极分享、相互借鉴各国成功司法经验，并在规则适用对接、知识产权合作、跨境在线诉讼、判决承认与执行等方面取得了丰硕的成果，推动了诉讼、调解、仲裁、执行全方位互联互通。

（二）推动国际商事法庭实质化运行，提升涉外司法专业化水平

为依法及时公正审理国际商事案件，平等保护中外当事人合法权益，营造稳定、公平、透明、便捷的法治化营商环境，最高人民法院分别在深圳和西安设立第一、第二国际商事法庭作为专门处理国际商事纠纷的常设审判机构，法官由最高人民法院在具有丰富审判工作经验，熟悉国际条约、国际惯例以及国际贸易投资实务，能够同时熟练运用中文和英文作为工作语言的资深法官中选任，案件由三名或者三名以上法官组成合议庭进行审理，实行一审终审制，作出的判决、裁定是发生法律效力的判决、裁定，为“一带一路”参与者提供专业、高效的司法服务。[③]截至目前，国际商事法庭已受理案件 27 件、审结 11 件。[④]

在最高人民法院成立国际商事法庭之后，2020 年苏州国际商事法庭作为第一个地方国际商事法庭宣告成立，两年来，北京、成都、长春、厦门、南宁、无锡、泉州相继成立国际商事法庭处理国际商事纠纷，同时，针对海事、知识产权、金融领域法律纠纷专业性较强的特点，陆续设立上海、北京、成渝金融法院，上海、北京、广州知识产权法院，在全国 17 个省份设立知识产权法庭共 20 个，在原有的海事法院基础上，探索设立涉外海事法庭，专业化法院、法庭多点开花，有效地提升了涉外司法专业化水平，确保了司法服务高效、专业、

① 郭超凯：《金砖国家大法官论坛通过共同声明：将促进贸易法律规则的协调统一》，https://baijiahao.baidu.com/s?id=1744652926923149054&wfr=spider&for=pc，2022 年 10 月 26 日访问。

② 孙满桃：《我国司法的国际公信力和影响力正在不断提升》，https://m.gmw.cn/baijia/2022-09/27/36052356.html，2022 年 10 月 26 日访问。

③ 最高人民法院国际商事法庭：《国际商事法庭简介》，https://cicc.court.gov.cn/html/1/218/19/141/index.html，2022 年 10 月 26 日访问。

④ 乔文心：《以高质量司法护航高水平对外开放》，https://baijiahao.baidu.com/s?id=1745179485043415844&wfr=spider&for=pc，2022 年 10 月 26 日访问。

便捷，为“一带一路”建设提供了坚实的保障。

（三）发展“一站式”争端解决中心，满足多元化争端解决需求

在国际商事法庭的基础上，最高人民法院也积极支持“一带一路”国际商事纠纷通过调解、仲裁方式解决，选定符合条件的10家国际仲裁机构和2家国际调解机构，推动诉讼、仲裁和调解有机衔接，形成便利、快捷、低成本的“一站式”争端解决中心，为“一带一路”建设参与国当事人提供优质高效的法律服务。2021年7月，“一站式”国际商事纠纷多元化解决平台上线启动，平台整合外国法研究中心、法律查明资源库、国际商事专家委员会等资源形成域外法查明平台，直接对接国际仲裁机构、调解机构和智慧法院平台，实现立案、调解、证据交换、开庭等纠纷解决流程的线上一站式办理。并通过《最高人民法院关于设立国际商事法庭若干问题的规定》以及《最高人民法院国际商事法庭程序规则（试行）》进一步明确国际商事争端解决程序，对诉至国际商事法庭的案件，当事人协议选择纳入机制的调解机构调解达成调解协议的，国际商事法庭可以依照法律规定制发调解书；当事人要求发给判决书的，可以依协议的内容制作判决书送达当事人。当事人协议选择纳入机制的仲裁机构仲裁的，可以在申请仲裁前或者仲裁程序开始后，向国际商事法庭申请证据、财产或者行为保全；在仲裁裁决作出后，可以向国际商事法庭申请撤销或者执行仲裁裁决，由此实现调解、仲裁、诉讼的有机衔接，公正高效便利地解决国际商事纠纷。①

同时，各地在“一站式”争端解决中心上也有很多有益的尝试，成都、厦门相继建立“中央法务区”，重庆着力打造国际商事一站式多元解纷中心，②南京探索成立涉外商事“一站式”解决机制，③以司法及司法行政服务为引领，整合法律教学研究、法律服务资源，引进国际仲裁调解机构，搭建“一站式”国际商事争端解决平台，为国际化营商环境建设提供法律保障。

以厦门海丝中央法务区为例，海丝中央法务区集聚厦门国际商事法庭、厦

---

① 最高人民法院国际商事法庭：《“一站式”国际商事纠纷多元化解决平台》，https://cicc.court.gov.cn/html/1/218/321/323/index.html，2022年10月26日访问。

② 钱也：《重庆国际商事一站式多元解纷中心揭牌》，https://baijiahao.baidu.com/s?id=1740313074995186681&wfr=spider&for=pc，2022年10月26日访问。

③ 南京江北新区人民法院：《南京江北新区人民法院构建涉外商事纠纷“一站式”解决机制护航自贸试验区南京片区高质量发展》，http://www.njnacourt.gov.cn/njxxweb_publishing/www/nafy/ggdy_2_mb_a202206283629.html，2022年10月26日访问。

门涉外海事法庭、国际商事海事纠纷调解中心、厦门仲裁委员会、国际商事争端预防与解决组织（ICDPASO）（厦门代表处）等机构，创新“一平台、五中心”国际法律服务矩阵，即国际法务运营平台、福建省域外法查明中心、东盟国家法律查明服务（海丝中央法务区）中心、金砖国家法律服务中心、海丝法务国际税收服务中心、厦门市丝路企业数字化合规服务中心，探索“厦门国际商事法庭一站式司法服务平台”，打造“一带一路”、福建省、厦门市法律服务地图，为“一带一路”建设者提供法律支持。①

（四）拓展审判职能，全方位服务“一带一路”建设

除了履行审判职责之外，最高人民法院还积极拓展审判职能，在帮助参加“一带一路”建设企业熟悉掌握相关国际规则，防范风险、总结类案经验，加强调研指导，发挥典型案例的指导作用和司法建议的预警作用方面取得了一定的成果。2022 年 8 月 24 日，最高人民法院国际商事专家委员会第三届研讨会暨首批专家委员续聘活动举行，四年多来，国际商事专家委员会承担案件调解、域外法查明、就涉外司法解释和司法政策的制定提供意见和建议等多项职责，形成了七份研究报告，在深化涉外法治合作、凝聚法治报告共识上发挥了重要作用。② 2022 年 2 月，最高人民法院发布第三批涉“一带一路”建设典型案例，充分发挥案例示范作用。③同时，最高人民法院、各地区法院也积极与高校科研机构合作，成立域外法查明中心、外国法律研究中心、涉外法治研究院所，从事“一带一路”法治问题研究，培养“一带一路”涉外法治人才。最高人民法院民四庭副庭长沈红雨表示，下一步，将进一步推动国际商事法庭实质化运行，健全“一站式”国际商事纠纷多元化解决机制，加大“一带一路”典型案例发布，建设“一带一路”法律数据库，加强国际司法交流合作的广度和深度，在为中外当事人提供优质高效司法服务的同时，不断创造和丰富国际商事纠纷解决的中国智慧、中国经验、中国标准。④

---

① 《海丝中央法务区建设十大成果发布》，https://mp.weixin.qq.com/s?__biz=MzA5NTgxMjI2NQ==&mid=2650638196&idx=3&sn=19a95e4d4fa313c1f4d6e0eb28e23a37&chksm=88b088b2bfc701a47f2049520c0f31b180e468d1d50078100eec1167e05398b5efcc1633425f&scene=27，2022 年 10 月 26 日访问。

② 最高人民法院：《跨境商事诉讼的发展、挑战与对策——最高人民法院国际商事专家委员会第三届研讨会暨首批专家委员续聘活动综述》，https://baijiahao.baidu.com/s?id=1742331995798312916&wfr=spider&for=pc，2022 年 10 月 26 日访问。

③ 最高人民法院：《最高法发布第三批涉“一带一路”建设典型案例》，https://www.court.gov.cn/zixun-xiangqing-347711.html，2022 年 10 月 26 日访问。

④ 《最高法：积极建设“一带一路”法律数据库》，http://news.cngold.org/c/2022-10-08/c8331130.html，2022 年

二、“数字丝绸之路”推动“一带一路”高质量发展

2017年5月，国家主席习近平在首届“一带一路”国际合作高峰论坛上首次提出“数字丝绸之路”的概念。在新冠肺炎疫情影响下，传统贸易投资合作与产业链供应链格局遭受严重冲击，在此背景下，“数字丝绸之路”建设的重要意义进一步上升。五年来，数字经济高度融入“一带一路”发展，“数字丝绸之路”建设成果显著，对“一带一路”沿线国家乘上数字经济的高速列车、加快经济发展和基础设施建设，恢复就业和稳定民生发挥了重要作用。

（一）构建“数字丝绸之路”制度框架与数字治理体系

“数字丝绸之路”概念提出后，我国积极倡导发起《携手构建网络空间命运共同体行动倡议》《“一带一路”数字经济国际合作倡议》等国际合作倡议，同时积极参与多边多方数字经济治理机制活动，申请加入《全面与进步跨太平洋伙伴关系协定》（CPTPP）和《数字经济伙伴关系协定》（DEPA）。①《“十四五”数字经济发展规划》进一步指出，要加快贸易数字化发展，推动“数字丝绸之路”深入发展。②中国积极与东盟开展智慧城市合作，建设中国—东盟信息港，与非洲合作“数字创新伙伴计划”，搭建数字经济合作平台，推动“数字丝绸之路”建设，帮助“一带一路”沿线国家加强数字基建、发展数字经济。在双边合作方面，目前中国已与16个国家签署“数字丝绸之路”合作谅解备忘录，与24个国家建立“丝路电商”双边合作机制，数字贸易竞争力持续增强。③

数字经济的蓬勃发展，更凸显了加强数字治理体系构建的重要性。2021年10月19日，以“数字经济时代的知识产权保护与国际合作”为主题的第十八届上海知识产权国际论坛在沪举办，④加快了数字知识产权认证和技术标准建设，同时，通过世界互联网大会等平台推进与合作国家一起开展构建规范、高效、有序、公平、开放和安全的数字环境，共同探索形成统一数字治理标准、数据分享原则等，增强数字经济治理的全球话语权。

10月26日访问。

① 张翼：《我国全面推进加入〈数字经济伙伴关系协定〉谈判》，https://m.gmw.cn/baijia/2022-08/23/35970739.html，2022年10月26日访问。

② 国务院：《国务院关于印发“十四五”数字经济发展规划的通知》，http://www.gov.cn/zhengce/content/2022-01/12/content_5667817.htm，2022年10月26日访问。

③ 戴小河，潘洁：《2021年我国跨境电商进出口规模近2万亿元》，https://www.yidaiyilu.gov.cn/xwzx/gnxw/285887.htm，2022年10月26日访问。

④ 中国证券报：《紧扣数字经济时代探索知识产权和前沿技术的结合》，https://baijiahao.baidu.com/s?id=1717211914027329191&wfr=spider&for=pc，2022年10月26日访问。

（二）深化基础设施建设与合作，缩小“数字鸿沟”

“一带一路”沿线部分国家和地区仍面临数字基础设施薄弱、互联网接入比例低等问题。近年来，中国信息技术与软硬件产品和服务广泛应用于“一带一路”沿线国家和地区市场，为弥合数字经济鸿沟，发展数字经济，推进“一带一路”全方位互联互通，实现高质量共同发展发挥了重要作用。

在疫情冲击背景下，“数字丝绸之路”在中国创建新贸易生态系统、深化与发展中国家的贸易关系的过程中扮演重要角色。它包含大量技术项目，比如建设 5G 基站、铺设光纤电缆、建设和装备数据中心等。中国和缅甸、中国和巴基斯坦、中国和吉尔吉斯斯坦、中国和俄罗斯跨境光缆信息通道建设取得明显进展。中国与国际电信联盟签署《关于加强“一带一路”框架下电信和信息网络领域合作的意向书》，与吉尔吉斯斯坦、塔吉克斯坦、阿富汗签署丝路光缆合作协议，实质性启动了丝路光缆项目。①华为、中兴等企业大举进军中东北非、东南亚地区的商业和电信市场，开展 5G 等基础设施合作，推动当地数字基础设施建设。当前，非洲首个 5G 独立商用网络由中兴通讯与南非本土运营商合作建成。②在 2022 全球移动宽带论坛期间，华为发布了普惠联接 RuralLink 解决方案。通过整站创新，使能整站绿色、极简、易演进，使得运营商在偏远区域建设商业正循环的移动网络成为可能，为消除数字鸿沟，推进“数字丝绸之路”，实现“一带一路”高质量发展提供了新的解决方案。③

（三）大力发展“丝路电商”，共享数字红利

在疫情等因素影响下，线下开拓市场受阻，“丝路电商”成为加速推动“一带一路”建设的重要抓手，成为“一带一路”经贸合作的重要组成部分。

自 2017 年以来，中国跨境电商规模五年间增长近 10 倍。2021 年，中国跨境电商进出口规模达到 1.98 万亿元人民币，同比增长 15%。④中国已与 20 多个国家签署电子商务合作备忘录并建立双边电子商务合作机制，共同开展政策沟通、规划对接、产业促进、地方合作、能力建设等多层次多领域的合作。目前，

---

① 光电通信网：《中国电信与阿富汗电信启动丝路光缆项目实现沿线国家网络互联互通》，http://www.ofec.com.cn/node/15062，2022 年 12 月 26 日访问。

② 环球时报：《消除数字鸿沟，拉动双边贸易，中非共同打造数字丝绸之路》，https://baijiahao.baidu.com/s?id=1748010766258626352&wfr=spider&for=pc，2022 年 10 月 26 日访问。

③ 华为：《消除数字鸿沟，华为发布普惠联接 RuralLink 解决方案》，https://www.huawei.com/cn/news/2022/10/microwave-fronthaul-co-use%20bbu-green，2022 年 10 月 26 日访问。

④ 中国新闻网：《〈中国跨境电商发展报告蓝皮书〉发布》，https://baijiahao.baidu.com/s?id=1740687005585968589&wfr=spider&for=pc，2022 年 10 月 26 日访问。

“丝路电商”的合作伙伴遍及五大洲，成为经贸合作新渠道和新亮点。[①]

同时，国务院先后分6批设立了跨境电商综合试验区，各地还举办了一系列活动，通过专区销售、基地直播、上线国家馆和多平台联动等方式，有力促进“丝路电商”伙伴国优质特色产品对接中国市场，拓展贸易投资的新渠道。2022年8月，第六届全球跨境电子商务大会聚焦“买全球、卖全球”主题，线上线下结合，举办“1+6+1”活动，为跨境电商提供了交流、合作的平台；[②]2022年9月，2022中国—东盟丝路电商论坛在广西南宁举行，并开展线上论坛专场网络促销节，以“互联网+特色产品”的推广模式，助力特色产品“走出去”。

三、“一带一路”绿色金融发展迎来新机遇

近年来，由于绿色“一带一路”建设对环境可持续性问题的关注，绿色金融作为解决相关问题的重要推动力量，迎来了新的发展机遇。[③]绿色金融是指为支持改善环境、应对气候变化和实现资源节约高效利用的经济活动，即对环保、节能、清洁能源、绿色交通、绿色建筑等领域的项目投融资、项目运营、风险管理等所提供的金融服务。[④]在绿色金融赋能“一带一路”可持续发展的过程中，为“一带一路”绿色金融发展提供法治保障具有重大意义。

（一）绿色金融赋能“一带一路”可持续发展

目前，绿色“一带一路”建设正面临着环境可持续性风险和挑战，生态环保国际合作水平有待提升，应对气候变化约束条件更为严格。[⑤]“一带一路”投资建设面临的环境挑战主要来源于能源和基础设施项目。针对上述风险和挑战，开发实践性和创新性兼具的绿色金融服务，是引导资源向绿色项目流动、解决绿色“一带一路”建设问题的重要途径。为此，中国发起G20绿色金融研究小组，成立“一带一路”绿色发展国际联盟，设立央行与监管机构绿色金融网络（NGFS），参与可持续金融国际平台（IPSF），发布《“一带一路”绿色投资原则》

---

① 《人民日报》（海外版）：《“丝路电商”打开双向通道》，https://baijiahao.baidu.com/s?id=1748150591976979374&wfr=spider&for=pc，2022年10月26日访问。

② 大河网：《第六届全球跨境电商大会8日在郑州开幕这次现场展销进口商品万余种》，https://baijiahao.baidu.com/s?id=1740340618889921258&wfr=spider&for=pc，2022年10月26日访问。

③ 中国人民银行国际司课题组：《以绿色金融合作支持“一带一路”建设》，载《中国金融》2021年第22期，第20-22页。

④ 中国人民银行等：《关于构建绿色金融体系的指导意见》，银发〔2016〕228号，2016年8月31日。

⑤ 国家发展和改革委员会等：《关于推进共建“一带一路”绿色发展的意见》，发改开放〔2022〕408号，2022年3月16日。

（GIP），提出“一带一路”绿色发展伙伴关系倡议，积极推进绿色金融国际合作机制的构建。[①]

具体来看，绿色金融多途径赋能解决“一带一路”可持续发展的主要问题有：

1.“一带一路”能源项目存在资源消耗、温室气体排放等问题[②]

2021 年 9 月，习近平主席出席第七十六届联合国大会一般性辩论时提出，为了支持发展中国家能源绿色低碳发展，中国将不再新建境外煤电项目。[③]2022 年 2 月，国家发改委、国家能源局发布意见，要求完善能源绿色低碳转型的金融支持政策，探索“碳中和”债券、可持续发展挂钩债券等相关绿色金融产品。[④]

2.“一带一路”交通、房建等基础设施项目有造成环境污染、地形水文破坏、生物多样性减少的风险[⑤]

与此同时，自 2019 年底以来，美国的“蓝点网络”计划（Blue Dot Network）提高了全球基础设施建设标准，可能会通过人权、环境等指标打压“一带一路”基建项目的竞争力。中国可以利用多边开发融资合作中心（Multilateral Cooperation Center for Development Finance，简称 MCDF）、亚洲基础设施投资银行（简称亚投行）等国际开发融资合作机制和相关绿色金融项目，比如亚投行对口行的绿色转贷项目，帮助打造和提升环境可持续的绿色基建制度标准。[⑥]2022 年 9 月，第 13 届国际基础设施投资与建设高峰论坛发布《“一带一路”国家基础设施发展指数报告（2022）》，指出绿色金融有力推动“一带一路”相关国家能源、交通、房建等领域绿色基础设施项目落地，促进绿色转型的新型行业生态初步形成，支持应对全球性气候变化，赋能“一带一路”可持续发展。[⑦]

---

① 国务院新闻办公室：《“一带一路”绿色发展伙伴关系倡议》，2021 年 6 月 24 日。

② World Bank，Belt and Road Economics：Opportunities and Risks of Transport Corridors，pp.111-112，https://openknowledge.worldbank.org/bitstream/handle/10986/31878/9781464813924.pdf，accessed on 13 December 2022.

③ 国务院新闻办公室：《中国应对气候变化的政策与行动》，2021 年 10 月。

④ 国家发展和改革委员会、国家能源局：《关于完善能源绿色低碳转型体制机制和政策措施的意见》，发改能源〔2022〕206 号，2022 年 1 月 30 日。

⑤ Meihui Zhang，Chi Zhang，Fenghua Li，Ziyu Liu，“Green Finance as an Institutional Mechanism to Direct the Belt and Road Initiative towards Sustainability：The Case of China”，14 Sustainability（2022） 6164.

⑥ 顾宾，徐程锦：《高质量“一带一路”国际合作机制研究：基于“蓝点网络”和 MCDF 的分析视角》，载《国际经贸探索》2022 年第 4 期，第 102 – 112 页。

⑦ 国际基础设施投资与建设高峰论坛：《“一带一路”国家基础设施发展指数报告（2022）》，2022 年 9 月 28 日。

（二）“一带一路”绿色金融发展的法治保障

“一带一路”绿色金融体系能够通过多层次的绿色信贷、绿色债券、绿色股票指数和相关产品、绿色发展基金、绿色保险、碳金融等金融工具为绿色“一带一路”建设提供资金支持。然而，域外经验显示，在绿色金融特别是环境、社会和公司治理（Environment，Social and Governance，简称 ESG）与碳中和领域，一些企业和金融机构存在“洗绿”行为（Greenwashing）。[①]为“一带一路”绿色金融发展提供法治保障，有助于规制类似行为，且能够通过完善发行制度、规范交易流程、提升透明度等方式鼓励绿色金融市场创新发展，具有重大意义。

目前，中国关于绿色金融发展规划和产业指导、绿色信贷、绿色债券的主要最新政策法规如下：

1. 绿色金融发展规划和产业指导方面

2022 年 1 月，中国人民银行会同市场监管总局、银保监会、证监会联合印发《金融标准化“十四五”发展规划》，规划绿色金融标准化发展。[②]2022 年 6 月，银保监会发布《银行业保险业绿色金融指引》，指导绿色金融产业发展。[③]

2. 绿色信贷方面

绿色信贷主要为处于产业链不同位置的企业采取灵活的放贷政策，支持绿色创新技术的研发。2022 年 7 月，最高人民法院发布《最高人民法院关于为加快建设全国统一大市场提供司法服务和保障的意见》，要求妥善审理涉碳排放配额、核证自愿减排量交易、碳交易产品担保以及企业环境信息公开、涉碳绿色信贷、绿色金融等纠纷案件，助力完善碳排放权交易机制。[④]

3. 绿色债券方面

绿色债券主要为投资额大、建设周期长、回款期限长的项目提供稳定的现金流保障，为绿色转型的企业进行债券的利率、长短期搭配，调整和控制企业的债务结构和风险。2021 年 4 月，中国人民银行、发展改革委、证监会印发《绿色债券支持项目目录（2021 年版）》，其二级和三级目录与国际主流绿色资产分

---

① 中央财经大学绿色金融国际研究院：《重焕 ESG 公募基金“绿色”生机：ESG 公募基金“漂绿”行为应对措施》，http://iigf.cufe.edu.cn/info/1012/5521.htm，2022 年 12 月 13 日访问。

② 中国人民银行等：《金融标准化“十四五”发展规划》，银发〔2022〕18 号，2022 年 1 月 23 日。

③ 中国银保监会：《银行业保险业绿色金融指引》，银保监发〔2022〕15 号，2022 年 6 月 1 日。

④ 最高人民法院：《最高人民法院关于为加快建设全国统一大市场提供司法服务和保障的意见》，法发〔2022〕22 号，2022 年 7 月 14 日。

类标准基本一致。[①]2022 年 7 月，经中国人民银行和中国证监会同意，绿色债券标准委员会正式发布《中国绿色债券原则》，明确募集资金应 100%用于绿色项目，并参考国际资本市场协会（ICMA）发布的《绿色债券原则》（GBP）实现与国际绿色债券标准接轨。

四、"一带一路"对外援助法律规制

我国对外援助已经走过 70 多年历史。如今，在全球发展倡议框架下，中国对外援助正加快向国际发展合作转型升级。[②]因此，进一步加强对外援助领域的法律规制更显关键。

（一）对外援助工作稳步推进

2022 年，我国对外援助工作始终稳步推进。在抗击新冠疫情的斗争中，我国助力世界各国筑起抗疫防线，如 2 月 18 日，我国向所罗门群岛援助检测试剂、制氧机及个人防护设备；[③]3 月 23 日，中缅合作生产新冠疫苗在缅甸仰光正式投产；5 月，我国和埃及联合向加沙地带援助 50 万剂新冠疫苗等，[④]为世界疫情防控作出了积极贡献。

除此之外，2022 年 6 月，国家主席习近平在全球发展高层对话会上明确提出中国将加大对全球发展合作的资源投入，把南南合作援助基金整合升级为"全球发展和南南合作基金"，支持开展全球发展倡议合作。[⑤]这表明我国对外援助不但做到"授人以鱼"，更坚持"授人以渔"。2022 年 3 月 21 日正式启用的中国政府援柬埔寨考斯玛中柬友谊医院，我国不仅提供基础设施建设援助、医疗设施援助，更重视开展医疗合作与培养，促进当地医疗水平的不断提高。[⑥]2022 年 7 月，我国参与建设的黑山首条高速公路优先段通车，这不仅意味着基础设

① 中国人民银行等：《中国人民银行、发展改革委、证监会印发〈绿色债券支持项目目录（2021 年版）〉》，http://www.gov.cn/xinwen/2021-04/22/content_5601285.htm，2022 年 12 月 13 日访问。

② 汤瑛：《打造落实倡议新平台，汇聚发展共赢新动能》，载《人民日报》2022 年 10 月 21 日，第 18 版。

③ 新华网：《中国政府新一批援助抗疫和警用物资运抵所罗门群岛》，http://www.news.cn/world/2022-02/18/c_1128392762.htm，2022 年 10 月 27 日访问。

④ 李晓骁、赵益普、沈小晓、颜欢：《中国疫苗持续助力全球抗疫》，载《人民日报》2022 年 5 月 4 日，第 3 版。

⑤ 习近平：《构建高质量伙伴关系　共创全球发展新时代——在全球发展高层对话会上的讲话》，载《光明日报》2022 年 6 月 25 日，第 2 版。

⑥ 国家国际发展合作署：《中国政府援柬埔寨考斯玛中柬友谊医院正式启用》，http://www.cidca.gov.cn/2022-03/23/c_1211619470.htm，2022 年 10 月 27 日访问。

施的完善，更为其未来发展打下基础。[①]这些对外援助的成功案例均体现了我国推动“一带一路”沿线各国共同发展，推动构建人类命运共同体的决心。

（二）对外援助管理体制日渐完善

我国援外管理机制先后历经总交货人制、承建部负责制、投资包干制、承包责任制、商务部对外援助司负责制等制度，最终将援外管理部门重归专门部委。[②]2021 年 8 月 31 日，国家国际发展合作署、外交部、商务部联合发布了部门规章《对外援助管理办法》（以下简称《办法》），并于 2021 年 10 月 1 日起正式施行。这一部门规章将商务部对外援助有关职责、外交部对外援助协调等职责整合，组建了国家国际发展合作署，构建了新的援外管理体制，将援外管理体制改革的成果以立法形式固定下来，完善了对外援助的决策与执行机制。

《办法》中进一步明确了各部门的工作职能，以国家国际发展合作署为决策部门，负责拟订对外援助方针政策，编制对外援助项目年度预决算，确定对外援助项目等；以商务部等为对外援助执行部门，承担对外援助具体执行工作，负责项目组织管理、人员选拔、资金管理等工作；外交部则负责根据外交工作需要提出对外援助相关建议，统筹管理所在国的对外援助工作。[③]此管理体制的建立影响深远，一方面赋予国家国际发展合作署更大的自主权，提高决策与协调效率；另一方面进一步与国际接轨，有利于推动“一带一路”建设与人类命运共同体建设。

但除此之外，我国对外援助法律体系也有需要完善之处，亟待从指导理念到规范体系实现整体转型升级。完整的对外援助法律体系应当以统筹国内法治和涉外法治为指导理念，涵盖对外援助基本法、对外援助规章、规范性文件、关于对外援助的国际条约与国际软法。因此除该法律文件外，我国还应进一步完善援外法律体系，推进对外援助基本法的立法工作，从而为援外的执行与管理各个环节提供法律保障。

（三）对外援助监督与评估机制逐步建立

《办法》中也强调了建立监督评估机制的重要性。国家国际发展合作署会同援外执行部门建立对外援助项目监督与评估制度，对对外援助项目的实施情况进行监督，开展评估。我国在国家国际发展合作署内首次设立监督评估司，强

① 吴乐珺等：《开创全球发展事业更加光明的前景》，载《人民日报》2022 年 9 月 21 日，第 3 版。
② 赵美艳：《中国对外援助制度及其完善问题研究》，2020 年外交学院博士学位论文，第 55－60 页。
③ 参见《对外援助管理办法》第 6 条。

化援外项目事中监督和事后评估，构建了分工明晰、各司其职的援外项目管理体系。[①]2022 年 7 月，国家国际发展合作署与商务部共同主办了国际发展合作阳光论坛，总结了我国对外援助反腐成果，提出了四点“阳光倡议”，向世界分享了中国反腐经验。[②]

此外，《办法》明确了对外援助项目实施主体、相关部门工作人员的法律责任。其中，对项目实施主体转包或违法分包、未按合同履行义务或者迟延履行义务、挪用对外援助资金等行为规定了行政处罚措施，对部门工作人员索贿受贿、滥用职权、玩忽职守、泄露国家秘密等行为追究行政及刑事责任。上述对外援助执行工作的反腐败理念与实践体现了我国对援外执行廉政风险防控的重视，只有打通对外援助立法、执法、司法等各个环节，才能促进援外项目管理的法制化、规范化，对外援助工作才能行稳致远。

第四节 展望与建议

一、展望

展望“一带一路”发展前景，“一带一路”倡议正在逐步成为深受沿线国家欢迎的国际公共产品和国际合作平台。共建“一带一路”的国家数量不断增加，合作质量不断提高。应当说，中国同沿线国家共建“一带一路”合作布局持续完善，其成果也不断显现。[③]通过共建“一带一路”国际合作平台，中国企业能够更好地走向世界，既能推动沿线发展中国家的基础设施建设，为当地人民提供就业机会；又能拉动贸易增长，增强多边合作，为世界发展提供新机遇。在此基础上，共建“一带一路”对于维护地区和世界和平、支持经济全球化发展以及改善全球治理等方面也都产生了直接的积极效应，最终为推动构建人类命运共同体起到了实践平台和重要驱动作用。

在共建“一带一路”的新征程中，法治建设工作仍然发挥着举足轻重的作

---

① 国家国际发展合作署：《罗照辉分享中国在国际发展合作领域反腐重要经验》，http://www.cidca.gov.cn/2022-07/21/c_1211669396.htm，2022 年 10 月 27 日访问。

② 国家国际发展合作署：《国际发展合作阳光论坛成功举行》，http://www.cidca.gov.cn/2022-07/21/c_1211669422.htm，2022 年 10 月 27 日访问。

③ 毛新雅：《共建“一带一路”成为深受欢迎的国际公共产品和国际合作平台》，载《光明日报》2022 年 11 月 8 日，第 6 版。

用，推进“一带一路”法治建设应从如下角度开展：一是完善“一带一路”相关法律规范体系。进一步将高标准国际经贸规则引入国内立法，大力推进自身涉外经贸法治现代化。在后疫情时代世界经济总体下行、投资风险增加的背景之下，以完备的法律法规为投资者增加信心，促进可持续发展。二是加强共建“一带一路”各环节司法保障。我国应加强与沿线司法机关的合作，建立健全国际商事争端解决机制。同时拓展审判职能，发挥涉“一带一路”建设典型案例的示范作用，提升我国司法公信力，为高水平共商共建共享提供司法保障。三是强化涉外法律服务，维护企业在海外投资的合法权益。企业应仔细评估所在国的法律法规，强化自身合规管理，在投资合同中明确权利义务、争端解决方式，充分发挥投资双方优势和潜能，共同营造更加良好的投资环境。

二、建议

当前，“一带一路”倡议的法律制度供给能力正在得到不断加强，然而受国际政治经济局势变化及贸易保护主义因素等的综合影响，“一带一路”合作也面临着诸多政治、经济和法律风险。2021 年 4 月，澳大利亚以不符合澳大利亚的“外交政策”为由，宣布取消维多利亚州与中国此前签署的“一带一路”协议。5 月，欧洲议会以压倒性的票数通过了冻结中欧投资协定的议案。美国持续的经济制裁政策，也对全球经济的发展稳定造成了破坏。近年来，持续的新冠疫情影响，也给“一带一路”合作带来了不确定性风险。

“一带一路”是国际商事交流活动的重要通道，规范投资行为、防范多种风险是开放与发展过程中应当始终关注的。在推进“一带一路”法治建设不断发挥实然效果过程中，建议应当注意以下几个方面。

（一）加强防范风险的国际合作

“一带一路”是一个复杂系统工程，需要各国政府之间加大协调力度，建立更高水平的合作机制来防范风险。我们要坚持把遵守国际法和相关国家的国内法纳入合作协议当中，加强与合作伙伴国在税收征管、审计监管、反腐败、反洗钱等领域的合作。此外，还有必要加强治国理政经验的交流，提升沿线国家执法能力。在国际层面，还要加大和世界贸易组织、联合国国际贸易法委员会等国际和区域法律组织的合作。

（二）推进“一带一路”法律风险评估，巩固法律合作成果

截至 2022 年底，涉及“一带一路”的法律文件已有上千部，但其中相当一

部分仅是对倡议理念内涵的阐释，涉及专门法律制度建设的规范相对较少。[①]“一带一路”作为国家级顶层合作倡议，在推进相关合作文件发挥实效的过程中，需要不断在现有合作发展计划的基础上，根据双边落实情况稳步推进更进一步合作的深度与广度，进行更进一步市场开放的承诺，需要进行必要的法律风险评估。

（三）完善境外投资的总体规划和布局，助力企业成功投资

可以组织专家团队深入调研“一带一路”沿线各国国情和法律风险，通过发布风险评估报告、投资贸易国别指导目录来引导企业投资。可以在投资目标国和地区设立专业机构，包括律师事务所、咨询公司、风险评估公司等，为海外投资企业提供专业帮助。相关商会、企业、高校、科研院所也可对各类风险进行辅助动态评估，特别是要加大对智库的支持力度，鼓励对投资风险进行专业化研究。[②]

（四）对外投资活动开展应尊重国情差异，加强企业风险管理

在企业商事活动开展过程中，充分了解当地法律规范对相关投资活动的规制状况，是一切活动开展的必要准则。尤其是了解相关法律规范对于企业社会责任的要求，准确把握环保要求、工程标准等。有条件的企业可以设立风险管理部门，专门履行风险管理职能，制定风险解决方案和应对预案。

---

① 以“一带一路”为关键词在北大法宝数据平台进行检索，得到共计 3024 项结果；将检索条件设置为标题，得到 119 项结果，检索时间：2022 年 12 月 13 日。

② 金鑫：《“一带一路”建设中的法律风险认识与防范——在“‘一带一路’国际法治论坛”上的主旨发言》，http://iolaw.cssn.cn/xszl/gjf10/ydyl/202001/t20200103_5070978.shtml，2022 年 12 月 13 日访问。

第二章　中国数据涉外法治发展

第一节　大　事　记

一、《互联网信息服务算法推荐管理规定》出台

2021 年 12 月 31 日，国家互联网信息办公室、工业和信息化部、公安部、国家市场监管总局联合发布《互联网信息服务算法推荐管理规定》，自 2022 年 3 月 1 日起施行。《互联网信息服务算法推荐管理规定》旨在规范互联网信息服务算法推荐活动，促进互联网信息服务健康发展。[①]

二、《车联网网络安全和数据安全标准体系建设指南》出台

2022 年 3 月 7 日，工业和信息化部发布了《车联网网络安全和数据安全标准体系建设指南》，提出了车联网网络安全和数据安全标准体系的建设目标：到 2023 年底，初步构建起车联网网络安全和数据安全标准体系；到 2025 年，形成较为完善的车联网网络安全和数据安全标准体系。重点研究基础共性、终端与设施网络安全、网联通信安全、数据安全、应用服务安全、安全保障与支撑等标准。[②]

三、多项国家标准正式发布

2022 年 4 月 15 日，国家市场监督管理总局、国家标准化管理委员会发布了一批数据领域的国家标准，包括《信息安全技术移动互联网应用程序（App）

---

① 中央网信办：《互联网信息服务算法推荐管理规定》，http://www.cac.gov.cn/2022-01/04/c_1642894606364259.htm，2022 年 11 月 20 日访问。

② 中国工信部：《车联网网络安全和数据安全标准体系建设指南》，http://www.gov.cn/zhengce/zhengceku/2022-03/07/5677676/files/86bf96e577cb4af7bd8c2fea745d63e1.pdf，2022 年 12 月 20 日访问。

收集个人信息基本要求（GB/T 41391—2022）》①、《信息安全技术网络数据处理安全要求（GB/T 41479—2022）》②、《信息安全技术信息安全风险评估方法（GB/T 20984—2022）》③等。

四、《移动互联网应用程序信息服务管理规定》施行

2022 年 6 月 14 日，国家互联网信息办公室发布新修订的《移动互联网应用程序信息服务管理规定》，自 2022 年 8 月 1 日起施行。修订发布新《规定》旨在进一步依法监管移动互联网应用程序，促进应用程序信息服务健康有序发展。④

五、《网络安全标准实践指南——个人信息跨境处理活动安全认证规范》出台

2022 年 6 月 24 日，为落实《个人信息保护法》关于建立个人信息保护认证制度的相关要求，指导个人信息处理者规范开展个人信息跨境处理活动，全国信息安全标准化技术委员会发布了《网络安全标准实践指南——个人信息跨境处理活动安全认证规范》。本《实践指南》提出了个人信息跨境处理活动安全的基本原则，规定了个人信息跨境处理活动的基本要求和个人信息主体权益保障要求。⑤

六、《数据出境安全评估办法》《数据出境安全评估申报指南（第一版）》出台

2022 年 7 月 7 日，国家互联网信息办公室公布《数据出境安全评估办法》自 2022 年 9 月 1 日起施行。《数据出境安全评估办法》规定了数据出境安全评

① 国家市场监督管理总局、国家标准化管理委员会：《信息安全技术移动互联网应用程序（App）收集个人信息基本要求》，https://std.samr.gov.cn/gb/search/gbDetailed?id=DD3D95E5C13071EBE05397BE0A0AF33F，2022 年 11 月 20 日访问。

② 国家市场监督管理总局、国家标准化管理委员会：《信息安全技术网络数据处理安全要求》，https://std.samr.gov.cn/gb/search/gbDetailed?id=DD3D95E5C12471EBE05397BE0A0AF33F，2022 年 11 月 20 日访问。

③ 国家市场监督管理总局、国家标准化管理委员会：《信息安全技术信息安全风险评估方法》，https://std.samr.gov.cn/gb/search/gbDetailed?id=DD3D95E5C09371EBE05397BE0A0AF33F，2022 年 11 月 20 日访问。

④ 中央网信办：《移动互联网应用程序信息服务管理规定》，http://www.cac.gov.cn/2022-06/14/c_1656821626455324.htm，2022 年 11 月 20 日访问。

⑤ 全国信息安全标准化技术委员会：《网络安全标准实践指南——个人信息跨境处理活动安全认证规范》，https://www.tc260.org.cn/upload/2022-06-24/1656064151109035148.pdf，2022 年 11 月 20 日访问。

估的范围、条件和程序，为数据出境安全评估工作提供了具体指引。[①]

2022 年 8 月 31 日，为了指导和帮助数据处理者规范、有序申报数据出境安全评估，国家互联网信息办公室编制了《数据出境安全评估申报指南（第一版）》，对数据出境安全评估申报方式、申报流程、申报材料等具体要求作出了说明。[②]

七、网信办对滴滴作出网络安全审查相关行政处罚决定

2022 年 7 月 21 日，国家互联网信息办公室（简称“网信办”）依据《网络安全法》《数据安全法》《个人信息保护法》《行政处罚法》等法律法规，对滴滴全球股份有限公司处人民币 80.26 亿元罚款，对滴滴全球股份有限公司董事长兼 CEO 程维、总裁柳青各处人民币 100 万元罚款。[③]

八、中国证监会、财政部与美国监管机构签署审计监管合作协议

2022 年 8 月 26 日，中国证券监督管理委员会、中华人民共和国财政部，与美国公众公司会计监督委员会（PCAOB）签署审计监管合作协议。合作协议依据两国法律法规，尊重国际通行做法，按照对等互利原则，就双方对相关会计师事务所合作开展监管检查和调查活动作出了明确约定，形成了符合双方法规和监管要求的合作框架。合作协议的签署，是中美双方监管机构在解决审计监管合作这一共同关切问题上迈出的重要一步。[④]

九、《医疗卫生机构网络安全管理办法》施行

2022 年 8 月 8 日，国家卫生健康委、国家中医药局、国家疾控局印发《医疗卫生机构网络安全管理办法》，自印发之日起实施。《医疗卫生机构网络安全管理办法》全文共 6 章 34 条，分为总则、网络安全管理、数据安全管理、监督管理、管理保障、附则，明确了各医疗卫生机构网络及数据安全管理基本原则、

---

① 中央网信办：《数据出境安全评估办法》，http://www.cac.gov.cn/2022-07/07/c_1658811536396503.htm，2022 年 11 月 20 日访问。

② 中央网信办：《数据出境安全评估申报指南（第一版）》，http://www.cac.gov.cn/2022-08/31/c_1663568169996202.htm，2022 年 11 月 20 日访问。

③ 中央网信办：《国家互联网信息办公室对滴滴全球股份有限公司依法作出网络安全审查相关行政处罚的决定》，http://www.cac.gov.cn/2022-07/21/c_1660021534306352.htm，2022 年 11 月 20 日访问。

④ 中国证监会：《中国证监会、财政部与美国监管机构签署审计监管合作协议》，http://www.csrc.gov.cn/csrc/c100028/c5572328/content.shtml，2022 年 11 月 20 日访问。

管理分工、执行标准、监督及处罚要求，为医疗卫生机构指明了网络安全管理的总方向。①

十、14项网络安全国家标准发布

2022年10月14日国家市场监督管理总局、国家标准化管理委员会发布了全国信息安全标准化技术委员会归口的14项国家标准，涵盖生物识别数据安全要求、个人信息安全工程指南、汽车数据处理安全要求、互联网信息服务数据安全要求等多个重要领域。具体包括：（1）《信息技术 安全技术 网络安全 第3部分：面向网络接入场景的威胁、设计技术和控制》、（2）《信息技术 安全技术 网络安全 第4部分：使用安全网关的网间通信安全保护》、（3）《信息安全技术 步态识别数据安全要求》、（4）《信息安全技术 基因识别数据安全要求》、（5）《信息安全技术 声纹识别数据安全要求》、（6）《信息安全技术 个人信息安全工程指南》、（7）《信息安全技术 人脸识别数据安全要求》、（8）《信息安全技术 汽车数据处理安全要求》、（9）《信息安全技术 即时通信服务数据安全要求》、（10）《信息安全技术 快递物流服务数据安全要求》、（11）《信息安全技术 网上购物服务数据安全要求》、（12）《信息安全技术 网络支付服务数据安全要求》、（13）《信息安全技术 网络音视频服务数据安全要求》、（14）《信息安全技术 网络预约汽车服务数据安全要求》。上述标准实施日期均为2023年5月1日。②

十一、多地发布数据条例

2022年，陆续又有多个省市出台相关数据条例，截至年末，已有22个省市出台相关数据条例，包括《浙江省公共数据条例》《重庆市数据条例》《黑龙江省促进大数据发展应用条例》《陕西省大数据条例》《辽宁省大数据发展条例》《江苏省数字经济促进条例》《北京市数字经济促进条例》等，地方层面的数据立法不断完善。③

① 中国卫健委：《医疗卫生机构网络安全管理办法》，http://www.nhc.gov.cn/guihuaxxs/s10743/202208/50e2ef41b7554ae894053bcac32b79f0.shtml，2022年11月20日访问。

② 全国信息安全标准化技术委员会：《14项网络安全国家标准获批发布》，https://www.tc260.org.cn/front/postDetail.html?id=20221017101959，2022年11月20日访问。

③ 中国信息协会大数据分会：《22省市出台〈数据相关条例〉》，https://www.ciiabd.org.cn/articles/XgRE5k.html，2022年11月20日访问。

第二节　综合分析

一、欧洲：数据战略下多部法案出台

2020 年 2 月，欧盟委员会发布了塑造欧洲数字未来战略文件，其中包含了《欧洲数据战略》（European Strategy for Data）等一系列战略文件，以期在数字经济领域把欧洲打造成能够与美、中比肩的经济体，重新夺回自己的“技术主权”。[①]作为数字战略的一部分，2020 年 12 月 15 日，欧委会发布了具有里程碑意义的“数字服务法案包”，以升级欧盟境内数字服务的规制规则。“数字服务法案包”包括两部法案草案：《数字服务法》（Digital Services Act）和《数字市场法》（Digital Markets Act），前者针对的是平台治理问题，旨在创造更加安全的数字空间，使所有数字服务用户的基本权利都能得到保障；后者针对的是平台竞争问题，旨在欧盟单一市场和全球范围内创造公平的竞争环境，以促进创新、发展和竞争。同时，基于《欧洲数据战略》，欧盟还推出了《数据治理法》（Data Governance Act）和《数据法》（Data Act）的立法计划。2022 年，上述几个法案都有了显著的进展。目前，《数据治理法》《数字市场法》《数字服务法》已先后获得审议通过，《数据法》草案也于 2022 年 2 月出台，欧盟在数据治理方面取得了实质性的进展。

（一）数据共享与利用：《数据治理法》与《数据法》

2022 年 5 月，欧盟理事会批准了《数据治理法》。该法案主要希望解决公共部门的数据如何向私营经济分享及企业间的数据共享问题，旨在通过数据共享促进数据的可用性，增加对数据共享的信任并为研究和创新服务和产品建立可信的数据使用环境。《数据治理法》的主要内容包括，将建立公共部门数据再利用机制，使某些类别的公共部门数据能够安全重用，包括商业秘密、个人数据和受知识产权保护的数据；为数据共享提供者创建通知制度，这些提供者必须遵守相关要求，保持数据交换中立，并且不能将这些数据用于其他目的；出于公共利益目标收集数据的实体则可以要求被列入数据利他主义组织的国家登记册中，注册组织将在整个欧盟范围内得到认可；此外，欧盟将成立欧洲数据

① 洪延青等：《数字主权视野下的欧盟数字化转型战略探析》，http://pg.jrj.com.cn/acc/Res/CN_RES/MAC/2020/4/16/3e12d308-6af0-470a-8866-0e42c12c8ff6.pdf，2022 年 12 月 5 日访问。

创新委员会，为欧洲委员会提供咨询和协助。需要特别注意的是，《数据治理法》还为公共部门数据、数据中介和数据利他主义组织提供保障性规定，防止非法国际传输或政府最后访问非个人数据。委员会还可以决定要求非欧盟国家为使用从欧盟转移的非个人数据提供适当保障。此前欧盟 GDPR 中只有关于个人数据的保障性规定。①

《数据法》则是《数据治理法》的一个补充。该法案规定了谁有权使用数据以及政府部门从私营经济处获得数据的规则。《数据法》旨在促进欧盟内部和部门之间的数据共享，其核心目标是使用户和供应商在获取数据方面处于更加平等的地位。法案对共享数据的规则、公共机构的最后访问条件、国际数据传输、云转换和互操作性的规则均有涉及。草案的要求包括不允许平台企业签订禁止与小公司共享数据的不平等合同、公司应当在紧急情况下向公共部门提供数据、公司应当允许连接设备的用户最后访问他们生成的数据、企业引入保护措施阻止非欧盟政府最后访问数据，企业应允许用户在云提供商之间免费传输数据等。

（二）平台企业受管控：《数字市场法》与《数字服务法》

2022 年 7 月，《数字市场法》和《数字服务法》以压倒性多数通过。《数字市场法》主要将向欧盟境内的商家或用户提供核心平台服务②的“守门人”③作为规制的重点。《数字市场法》中与数据相关的条款主要规定在第 5 条“守门人的义务”和第 6 条“需根据第 8 条进一步认定的守门人的义务”之中。前者守门人需直接遵守，后者需由欧委会在个案中确定具体合规义务后，守门人再遵守。法案对守门人设定的数据相关义务可以分为两类：（1）数据利用限制相关义务；（2）数据提供、开放相关义务。对于第一类义务，《数字市场法》限制跨

① 欧盟：Regulation (EU) 2022/868 of the European Parliament and of the Council of 30 May 2022 on European data governance and amending Regulation (EU) 2018/1724 (Data Governance Act) (Text with EEA relevance)，https://eur-lex.europa.eu/eli/reg/2022/868/oj，2022 年 12 月 5 日访问。

② 核心平台服务具体包括在线中介服务、在线搜索引擎、在线社交网络服务、视频共享平台服务、独立于号码的人际通信服务、操作系统、网络浏览器、虚拟助手、云计算服务、在线广告服务等。

③ 根据《数字市场法》的规定，“守门人”通常需满足如下三个定量条件：（1）具有影响内部市场的规模：过去 3 个会计年度，在欧洲经济区内的年营业额不低于 75 亿欧元，或过去 1 个会计年度，平均市值或等值的公司市值不低于 750 亿元，且向至少 3 个成员国提供核心平台服务；（2）对商家接触消费者的重要门户具有控制力：公司运营的核心平台服务（同上）在上一会计年度有超过 4500 万的月活跃欧盟终端用户或 1 万的年活跃欧盟商户；（3）已经拥有或可以预期即将拥有稳固、持久的地位：过去三个会计年度，以上两个标准都符合。如果前述定量要求全部满足，除非公司提交强有力的证据予以反驳，否则将被推定为“守门人”。如果前述 3 项要求并没有都达到，委员会可以通过市场调查，评估该公司的具体情况，决定是否将其认定为“守门人”。

服务合并、使用个人数据，并且要求守门人不得为竞争目的使用商业用户的非公开信息；对于第二类义务，法案要求守门人应向广告主/出版商提供衡量广告业绩所需数据、保障用户数据可携权、向商业用户提供平台使用过程中产生的商业/个人数据、向第三方搜索引擎服务商提供平台使用过程中产生的商业数据。①

《数字服务法》规制的核心是针对欧盟境内主体的在线中介服务提供者制定统一的监管标准。只要是向位于欧盟境内或在欧盟有营业地的服务接收者提供中介服务，不论服务提供主体的注册地是否在欧盟境内，均需适用《数字服务法》。该法案通过禁止平台使用未成年人个人数据进行定向广告，以此更好地保护未成年人线上的权利；对广告的展示和在定向广告中使用个人敏感数据（包括性别、种族和宗教）施加某些限制；禁止使用“黑暗模式”（dark patterns）的误导性界面和具有误导性的习惯做法的更严格的规则适用于大型在线平台和搜索引擎；同时要求大型平台应向用户提供不基于客户档案的内容推荐系统，并分析它们可能造成的系统性风险。《数字服务法》要求大型平台企业需要采取措施，处理非法内容和监管机构认为有害的其他内容，并为用户提供一个渠道，登记对内容审核的投诉。总体来说，相较于《数字市场法》通过规制守门人的不公平竞争行为来确保数字服务的公平开放性，《数字服务法》更多是从用户权益保障和平台治理的角度出发，旨在通过规制网络服务提供者的行为来促进数字服务向着更加透明化和公平化的方向发展。②

（三）其他立法动态

除上述法案外，欧盟委员会在2022年3月还发布了《信息安全条例》提案和《网络安全条例》提案。其中，《信息安全条例》旨在为欧盟所有的机构、机关、办事处建立一套最低限度的信息安全规则和标准，以在信息威胁不断演变的情况下为它们提供有力与一致的保护。该提案的主要内容包括建立机构间的信息安全协调小组，建立一个基于保密程度的信息分类方法，促进信息安全政

---

① 欧盟：Regulation (EU) 2022/1925 of the European Parliament and of the Council of 14 September 2022 on contestable and fair markets in the digital sector and amending Directives (EU) 2019/1937 and (EU) 2020/1828 (Digital Markets Act) (Text with EEA relevance), https://eur-lex.europa.eu/legal-content/EN/TXT/?uri=CELEX%3A32022R1925&qid=1676300398794，2022年12月5日访问。

② 欧盟：Regulation (EU) 2022/2065 of the European Parliament and of the Council of 19 October 2022 on a Single Market For Digital Services and amending Directive 2000/31/EC (Digital Services Act) (Text with EEA relevance), https://eur-lex.europa.eu/legal-content/EN/TXT/?uri=CELEX%3A32022R2065&qid= 1676300178070，2022年12月5日访问。

策现代化，以及实现彼此之间的兼容性。《网络安全条例》则旨在为网络安全领域的治理、风险管理和控制制定一个法律框架。它将致力于建立一个新的机构间网络安全委员会，提高网络安全能力，并促进定期成熟度评估和更好的网络清洁度。它还将扩大欧盟机构、机关、办事处的计算机应急小组的职能，将它作为威胁情报、信息交流和事件响应协调中心、中央咨询机构和服务提供商。

二、美国：多项立法推进中

相较于硕果颇丰的欧盟，2022 年美国的数据立法进程也在不断推进中，主要分为对平台企业的规制以及对数据安全的保护两部分的内容。

（一）对平台企业的规制

与欧盟的立法重点相似，美国近期的立法也将矛头直指平台企业，但在各大利益团体的互相掣肘下，各大法案大多仍在审议中。由于平台企业的经营模式，平台企业，特别是大型平台承载了大量的数据和个人信息，如果不严加管制，极易造成数据的滥用，这将对公民个人权益和国家的数据安全造成不可弥补的损害。

2022 年 1 月 13 日，美国路易斯安那州参议员 Bill Cassidy 提出了《服务条款标签、设计和可读性法案》（TLDR），要求商业网站和移动应用创建简单易读的服务条款协议摘要。该法案将提高数据的在线透明度，确保消费者了解他们的个人数据是如何被收集和使用的。小企业被豁免于该法案。该法案要求服务条款摘要包括以下内容，从而给予消费者服务透明度：（1）所收集的消费者信息的种类；（2）所收集的数据是否为公司向消费者提供服务所必需的；（3）消费者数据如何与第三方共享的图表；（4）消费者是否可以删除其数据以及如何删除的说明；（5）使用服务的消费者的法律责任，包括对服务内容的权利、强制仲裁和放弃集体诉讼的权利；（6）过去 3 年内已报告的数据泄露事件清单。[①]

2022 年 2 月，《2022 算法责任法案》被提交审议。该部法案是对 2019 年《算法问责法案》提案的更新版本。该法案在美国是一项具有里程碑意义的算法立法举措，是美国首个联邦层面的人工智能法案。本部法案要求科技企业在使用自动化决策系统作出关键决策时，对偏见、有效性和相关因素进行系统化的影

① 美国路易斯安那州参议员 Bill Cassidy, MD: Cassidy,Lujan,Trahan Introduce Bill to Inform Consumers, Increase Online Transparency, https://www.cassidy.senate.gov/newsroom/press-releases/cassidy-lujan-trahan-introduce-bill-to-inform-consumers-increase-online-transparency，2022 年 12 月 18 日访问。

响评估。本法案还首次规定联邦贸易委员会应当创建自动化决策系统的公共存储库，里面包括自动化决策系统的数据源、参数以及对算法决策提出质疑的记录。此外，为回应外界对 2019 年法案的质疑，新版法案还增加了对采用自动化决策所作出的“关键决策”的规制。

针对互联网企业，2021 年 6 月 11 日美国众议院曾公布了六部一揽子立法计划的法律草案。其中，《美国选择与创新在线法案》（American Choice and Innovation Online Act）和《通过启用服务交换增强兼容性和竞争性法案》（Augmenting Compatibility and Competition by Enabling Service Switching Act，简称 ACCESS 法案）中均对平台企业，特别是大型平台企业数据使用与处理问题作出了规定。随后，2021 年 8 月 11 日，美国参议院公布了另一部法律草案：《开放应用市场法案》（Open App Markets Act），对应用市场领域的数据使用问题进行了进一步的规制。目前，这些法案仍在修改审议中，能否获得最终通过尚待观察。

《美国选择与创新在线法案》旨在规制涵盖平台的歧视性行为。该法案要求涵盖平台不得：（1）使用从商业用户或其客户的活动中获得或在平台上产生的非公开数据（这些数据是通过与商业用户的产品或服务的交互产生的）来支持涵盖平台运营商自己的产品或服务；（2）限制或阻碍商业用户最后访问生成于平台上的数据（这些数据是商业用户或其客户通过与商业用户的产品或服务的交互产生的），例如阻止商业用户将此类数据移植到其他系统或应用程序的合同或技术限制等。除非涵盖平台运营者能够证明：（1）相关行为不会对竞争造成重大损害；或者（2）为实现遵守法律、平台、用户隐私或非公开数据安全、维护或增强平台核心功能之目的，且符合最小必要原则。①

ACCESS 法案的主要内容是要求涵盖平台依据规定标准保证数据的可携带性（或者说可移植性）和互操作性，使消费者更容易将他们的数据迁移到其他平台。具体而言，ACCESS 法案规定，涵盖平台应维护一组透明、可供第三方最后访问的接口（包括应用程序编程接口），以：（1）在得到用户同意的情况下，以符合规定的标准，将数据安全地传输给用户；及（2）促进、维护涵盖平台与竞争企业或潜在竞争企业的互操作性。从涵盖平台接收用户数据以及互操作的竞争企业与潜在竞争企业必须合理保护其获取的用户数据，并避免对数据和涵

① 美国参议院：《美国选择与创新在线法案》（S.2992 - American Choice and Innovation Online Act），https://www.congress.gov/bill/117th-congress/senate-bill/2992/text，2022 年 12 月 18 日访问。

盖平台的信息系统带来损害风险。

《开放应用市场法案》旨在打破大型应用商店构筑的“围墙花园”。《法案》禁止平台使用第三方开发者的专有应用程序数据来开发竞争产品，除非为实现用户隐私、安全或数字市场安全所必需。

（二）对数据安全的保护

2022 年 3 月，美国参议院通过了《加强美国网络安全法案》（Strengthening American Cybersecurity Act），该法案结合了《网络事件通报法案》《2021 年联邦信息安全现代化法案》和《联邦安全云改进和就业法案》的部分内容，旨在使美国联邦政府的网络安全态势现代化。试图通过简化之前的网络安全法案来改善联邦机构之间的协调，并要求所有民事机构向美国网络安全和基础设施安全局（CISA）报告网络攻击。目前该法案仍待众议院审议。

6 月，美国众议院和参议院发布了《美国数据隐私和保护法案》讨论稿，这是首个获得两党两院支持的全面的联邦隐私立法草案。法案第一部分规定了忠诚义务，主要包括数据最小化、具体的忠诚义务、隐私设计、防止定价歧视四个部分；第二部分是消费者权利的规定，涉及消费者意识、透明度、个人数据的控制权和所有权、消费者同意权和拒绝权、未成年人特殊保护等内容；第三部分涉及企业问责制，从行政架构、技术合规方案、联邦贸易委员会批准的合规准则等角度对企业责任和义务进行限制；第四部分涉及法案的执行、适用及杂项条款，在赋予联邦贸易委员会和州司法部长执法权之外，还涉及适用优先性和私人诉讼权等问题。

10 月，美国总统拜登签署了《关于加强美国信号情报活动保障措施的行政命令》，该命令是为了落实美欧在 3 月份达成的新跨大西洋数据隐私框架下的承诺。根据这份命令，首先，美国将在实体上提供约束性保护措施，将美国情报机构对数据的最后访问限制在保护国家安全所必需和相称的范围内；在程序方面，设立独立且有约束力的两层救济机制，即由国家情报总监办公室（CLPO）的公民自由保护官受理欧盟公民的申诉进行初步审查，并建立新的数据保护审查法院受理对 CLPO 决定的上诉。此次协议包含的保障措施对美国国家安全当局最后访问数据提出了实质性限制，即符合必要性和相称性，并且尝试建立新的救济机制，总体上通过更为常设的机构来限制美国情报部门获取欧盟个人信息。

三、中国：数据治理框架不断完善

（一）数据出境安全制度的探索

2022年以来，关于数据出境的相关实施细则密集出台。从现有法律框架看，我国数据/个人信息出境有三条路径，（1）数据出境安全评估：通过网信部门组织的安全评估；（2）跨境处理活动安全认证：按照网信部门规定经专业机构进行安全认证；以及（3）签订标准合同：按照网信部门制定的标准合同与境外接收方订立合同。

就安全评估，2022年7月7日出台的《数据出境安全评估办法》以及随后出台的配套《数据出境安全评估申报指南（第一版）》，就个人信息和重要数据的出境安全评估进行了具体规定。根据《数据出境安全评估办法》，数据出境安全评估应坚持事前评估和持续监督相结合、风险自评估与安全评估相结合的原则。对于达到申报标准的企业，均需网信办安全评估通过后方可数据出境。

安全认证主要适用于未达安全评估标准的、关联公司之间发生的个人信息出境活动。《网络安全标准实践指南——个人信息跨境处理活动安全认证规范》为安全认证提供了一些原则性规定，但仍待更具有可执行性细则的出台。

而对于未达安全评估标准的个人信息出境活动，可通过签订标准合同的方式满足当前的合规要求。目前国家网信办正在就《个人信息出境标准合同规定》征求意见。

（二）加强重点行业的数据安全监管

对于数字经济的重点行业，互联网、车联网、金融、电力等领域依然是2022年数据安全的监管重点，一系列相关行业领域的数据规范正在制定中，旨在确保在重点行业中数据权益不被侵犯、数据安全得以保障。

互联网领域在全球范围内都是数据监管的重中之重。2022年，多部关于互联网数据治理相关的规定出台或征求意见。2022年1月，国家发改委等九部门联合发布《关于推动平台经济规范健康持续发展的若干意见》，将探索数据和算法安全监管作为重点事项；2月，作为《数据安全法》的下位法《工业和信息化领域数据安全管理办法（试行）》二次征求意见，征求意见稿对国家数据安全管理制度进行了细化。在算法领域，为深化互联网信息服务的管理，陆续出台了《互联网信息服务算法推荐管理规定》《互联网弹窗信息推送服务管理规定》等规定；为规范移动互联网应用程序，加强个人信息保护、未成年人保护，网信办修订了《移动互联网应用程序信息服务管理规定》，国家标准《信息安全技术移动互联网应用程序（App）收集个人信息基本要求》出台，另有《信息安全技术 移动智能终端的移动互联网应用程序（App）个人信息处理活动管理指南》《未成年人网络保护条例》等正在征求意见。

作为汽车、电子、信息通信等深度融合的新兴产业形态，智能网联汽车已成为继手机后又一个互联网入口，车辆数据安全问题也逐渐受到关注。近年来国家层面加快推进车联网网络安全和数据安全相关法律法规的修订，特别是2021年以来密集出台了涉及智能网联汽车信息安全的政策文件，如《关于加强智能网联汽车生产企业及产品准入管理的意见》《汽车数据安全管理若干规定（试行）》等，初步建立起汽车数据安全的合规框架。2022年发布的《车联网网络安全和数据安全标准体系建设指南》，明确了2035年及2050年车联网网络安全和数据安全标准体系的建设目标，并将标准体系分为总体与基础共性标准、终端与设施网络安全、网联通信安全、数据安全、应用服务安全、安全保障与支撑等六大部分。

金融行业也有多部新的数据保护立法。首先，在银行保险机构对信息科技外包服务需求不断加大的大背景下，年初发布的《银行保险机构信息科技外包风险监管办法》从信息科技外包治理、准入、监控评价、风险管理等方面对银行保险机构信息科技外包提出要求。其次，对于金融消费者权益保护这一监管重点，5月发布的《银行保险机构消费者权益保护管理办法（征求意见稿）》，特别更新了消费者权益保护机制要求，同时增加了对于金融消费者八项权益的解读，有利于银行业保险业消费者合法权益的保障。此外，2021年年底发布的金融行业标准《金融数据安全 数据安全评估规范》（征求意见稿），明确了数据安全管理、数据安全保护、数据安全运维三个主要评估域及其安全评估主要内容和方法。

在电力行业信息化、数字化的背景下，电力行业网络安全的重要性越发凸显。2022年6月，国家能源局发布《电力行业网络安全管理办法（修订征求意见稿）》《电力行业网络安全等级保护管理办法（修订征求意见稿）》两项征求意见稿，明确了在电力行业网络安全管理以及等级保护中，主管部门、电力企业等相关部门的职责，有利于增强电力行业的网络安全管理。

（三）网络安全审查将成常态

网络安全审查是网络安全领域的重要法律制度。《网络安全审查办法》于

2020 年 6 月生效施行，并在 2021 年迎来了首次修订。新修订的《网络安全审查办法》于 2022 年 2 月 15 日起实施，新法扩大了网络安全审查的适用对象，将关键信息基础设施运营者之外的网络平台运营者纳入范畴。2022 年以来已有多起针对平台运营者的网络安全审查案件被曝光。

新修订的《网络安全审查办法》的一大重要内容是，对平台运营者新增了境外上市的审查要求，即“掌握超过 100 万用户个人信息的网络平台运营者赴国外上市，必须向网络安全审查办公室申报网络安全审查”，并对应地增加证监会作为网络安全审查工作机制成员单位。这意味着，网络安全审查将成为赴国外上市的网络平台运营者前置程序。但值得注意的是，“赴港上市”并没有纳入该办法审查的范畴。自《网络安全审查办法》修订以来，已有数十家拟赴国外上市企业向国家网络安全审查办公室进行了申报。在当前我国高度重视网络安全的大背景之下，网络安全审查将成为我国网络安全生态治理常态化元素。

（四）促进数据要素流通

数据是数字经济的关键生产要素。推动数据要素流通对于沟通各数据中心、破除“数据隔离”、加快数字中国的建设具有重要意义。2022 年中央层面密集出台了推动数据流通的政策。

2022 年 1 月，国务院办公厅印发《要素市场化配置综合改革试点总体方案》，提出探索建立数据要素流通规则，并提出四项任务：完善公共数据开放共享机制；建立健全数据流通交易规则；拓展规范化数据开发利用场景；加强数据安全保护。3 月，发改委针对“数据基础制度观点”公开征求意见，内容涉及数据产权制度、数据要素流通交易制度、数据要素收益分配制度以及数据要素安全治理制度等方面。6 月 22 日，中央全面深化改革委员会审议通过了《关于构建数据基础制度更好发挥数据要素作用的意见》，对数据产权、数据要素流通和交易制度、数据要素市场化配置机制及数据安全治理作出部署。

此外，我国还部署了“东数西算”工程，[①]构建全国一体化大数据中心体系。2022 年 2 月，随着 8 大国家算力枢纽节点和 10 个国家数据中心集群的构建完成，“东数西算”工程正式全面启动。“东数西算”工程的实施将促进数据要素流通应用，促进解决东西部算力供需失衡问题，促进算力、数据流通，更好地为数字化发展赋能。

---

① 中国发改委：《“东数西算”工程系列解读之一 | “东数西算”工程助力我国全面推进算力基础设施化》，https://www.ndrc.gov.cn/xxgk/jd/jd/202203/t20220317_1319467.html，2022 年 12 月 18 日访问。

第三节　热 点 分 析

一、数据出境监管体系初步建立

我国个人信息和数据保护事业的发展已近十年。在这个过程中，个人信息等数据出境合规一直是法律实务中的焦点问题之一。近年来，不仅《网络安全法》《数据安全法》《个人信息保护法》对此作了原则性的规定，2022 年还陆续出台了相关实施细则，包括《数据出境安全评估办法》《数据出境安全评估申报指南（第一版）》《个人信息出境标准合同规定（征求意见稿）》《网络安全标准实践指南——个人信息跨境处理活动安全认证规范》等，为我国数据出境制度构建了一个基本的框架。

（一）强制适用：数据出境安全评估

安全评估强制适用于 CIIO 和处理个人信息达到网信办规定数量的公司的个人信息出境活动，是几种数据出境路径中要求最严格的一种。具体来说，必须进行安全评估的公司须达到：（1）处理 100 万人以上个人信息；（2）自上年 1 月 1 日起累计向境外提供 10 万人个人信息；（3）自上年 1 月 1 日起累计向境外提供 1 万人敏感个人信息。这些数据的重要性及影响性，使得这类数据的出境受到国家的高度关注，进而使得该制度最先落地实施。

关于安全评估的实体和程序要求，《数据出境安全评估办法》作了详细的规定，流程图如图 2.1 所示：

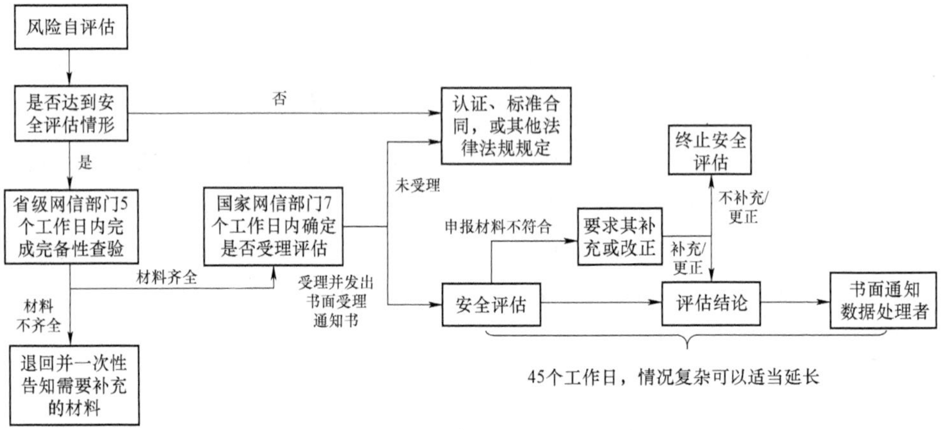

图 2.1　安全评估的实体和程序要求流程图

由于安全评估属于行政许可，申报主体可在收到评估结果后 15 日内向网信办申请复议，复议结果为最终结论。评估有效期为 2 年，但在数据目的、方式、范围、种类和境外接收方处理数据的用途、方式发生变化影响出境数据安全，延长个人信息境外保存期限等情况下，仍需要重新申报评估。

为指导、规范企业申报数据出境安全评估，网信办于《数据出境安全评估办法》生效的前一天，也即 2022 年 8 月 31 日，发布了《数据出境安全评估申报指南（第一版）》。指南进一步明确了具体的申报要求以及数据出境行为的具体情形，即：（1）数据处理者将在境内运营中收集和产生的数据传输、存储至境外；（2）数据处理者收集和产生的数据存储在境内，境外的机构、组织或者个人可以查询、调取、下载、导出；（3）国家网信办规定的其他数据出境行为。目前，各地也陆续公布了当地数据出境安全评估的窗口及咨询方式。

（二）自主管理：标准合同和安全认证

标准合同和认证是个人信息出境合规的两条自主管理路径，均仅可在未达安全评估申报标准时适用。就认证而言，网信办尚未发布实施细则，认证机构、认证程序尚不明确，实施细则落地仍需较长时间；从全国信息安全标准化技术委员会发布的非强制性认证指南来看，认证的适用范围主要限于关联公司之间的个人信息出境。

就标准合同而言，网信办目前仅发布了相关征求意见稿，标准合同文本及规定尚待最终确定，但该征求意见稿仍对一般性的数据出境合规具有一定借鉴意义。在适用范围方面，标准合同适用于安全评估强制申报以外的个人信息出境场景。适用企业的具体标准与《数据出境安全评估办法》相衔接，也即：（1）处理个人信息不满 100 万人；（2）自上年 1 月 1 日起累计向境外提供未达到 10 万人个人信息；（3）自上年 1 月 1 日起累计向境外提供未达到 1 万人敏感个人信息。在前置程序方面，采用标准合同路径向境外提供个人信息，需要先进行 PIPIA。评估要点之一“境外接收方所在国家或者地区的个人信息保护政策法规对标准合同履行的影响”或意味着需要境外接收方所在国家或地区的专业机构先对此出具法律意见，再由中国律师结合中国法的要求出具最终意见。在争议解决适用法律和管辖方面，标准合同要求适用中国法，由中国法院管辖，或由缔约方选择的《承认及执行外国仲裁裁决公约》（纽约公约）成员国的仲裁机构仲裁。

二、网络安全审查进一步发展

在新修订的《网络安全审查办法》下，我国网络安全审查，特别是针对平台经营者的网络安全审查变得更为重要。本次《网络安全审查办法》的修订主要是对境外上市问题进行了规定。对于境外上市公司，数据出境以及外国对审计底稿检查问题一直是一个影响我国数据安全和国家安全的问题。例如，美国就赋予了该国监管机构对全部在美上市的企业（无论国内或国外的企业）检查审计底稿的权力，导致了中美之间长期的审计底稿争议。该问题在2022年8月中美签订审计监管合作协议后才有所缓解。

2021年7月，网络安全审查办公室连续宣布了对“滴滴”“运满满”“货车帮”“BOSS直聘”启动网络安全审查。①2022年6月，网络安全审查办公室宣布对知网启动网络安全审查。②知网不仅掌握着大量个人信息，还包括重点行业领域的重要数据和一些敏感信息。此次网络安全审查内容可能会包括知网产品和服务的安全性、开放性、透明性，以及核心数据、重要数据或者大量个人信息被窃取、泄露、毁损以及非法利用、非法出境的风险等多重因素。2022年7月21日，国家网信办作出对滴滴全球股份有限公司网络安全审查的处罚决定。因未履行相关法律法规规定的网络安全、数据安全、个人信息保护义务，滴滴被处以80.26亿元人民币的罚款，成为迄今为止中国网络和数据安全法律框架下最大金额的罚单。③

这些受到网络安全审查的企业均有着共通点：作为平台经营者掌握着大量数据，同时还有境外上市计划或已在境外上市。之所以境外上市公司的网络安全问题受到如此重视是因为，如果一个互联网平台不遵守国家有关网络安全要求，不落实重要数据和个人信息保护责任义务，滥用数据，上市后在金融力量的加持下无序扩张，网络安全风险和威胁将成倍扩大。同时，一些国家出于保护本国投资者的目的，通过法律要求在其国内上市的企业披露业务经营数据，这个理由一旦被滥用，索要数据的边界将不受限制，给我国国家安全带来威

---

① 中央网信办：《网络安全审查办公室关于对“滴滴”“运满满”“货车帮”“BOSS直聘”启动网络安全审查的公告》，http://www.cac.gov.cn/2021-07/05/c_1627071328950274.htm，2022年12月21日访问。

② 中央网信办：《网络安全审查办公室对知网启动网络安全审查》，http://www.cac.gov.cn/2022-06/24/c_1657686783575480.htm，2022年12月21日访问。

③ 中央网信办：《国家互联网信息办公室对滴滴全球股份有限公司依法作出网络安全审查相关行政处罚的决定》，http://www.cac.gov.cn/2022-07/21/c_1660021534306352.htm，2022年11月20日访问。

胁。[①]在此背景下，网络安全审查的重点指向了这些境外——特别是国外上市的平台企业。据网信办透露，自 2022 年 2 月 15 日《网络安全审查办法》修订施行以来，截至 2022 年 8 月，已有 20 余家拟赴国外上市企业向国家网络安全审查办公室进行了申报。[②]

三、互联网领域的个人信息保护力度加强

《个人信息保护法》出台以来，我国对个人信息的保护提升到了一个前所未有的位置。而无论是从 2022 年立法数量还是从有关部门的执法重点和频率来看，互联网领域都是个人信息保护的重点关注领域。2022 年，针对互联网上侵害个人信息的行为，我国出台了一系列规定。

从宏观政策层面，年初国家发改委等部门联合发布的《关于推动平台经济规范健康持续发展的若干意见》，将个人信息保护和数据安全作为监管重点。要求探索数据集合算法监管，并具体提出了严厉打击平台企业超范围收集个人信息、超权限调用个人信息等违法行为，严控非必要采集数据行为，打击黑市数据交易、大数据杀熟等行为，推动平台企业深入落实网络安全等级保护制度等要求。

在具体规定层面，首先，一些企业利用个人信息进行“大数据杀熟”，通过算法制造信息茧房、诱导沉迷等不合理应用的现象成为优先监管内容之一。为规制上述问题，网信办发布了《互联网信息服务算法推荐管理规定》《互联网弹窗信息推送服务管理规定》，另有多项规定仍在征求意见。根据已发布的两个规定，互联网相关服务提供者应当保护消费者公平交易的权利，不得根据消费者的偏好、交易习惯等特征，利用算法在交易价格等交易条件上实施不合理的差别待遇等违法行为；不得设置诱导用户沉迷、过度消费等违反法律法规或者违背伦理道德的算法模型；不得利用算法实施恶意屏蔽信息、过度推荐等行为；同时要保障用户的选择权、删除权等权益。其次，针对个人信息的保护，新修订的《移动互联网应用程序信息服务管理规定》要求，应用程序提供者处理个人信息应当遵循合法、正当、必要和诚信原则，明确个人信息收集目的和处理

① 唐旺：《专家解读丨实施赴国外上市网络安全审查，保障国家安全》，https://mp.weixin.qq.com/s/xEdcqkQ7C0wBaLZiXBsqyg，2023 年 2 月 9 日访问。

② 中央网信办：《落实〈网络安全审查办法〉保护信息安全》，https://china.zjol.com.cn/sz/202208/t20220819_24682853.shtml，2023 年 2 月 9 日访问。

规则，采取措施保障个人信息安全，并且不得强制要求用户同意个人信息处理行为，不得因用户拒绝提供非必要个人信息而拒绝用户使用基本功能服务；《信息安全技术移动互联网应用程序（App）收集个人信息基本要求》则以 App 类型划分为基础，区分不同类型，以要求和附录相结合的形式明确了 App 收集个人信息过程中如何贯彻最小必要原则、如何确定必要个人信息范围、特定类型个人信息的收集处理方式、告知同意的具体要求、系统权限和第三方的管理方式。此外，全国信息安全标准化技术委员会归口的 14 项网络安全国家标准发布，对即时通信、网上购物、网络支付、网络音视频、网络预约汽车等常用网络服务的数据安全要求予以规定，这些国家标准通过细化场景的方式，进一步明确在互联网场景下如何使用个人信息，需要达到的安全要求及相关限制等，为个人信息保护法律体系添砖加瓦。

第四节　展望与建议

在《后疫情时代：大重构》一书中，世界经济论坛创始人克劳斯・施瓦布告诫我们："有两条道路可以选择：一条道路通向光明的未来，社会经济更加包容、更可持续、更有韧性；另一条道路则带领我们走向更加动荡、危险和不宜居住的世界。"没有人愿意选择后一条，但更难的问题时：如何走上第一条道路？

当前，我们依然身处一个乌卡（VUCA）时代。在数据治理领域，监管者则因复杂（complexity）、混沌（ambiguity）的未来而难以作出有效决策，被监管者因动荡（volatility）、不定（uncertainty）的局面而难以作出有效应对。面对这一窘境，我们亟待引入"敏态治理"（Agile Governance）的逻辑：治理既要"相时而动、随势而变"，又要坚持"宁小勿大、宁浅勿深"的策略，在发生意料之外的影响后及时回调，因为保持弹性或者说"反脆弱"是在不确定性中获益的唯一方式。事实上，2022 年顶层的认知也在调整：针对"平台经济"，从"强化反垄断与防止资本无序扩张"转向"支持平台企业在引领发展、创造就业、国际竞争中大显身手"；春节刚过，"加快构建新发展格局、增强发展的安全性主动权"也成为"统筹安全与发展"的新方向。在此背景下，如何矫正数据安全与利用的失衡，自然成为 2023 年关切所在。

平衡永远是动态的和场景化的，我们无法奢求在任何时间、任何情形下的均衡，而只能因地制宜和因时而异。就此而言，"深一脚浅一脚"恰恰是敏态治理的常态。故此，数据安全与利用的一时失衡并不可怕，值得担忧的是长时期和系统性的失衡。放眼未来，在新发展格局下，数据安全与利用的再平衡不妨从以下几方面入手。

一、充实基于风险的分类分级监管原则

作为不确定性的法律概念，“安全”只有类型化才能被相对精确地度量，未来立法亟待采取“基于风险的规制”方法而非“基于统一规则的规制”路径，对不同风险类别和等级的数据处理活动施行差别化的监管。数据处理活动的风险评估由处理主体、处理方式、处理对象的风险因素组成，分别对应着“平台的分类分级”（处理主体）、“算法的分类分级”（处理方式）和“数据的分类分级”（处理对象）。当前，尽管分类分级的初步规则已经出现在《互联网平台分类分级指南（征求意见稿）》《互联网信息服务算法推荐管理规定》《数据安全法》《工业数据分类分级指南（试行）》中，但分类分级的标准尚未细化，统合主体、方式、对象的体系性分类分级框架尚未建立。2023 年，或可从两方面着力：一是制定平台、算法、数据的分类分级细则，根据风险高低匹配监管措施，指引各方开展可操作和可预期的风险管理；二是在《网络数据安全管理条例（征求意见稿）》中推动分类分级的整体架构，从基于数据规模的分类分级，迈向涵盖更多维度的综合性分类分级，从而为超级平台治理、重要数据出境、高风险算法监管提供协同规则。

数据跨境流动是数字经济全球化的关键环节。2019 年，世界银行在《东亚数字经济创新：限制性数字政策重要吗？》报告中梳理了东亚 15 国的数字经济法律政策，并使用定量研究的方法得出“数字限制指数”，直观展现出数据跨境管控与企业创新之间的负相关关系。2022 年，欧盟对 27 个成员国数据跨境流动开展实证调查后发现，数据流入量与国家经贸发展水平密切相关，德国毫无意外地居于首位。我国是经济全球化和自由贸易的参与者、受益者和倡导者，始终坚定支持开放、包容、共赢的全球化，促进全球贸易和投资自由化和便利化。同时，我国还是数字经济的引领者，自然应是数据跨境流动自由化的主要受益者。为此，我国亟待出台一部系统性的数据出境管理办法，以《数据安全法》所确立的“数据安全、自由流动原则”和数据分类分级原则为指导，坚持重要数据和个人信息区分，更多地采取认证、标准合同等柔性规制工具，以弥补当前制度过于重视安全的不足，积极促进数据自由流动。特别是，针对我国

享有优势地位、具有市场真实需求的云储存、跨境电商、跨境支付、服务外包、供应链管理、人力资源管理和人工智能研发等典型场景，可进一步设置更灵活、合规成本更低的数据出境监管措施，通过事后追责而非事前批准的方式尽量降低对正常经济活动的不必要限制。

二、试水人工智能产业立法

作为新一轮科技革命和产业变革的关键通用目的技术，人工智能对经济发展、国家安全和战略竞争有着重要意义。2022 年，以 ChatGPT 为代表的“人工智能生成内容”（AI–Generated Content）产业迅速迭代，反映出人工智能的巨大潜力。随着国际博弈的加剧，人工智能产业及其规制已经成为各国竞争的新领域。2022 年，欧盟《人工智能责任指令》（AI Liability Directive）和《人工智能法（草案）》（draft AI Act）相继出台，试图重演 GDPR 的布鲁塞尔效应。在美国，《创新与竞争法案》等立法彰显出发展激励为主、风险规制为辅的人工智能治理思路。斯坦福大学《2022 年人工智能指数报告》的数据则显示，尽管美国联邦立法提案急速增长，但最终实际通过的立法仅占 2%，更重要的是，相关立法多以政府部门人工智能为规制重点。回到中国，《互联网信息服务算法推荐管理规定》《互联网信息服务深度合成管理规定》均以互联网服务产业为对象，并体现出安全优先与强化责任的立法惯性。产业界的研究显示，我国人工智能的基础层、部分技术层、应用层的关键基础技术领域依然滞后于欧美国家，在激烈的国际竞争中，人工智能的后续立法不妨适时调适，通过人工智能标准、伦理、法律相结合的方式，推动自我监管和政府监管的融合及产业安全和发展的并进。

三、加强中央和地方分工协同

数据治理领域的新技术、新应用、新业态层出不穷。基于敏态治理的原理，监管政策应当在“在监控中学习”并“持续改进”，即根据现实情况诊断问题，开展自我评估、横向比较并不断完善。显而易见，这必然对长期性、稳定性、普遍性的常规立法带来巨大挑战。化解这一难题的良方之一，是发挥地方先试先行的主动性，再经由中央统筹发布一致性的法律规则。而这正是“在结果评估上由中心机制协调，在运行上由去中心机制控制”的试验主义治理精神所在。事实上，近年来地方数据立法如火如荼，从 2021 年的《深圳经济特区数据条例》

《上海市数据条例》到 2022 年《浙江省公共数据条例》《重庆市数据条例》《黑龙江省促进大数据发展应用条例》《陕西省大数据条例》《辽宁省大数据发展条例》《江苏省数字经济促进条例》《北京市数字经济促进条例》，均在尽力平衡数据利用与安全。然而，囿于数据的全国性特征，地方立法频频遭遇权限不足的困境。正因如此，2022 年国家发改委、商务部发布《关于深圳建设中国特色社会主义先行示范区放宽市场准入若干特别措施的意见》对“放宽数据要素交易和跨境数据业务等相关领域市场准入”的规定，可谓破冰之举。我们期待着，在新的一年地方有着更大的立法空间，在不断实践中调和观点、缓解偏见，最终形成数据治理的制度共识。

第三章　国际化营商环境法治发展

第一节　大　事　记

一、商务部等 6 部门关于高质量实施《区域全面经济伙伴关系协定》（RCEP）的指导意见

2022 年 1 月 24 日，商务部等 6 个部门联合印发《关于高质量实施〈区域全面经济伙伴关系协定〉（RCEP）的指导意见》，引导地方、产业和企业适应区域市场更加开放的环境、更加充分的竞争，更好把握 RCEP 带来的机遇，促进经济高质量发展。

二、国家发展改革委、商务部发布《鼓励外商投资产业目录（2022 年版）》

国家发展改革委、商务部于 2022 年 10 月 26 日公开发布第 52 号令，全文发布《鼓励外商投资产业目录（2022 年版）》，自 2023 年 1 月 1 日起施行。修订出台新版《鼓励目录》，是贯彻落实党中央、国务院决策部署，进一步稳外资的重要举措。本次修订在保持已有鼓励政策基本稳定的基础上，按照“总量增加、结构优化”原则进一步扩大鼓励外商投资范围。

三、商务部关于印发支持外贸稳定发展若干政策措施的通知

2022 年 9 月 27 日，商务部印发关于《支持外贸稳定发展若干政策措施》，提出“保生产保履约，支持优势产品开拓国际市场”“积极支持企业参加各类展会抓订单”“办好第 132 届中国进出口商品交易会（广交会）线上展”“发挥外贸创新平台作用”“进一步发挥跨境电商稳外贸的作用”“进一步促进贸易畅通”六项措施。

四、《关于以制造业为重点促进外资扩增量稳存量提质量的若干政策措施》

2022年10月13日，国家发展改革委、商务部、工业和信息化部、自然资源部、生态环境部、交通运输部联合印发了《关于以制造业为重点促进外资扩增量稳存量提质量的若干政策措施》，要求进一步加大制造业引资力度，着力解决外商投资企业面临的突出问题，全面加强外商投资促进和服务，推动利用外资高质量发展。

五、国务院办公厅发布《关于进一步优化营商环境降低市场主体制度性交易成本的意见》

2022年9月7日，国务院办公厅发布《关于进一步优化营商环境降低市场主体制度性交易成本的意见》（国办发〔2022〕30号），明确指出优化营商环境、降低制度性交易成本是减轻市场主体负担、激发市场活力的重要举措。要积极运用改革创新办法，进一步规范行政权力，切实稳定市场主体政策预期，帮助市场主体解难题、渡难关、复元气、增活力，加力巩固经济恢复发展基础。

六、国家发展改革委关于印发《长三角国际一流营商环境建设三年行动方案》的通知

2022年10月8日，国家发展改革委《关于印发〈长三角国际一流营商环境建设三年行动方案〉的通知》（发改法规〔2022〕1562号），明确到2025年，长三角区域资源要素有序自由流动，行政壁垒逐步消除，统一开放的市场体系基本建立。[①]与国际高标准市场规则体系全面对接，协同开放达到更高水平。贸易投资和政务服务更加便利，制度性交易成本明显降低，市场主体活跃度和发展质量显著提高，政府治理效能全面提升。区域发展整体水平和效率进一步提升，市场化、法治化、国际化的一流营商环境率先建成，营商环境国际竞争力跃居世界前列。

① 中国新闻网：国家发展改革委《关于印发〈长三角国际一流营商环境建设三年行动方案〉的通知》（发改法规〔2022〕1562号），http://www.gov.cn/zhengce/zhengceku/2022-11/12/content_5726417.htm，2023年1月3日访问。

七、国务院办公厅发布关于复制推广营商环境创新试点改革举措的通知

2022 年 9 月 28 日，国务院办公厅印发《关于复制推广营商环境创新试点改革举措的通知》（国办发〔2022〕35 号），明确在全国范围内复制推广一批营商环境创新试点改革举措。《通知》提出，要持续提升跨境贸易便利化水平，包括“优化进出口货物查询服务”“加强铁路信息系统与海关信息系统的数据交换共享”等。

八、党的二十大报告指出要加快构建新发展格局，推进高水平对外开放

党的二十大报告提出，要“合理缩减外资准入负面清单，依法保护外商投资权益，营造市场化、法治化、国际化一流营商环境”，“推进高水平对外开放”，“稳步扩大规则、规制、管理、标准等制度型开放”，“加快建设贸易强国”，“推动共建‘一带一路’高质量发展”，“维护多元稳定的国际经济格局和经贸关系”。

九、世界银行发布营商环境评估体系概念书

2022 年 12 月，世界银行集团（World Bank Group）发布《营商环境评估体系概念书》（Business Enabling Environment Concept Note，简称 BEE）。[①]概念书将营商环境分为规制质量、公共服务和整体效率三个维度。其中规制质量二级指标与之前 Doing Business（DB）评估体系的评价内容类似，是对相关法律法规、相关政策的评价，考察是否出台相关政策及政策如何规定的；公共服务二级指标则评价的是政策的执行机构，要评价政策是如何落实的、是否好落实；整体效率二级指标与之前 DB 收集的数据类似，考察时间、环节、成本等方面，BEE 更为侧重通过企业调查来收集数据，更注重市场主体感受。

十、《中华人民共和国对外贸易法》删去关于对外贸易经营者备案登记的规定

2022 年 12 月 30 日，第十三届全国人大常委会第三十八次会议经表决，通

---

① The World Bank, Business Enabling Environment(BEE) project, https://www.worldbank.org/en/programs/business-enabling-environment.

过了关于修改对外贸易法的决定，删去《中华人民共和国对外贸易法》第 9 条关于对外贸易经营者备案登记的规定。根据决定，自 2022 年 12 月 30 日起各地商务主管部门停止办理对外贸易经营者备案登记。对于申请进出口环节许可证、技术进出口合同登记证书、配额、国营贸易资格等相关证件和资格的市场主体，有关部门不再要求其提供对外贸易经营者备案登记材料。这是外贸经营管理领域重大改革举措，是中国政府坚定推进贸易自由化便利化的重要制度创新，将有利于进一步优化营商环境，释放外贸增长潜力，推进贸易高质量发展和高水平对外开放。

第二节 综合分析

一、我国国际化营商环境法律体系基本搭建完成

自 2018 年第一次国务院常务会议部署进一步优化营商环境，我国从中央到地方，对营商环境的关注，可谓贯穿始终。2019 年，习近平主席在第二届中国国际进口博览会开幕式上明确提出，中国将“不断完善市场化、法治化、国际化的营商环境”。同年，习近平总书记主持召开的中央全面依法治国委员会第二次会议再次强调“法治是最好的营商环境”。此后党的十九届五中全会提出“持续优化市场化法治化国际化营商环境”的要求，为我国持续优化营商环境，全面深化改革，构建高水平社会主义市场经济体制指明了方向。党的十九届六中全会提出，要坚持实施创新驱动发展战略，把科技自立自强作为国家发展的战略支持。党的二十大报告特别指出，要“完善产权保护、市场准入、公平竞争、社会信用等市场经济基础制度，优化营商环境”“营造市场化、法治化、国际化一流营商环境”。在“十三五”期间，我国经济实力、科技实力、综合国力跃上新的大台阶，人民生活水平显著提高。通过一系列以改革为抓手的优化营商环境的实践探索，我国中央层面核准的企业投资项目压减 90%，非行政许可审批退出历史舞台，新增减税降费达 7.6 万亿元。2001 年加入世界贸易组织后，我国快速融入国际经济体系之中。入世 20 年，我国全球经济的平均增长年均贡献率近 30%；货物进口额年均增长率超过 10%；“入世”前 15.3%的关税总水平目前已降至 7.5%，远低于“入世”时承诺的 10%。

营商环境是市场经济最重要的环境，是市场主体的氧气。推动高质量发展，

离不开高质量的市场主体。要涌现出更多高质量的市场主体，就离不开一流的营商环境。正因如此，党的二十大报告在两处对营商环境建设提出要求。一是完善产权保护、市场准入、公平竞争、社会信用等市场经济基础制度，优化营商环境；二是合理缩减外资准入负面清单，依法保护外商投资权益，营造市场化、法治化、国际化一流营商环境。可以说，这两方面的要求，一是改革的思路，再一是开放的思路，由此构成了未来几年我国打造一流营商环境的基本导向。纵观我国改革开放的历程，从东南沿海城市、经济特区到内陆省会城市、地区的发展路径，以及“政策型开放→商品及要素流动型开放→规则等制度型开放”的渐次发展路径，[①]与我国国际化营商环境的优化路线一脉相承。近年来我国国际化营商环境的优化不仅表现在对外贸易政策型的改革，同时呈现出政府、市场、社会在市场监管、税收监管、贸易监管、投融资体制、绿色发展等多领域协同建设的典型特征。历经 40 多年的改革开放，我国已经成为一个新型开放大国，与全球的联系不断紧密。站在新的历史起点上，推进高质量发展离不开高水平开放，营造一流的营商环境也离不开高水平开放。2022 年 1—8 月，我国服务贸易同比增长 20.4%，其中服务出口和进口分别增长 23.1%和 17.9%。相比于货物贸易，服务贸易对营商环境要求更高，对公平竞争、反垄断、市场透明、知识产权保护等方面的需求更大。[②]

从法律层面看，目前我国国际化营商环境的国内法律体系已经基本搭建完成。2022 年度从中央到地方，在优化营商环境立法方面均表现出较为突出的成绩：据笔者统计，截至 2023 年 4 月，目前我国以“优化营商环境”为题的法律文件共计 87 件，其中行政法规 1 部（即《优化营商环境条例》），国务院规范性文件 7 件，财政部、质检总局、自然资源部等国务院部门颁布的部门规章及部门文件 15 件，两高工作文件 2 件，省级地方性法规 32 件，设区的市地方性法规 27 件，经济特区法规 3 件。与 2021 年相比，2022 年全年我国地方政府规章及地方规范性文件的数量有了飞跃式的增长，从 2021 年 1 月统计数量的 113 件增长至现在的 606 件，增长近五倍。这也说明在中央层面的《优化营商环境条例》及相关部门规章的整体推动下，各地方纷纷探索适合本地区营商环境的改革方式，并通过地方政府规章等方式予以确定，不断优化地方营商环境。

---

① 许英明：《外商投资法开启制度型开放新时代》，载《中国经济时报》2019 年 3 月 13 日，第 5 版。

② 匡贤明：《以更大的对外开放营造一流营商环境》，《新京报》关注二十大系列评论，2022 年 10 月。

二、六个营商环境创新试点城市进一步加强国际化营商环境改革力度

国务院部署的首批6个营商环境创新试点城市，在2022年聚焦法律制度完善和“放管服”改革，回应市场主体关切，加快打造市场化法治化国际化的一流营商环境。

北京市聚力“两区”建设，近年来累计形成近200项全国首创性、突破性开放创新举措，55项最佳实践案例和经验向全国复制推广。北京市在审批改革、政务服务“一网通办”“北京云法庭”方面取得不俗成效。2022年1月至11月，北京市新设企业23.10万户，同比增长7.36%；截至11月底，84万余户企业通过全程电子化开办，全程网办率超95%；截至目前，全市电子营业执照累计调用量9 100余万次，居全国首位。在政务服务领域，实现“一门、一网、一窗、一次”改革。“只进一门”，压减各部门专业审批大厅，市级60个部门的2 500余项政务服务进驻市级政务服务大厅，实现了从“跑部门”向“跑政府”的转变，解决企业群众办事“多头跑”“来回跑”的问题。“一网通办”，覆盖市、区、乡街、村居四级的网上政务服务大厅建成，公积金、社保等1 000余项事项掌上可办。为实现“一窗通办”，北京市全面实施“前台综合受理、后台分类审批、窗口统一出件”的综合窗口工作模式，取消过去的部门摆摊设窗，实现所有事项均可在任一窗口办理。为进一步优化国际化营商环境，北京市政府推动“投资北京地图”数字服务平台，集成了北京市投资领域的政策、空间和服务资源，实现外商投资企业一站式服务体系和境外投资企业备案“全程网办”。在争议解决方面，北京市推动国际商事法庭和国际商事纠纷一站式多元解纷中心为企业提供涉外商事案件诉讼、调解、仲裁“一站式”服务。在2022年北京市政府工作报告中，特别提出将继续迭代升级改革举措，始终保持首善之区营商环境的领先地位。优化企业准入、准营、注销等事项办理流程，推出更多“一证通办”事项和“一件事”集成办服务场景。推进“6+4”一体化综合监管改革，有效实施公平竞争政策，建设全国市场监管数字化试验区。完善要素市场建设，增强政策可知晓可操作性。健全“服务包”“服务管家”工作机制，为企业解难题、办实事。着力增强各类企业活力。更大力度吸引和利用外资，针对性做好外资企业服务，推动更多外资标志性项目落地建设。

上海作为开展营商环境创新试点的城市之一，以世界银行营商环境对标改

革为突破点，从2018年开始每年发布一版营商环境行动方案。上海市人民政府办公厅于2023年1月4日发布《上海市加强集成创新持续优化营商环境行动方案》（即6.0版）。围绕市场准入退出、获取经营场所、市政公共基础设施报装、劳动就业、获取金融服务、跨境贸易、纳税、解决商业纠纷、促进市场竞争、办理破产深化重点领域对标改革，提升营商环境竞争力。2023年政府工作报告指出，上海市优化营商环境改革成效显著，5年累计减税降费超8 000亿元，"证照分离"改革全覆盖和"一业一证"改革深入开展，证明事项告知承诺制全面推行，"双随机、一公开"监管、综合监管和信用监管等深入推进。首创并持续打响政务服务"一网通办"品牌，总门户累计接入服务事项3 588项，累计办件量2.97亿件，网办率达到84%。完成一批市与区财政事权和支出责任划分改革，全面实施预算绩效管理，部门一般性支出持续压减。

2022年1月27日杭州正式发布《杭州市国家营商环境创新试点实施方案》（以下简称为《实施方案》），全面启动了这项国家赋予的创新试点。《实施方案》共推出153项改革事项509条举措，形成"1个总体方案+153个专项方案"的改革体系架构。杭州以推进营商环境创新试点为契机，充分结合杭州产业发展特色、政府数字化改革等实际，以数字化改革为牵引，持续优化营商环境。2020年6月上线的专门针对知产、国际商事纠纷化解的信息平台——中国（杭州）知识产权·国际商事调解云平台目前具备了在线申请、智能分案、电子送达、在线调解、司法确认等功能。同时还有1 100多名来自调解机构、律师调解工作室的专业调解员入驻，为高效化解矛盾纠纷、优化营商环境贡献专业力量。截至2022年7月28日，平台共接收知识产权、国际商事调解案件17 219件，标的总金额超21.9亿元，调解完结14 341件，其中调解成功5 285件，调解成功率36.9%，自动履行率达99%，个案调解最短用时仅1天。[①]

2021年7月重庆发布《关于持续营造国际一流营商环境的意见》，在该文件的基础上，2022年1月，制定了《重庆市营商环境创新试点实施方案》（以下简称为《实施方案》）。《实施方案》明确，以制度创新为核心，推进全链条优化审批、全过程公正监管、全周期提升服务，推动有效市场和有为政府更好结合，促进营商环境迈向更高水平，更大激发市场活力和社会创造力。《实施方案》围绕破除区域分割和地方保护等不合理限制、健全市场主体准入和退出机制、

① 国家发展和改革委员会：《杭州推动法治化营商环境加速提升》，https://www.ndrc.gov.cn/fggz/fgfg/dfxx/202208/t20220822_1333374_ext.html，2023年1月5日访问。

持续提升投资和建设便利度、更好支持市场主体创新发展、持续提升跨境贸易便利化水平、优化外商投资和国际人才服务管理、维护公平竞争秩序、进一步创新和完善监管、依法保护各类市场主体产权和合法权益、优化经常性涉企服务 10 个方面推出一批精准务实、针对性强、含金量高的改革举措。为进一步优化国际化营商环境，重庆市着力深化重庆国际贸易“单一窗口”建设，深化应用“提前申报”“两步申报”“两段准入”等便利措施，持续优化口岸通关模式。同时健全外商投资促进和服务体系，深化落实外商投资准入前国民待遇加负面清单管理制度；研究建立与国际接轨的人才评价体系，制定重庆市外籍“高精尖缺”人才认定标准。

2022 年 12 月《2022 年广东省营商环境评价报告》发布。2022 年广东省营商环境评价主要借鉴世界银行营商环境评价和中国营商环境评价指标体系，共设置 19 个一级指标，77 个二级指标。根据《报告》显示，深圳、广州营商环境被评为第一档。深圳、广州以建设国家营商环境创新试点城市为契机，推动营商环境 5.0 版改革，更大力度为市场主体投资兴业破堵点、优服务，为全省营商环境建设作出重要示范，是全省其他城市学习的标杆。《报告》指出，跨境贸易方面，在全国率先实现国际贸易“单一窗口”标准版地市、口岸及功能全覆盖，有序推进粤港澳大湾区“组合港”“一港通”等改革提升海运口岸物流效率。在城市典型经验和创新举措方面，广州港和深圳港特别加强与内陆地区合作，推进海铁联运“一单制”模式。通过海铁联运引货入港，简化通关手续，实现物流无缝对接。

第三节　热点分析

一、海南自由贸易港市场准入承诺即入制改革制度落地

以良法促进善治，进一步优化国际化营商环境需以法治为发力点，对标国际通行规则，以立法引领改革，制定重点改革任务台账。同时坚持立改废并举，在研究制定新法的同时，重点放在修改、废除不利于国际化一流营商环境建设的已有规范，通过不断完善法律法规助力法治化营商环境构建。坚持越是强调打造良好的法治营商环境，越是要提高涉外法律法规的质量。

2022 年 11 月 30 日，海南省第六届人大常委会第三十九次会议审议通过了

《关于在海南自由贸易港取消乙级水利工程质量检测单位资质认定等六项行政许可事项的决定》（以下简称《决定》）。同日，海南省人民政府发布了《海南自由贸易港实施市场准入承诺即入制管理规定》（以下简称《规定》）。《决定》和《规定》的出台，意味着市场准入承诺即入制改革制度在海南落地。《决定》依法取消“乙级水利工程质量检测单位资质认定”“经营高危险性体育项目（游泳、攀岩、滑雪）许可”“重要工业产品［压力锅（不锈钢压力锅、铝压力锅）］生产许可证核发”“食用菌菌种（黑木耳菌种栽培种、香菇菌种栽培种、双孢蘑菇菌种栽培种、平菇菌种栽培种）生产经营许可证核发”“蚕种（桑蚕原种）生产经营许可证核发和升放无人驾驶自由气球”“系留气球单位资质认定”等6项行政许可事项，同时上述这6项事项在海南自由贸易港内实施市场准入承诺即入制，并列为第一批实行承诺即入制的事项清单。

海南是首个探索市场准入承诺即入制改革的省份，也是全国首个出台市场准入承诺即入制立法的省份。市场准入承诺即入制是指除涉及国家安全、社会稳定、生态保护红线、重大公共利益等国家实行准入管理的领域外，在具有强制性标准的领域，依法取消许可和审批，建立健全备案制度，市场主体书面承诺符合相关要求并提交相关材料进行备案，即可开展投资经营活动，有利于进一步优化营商环境，激发市场主体活力。为加快打造法治化、国际化、便利化的一流营商环境，海南省提出了对标国际高水平经贸规则，瞄准“最低市场准入、最简权力清单、最优审批服务、最有效监管”的“四最”目标，实施营商环境重要量化指标赶超国内一流行动。市场准入承诺即入制改革是《海南自由贸易港建设总体方案》的一项重要改革任务，也是当前进一步激发市场主体活力的重要举措，对推动落实“四最”目标要求，持续优化国际化营商环境具有十分重要的意义。

第一，是实施“最低市场准入”的有益探索。国家推行“先照后证”改革后，市场主体获得营业执照即可开展一般性经营活动，但对从事需要许可的生产经营活动，仍需办理许可证。市场准入承诺即入制改革从减许可入手，通过地方立法的方式，在具有强制性标准的领域，率先取消了6项涉企经营许可事项，企业只需承诺符合相关要求并提交相关材料进行备案即可进入相关领域经营，大幅降低市场准入门槛，实现“准入即准营”。

第二，是实施“最简权力清单”的有力支撑。优化营商环境、转变政府职能，关键在于正确处理市场和政府的关系，充分发挥市场在资源配置中的决定性作用，更好发挥政府作用。市场准入承诺即入制改革就是企业作出承诺后，直接取消市场机制能够有效调节、企业能够自主管理、事中事后能够有效监管的许可事项，进一步简化了行政审批事项清单，实现有为政府和有效市场的更好结合。

第三，是实施“最优审批服务”的有效途径。实施市场准入承诺即入制改革，市场主体承诺符合相关要求，并提交相关材料进行备案，即可开展投资经营活动，减少了审批事项，降低了企业制度性交易成本，提升了政务服务水平，优化了营商环境，促进了人民满意的服务型政府建设。

二、上海市营商环境 6.0 版本对标世界银行营商环境评估体系，进一步优化国际化营商环境

根据 2022 年 12 月世界银行发布的《营商环境评估体系概念书》（Business Enabling Environment Concept Note，以下简称为 BEE），营商环境评估共有 10 个一级指标，30 个二级指标，逾百项三级指标。围绕企业生命周期全过程进行评估。[①]对比分析 BEE 概念书和营商环境（Doing Business，以下简称为 DB）可以发现，二者的区别主要集中在以下四个方面。

表 3.1　对标世界银行营商环境评估体系相关改革举措

营商环境评估一级指标	上海市营商环境 6.0 版本改革举措
市场准入（Business Entry）	全面推行企业名称申报承诺制、完善企业名称争议处理机制、建设企业住所标准化登记信息库等措施
经营场所（Business Location）	全面推行桩基先行、拓展分期竣工验收范围、推动审批审查中心模式升级、优化中等环境风险建筑项目风险评估程序等措施
公共资源获取（Utility Connection）	完善水电气网联合报装机制、推行服务可靠性管制计划、完善独立投诉机制、探索建立公用设施管线信息共享数据库和地理信息系统等措施
劳动力（Labor）	建立全市统一的公共就业服务数字化平台、完善劳动争议解决机制、加强灵活就业人员权益保护等措施
金融服务（Financial Services）	完善担保交易和电子支付政策法规以及绿色融资领域相关监管规则、推动银行在基础支付领域开展减费让利、支持社会化征信机构发展等措施

① 详见表 3.1。

续表

营商环境评估一级指标	上海市营商环境 6.0 版本改革举措
国际贸易（International Trade）	扩大实施进口商品第三方采信模式、加大海关认证企业培育和服务力度、清理规范全链条全流程收费、试点提还箱预约管理和洗修箱在线管理等措施
税收（Taxation）	完善税费争议解决机制
争议解决（Dispute Resolution）	优化小额诉讼程序，打造涉外商事一站式多元解决平台
市场竞争（Market Competition）	研究制定重点领域公平竞争审查规则
企业退出（Business Insolvency）	完善破产财产多元化处置方式

第一，从关注单个企业经营便利性转向对整个行业发展进行评估。BEE 不仅从单个企业开展业务的便利性（the perspective of an individual firm's ease of doing business）的角度进行评估，而且从整个私营部门发展的角度来评估整个商业环境（from the standpoint of private sector development as a whole）。BEE 涵盖单个企业的运营成本与行业收益等不同角度的指标，DB 更多地从单个企业的角度出发，来衡量一个企业在一个经济体中的经营环境，从而评价经济体整体的商业环境。BEE 则将私营经济整体发展情况纳入评价。例如一些与税收有关的商业法规，可能会增加某单个企业的经营负担，但是这个法规对整体经济发展会产生积极影响，BEE 就会在评分的时候试图权衡这些影响。

第二，从侧重监管转向监管与公共服务并重。BEE 不仅关注监管方面（regulatory burden），还关注公共服务（provision of public services key for functioning markets）的提供。公共服务也是市场运作的关键。这种新的平衡试图对政府在创造有利的商业环境中的作用提供一个更加微妙和积极的视角。DB 更多地从制度经济学的角度，来探讨一个地区的制度性交易成本是否影响了该地区的经济发展；BEE 将政府主动作为、提供公共服务的优劣纳入考量，对一个地区的商业环境评估更为全面。DB 更多的是对政策本身的评价，而 BEE 则侧重政策的落实情况，如政策如何落实、是否好落实。

第三，评估信息收集从法律到法律与事实并重。BEE 不仅会收集法定信息（de jure information），还会收集事实信息（de facto measurements）。即不仅对评估城市相关法规的规定进行评估，且会采用实际操作的方式进行评估。此外，DB 主要收集法律规定中的数据，BEE 则会直接通过企业调查（firm-level surveys）来获得信息以提高信息的准确性。换言之，会通过市场主体反馈数据，更加注重市场主体的感受。

第四，评估方式平衡不同经济体数据可比性与数据代表性。BEE 概念书强调将努力在各国的数据可比性和特定经济体的数据代表性之间取得平衡。这种平衡的实现，可以通过在收集数据时将专家咨询（expert consultations）和企业调查（firm surveys）的方式相结合，还可以通过设置通用参数（common parameters）来指导数据收集过程。

分析 BEE 评估指标可发现，世界银行 BEE 评估与我国营商环境的改革思路具有趋同性：强调数字技术应用和环境的可持续发展。除附表所列 10 个单项指标外，BEE 项目还准备加入“电子技术应用”及“环境可持续性”两个跨指标的主题研究。电子技术应用强调考量线上综合办事平台的应用以及电子化单一窗口的建立；环境可持续性考量是否设置了环保相关的许可证件以及是否有绿色环保相关的税务激励措施。值得注意的是，以上两个主题是贯穿营商环境评估始终的。

优化国际化营商环境是一项系统工程，综合性强、复杂度高，涉及诸多市场主体，涉及经济、政治、文化、社会、生态文明诸多领域。营商环境的好坏，是企业能否生存发展的关键所在，也是能否激发市场活力、稳定社会预期的重要基础，更是建设现代化经济体系、促进高质量发展的重要支撑。聚焦打造国际化一流营商环境，要以政务服务的“好”，助力营商环境的“优”，促进市场主体的“活”，带动项目投资的“增”，保障经济运行的“稳”。上海市率先对标世界银行营商环境报告，积极推进营商环境建设的国际化进程。同时坚持立改废并举，不断完善法律法规和工作机制助力法治化营商环境构建。上海市 2023 年 1 月发布的营商环境 6.0 版本（《上海市加强集成创新持续优化营商环境行动方案》）安排了 27 大项 195 小项任务举措，进一步着眼于市场化、法治化、国际化、便利化等多维度，从政务环境、市场环境、公共服务、监管执法、法治环境等方面出发，着力集成创新，进一步提升上海营商环境综合性优势。在上海营商环境 6.0 版本中，上海对标世界银行营商环境评估 10 个单项指标，发布相关领域改革举措。①

① 详见表 3.1。

此外，为打造国际化一流营商环境，上海市对浦东、临港新片区、张江、虹桥、一体化示范区等重点区域进行战略布局，提出更高标准更高要求，安排了 44 项任务。要求在浦东新区打造营商环境综合示范区。全方位探索新领域制度改革，贡献更多创新成果。临港新片区打造营商环境制度创新高地。在市场准入、工程建设、金融服务等领域跨前一步，助力跑出临港“加速度”。张江科学城打造科创特色营商环境。充分发挥高能级科技服务机构集聚优势，积极构建全链条创新服务体系。虹桥国际中央商务区打造国际贸易特色营商环境。用好进博会平台，承接和放大溢出效应，提高服务能级和显示度。依托一体化示范区合力打造长三角高水平营商环境。贯彻落实《长三角国际一流营商环境建设三年行动方案》，形成更多制度创新成果。

优化营商环境的本质在于驰而不息的改革。市场化、法治化、国际化，是我国优化营商环境的明确方向。“三化”的要求各有侧重，共通点在于通过改革最大程度减去不必出现的环节，打破不应出现的壁垒，消除不应存在的模糊地带，充分释放市场活力。因此，坚持市场主体的用户导向、需求导向，就是营商环境优化过程中的改革重点与难点。

三、全国 36 个城市国际贸易“单一窗口”建成，“两步申报”“两段准入”通关模式稳步推进

国际贸易是国际化营商环境的重要组成部分，也是经济增长的关键驱动力，在促进技术创新、质量升级、产业转型等方面发挥着重要作用。从国际角度看，世界银行《营商环境项目概念说明书》专门对国际贸易（International Trade）的监管质量、公共服务质量和便利度确定评估指标。从国内角度看，国务院发布《优化口岸营商环境促进跨境贸易便利化工作方案》，海关总署印发以“两步申报、两轮驱动、两段准入、两类通关、两区优化”为主要内容的《海关全面深化业务改革 2020 框架方案》，多方面推动国际贸易的便利化。为说明我国国际化环境构建的具体情况，笔者以国际贸易为导向，对包括北京、上海、天津、重庆 4 个直辖市，长春、长沙、成都、福州、贵阳、广州、哈尔滨、海口、呼和浩特、杭州、合肥、昆明、济南、拉萨、兰州、南昌、南京、石家庄、沈阳、太原、武汉、乌鲁木齐、西安、西宁、南宁、银川、郑州 27 个省府所在地的市，大连、宁波、青岛、深圳、厦门 5 个国家社会与经济发展计划单列市共计 36 个

城市的国际贸易“单一窗口”和通关模式“两步申报”“两段准入”予以具体评估。评估方法为通过对被评估城市或所属省份国际贸易“单一窗口”建设情况进行考察，同时以海关网站等网络公开搜索引擎搜寻有关行动补充辅证。

国际贸易“单一窗口”是指该功能范围覆盖国际贸易链条各主要环节，逐步成为企业面对口岸管理相关部门的主要接入服务平台。“单一窗口”可提高国际贸易供应链各参与方系统间的互操作性，优化通关业务流程，提高申报效率，缩短通关时间，降低企业成本，促进贸易便利化。本项评估下，所有 36 个被评估城市均完成国际贸易“单一窗口”建设。被评估城市以市为单位或者以省为单位建有统一国际贸易“单一窗口”，且平台具有完善的中央和地方特色的标准应用，基本实现了办理涉外贸易业务的数据一体化，实现大部分国际贸易事项一窗办理。各省市国际贸易“单一窗口”依托地方优势产业和跨境贸易实际情况积极开发地方特色应用，如江苏国际贸易“单一窗口”江苏贸促板块的“FTA”和“原产地证”以及保险板块的“苏贸贷”①，宁波国际贸易“单一窗口”长三角专区的船舶转港数据复用、冷链追溯、燃油保税加注等地方特色功能②。

通关模式“两步申报”“两段准入”是在《海关全面深化业务改革 2020 框架方案》的要求下，不断深化全国通关一体化改革，建设新时代中国特色社会主义新海关，提升海关制度创新和治理能力建设水平的重要举措。经评估发现，36 个被评估城市的“两步申报”“两段准入”改革措施推行工作总体上情况良好，其中 22 个城市积极响应国家优化营商环境、促进外贸便利化号召，发布指导相关工作的专项实施方案推动通关监管模式改革。另有 14 个城市未在其政府网站公布相关工作指导性文件。北京、天津《关于进一步优化京津口岸营商环境促进跨境贸易便利化若干措施的公告》（京津联合公告第 8 号）规定优化作业流程，推进进口货物“两步申报”与“两段准入”监管作业衔接，全面推进“两段准入”监管模式。③重庆市也发布《重庆市促进跨境贸易便利化工作方案》（渝府办发〔2020〕4 号）推动开展“两步申报”“两段准入”改革试点，持续压缩口岸整体通关时间、持续降低进出口环节合规成本。④

① 江苏国际贸易“单一窗口”，http://sw.jseport.cn，2022 年 7 月 6 日访问。

② 宁波国际贸易“单一窗口”，https://www.nbsinglewindow.cn/yrd/yrd!index.do，2022 年 7 月 6 日访问。

③《关于进一步优化京津口岸营商环境促进跨境贸易便利化若干措施的公告》（京津联合公告第 8 号），http://www.beijing.gov.cn/zhengce/zhengcefagui/202102/t20210210_2281769.html，2022 年 7 月 6 日访问。

④《重庆市促进跨境贸易便利化工作方案》（渝府办发〔2020〕4 号），http://www.cq.gov.cn/zwgk/zfxxgkml/szfwj/xzgfxwj/szfbgt/202001/t20200119_8837739.html，2022 年 7 月 6 日访问。

第四节　展望与建议

一、完善法律顶层设计

国际化营商环境的构建和优化依赖于完善的顶层设计。从当前各地方建设经验来看，国际化营商环境的建设步伐参差不齐，这不仅是各地经济发展水平的客观表现，也是各地对外开放层次的实践。国际化营商环境的不断完善需要以完备的法律体系为依托。为统筹推进国内法治与涉外法治，提升二者的协同度，需要从中央层面制定与《外商投资法》《反外国制裁法》《出口管制法》配套的行政法规与部门规章，能够形成一套与三部法律相配套的行政法规和部门规章，使得这三部法律的原则和制度进一步细化，以促进有效实施，完善配套机制，丰富应对挑战、依法维护国家安全和利益的工具箱。结合我国实际情况，深化与联合国及相关机构合作，对接高标准贸易和投资协定，积极参与新兴领域经济治理规则制定，支持主要经济治理平台更好发挥作用。实施自贸区提升战略，优化自贸区布局，推动商签更多高标准自贸协定，用好自贸协定成果。推进大国协调合作，深化同周边国家经贸关系，加强与发展中国家团结合作。防范化解商务领域风险。坚持总体国家安全观，树立底线思维，完善市场应急机制，健全市场监测体系，加强安全生产管理，完善商务信用体系。健全贸易摩擦应对体制机制，拓展进口来源，促进知识产权保护国际合作。健全外商投资国家安全审查制度。提升“一带一路”建设风险防控能力，加强海外利益保护。健全产业损害预警机制，促进国际产业安全合作，维护产业链供应链安全。坚持以开放增实力防风险，在更高层次上动态维护国家经济安全。

二、深入推进数字化政务服务

数字政府是技术革命时代政府治理改革发展的必然结果，国际化营商环境的优化应与政府公共服务职能强化、数字服务政府建设齐同并进。数字政府不仅将助力国际化营商环境的优化，同时也是我们打造一流国际化营商环境的必然要求。我国近年来不断推进数字政府建设，以数字化改革助力政府职能转变，推动流程再造和模式优化，构建协同高效的政府数字化履职能力体系，让数字政府成为“有为”政府，就是要更好发挥数字化在政府履行经济调节、市场监管、社会管理、公共服务、生态环境保护等方面职能的重要支撑作用，促进政府决策科学化、社会治理精准化、公共服务高效化。国际化营商环境的优化就是在数字政府建设的过程中，加强各类信息系统之间的统筹与互通，破除“信息孤岛”，将地方保护、行政垄断、市场壁垒等阻碍要素资源自由流动和市场化配置及各类市场主体公平竞争的问题予以突破，从而全面提升我国社会经济效率和综合竞争力，构建一流国际化营商环境。

三、持续推动法治政府建设

法治是最好的营商环境，要坚持依法行政，做到有法可依、有法必依、执法必严、违法必究。法治政府的建设就是在营造国际化营商环境的路径上，不断提高政府公信力和执行力。在推动数字化政务服务的基础上，应当通过加大对平台建设、系统优化、智能化升级及维护的人力物力支持，进一步完善优化“双随机、一公开”等监管平台系统功能，通过“互联网+”监管系统确定各部门监管职责，将随机抽查事项和结果进行自动归集，形成全方位、立体化的企业信用评价体系，充分发挥监管合力和信用联合惩戒的最大效益。此外，为确保公示内容的科学性、准确性和公平性，地方政府应建立抽查结果公示具体标准和规范，对抽查结果内容进行合理化设计，进一步明确公示内容的形式、路径、原因、范围等详细信息，使被抽查单位和社会公众了解抽查对象在抽查中存在哪些问题，问题的严重程度以及如何进行信用修复。同时加快推进行政执法公示制度、执法全过程记录制度、重大执法决定法治审核制度等制度建设，重点解决行政执法中的乱作为、慢作为和不作为问题。同时要整顿执法队伍，规范执法主体，推进联合执法、综合执法，杜绝多头执法、重复执法。以制度监督权力，严防以公权力为庇护伞侵害投资者利益的行为，重拳打击各类扰乱市场经济秩序的行为，杜绝投资领域的地方保护主义，打造公平公正的竞争环境。同时强化企业经营司法保障。

四、落实包容审慎监管

政府对市场监管方式变革，是在法治轨道上优化营商环境的关键因素之一。传统的监管方式主要是审慎监管，包括确保企业个体稳健经营的微观审慎层面监管，和维护行业环境安全稳定的宏观审慎层面监管。但针对新技术、新产业、新业态、新模式这类风险和效益尚未明了的新生事物，单方面强调稳定与秩序的审慎监管显得力不从心，过度的监管有可能抑制企业创新发展。在国际化营商环境的优化过程中，随着数字经济、平台经济、共享经济等新业态的不断涌现和蓬勃发展，我们应对此类新经济模式转变监管方式，提高监管水平。既要对未知大于已知的新业态采取包容态度，鼓励创新，给予市场一个相对宽松的监管环境，同时也要坚守住法律的底线，对危害市场秩序的违法行为严厉打击。包容审慎监管是对传统监管模式的改造，寻求对“包容”和“审慎”、创新和监管这两对价值目标的平衡。

第二编　外交法治编

第四章 对外交往法治发展

第一节 大 事 记

一、习近平主席出席 2022 年世界经济论坛视频会议

2022 年 1 月 17 日，习近平主席出席 2022 年世界经济论坛视频会议并发表题为《坚定信心 勇毅前行 共创后疫情时代美好世界》的演讲，强调要在历史前进的逻辑中前进，在时代发展的潮流中发展。第一，携手合作，聚力战胜疫情；第二，化解各类风险，促进世界经济稳定复苏；第三，跨越发展鸿沟，重振全球发展事业；第四，摒弃冷战思维，实现和平共处、互利共赢。为此中国将坚定不移推动高质量发展，坚定不移推进改革开放，坚定不移推进生态文明建设。[①]

二、中国同中亚五国举办建交 30 周年峰会

2022 年 1 月 25 日，中国同中亚五国举办建交 30 周年峰会，习近平主席主持并发表题为《携手共命运 一起向未来》的重要讲话。习近平主席指出，30 年前，中国率先同中亚国家建交，开启了双方交往和合作的大门。30 年来，双方顺应潮流、讲信修睦，在互谅互让基础上彻底解决历史遗留的边界问题，走出了一条睦邻友好、合作共赢的新路，成为构建新型国际关系的典范。双方携手同行、共谋发展，共建"一带一路"在中亚地区开花结果。双方休戚与共、安危共担，有力维护了共同安全利益和地区和平稳定。双方相知相亲、互融互通，谱写了中国同中亚国家人民同甘共苦、心心相印的动人交响曲。双方相濡以沫、坚守正义，在涉及彼此核心利益问题上坚定相互支持，维护了双方正当权益和战略利益。习近平主席为中国同中亚五国交往提出 5 点建议：第一，深耕睦邻友好的示范田；第二，建设高质量发展的合作带；第三，强化守卫和平

---

① 新华网：《习近平出席 2022 年世界经济论坛视频会议并发表演讲》，http://www.qstheory.cn/yaowen/2022-01/17/c_1128271696.htm，2022 年 1 月 17 日访问。

的防护盾；第四，构建多元互动的大家庭；第五，维护和平发展的地球村。峰会通过并发表《中国同中亚五国领导人关于建交 30 周年的联合声明》。[①]

三、中国提出世界发展观和全球安全倡议

2022 年 4 月 21 日，习近平主席在博鳌亚洲论坛 2022 年年会开幕式上发表题为《携手迎接挑战，合作开创未来》主旨演讲。习近平主席指出，当下，世界之变、时代之变、历史之变正以前所未有的方式展开，给人类提出了必须严肃对待的挑战。人类历史告诉我们，越是困难时刻，越要坚定信心。任何艰难曲折都不能阻挡历史前进的车轮。面对重重挑战，我们决不能丧失信心、犹疑退缩，而是要坚定信心、激流勇进。习近平主席强调，冲出迷雾走向光明，最强大的力量是同心合力，最有效的方法是和衷共济。人类是休戚与共的命运共同体，各国要顺应和平、发展、合作、共赢的时代潮流，向着构建人类命运共同体的正确方向，携手迎接挑战、合作开创未来。因此，第一，坚定维护亚洲和平；第二，积极推动亚洲合作；第三，共同促进亚洲团结。[②]

习近平主席在此次会议上还提出了全球安全倡议：坚持共同、综合、合作、可持续的安全观，共同维护世界和平和安全；坚持尊重各国主权、领土完整，不干涉别国内政，尊重各国人民自主选择的发展道路和社会制度；坚持遵守联合国宪章宗旨和原则，摒弃冷战思维，反对单边主义，不搞集团政治和阵营对抗；坚持重视各国合理安全关切，秉持安全不可分割原则，构建均衡、有效、可持续的安全架构，反对把本国安全建立在他国不安全的基础之上；坚持通过对话协商以和平方式解决国家间的分歧和争端，支持一切有利于和平解决危机的努力，不能搞双重标准，反对滥用单边制裁和“长臂管辖”；坚持统筹维护传统领域和非传统领域安全，共同应对地区争端和恐怖主义、气候变化、网络安全、生物安全等全球性问题。

四、《国家适应气候变化战略 2035》发布

2022 年 6 月 13 日，生态环境部、国家发展和改革委员会、科学技术部、

① 中央人民政府网：《中国同中亚五国领导人关于建交 30 周年的联合声明（全文）》，http://www.gov.cn/xinwen/2022-01/26/content_5670478.htm，2022 年 1 月 26 日访问。

② 新华网：《习近平在博鳌亚洲论坛 2022 年年会开幕式上发表主旨演讲》，http://www.qstheory.cn/yaowen/2022-04/21/c_1128580883.htm，2022 年 4 月 21 日访问。

财政部、自然资源部、住房和城乡建设部、交通运输部、水利部、农业农村部、文化和旅游部、国家卫生健康委员会、应急管理部、中国人民银行、中国科学院、中国气象局、国家能源局、国家林业和草原局等17部门联合印发《国家适应气候变化战略2035》,对当前至2035年适应气候变化工作作出统筹谋划部署。《适应战略2035》(以下简称《适应战略2035》)在深入评估气候变化影响风险和适应气候变化工作基础及挑战机遇的基础上，提出新阶段下我国适应气候变化工作的指导思想、基本原则和主要目标，进一步明确我国适应气候变化工作重点领域、区域格局和保障措施。《适应战略2035》明确当前至2035年，适应气候变化应坚持“主动适应、预防为主，科学适应、顺应自然，系统适应、突出重点，协同适应、联动共治”的基本原则，提出“到2035年，气候变化监测预警能力达到同期国际先进水平，气候风险管理和防范体系基本成熟，重特大气候相关灾害风险得到有效防控，适应气候变化技术体系和标准体系更加完善，全社会适应气候变化能力显著提升，气候适应型社会基本建成”。①

五、中国加大对全球发展合作的资源投入

2022年6月24日，习近平主席在全球发展高层对话会上发表《构建高质量伙伴关系 共创全球发展新时代》的讲话，习近平主席指出，中国将加大对全球发展合作的资源投入，把南南合作援助基金整合升级为“全球发展和南南合作基金”，并在30亿美元基础上增资10亿美元；将加大对中国—联合国和平与发展基金的投入，支持开展全球发展倡议合作。中国将同各方携手推进重点领域合作，动员发展资源，深化全球减贫脱贫合作，提升粮食生产和供应能力，推进清洁能源伙伴关系；加强疫苗创新研发和联合生产；促进陆地与海洋生态保护和可持续利用；提高全民数字素养和技能，加快工业化转型升级，推动数字时代互联互通，为各国发展注入新动力。中国将搭建国际发展知识经验交流平台，成立全球发展促进中心，建立全球发展知识网络，开展治国理政经验交流，促进互学互鉴；举办世界青年发展论坛，共同发起全球青年发展行动计划，为落实联合国2030年可持续发展议程汇聚最广泛力量。②

① 生态环境部:《生态环境部等17部门联合印发〈国家适应气候变化战略2035〉》,https://www.mee.gov.cn/ywdt/xwfb/202206/t20220613_985408.shtml，2022年6月13日访问。

② 新华社：《习近平在全球发展高层对话会上的讲话（全文）》，https://www.mee.gov.cn/ywdt/szyw/202206/t20220624_986703.shtml，2022年6月24日访问。

六、中国批准国际劳工组织反强迫劳动公约

2022 年 8 月 12 日，中国常驻联合国日内瓦办事处和其他国际组织代表陈旭大使向国际劳工组织总干事莱德递交了中国批准《1930 年强迫劳动公约》（第 29 号）和《1957 年废除强迫劳动公约》（第 105 号）的批准书。

第 29 号公约和第 105 号公约是国际劳工组织 10 项核心公约中的两项，是消除强迫劳动领域最重要的国际法律文书。

2022 年 4 月 20 日，第十三届全国人大常委会第三十四次会议决定批准上述两项公约。中国政府一贯反对强迫劳动，自主批准这两项公约，再次表明中国政府保护劳动者权益、反对和打击强迫劳动的坚定立场。

七、上海合作组织元首理事会第二十二次会议召开

2022 年 9 月 16 日，习近平主席出席上海合作组织成员国元首理事会第二十二次会议并发表《把握时代潮流　加强团结合作　共创美好未来》重要讲话，习近平主席指出，2022 年适逢上海合作组织宪章签署 20 周年，成员国长期睦邻友好合作条约签署 15 周年。以这两份纲领性文件为思想基石和行动指南，上海合作组织逐步成功探索出一条新型国际组织成长壮大之路，积累形成了一系列富有启示意义的重要成功经验，即坚持政治互信，坚持互利合作，坚持平等相待，坚持开放包容，坚持公平正义。这五点经验充分体现了互信、互利、平等、协商、尊重多样文明、谋求共同发展的“上海精神”。成员国领导人签署并发表《上海合作组织成员国元首理事会撒马尔罕宣言》。会议发表了关于维护国际粮食安全、国际能源安全、应对气候变化、维护供应链安全稳定多元化等多份声明和文件，签署关于伊朗加入上海合作组织义务的备忘录，启动接收白俄罗斯为成员国的程序，批准埃及、沙特阿拉伯、卡塔尔，同意巴林、马尔代夫、阿联酋、科威特、缅甸为新的对话伙伴，批准成员国睦邻友好长期合作条约未来 5 年实施纲要等一系列决议。会议决定，由印度接任 2022 年至 2023 年度上海合作组织轮值主席国。

八、《湿地公约》第十四届缔约方大会在武汉举办

2022 年 11 月 5 日—13 日，《湿地公约》第十四届缔约方大会在武汉和日内瓦成功举办，会议达成了《武汉宣言》和《2025—2030 年全球湿地保护战略框

架》，中国提议的《设立国际红树林中心》《将湿地保护和修复恢复纳入国家可持续发展战略》《加强小微湿地保护和管理》等三项决议获得各方一致支持，有力促进全球湿地保护事业的高质量发展。中国当选《湿地公约》常委会主席，将在未来三年全面引领公约进程。

九、《中华人民共和国缔结条约管理办法》颁布

2022 年 11 月 7 日，李克强总理签署国务院令，公布《缔结条约管理办法》，《办法》是落实党中央、国务院关于加强国际法研究和运用，提高涉外工作法治化水平决策部署的重要举措，在总结实践经验和有关规定的基础上，进一步完善和优化相关程序，增强可操作性，明确了重大事项向党中央报告的制度，细化了国务院提请全国人大常委会决定批准和国务院核准条约的范围、条约适用于港澳特别行政区的办理程序、条约的国内法审核以及部分程序的制度设计等内容。

十、中国法官当选联合国上诉法庭法官和联合国争议法庭法官

2022 年 11 月 15 日，经联合国内部司法理事会推荐，我国最高人民法院的高晓力法官当选联合国上诉法庭法官，任期自 2022 年 11 月 15 日至 2026 年 6 月 30 日。我国最高人民法院的孙祥壮法官当选联合国争议法庭法官，任期为 2023 年 7 月 1 日至 2030 年 6 月 30 日。

十一、昆明—蒙特利尔全球生物多样性框架通过

2022 年 12 月 7—19 日，《生物多样性公约》第十五次缔约方大会第二阶段会议在蒙特利尔成功举行。COP15 第一阶段会议已于 2021 年 10 月在云南昆明以线上线下方式成功举行，为加快推进全球生物多样性恢复和保护的进程，综合考虑国内外疫情防控形势，经中国政府、联合国《生物多样性公约》秘书处、加拿大政府协商，联合国《生物多样性公约》缔约方大会第十五次会议（COP15）主席团决定，COP15 第二阶段会议将在《生物多样性公约》秘书处所在地加拿大蒙特利尔举行。中国将继续作为 COP15 主席国，领导大会实质性和政治性事务。COP15 主题和会标等大会主要元素保持不变，大会最终通过了昆明—蒙特利尔全球生物多样性框架，提出了到 2030 年阻止和逆转生物多样性丧失的局面，包括改变过度开发、污染、碎片化和不可持续的农业实践。

十二、《对外关系法（草案）》立法取得重要进展

2022 年 10 月，第十三届全国人民代表大会常务委员会第三十七次会议对《中华人民共和国对外关系法（草案）》进行了审议。2022 年 12 月 30 日，全国人大常委会将《对外关系法（草案）》予以公布，并向社会公开征求意见，[①]这是我国涉外法治领域的重大立法进展。

十三、《外国国家豁免法（草案）》立法取得重要进展

2022 年 12 月 27—30 日，第十三届全国人大常委会第三十八次会议对《外国国家豁免法（草案）》进行了审议，并向社会公开征求意见，这是我国涉外法治立法的重要进展。

十四、2022 年中国条约批准情况一览表

表 4.1　2022 年中国条约批准情况一览表

序号	名称	时间
1	全国人民代表大会常务委员会关于批准《中华人民共和国和肯尼亚共和国关于刑事司法协助的条约》的决定	2022.10.30
2	全国人民代表大会常务委员会关于批准《中华人民共和国和刚果共和国关于刑事司法协助的条约》的决定	2022.10.30
3	全国人民代表大会常务委员会关于批准《中华人民共和国和厄瓜多尔共和国关于刑事司法协助的条约》的决定	2022.10.30
4	全国人民代表大会常务委员会关于批准《制止与国际民用航空有关的非法行为的公约》的决定	2022.10.30
5	全国人民代表大会常务委员会关于批准《中华人民共和国和摩洛哥王国关于刑事司法协助的条约》的决定	2022.10.30
6	全国人民代表大会常务委员会关于批准《1957 年废除强迫劳动公约》的决定	2022.04.20
7	全国人民代表大会常务委员会关于批准《1930 年强迫劳动公约》的决定	2022.04.20
8	全国人民代表大会常务委员会关于批准《关于修改二〇〇二年六月七日在圣彼得堡（俄罗斯联邦）签署的〈上海合作组织成员国关于地区反恐怖机构的协定〉的议定书》的决定	2022.04.20

① 全国人大网：《对外关系法（草案）》，http://www.npc.gov.cn/flcaw/userIndex.html?lid=ff808181844232f70185611f164d4045，2023 年 2 月 19 日访问。

第二节　综合分析

一、世界之变、时代之变、历史之变正以前所未有的方式展开

2022年是不平凡的一年，俄乌冲突成为二战以来欧洲最严重的武装冲突，威胁世界和平，也给联合国主导下的国际法治带来重大挑战。世界各国就俄乌冲突提出的一些大是大非问题、法律难题和应对措施一时难以达成共识，在这些分歧中，美西方国家又在推动冲突逐步升级，借乌克兰危机达到某种地缘政治意图。

我国政府正着力统筹中华民族伟大复兴战略全局和世界百年未有之大变局，我国所面临的国际环境非常复杂。中国一贯致力于稳定国际秩序，维护以联合国为核心的国际体系、以国际法为基础的国际秩序、以《联合国宪章》宗旨和原则为基础的国际关系基本准则。我国倡导的以《联合国宪章》为基准的国际关系体系有别于西方倡导的规则基础上的国际关系体系。“规则”是一个含混不清的概念，西方国家长期主导国际规则的制定权，他们习惯于把自己国家的规则或者自己小圈子的规则国际化或者多边化，强加给其他国家。在遵守国际规则方面，美国等国家常常把本国利益置于国际规则之上，在国际规则与其本国利益不符时，就选择不遵守国际规则，例如在世界贸易组织的争端解决机制于2022年12月就美国钢铝232措施作出有利于中国而不利于美国的裁决时，美国商务部就宣称其不会遵守该裁决。[①]这种公然破坏国际规则的行为，给国际经济秩序造成了很多的障碍。

我们全面推进中国特色大国外交，推动构建人类命运共同体，坚定维护国际公平正义，倡导践行真正的多边主义，《联合国宪章》的宗旨和原则是我们旗帜鲜明反对一切霸权主义和强权政治，毫不动摇反对任何单边主义、保护主义、霸凌行径的重要依据。与此同时，我国也要积极增强我国在国际事务中的话语权，捍卫广大发展中国家的正当诉求，通过共商共建，建立更加公平的世界秩序和规则。正如党的二十大报告所指出的：“我国发展进入战略机遇和风险挑战并存、不确定难预料因素增多的时期，各种‘黑天鹅’‘灰犀牛’事件随时可能

① 新华网：《世贸组织裁决美国钢铝关税措施违规》，http://www.news.cn/2022-12/10/c_1129198836.htm，2023年2月19日访问。

发生。我们必须增强忧患意识，坚持底线思维，做到居安思危、未雨绸缪，准备经受风高浪急甚至惊涛骇浪的重大考验。”

二、积极建设覆盖全球的伙伴关系网络

2022 年，我国展现负责任大国担当，继续完善我国的外交总体布局，积极建设覆盖全球的伙伴关系网络，推动构建新型国际关系。在疫情持续的情况下，我国政府克服困难，继续积极参加和开展世界和地区的外交活动，同时，还接待了德国总理奥拉夫茨・朔尔茨、巴基斯坦总理夏巴兹・谢里夫和坦桑尼亚总统萨米娅・苏卢胡・哈桑等国家元首和政府首脑访华。通过双边、区域和多边不同的渠道，开展对外交流合作，不断扩大我们的朋友圈。

（一）中国参加的区域组织活动硕果累累

2022 年，金砖“中国年”取得丰硕成果。作为金砖主席国，我们主办 160 多场各领域金砖活动，举行了 30 多场“金砖+”活动，取得 37 项重要务实成果，金砖合作在全球影响力不断扩大。[①]金砖国家领导人聚焦“构建高质量伙伴关系，共创全球发展新时代”主题深入交流，达成广泛合作共识。金砖扩员进程开始启动，更多志同道合的伙伴有望加入金砖大家庭。一年来，多边议程齐聚亚洲，全球治理迎来“亚洲时刻”。[②]

2022 年 9 月 14—16 日，上海合作组织成员国元首理事会第 22 次会议在乌兹别克斯坦撒马尔罕举行，这是自 2020 年疫情发生以来，上海合作组织元首首次举行线下会议。上海合作组织成立于 2001 年，最初由中国、哈萨克斯坦、塔吉克斯坦、俄罗斯、吉尔吉斯斯坦和乌兹别克斯坦组成。2016 年，印度和巴基斯坦签署了加入上合组织的文件，并在 2017 年成为上合组织的正式成员，使上合组织的大家庭扩大到 8 个国家。

第二十二次会议最重要的议题就是扩员问题，这包括三个层面。首先是正式成员的扩大：伊朗在会议上正式签署了加入上合组织的文件，成为第九个上合组织成员，此前，伊朗是上合组织的观察员。这是上海合作组织自成立以来的第二次扩员。伊朗外交部长侯赛因・阿米尔－阿卜杜拉希扬（Hossein Amir-Abdollahian）在 9 月 15 日签署加入上合组织的备忘录时说，伊朗期待通过加入上合组织，能够与上合组织成员扩大能源、交通、经济和商务合作。其

---

① 王毅：《矢志民族复兴，胸怀人类命运　奋进中国特色大国外交新征程》，载《求是》2023 年第 1 期。
② 同上。

次是对话伙伴国的扩大：上海合作组织第二十二次会议批准了沙特阿拉伯王国、阿拉伯埃及共和国和卡塔尔国成为新的对话伙伴国，其他原有的 6 个对话伙伴国包括阿塞拜疆共和国、亚美尼亚共和国、柬埔寨王国、尼泊尔联邦民主共和国、土耳其共和国、斯里兰卡民主社会主义共和国。再次是接受新的对话伙伴国的申请：此次会议决定开始受理巴林、马尔代夫、阿拉伯联合酋长国、科威特和缅甸作为新的对话伙伴国的申请。

上海合作组织成员国领土总面积超过欧亚大陆的五分之三，人口占世界的大约一半，经济产出超过世界的 30%，是当今世界幅员最广、人口最多的综合性区域组织。上合组织也是迄今唯一在中国境内成立、以中国城市命名、总部设在中国境内的区域性国际组织。20 余年来，仅中国与中亚国家的贸易往来就成数十倍和上百倍地增长。上合组织覆盖一个多种文明交织的地区，其文明互鉴使成员国之间人文交流合作日益密切，呈现出多种文明交相辉映的局面。上合组织在打击民族分裂势力、极端宗教势力和暴力恐怖势力以及维持地区安全稳定方面成绩突出，促进了成员国之间的合作和密切联系。正因为如此，上合组织的吸引力不断加大，地区国家甚至欧亚地区以外的国家纷纷表达加入上合组织的愿望。2022 年伊朗的加入进一步扩大了上海合作组织的多边性，同时也为遭受美西方经济制裁的伊朗拓展了国际经济交往的空间。自 2018 年美国退出了伊核协议并增加对伊朗的制裁以来，伊朗经济受到严重影响。因此，加入上海合作组织将为伊朗与上海合作组织成员国的贸易和合作开辟新的途径，从而帮助伊朗解决其面临的经济挑战。同时，该组织现在也可以成为伊斯兰国家和阿拉伯国家合作和对话的平台之一，具有为区域和平和稳定进一步作出贡献的潜力。当然，上合组织成员内部的关系也非常微妙，例如哈萨克斯坦希望在 2023 年绕过受到西方经济制裁的俄罗斯，通过巴库 – 第比利斯 – 杰伊汉（Baku-Tbilisi-Ceyhan）管道输送多达 150 万吨石油出口。①

上海合作组织的成功，是互信、互利、平等、协商、尊重多样文明、谋求共同发展的“上海精神”的成功。习近平主席指出，实践表明，“上海精神”是上海合作组织发展壮大的生命力所在，更是上海合作组织必须长期坚持的根本遵循。过去我们践行“上海精神”取得巨大成功，未来我们还要秉持“上海精

① EURACTIV, Kazakhstan to Start Oil Sales Via Azeri Pipeline to Bypass Russia, 12 August 2022, https://www.euractiv.com/section/central-asia/news/kazakhstan-to-start-oil-sales-via-azeri-pipeline-to-bypass-russia/(last visited 2 January 2023).

神”一路前行。当前，世界百年未有之大变局正在加速演进，世界进入新的动荡变革期。人类社会正站在十字路口，面临前所未有的挑战。新形势下，上海合作组织作为国际和地区事务中重要建设性力量，勇于面对国际风云变幻，牢牢把握时代潮流，不断加强团结合作，推动构建更加紧密的上海合作组织命运共同体。上海合作组织的成功也是中国为维护世界和平、促进上海合作组织各国共同发展作出的贡献，是中国推动构建人类命运共同体的重要组成部分。

（二）双边外交成绩斐然

2022 年，中国在双边外交上取得了一系列引人瞩目的成绩。2022 年 12 月 9 日，中国与阿拉伯国家首届峰会在沙特阿拉伯首都利雅得举行，中国国家主席习近平出席峰会，会议通过《首届中阿峰会利雅得宣言》，[①]中阿双方宣布一致同意全力构建面向新时代的中阿命运共同体。这是中阿双方在部长级的中阿合作论坛基础上首次举办峰会；还是阿拉伯国家联盟首次集体同其他国家举行元首峰会；也是中共二十大以来，中方首次在境外联合主办多边外交活动，所以备受瞩目。当地时间 2022 年 12 月 9 日下午，首届中国－海湾阿拉伯国家合作委员会峰会在沙特阿拉伯首都利雅得阿卜杜勒阿齐兹国王国际会议中心举行。国家主席习近平出席峰会并发表题为《继往开来，携手奋进　共同开创中海关系美好未来》的主旨讲话。峰会决定，建立并加强中海战略伙伴关系；2022 年 11 月 10 日，中非减贫与发展伙伴联盟成立大会暨 2022 中非合作论坛——减贫与发展会议举行，中方一直坚定支持非洲发展振兴，减贫是中非合作的重要组成部分，彰显了中非关系“真实亲诚”的特点和构建新时代中非命运共同体的前进方向。[②]

三、继续推动应对气候变化的国际行动

2022 年是《联合国气候变化框架公约》通过 30 年，中国继续努力推动应对气候变化的国际行动。

（一）积极参加应对气候变化的国际协商

2022 年气候变化谈判的第 27 次缔约方大会（COP27）取得了重要的进展。

---

① 中央人民政府网：《首届中阿峰会利雅得宣言》，http://www.gov.cn/xinwen/2022-12/10/ content_5731180.htm，2023 年 2 月 1 日访问。

② 外交部：《中国政府非洲事务特别代表刘豫锡出席 2022 中非合作论坛——减贫与发展会议》，https://www.mfa.gov.cn/web/wjdt_674879/sjxw_674887/202211/t20221111_10972780.shtml，2023 年 1 月 7 日访问。

COP27于2022年11月6—20日在埃及沙姆沙伊赫进行，来自世界各地的超过3.5万人参加了此次会议，中国外交部、生态环境部、发展改革委、科技部和数个环境保护组织参加了此次会议的磋商和边会等活动。在气候大会举办期间，G20峰会在印度尼西亚巴厘岛举行，中美领导人也在期间会晤，双方同意重启气候对话，共同推动COP27取得成功。11月16日，二十国集团领导人发表共同宣言，支持全球可持续发展目标，重振多边主义应对发展挑战，并落实《气候变化框架公约》《巴黎协定》和《格拉斯哥气候协议》，这些行动也为大会达成成果发挥了重要的推动作用。

大会最终通过了《沙姆沙伊赫实施方案》，[①]成员方就下列三点达成了共识：一是着重强调（underlines）在实现可持续发展目标的大背景下，迫切需要以全面和协同的方式解决气候变化和生物多样性丧失这两个相互关联的全球危机。二是认识到气候变化的影响加剧了全球能源和粮食危机，反之亦然。三是强调（stresses）日益复杂的全球局势及其对能源、粮食和经济形势的影响，以及疫情全球流行对经济复苏造成的额外挑战，不应该作为开倒车（backtracking）、倒退（backsliding）或降低气候行动优先次序（de-prioritizing）的托辞。大会最引人瞩目的成果是最终达成了“为保护脆弱国家设立新的‘损失和损害’基金”的突破性决议，回应了广大受气候变化影响的脆弱国家过去30年的呼声。但令人遗憾的是，在技术谈判中发展中国家缔约方一直呼吁资金机制在2024年能够运行（operationalize），但最终通过的决议中没有纳入这一时间线。

中国对于COP27的成功作出了积极的贡献。11月11日，在COP27进行期间，中国正式向《联合国气候变化框架公约》秘书处提交了《中国落实国家自主贡献目标进展报告(2022)》，这也可以看做是一份应对气候变化进程的“年报”。该报告的数据显示，2021年，中国的碳排放强度（即单位国内生产总值的二氧化碳排放）比2020年降低了3.8%，比2005年累计下降50.8%。这距离我国提出到2030年，中国碳排放强度比2005年下降65%以上的目标，更接近了一步。

对于会议中备受瞩目的建立损失和损害基金这一焦点问题，中国积极表明立场并做出行动。中国和其他发展中国家，联合递交了建立损失和损害基金的建议，呼吁发达国家要切实承担起应有的责任和义务，加大对发展中国家适应行动的资金支持力度。与中国在此问题上的鲜明态度相对比，美国对建立损失

① United Nations Climate Change, Decisions Taken at the Sharm El-Sheikh Climate Change Conference, https://unfccc.int/cop27(last visited 2 January 2023).

和损害基金并不积极，因为美国对温室气体的排放有历史责任，这种历史责任可能意味着其对损失和损害基金应承担更大的份额。中国对温室气体的排放没有历史责任，作为发展中国家，没有向损失和损害基金捐款的义务。但这并不等于中国对于其他发展中国家的减排没有资金帮助，早在 2015 年，在巴黎举行 COP21 之前，中国就宣布成立中国气候变化南南合作基金，提供 200 亿元人民币（当时约 31 亿美元）帮助其他发展中国家应对气候变化，[①]从而阐明了我国在全球气候融资中的作用。今后我国仍然可以继续通过自己的方式，为其他发展中国家的减排提供帮助。

（二）在区域组织内协调减排温室气体的立场和政策

绿色发展和应对气候变化已经成为中国的外交政策的一部分，中国积极利用区域平台，与各合作伙伴协调减排温室气体的立场和政策。2022 年 9 月 17 日，上海合作组织成员国元首理事会发布关于应对气候变化的声明。成员国认为，应考虑各国国情，在共同但有区别的责任和各自能力的原则基础上落实《巴黎协定》。各成员国注意到，温室气体减少和净零排放对实现《巴黎协定》规定的温控目标至关重要，各国有权自行确定本国减排目标及其实施路径。成员国为实现全球目标，在预防和适应气候变化方面作出了巨大贡献。成员国尽管受到新冠疫情影响，普遍面临复苏经济、改善民生的挑战，但均采取强有力的气候行动，提交了国家自主贡献，展现了雄心，为国际社会作出了示范。

上海合作组织成员国声明，我们强调公约所列附件二发达国家对发展中国家提供支持的力度应与发展中国家的行动力度相匹配。提供和动员资金应对气候变化是公约所列附件二发达国家对发展中国家的义务。我们非常关切地注意到公约所列附件二发达国家尚未兑现包括到 2020 年每年 1 000 亿美元等在内的气候资金承诺。[②]我们敦促公约所列附件二发达国家在第 27 次缔约方会议（COP27）前尽快兑现上述承诺，并就设定 2025 年后新的气候资金集体量化资金目标作出更大贡献，扩大向发展中国家提供资金、技术开发和转移、能力建设等必要的支持，帮助发展中国家有能力在可持续发展的背景下实施减排。成员国主张，应支持公正转型，努力平衡减排和发展的关系。我们强调，发展中国家人均温

---

① “一带一路”能源合作网：《中国气候变化南南合作基金》，http://obor.nea.gov.cn/v_finance/toFinancialDetails.html?countryId=215&status=2，2023 年 1 月 2 日访问。

② 生态环境部：《上海合作组织成员国元首理事会关于应对气候变化的声明》，https://www.mee.gov.cn/ywdt/szyw/202209/t20220917_994236.shtml，2022 年 9 月 17 日访问。

室气体排放量远低于发达国家。应确保发展中国家自主、可持续发展的权利。《巴黎协定》已明确指出，在可持续发展和消除贫困背景下，温室气体排放达峰对发展中国家而言需要更长时间。

（三）反对通过单边强制措施减排温室气体

气候变化是一项全球性的挑战，它需要各国的共同努力和联合行动。排放温室气体的经济活动有明显的外部性，这种外部性的消除，也需要各国采取一致的措施，才能实现减排温室气体的经济成本的公平均摊。

1. 多边气候谈判艰难但并非没有成效

自 1992 年《联合国气候变化框架公约》达成以来，各国一直在不断协商将“框架”条约规定的减排架构和原则付诸实施的方案。《联合国气候变化框架公约》是在发达国家的历史排放量很大，而发展中国家的排放量非常小的 20 世纪 90 年代初达成的，当时能促成公约成功的一个重要规定就是共同但有区别的责任原则。

1997 年，《联合国气候变化框架公约》成员国在日本京都举行的第 3 次成员国大会上达成了《京都议定书》，该议定书确立了排放权交易、联合履约和清洁发展机制三个主要的减排机制，同时也授权成员国采取其他的财政和经济措施减排温室气体。《京都议定书》严格贯彻了《联合国气候变化框架公约》中的共同但有区别的责任和各自的能力原则，只规定了发达国家承担强制性的减排义务，而没有为发展中国家规定强制性的减排义务。美国曾经是《京都议定书》的原始签字国，2001 年，美国国会以减排温室气体将影响美国经济发展，以及大的发展中国家不减排温室气体不公平为由，拒绝批准《京都议定书》，并随后退出了《京都议定书》。2005 年，《京都议定书》生效，该年在蒙特利尔举行的第十一次成员国会议通过了蒙特利尔行动方案，同意开始谈判在 2012 年《京都议定书》第一个减排期到期后如何继续延续《京都议定书》。

因为在《京都议定书》下承担强制减排义务的国家数目较少，仅通过该议定书实现全球减排具有很大困难，国际社会在《京都议定书》2012 年到期之后如何续展的谈判没有取得成效，一个更实际的解决方案是签订一个新的减排协议。

2015 年，经过艰苦的谈判，在巴黎举行的第 21 次成员国全体会议上，《巴黎协定》被通过。成员国就应对气候变化的目标达成了一致，即把全球平均气温升幅控制在工业化前水平以上低于 2℃，并努力将气温升幅限制在工业化前水平以上 1.5℃之内，但在最关键的国家的量化减排义务上，成员国并没有达成协议，最后只是达成了一个确定各国减排义务的方法，即各国自己决定和报告，称为国家自主贡献。同时，《巴黎协定》规定了成员国应自 2023 年开始，每 5 年进行一次全球盘点，这是一项程序性的事项。

纵观过去的 30 年里，虽然各国通过气候谈判和协商，就减排温室气体达成了一些国际协议，代表性的如《巴黎协定》，但多边谈判的成果仍然难以令人满意，最主要的不足是，《巴黎协定》下的国家自主贡献机制软弱，各国提交的国家自主贡献的总和，仍然不足以实现《巴黎协定》设定的“把全球平均气温升幅控制在工业化前水平以上低于 2℃，并努力将气温升幅限制在工业化前水平以上 1.5℃之内”的目标。[①]这种令人失望的现实下，各国应该拿出更大的诚意和政治决定，推动多边谈判取得成果，而不应该将单边强制措施也列为选项。

2. 单边强制措施违反多边规则

单边强制措施违反多边规则，严重破坏多边合作和联合及独自应对气候变化的努力，削弱了各国应对气候变化的能力。

2022 年 9 月 22 日习近平主席特别代表王毅出席气候变化高级别会议时表示，地球是个大家庭，人类是个共同体，气候变化是共同挑战，需要合作应对。[②]中方认为应从四个方面推进全球气候治理目标：一是集中精力开好联合国气候变化沙姆沙伊赫大会，在减缓、适应、资金等方面取得积极平衡成果。二是重视落实行动。遵循共同但有区别的责任原则，坚持已达成的共识，加快推进《巴黎协定》的温控目标。中方支持古特雷斯秘书长发起的全民早期预警系统倡议。发达国家要切实兑现承诺，向发展中国家提供资金、技术和能力建设支持。三是务实推进绿色转型。在新能源安全可靠基础上逐步退出传统能源。在可持续发展框架下，推进高质量公正转型。四是营造良好政治氛围。摒弃单边主义、地缘博弈和绿色壁垒。

2022 年 12 月 13 日，欧盟议会、欧盟委员会和欧盟理事会就欧盟碳排放权交易市场改革方案和欧盟碳边境调节机制（Carbon Border Adjustment Mechanism）

① UN News, Climate change: No ‘credible pathway’ to 1.5C limit, UNEP warns, 27 October, 2022, https://news.un.org/en/story/2022/10/1129912.

② 中央人民政府：《习近平主席特别代表王毅出席气候变化高级别会议并致辞》，http://www.gov.cn/xinwen/2022-09/22/content_5711140.htm，2023 年 1 月 2 日访问。

达成协议，[1]决定自2023年10月1日起对进口到欧盟的水泥、电力、钢铁、铝、化肥、氢、一些“前体”（如阴极活性材料）和有限数量的“下游产品”，如螺丝、螺栓和类似的铁或钢制品实施碳边境调节措施，但在2026年1月1日之前，进口产品仅承担“报告”其温室气体排放量的义务，从2026年1月1日起，上述进口产品将需要提交碳边境调节证书，该证书通常需要通过付费的方式获得，所支付的费用是基于进口前一周欧盟碳排放权交易市场的碳价计算的。在欧盟议会、欧盟委员会和欧盟理事会就碳边境调节机制的核心内容达成一致后，该机制的条例文本仍然尚未公布。

欧盟的碳边境调节机制是一项典型的单边措施，它已经引起欧盟的贸易伙伴的普遍关切。如果有关的贸易伙伴可以在2026年之前就减排问题与欧盟达成新的协议，解决碳边境调节机制所涉及的碳泄露问题和国际竞争问题，欧盟的碳边境调节措施就只是发挥了促成双边或者多边合作的作用。

第三节　热点聚焦

一、乌克兰危机对世界和平和法治带来重大挑战

（一）中国对解决乌克兰危机提出主张

乌克兰危机具有非常复杂的政治背景。使用武力不是解决国家之间争端的根本途径，中国一直呼吁俄乌双方停止使用武力，通过谈判结束武装冲突，解决双方之间的分歧。2022年3月8日，习近平主席同法国、德国领导人举行视频峰会，明确指出各国主权、领土完整都应该得到尊重，《联合国宪章》宗旨和原则都应该得到遵守，各国合理安全关切都应该得到重视，一切有利于和平解决危机的努力都应该得到支持。[2]2022年11月4日，习近平主席会见来华正式访问的德国总理朔尔茨，强调国际社会应该共同支持一切致力于和平解决乌克兰危机的努力、共同反对使用或威胁使用核武器、共同努力确保全球产业链供

---

① European Parliament, Deal Reached on New Carbon Leakage Instrument to Raise Global Climate Ambition, 13 December 2022, https://www.europarl.europa.eu/news/en/press-room/20221212IPR64509/deal-reached-onnew-carbon-leakage-instrument-to-raise-global-climate-ambition (last visited 2 January 2023).

② 求是网：《习近平同法德领导人举行视频峰会》，http://www.qstheory.cn/yaowen/2022-03/08/c_1128452369.htm，2023年2月9日访问。

应链稳定、共同为危机地区的平民过冬纾困。[①]“四个应该”和“四个共同”，表明了中国以自己的方式，为劝和促谈、缓解人道主义危机发挥建设性作用的坚定立场。乌克兰危机所引发的能源、粮食危机和其他困难影响了多个国家，使得国际社会进一步分裂，在这种复杂的国际局势下，中国采取独立的外交政策，始终站在和平一边，为维护公平的国际秩序作出了独特的贡献。

（二）在涉及乌克兰危机的重大国际法问题上坚持独立的立场

在以美西方为首的一边倒地谴责俄罗斯的舆论之下，中国的态度和立场对于在纷乱的国际局势下维护国际法治发挥了特殊的作用。2022 年 3 月 2 日，在联合国大会第 11 次紧急特别会议就俄罗斯“对乌克兰的侵略”决议草案进行表决时，中国、印度、古巴等 35 个国家投了弃权票，中国的弃权票表明中国在乌克兰问题上的基本立场是一贯、明确的，即中国尊重各国主权和领土完整。而该决议草案在提交前并未在全体会员国范围内进行磋商，草案内容和中方立场也不符合，因此中方投了弃权票。

2022 年 11 月 14 日，应加拿大、危地马拉、荷兰和乌克兰的要求，联合国大会第 11 次紧急特别会议于 2022 年 11 月 14 日开会，并投票通过了名为“推进就侵略乌克兰行为提供补救和赔偿”的决议草案。近 50 个国家作为提案国向联大紧急特别会议提交了这份决议草案。最终，94 个国家为该草案投了赞成票，有 14 个国家则投票反对，另有 73 个国家弃权。[②]

决议确认，“必须追究俄罗斯联邦在乌克兰境内或针对乌克兰实施的任何违反国际法行为，包括其违反《联合国宪章》实施侵略，以及任何违反国际人道法和国际人权法行为的责任，并确认俄罗斯联邦必须承担其所有国际不法行为的法律后果，包括对此类行为造成的伤害，包括任何损害，作出赔偿”。[③]决议还确认需要与乌克兰合作，设立一个国际机制，以便就俄罗斯在乌克兰境内或针对乌克兰实施国际不法行为所造成的损害、损失或伤害进行赔偿；决议同时建议会员国与乌克兰合作，建立一个国际损失登记册，用于记载损害、损失或伤害的证据和索赔资料，并促进和协调证据收集。[④]

---

① 求是网：《习近平会见德国总理朔尔茨》，http://www.qstheory.cn/yaowen/2022-11/04/c_ 1129101491.htm，2023 年 2 月 10 日访问。

② UN News, General Assembly adopts resolution on Russian reparations for Ukraine, https://news.un.org/en/story/2022/11/1130587, last visited on December 4th, 2022.

③ Furtherance of remedy and reparation for aggression against Ukraine, Resolution adopted by the General Assembly on 14 November 2022, A/RES/ES-11/5.

④ Furtherance of remedy and reparation for aggression against Ukraine, Resolution adopted by the General Assembly on 14 November 2022, A/RES/ES-11/5.

中国就该决议投了反对票。中国常驻联合国副代表耿爽在决议草案表决前说，有关乌克兰问题的战争补救和赔偿，应当通过政治途径和法律程序实现。《联合国宪章》对联合国各主要机构的职权有明确规定，联大不是国际司法机构，无权对国际不法行为作出法律定性和追责。他说，决议草案意图通过联大直接处理国际法律责任问题，超越联大职权。决议草案意图援引《国家对国际不法行为的责任条款草案》进行追责，缺乏法律依据。该议案的提案国没有认真组织磋商，执意推动联大仓促采取行动的做法完全不具建设性。[①]

（三）坚定地维护《联合国宪章》体系的权威

中国关于俄罗斯对乌克兰战争赔偿的草案决议的反对谨慎地维护了《联合国宪章》体系的权威。

第一，根据《联合国宪章》之规定，大会由联合国全体会员国组成，具有广泛的职权。《联合国宪章》第 10 条规定，大会可以讨论宪章范围内或联合国机关的任何问题，但安理会正在审议的除外。大会不是一个立法机关，而主要是一个议事和建议机关。大会的职权侧重于各国的政治、经济、社会、文化等方面的国际合作。大会在组织监督方面和内部行政方面拥有重要的职权。大会在维持国际和平与安全方面是协助安理会进行工作。对已经列入安理会议事日程的问题，非经安理会请求，大会不得提出任何建议。[②]整体而言，大会就联合国组织内部事务通过的决议对于会员国具有拘束力，对于维持国际和平与安全的问题作出的决议属于建议性质，不具有法律拘束力。而该决议是旨在要求俄罗斯对乌克兰承担赔偿责任，明显是超出了大会建议职权之外的。

第二，该决议是通过大会紧急特别会议作出的，1950 年 11 月 3 日，为了应对联合国安理会不能在维持国际和平和安全方面发挥作用的特殊情况，大会通过了“联合一致共策和平”的第 A/RES/377（V）号决议，该决议授权大会可以在满足下列两个条件的情况下，于接到请求后的 24 小时内召开“紧急特别会议”：其一，有威胁和平、破坏和平或侵略行为发生，而安理会因常任理事国之间缺乏一致性的意见，无法作出有效决议；其二，安理会中至少 9 个理事国，或联合国过半数会员国提出请求。截至 2022 年 12 月，联合国大会共召开过 11

① Li Weichao, China votes against UNGA resolution that asks Russia to pay “reparations” to Ukraine, http://eng.chinamil.com.cn/view/2022-11/16/content_10199569.htm, last visited on December 4th, 2022.

② 司平平：《联合国大会维护和平职能的扩展——对〈联合国宪章〉第 12 条逐步扩大的解释》，载《法学评论》2007 年第 2 期，第 52－53 页。

次紧急特别会议。[①]就大会紧急特别会议决议的效力而言，第 377 号决议中载明“大会应立即考虑此事，俾得向会员国提出集体办法之妥当建议，倘系破坏和平或侵略行为，并得建议于必要时使用武力，以维持或恢复国际和平与安全”。这一条文与《联合国宪章》中关于大会职权的规定是一致的。联大第一次紧急特别会议是在 1956 年 11 月为了解决苏伊士危机而召开的，此前 10 月份联合国安理会在讨论埃及单方面终止苏伊士运河的国际运作体系及以色列出兵埃及的事项时，由于法国和英国行使否决权，安理会未能作出维护国际和平和安全的决议。联大第一次特别紧急会议最终决定向苏伊士地区派出了第一支联合国维和部队。第一次大会特别紧急会议是由安理会理事国请求召开的。从历次紧急特别会议的历史来看（见表 4.2），一般紧急特别会议都是用来处理特别紧急的国际和平和安全事项，俄乌冲突中目前最需要解决的紧急问题，不是赔偿问题，而是停火问题。

表 4.2　联合国大会紧急特别会议一览表

届数	开始时间	议题
第十一次	2022 年 2 月 27 日	俄罗斯对乌克兰军事行动
第十次	1997 年 4 月 22 日	被占领的东耶路撒冷和其他巴勒斯坦地区
第九次	1982 年 1 月 29 日	被占领的阿拉伯领土
第八次	1981 年 9 月 13 日	纳米比亚问题
第七次	1982 年 9 月 24 日	巴勒斯坦问题
第六次	1980 年 1 月 10 日	阿富汗局势及其对国际和平与安全的影响
第五次	1967 年 6 月 17 日	中东局势
第四次	1960 年 9 月 17 日	刚果问题
第三次	1958 年 8 月 8 日	中东问题
第二次	1956 年 11 月 4 日	匈牙利问题
第一次	1956 年 11 月 1 日	中东问题

第三，大会并非联合国的司法机构，国际法院是作为联合国框架下的专门司法机构。2022 年 11 月 14 日的联大决议要求俄罗斯对乌克兰承担赔偿责任，

① UN, Emergency special sessions, https://www.un.org/en/ga/sessions/emergency.shtml, last visited on December 4th, 2022.

这明显具有司法的性质，与大会所具有的建议性质的职权不符。

第四，决议依据《国家对国际不法行为的责任条款草案》（Draft Articles on Responsibility of States for Internationally Wrongful Acts，以下简称《国家责任条款草案》）而作出。如何依据国际法追究国家责任，是国际法上最复杂和有争议的问题之一，其原因之一就是该领域内长期只有习惯国际法规则，缺乏有广泛共识的有约束力的条约法规则，而各国对习惯国际法规则的理解难免存在分歧。为了推动国家责任的国际法规则的澄清和共识，联合国大会在 1948 年设立的国际法委员会将国家责任规则选定为首批 14 个工作的专题之一。从 1956 年起国际法委员会一直在不断地尝试编纂和拟订有关国家责任的规则。在历经近 45 年，超过 30 份报告，先后五任特别报告员的努力下，国际法委员会于 2001 年通过了《国家责任条款草案》，并经 2001 年第 56 届联合国大会通过。《国家责任条款草案》有关条款是对几百年来国家责任方面的国际法实践的系统总结和编纂，也是对国际责任制度的发展，[①]该文件毕竟只是“条款草案”，尚不是具有法律约束力的国际法文件，这反映了国家虽然在国家责任的国际法规则取得了一些共识，但并没有完全接受该条款草案作为有法律拘束力的认定国家责任的规则。而且，该《国家责任条款草案》主要总结了国家对可归因于国家的国际不法行为承担责任的规则，并没有涉及国际罪行的国际法规则。2022 年 3 月 2 日，联合国大会紧急特别会议决议认定俄罗斯对乌克兰特别军事行动构成侵略。[②]而“侵略”不同于一般的国际不法行为，联大紧急特别会议援引该条款草案要求俄罗斯对乌克兰的侵略行为承担国家赔偿责任是不恰当的。

此外，决议还主张在联合国框架外建立国家赔偿机制，这是不符合惯例的。补救和赔偿问题非常重要。那些曾经受到殖民主义、外部干预、单边制裁和经济封锁等错误行为影响的国家也有权寻求补救。联合国大会对俄乌冲突采取的行动应该有助于为未来提供正确的指导，如果大会在缺乏真正共识的情况下，以微弱的多数，通过决议来处理可能超越了自己职权范围的事项，这将会危及联合国的公正性。中国对该决议投反对票，有利于推动联合国成员国对该重要问题加强协商和讨论，以便将来找到更加妥善和经得住历史考验的解决方案。

---

① 李寿平：《国家对国际不法行为的责任条款草案》，https://www.zgbk.com/ecph/words?SiteID=1&ID=94898&SubID=48628，2022 年 12 月 5 日访问。

② Aggression against Ukraine，Resolution adopted by the General Assembly on 2 March 2022，A/RES/ES-11/1.

二、中方批准国际劳工组织反强迫劳动公约

（一）中国一贯反对强迫劳动，自愿接受反强迫劳动国际标准

2022 年 4 月 20 日，全国人民代表大会常务委员会批准了《1930 年强迫劳动公约》（第 29 号）和《1957 年废除强迫劳动公约》（第 105 号）。2022 年 8 月 12 日，中国政府向国际劳工组织交存了两项公约的批准书，使中国批准的国际劳工组织基本公约数量达到 7 项，[①]中国批准的国际劳工组织公约总数达到 28 项。通过这些批准，作为国际劳工组织创始成员国的中国加强了其尊重、促进和实现国际劳工组织基本原则和工作权利的承诺。第 29 号公约禁止使用一切形式的强迫劳动，并要求各缔约国将强迫劳动的做法作为刑事犯罪予以惩处。第 105 号公约是对第 29 号公约的补充，该公约要求立即废除公约第 1 条中五种特定情形的强迫或强制劳动。这些公约将在其批准书交存于国际劳工组织一年后即 2023 年 8 月 12 日对中国生效。

中国常驻联合国日内瓦办事处和瑞士其他国际组织代表、特命全权大使陈旭在交存批准书时表示："我非常荣幸代表中国政府向国际劳工局交存第 29 号公约和第 105 号公约的批准书。中国秉持以人民为中心的发展理念，高度重视保护工人权益。我们批准国际劳工公约的态度是积极、认真、负责的。先前批准的公约都得到了有效执行。2022 年 4 月，十三届全国人大常委会第三十四次会议决定批准两项国际劳工组织公约，即《1930 年强迫劳动公约》和《1957 年废除强迫劳动公约》。中国一贯反对强迫劳动。自主批准这两项公约，再次表明了中国反对强迫劳动的坚定立场。"[②]国际劳工组织总干事盖·莱德（GuyRyder）代表国际劳工组织对中国批准两项强迫劳动公约表示欢迎。

中国已批准了 28 个国际劳工公约，2022 年 4 月最新批准《1930 年强迫劳动公约》和《1957 年废除强迫劳动公约》，彰显了中国在反强迫劳动方面坚定态度。中国积极履行各项国际劳工公约义务，通过立法、政策制定和实施，切实保障劳动者各项权利，反对强迫劳动。中国法律明确禁止强迫劳动，《刑法》

---

① ILO, Ratifications of Fundamental Instruments by Country, https://www.ilo.org/dyn/normlex/en/f?p= NORMLEXPUB:10011:::NO:10011:P10011_DISPLAY_BY, P10011_CONVENTION_TYPE_CODE:1, F. 尚未批准的基本劳工标准有《结社自由和组织权利保护公约》（1948，第 87 号）、《组织权利和集体谈判权利公约》（1949，第 98 号）、《1930 年反强迫劳工公约 2014 议定书》（2014）和《职业安全与健康公约推广框架》（2006，第 187 号）。

② International Labour Organization：《中国批准国际劳工组织关于强迫劳动的两项核心公约》，2022 年 8 月 12 日，https://www.ilo.org/global/about-the-ilo/newsroom/news/WCMS_853576/lang-en/index.htm，访问时间 2023 年 6 月 30 日。

第 244 条规定了强迫劳动罪。国际劳工组织指出，尽管中国之前未批准国际劳工组织关于强迫或强制劳动的公约，但多年来中国一直在采取措施积极打击强迫劳动，包括 2013 年废除劳动教养制度，2019 年废除性工作者的收容和教育制度，2007 年出台了《劳动合同法》，旨在使雇佣关系正规化，并载有禁止强迫劳动的具体规定，2007 年《就业促进法》在法律上承认劳动者平等就业和主动选择工作的权利；将强迫劳动罪纳入刑法，通过一项由公安部监督的打击贩运人口国家行动计划。[①]

（二）反强迫劳动日益受到国际社会关注

国际劳工组织认为强迫劳动可以理解为迫使他人非自愿地从事劳动，或在受到任何惩罚威胁的情况下工作。它指的是通过使用暴力或恐吓，或通过操纵债务、扣留身份证件或威胁向移民当局告发等更微妙的手段胁迫人们工作的情况。根据国际劳工组织 1930 年《强迫劳动公约》（第 29 号），强迫或强制劳动是："以惩罚相威胁向任何人强加的所有工作或服务，而该人并非自愿提供。"《强迫劳动议定书》第 1（3）条明确重申了这一定义。该定义由三个要素组成：1. 工作或服务是指在任何活动、行业或部门（包括非正规经济中）发生的所有类型的工作。2. 任何惩罚的威胁是指用于强迫某人工作的各种惩罚。3. 非自愿性："自愿提供"一词是指工人自由和知情地同意接受工作以及他或她随时离开的自由。例如，当雇主或招聘人员作出虚假承诺，以便工人接受他或她本来不会接受的工作。第 29 号公约第 2（2）条描述了五种情况可以构成"强迫劳动"定义的例外：1. 义务兵役。2. 正常的公民义务。3. 在某些条件下监狱劳动。4. 在紧急情况下工作（如战争、灾难或威胁灾难，如火灾、洪水、饥荒、地震）。5. 在社区内的小型公共服务。

根据国际劳工组织、自由离开（Walk Free）和国际移民组织于 2022 年 9 月发布的《估计的全球现代奴役：强迫劳动和强迫婚姻》（Global Estimates of Modern Slavery：Forced Labour and Forced Marriage）报告显示，在过去 5 年中，受到现代奴役的人数大幅增加。与 2016 年全球估计相比，2021 年沦为现代奴隶的人数增加了 1 000 万人。妇女和儿童仍然不成比例地受到伤害。现代奴役几乎发生在世界上每个国家，跨越种族、文化和宗教界限。一半以上（52%）的强迫劳动和四分之一的强迫婚姻发生在中高收入或高收入国家。2021 年，全球有 4 960 万人

---

① International Labor Organization, China ratifies the two ILO Fundamental Conventions on forced labour, https://www.ilo.org/global/about-the-ilo/newsroom/news/WCMS_853575/lang-en/index.htm (last visited 2 January 2023).

生活在现代奴役中，其中 2 760 万人被强迫劳动，2 200 万人生活在强迫婚姻中。在 2 760 万被强迫劳动者中，有 1 730 万人在私营部门受到剥削；630 万人遭受强迫商业性剥削，390 万人遭受国家强迫劳动。在遭受强迫商业性剥削的人中，妇女和女童占 490 万，在其他经济部门从事强迫劳动的妇女和女童占 600 万。在所有强迫劳动者中，12%是儿童。这些儿童中有一半以上受到商业性剥削。亚洲及太平洋区域强迫劳动人数最多，达 1 510 万人。作为实现经济正规化的更广泛努力的一部分，解决非正规经济中的体面工作赤字是消除强迫劳动取得进展的优先事项。①

在中国加入反强迫劳动公约后，中国将有更多的机会参与反强迫劳动工作，与世界各国一道为减少和清除反强迫劳动作出中国的贡献。

另一方面，最近几年，美欧将经贸活动与反强迫劳动挂钩的政策日益明显。虽然反强迫劳动具有合法性和正当性，但美欧利用其经济优势，以其自身的价值观念为衡量标准，强行推广其反强迫劳动的标准，严重扰乱国际经贸活动。虽然各国都一致赞同反强迫劳动，但具体哪些行为属于强迫劳动，各国的理解不尽相同。将反强迫劳动与经贸活动挂钩，将使经贸活动的规则更加复杂化，迫使很多发展中国家将社会问题的解决与经济问题的解决结合起来，同时也给了美欧发达国家更多的机会推行其人权标准和价值观念。根除反强迫劳动与经济和社会发展是无法分开的，各国应该加强经济和社会领域的多层次的合作，为人们创造更多的有价值和有意义的工作机会，改善各种族、各民族和不同性别的人群获得工作机会的公平性，这才能从根本上割除强迫劳动的毒瘤。

第四节　展望与建议

一、《对外关系法》：中国涉外领域立法的里程碑

2022 年 10 月，第十三届全国人民代表大会常务委员会第三十七次会议对《中华人民共和国对外关系法（草案）》（简称《对外关系法（草案）》）进行了审议。2022 年 12 月 30 日，全国人大常委会将《对外关系法（草案）》予以公布，

① International Labour Organization, Walk Free and International Organization for Migration: Global Estimates of Modern Slavery: Forced Labour and Forced Marriage, https://www.ilo.org/wcmsp5/groups/public/-ed_norm/-ipec/documents/publication/wcms_854733.pdf (last visited 2 January 2023).

并向社会公开征求意见，[①]这是我国涉外法治领域的重大立法进展。

（一）制定《对外关系法》的重大意义

制定《对外关系法》是我国统筹推进国内法治与涉外法治建设、加强涉外领域立法的重大举措，向国际社会表明中国致力于通过法治手段维护国际法治与世界秩序的国家意志，具有深远的历史意义和重大的国际影响。

第一，制定《对外关系法》是我国应对世界之变、时代之变、历史之变，运用法治手段维护国家利益和促进全球法治的必然要求。

当前，世界进入动荡变革期，“一方面，和平、发展、合作、共赢的历史潮流不可阻挡，人心所向、大势所趋决定了人类前途终归光明。另一方面，恃强凌弱、巧取豪夺、零和博弈等霸权霸道霸凌行径危害深重，和平赤字、发展赤字、安全赤字、治理赤字加重，人类社会面临前所未有的挑战。”[②]特别是西方某些霸权国家奉行单边主义和零和博弈思维，动辄以其国内法为依据，对外实施单边制裁和“长臂管辖”，以所谓的法律手段搞极限施压、“筑墙设垒”和“脱钩断链”，严重危害他国主权与利益，严重威胁国际法、国际秩序与世界和平与繁荣。

在此背景下，中国制定《对外关系法》，旗帜鲜明地表达我国维护以联合国为核心的国际体系、以国际法为基础的国际秩序、以联合国宗旨和原则为基础的国际关系基本准则的坚定决心，系统全面地构筑中国发展对外关系的法律原则、制度与规则，这表明中国更加重视运用法治手段捍卫国家主权、安全和发展利益，也为维护和促进世界和平与发展贡献了中国法治力量。

第二，制定《对外关系法》是我国坚持全面依法治国、推进法治中国建设，为实现中华民族伟大复兴提供有力法治保障的必然要求。

党的十八大以来，党中央把全面依法治国纳入“四个全面”战略布局予以有力推进，抓住法治体系建设这个总抓手，推动中国特色社会主义法治体系建设取得历史性成就。不过，由于近年来我国面临的外部环境变化带来了新矛盾和新挑战，涉外法治的制度短板逐渐显露出来。一方面，面对西方某些霸权国家频繁以“法律”手段干涉我国内政、对我实施单边制裁和“长臂管辖”，我国尚未建立起

① 冯添：《13 件法律草案公开征求意见》，http://www.npc.gov.cn/npc/kgfb/202212/15316721389e4a5483d056c2cc448b90.shtml，2023 年 1 月 19 日访问。

② 习近平：《高举中国特色社会主义伟大旗帜　为全面建设社会主义现代化国家而团结奋斗——在中国共产党第二十次全国代表大会上的报告（2022 年 10 月 16 日）》，北京：人民出版社 2022 年 10 月第 1 版，第 60 页。

全面防备体系和有效阻断机制，涉外法治之“盾”还未完全铸好。另一方面，在运用法治手段维护国家主权、安全和发展利益方面，我国法律还存在制度供给不足的问题，涉外法治之“矛”亟待加快打造。鉴此，中央强调，要坚持统筹推进国内法治和涉外法治，按照急用先行原则，加强涉外领域立法，进一步完善反制裁、反干涉、反制“长臂管辖”法律法规，推动我国法域外适用的法律体系建设。

由此可见，制定《对外关系法》，系统规定我国发展对外关系的原则、制度与规则，是加快涉外法治建设、补齐涉外法治短板的重大立法举措，它的制定和实施将有力提升中国通过法治手段开展国际斗争、维护国家和人民利益的能力，将为以中国式现代化全面推进中华民族伟大复兴提供有力的法治保障。

（二）《对外关系法（草案）》的基本内容

《对外关系法（草案）》在结构上分为六章，共 44 条，对该法涉及的基本事项、对外关系的职权、发展对外关系的目标和任务、对外关系的法律制度以及发展对外关系的能力建设和保障进行了较为系统的规定。

第一章“总则”，旨在规定该法的立法宗旨、依据、调整范围、中国发展对外关系的基本原则和立场等基本事项，发挥提纲挈领、统领各章的作用。

具体而言，第 1 条开明宗义地规定该法的立法宗旨和立法依据。第 2 条规定了该法的调整范围。据此，中国发展同各国的外交关系和经济、文化等各领域的交流与合作，发展同联合国等国际组织的关系，适用该法。可见，中国《对外关系法》的适用范围仅限于中国与外国和国际组织之间的交流合作，而不适用于私主体之间的交流合作关系。[①]

第 3 条与第 4 条规定了该法的指导思想以及我国的基本外交立场与原则。第 3 条明确指出，该法以习近平新时代中国特色社会主义思想为指导，按照宪法的规定、原则和精神，积极开展对外工作，为我国发展营造良好外部环境。第 4 条第一款重申了我国对外政策的根本原则和外交的基本立场，即奉行独立自主的和平外交政策，坚持和平共处五项原则。该条第二款和第三款将习近平

---

① 该条将《对外关系法》的调整范围限定在中国国家与外国国家及国际组织之间的交流合作关系，这表明中国立法采取的是狭义的对外关系概念，而非一些学者提倡的广义的对外关系概念，即对外关系法既调整国家之间的关系，也调整私主体之间的关系；既包括公法规范，也包括私法规范。参见刘仁山：《中国对外关系法是中国法律体系的重要组成部分》，载《法制与社会发展》2009 年第 6 期，第 135 页；韩永红：《中国对外关系法论纲——以统筹推进国内法治和涉外法治为视角》，载《政治与法律》2021 年第 10 期，第 82 页。

外交思想中的核心要义以法律的形式加以体现。[①]上述两条规定体现该法既传承了新中国长期以来形成和坚守的外交立场，又将中国特色社会主义进入新时代以来我国外交理论建设中具有划时代意义的重大成果及时融入立法之中。

该法第 5 条和第 6 条规定了对外工作的领导机制。第 7 条、第 8 条和第 9 条分别是关于在对外交流合作中对相关主体施加维护国家安全、荣誉和利益的责任和义务、国家奖励和表彰相关主体以及对相关主体施加法律责任的条款。

第二章为“对外关系的职权”，共 7 条，不仅规定了全国人大常委会、国家主席、国务院、中央军事委员会、外交部、驻外使领馆和代表机构等国家机构在对外关系中的职权，还对中央和国家机关各部门，以及省、自治区、直辖市在中央授权范围内开展对外交流合作进行了原则性规定。

总体而言，受制于《宪法》关于国家机关权责的规定，本章关于对外关系职权的规定基本为授权性条款，相对抽象，缺少细化规定。此外，本章没有对国家监委、最高人民法院、最高人民检察院在对外关系中的职权进行专门规定。

《对外关系法（草案）》专设第三章“发展对外关系的目标与任务”，包括 12 个条文，将我国外交政策的主要方面进行系统的法律化。一方面，尽管这些条款基本是宣示性质的，缺少具体的法律效果，但另一方面，作为我国涉外领域的“基本法”，将我国外交政策全面系统地以法律的形式明确和固定下来，也是运用法治手段发展对外关系的重要表现。

第四章为“对外关系的法律制度”，共 11 个条文。从对外关系制度构建的角度来看，本章无疑是《对外关系法》最为重要的一章。

第 29 条是一个宣示性条款。它表明，制定《对外关系法》是国家统筹推进国内法治和涉外法治，加强涉外领域立法，加强涉外法治体系建设的重要举措。未来，国家还会在涉外法治领域不断加强立法，完善涉外法治体系，不断增强运用法治手段维护国家主权、安全与发展利益的能力。

第 30 条和第 31 条涉及国际条约与国内法的关系，是《对外关系法》最为重要的条款之一。由于我国《宪法》没有规定国际条约与国内法的关系，加之《民法通则》在《民法典》颁布后被废止，致使我国现行法律即便在民事领域也缺少关于国际条约与国内法的关系的法律规定。[②]因此，在《对外关系法》中对这一问题予以回应，其意义自不待言，填补了我国涉外法治的重大法律空白。

---

① 王毅：《深入学习贯彻习近平外交思想　不断开创中国特色大国外交新局面》，载《求是》2020 年第 15 期。

② 霍政欣：《论全球治理体系中的国内法院》，载《中国法学》2018 年第 3 期。

第 30 条规定，国家依照宪法和法律缔结或者参加条约和协定，善意履行有关条约和协定规定的义务。这规定了我国参加和缔约国际条约的法律依据，也言明我国有善意履约的法律义务，从而确立中国有遵守国际法、信守条约的法定义务。接着规定，国家缔结或者参加的条约和协定不得同宪法相抵触。这表明，作为国家根本大法，《宪法》具有最高的法律地位，不仅其他法律不得与之抵触，中国缔结或参加的国际条约也不得与之抵触。

第 31 条旨在规定条约的实施和适用。考虑到我国目前适用条约的情况较为复杂，既存在转化适用的情况，也存在并入适用的情况，该条规定，国家采取适当措施实施和适用条约和协定这样的措辞，较为灵活。这样灵活的措辞预留了空间，为今后制定更加具体的法律，就国际条约的实施和适用提供了基础。该条接着规定，条约和协定的实施和适用不得损害国家主权、安全和社会公共利益。这样的规定符合国际惯例，也与我国其他法律的规定基本保持一致。

第 32 条至第 34 条涉及涉外法律的适用和实施、有权采取相应反制和限制措施、建立发展以及变更或终止外交、领事关系等内容。第 35 条专门就执行联合国安理会根据联合国宪章第七章作出的具有约束力的制裁决议和相关措施进行了规定。质言之，安理会决议的效力来源于《联合国宪章》第 24 条和第 25 条，属于会员国承担的“宪章义务”，从这个意义上说，第 35 条是第 31 条的具体体现。在《对外关系法》中专设条款规定国家如何执行安理会决议，体现了中国作为安理会常任理事国的负责任态度，并以具体法律规定落实该法多处强调的立场：中国维护联合国权威、维护以联合国为核心的国际体系，维护以国际法为基础的国际秩序，维护以联合国宪章宗旨和原则为基础的国际关系基本准则。

第 36 条至第 39 条分别涉及外国国家官员、国际组织及其官员相应的特权与豁免、海外利益保护、外国人管理、国际执法和司法合作、对外法治交流等事项。这些内容均构成对外关系法律制度的有机组成部分。

第五章为“发展对外关系的能力建设和保障”，包含 4 个条文。第 40 条为统摄性条款，依之，国家将健全对外工作综合保障体系，增强发展对外关系、维护国家利益的能力。第 41 条至第 43 条分别对经费保障、专门人才、促进社会公众理解和推进国际传播能力建设等相对具体方面进行规定，从而对第 40 条形成支撑。这一章的规定表明，国家将通过经费保障、人才队伍建设、国内宣传和国际传播等多个维度不断提升发展对外关系能力建设。

第六章为“附则”，对法律的实施日期进行了规定。从立法体例上看，该法草案以总则开篇，以附则结束，结构显得较为完整。

（三）《对外关系法（草案）》的特色与亮点

从目前公布的草案来看，《对外关系法》高举维护国际法与国际秩序的旗帜，充分发挥中国国家制度和国家治理体系的优势，总结、继承和发展了中国参与国际法治与全球治理的国家实践与经验，总体上看，《对外关系法（草案）》即将由第十四届全国人大常委会会议通过以后，成为一部既准确反映国际法治发展趋势，又具有鲜明中国特色的涉外立法。

第一，《对外关系法》章节结构完整，逻辑脉络清晰，对中国发展对外关系的目标、任务进行了系统化的立法表达，全面规定中国发展对外关系的宗旨、指导思想、目标与任务，对中国发展对外关系涉及的各项职权及其分配进行规范，全面规定中国发展对外关系的法律制度，构筑了我国涉外法治体系的“四梁八柱”，堪称中国涉外法治领域的“基本法”和中国涉外法治建设的“里程碑”。

第二，《对外关系法》以法律形式继承了中国长期坚持的外交立场和国际法治主张，并对中国特色社会主义进入新时代以来中国在外交和国际法治领域提出的一系列富有中国特色、体现时代精神、引领人类进步潮流的新理念新主张新倡议进行了法律确认、诠释和阐扬，是一部守正创新的涉外立法，也为通过国内立法促进国际法治和维护世界和平稳定贡献了中国样本与中国智慧。

第三，该法专设一章，对我国发展对外关系的法律制度与规则进行了系统全面的规定，特别是对国际条约的履行、安理会决议的执行、依法采取反制措施、我国法域外适用、海外利益保护、对外援助以及对外执法和司法合作等重大涉外法律问题进行了立法回应和制度安排，填补了我国涉外法治领域的诸多空白，标志着我国发展对外关系进入法治化、制度化的新阶段。

不过，此次公开征求意见的立法草案还存在一些不足，主要包括：宣示性条款过多，操作性不足；法条的措辞存在政治语言未转化为法律语言的问题；章节安排在结构上还须完善，个别章的标题需要调整，不同章涉及的条款有待整合，等等。相信在此次征求社会公众意见之后，立法机关会吸纳合理建议，进一步修改、完善法律草案，并积极、稳妥推进相关立法程序，并在未来适时正式通过《对外关系法（草案）》。

制定《对外关系法》是中央统筹中华民族伟大复兴战略全局和世界百年未有之大变局、统筹推进国内法治与涉外法治建设、加强涉外领域立法的重大立法举措，为中国发展对外关系、维护国家主权、安全、发展利益提供了有力的法治保障。我们相信，《对外关系法》正式通过和实施后，中国通过法治手段维护国家权益和国际秩序的能力将显著提升，中国致力于通过法治方式维护国际法和世界和平与安全的坚定决心和真诚意愿将得到国际社会更加广泛的认同和支持。

二、中国《外国国家豁免法（草案）》立法取得重要进展

国家豁免指的是一国法院不管辖、不处理以外国国家为被告的案件，也不对外国国家财产采取强制措施。国家豁免，是一个兼具政治和法律因素的复杂问题。政治因素决定一国采取什么样的国家豁免立场，作出相应的立法规定以及在面临诉讼时采取何种态度。中国改革开放以来长期坚持绝对豁免原则，仅在少数条约中的某些事项上同意限制豁免。

随着形势的发展，中国开始考虑将绝对豁免调整为限制豁免。中国制定《外国国家豁免法》是贯彻习近平法治思想，推进全面依法治国、促进高水平对外开放的重要举措。《外国国家豁免法（草案）》借鉴国际通行规则，尊重外国国家享有豁免的一般原则，规定了合理的豁免例外范围以及豁免诉讼中的程序等问题，维护自然人、法人和非法人组织以及外国国家享有的正当合法权益。

（一）中国长期坚持绝对豁免

中国由于特殊的历史、国情、国际环境，特别注重国家主权平等，长期以来，中国在外交、立法、司法和参与国际规则制定过程中均反复宣称中国坚持国家及其财产绝对豁免，反对一国未经他国允许，管辖审理他国及其财产的案件，也不受理起诉外国国家的案件，但在加入个别条约时认可其中的限制豁免规则。

1. 中国在国家豁免上的政策立场

就“烟花案”和“湖广铁路债券案”等在美国的主权豁免诉讼以及提交给联合国国际法委员会的书面意见等场合，中国对外明确了关于国家及其财产豁免的立场，明确主张中国享有主权豁免，但国有企业可以以自己的名义起诉或者被诉。[①]

在联合国国际法委员会制定《国家及其财产的管辖豁免条款草案》时，中国在坚持绝对豁免时也务实地同意一些豁免例外，如“不动产的所有权、占有

① 段洁龙主编：《中国国际法实践与案例》，法律出版社 2011 年版，第 1 页、第 9 页；黄进：《国家及其财产豁免问题研究》，中国政法大学出版社 1987 年版，第 263－264 页。

和使用”例外、“从事商业服务的船舶”例外。[1]中国一直积极参与《国家及其财产的管辖豁免条款草案》及其后续工作，并于2005年签署《联合国国家及其财产管辖豁免公约》（简称《联合国国家豁免公约》），但尚未批准该公约。

2. 中国在立法及立法解释上坚持国家绝对豁免，但在参加的个别条约上放弃豁免

（1）关于国家豁免的立法

中国民事诉讼立法起初并未规定外国国家及其财产豁免，仅原则性规定外国人、外国组织或者国际组织的特权与豁免。《中华人民共和国民事诉讼法（试行）》（1982）（现已废止）第188条规定：“对享有司法豁免权的外国人、外国组织或者国际组织提起的民事诉讼，人民法院根据中华人民共和国法律和我国缔结或者参加的国际条约的规定办理。”[2]可能为了与《中华人民共和国外交特权与豁免条例》和《中华人民共和国领事特权与豁免条例》强调“外交特权与豁免”的措辞一致，1991年4月9日第七届全国人民代表大会第四次会议通过的《中华人民共和国民事诉讼法》修改了相应措辞，将“司法豁免权”调整为“外交特权与豁免”。在民事诉讼法2007年、2012年、2017年、2021年修正中，该条的内容并未变动，仅是条文序号有所变化。

为了支持香港特区维护其国际金融中心地位，给予外国央行财产在港绝对执行管辖豁免，香港法院不对其采取强制措施，2005年10月25日，第十届全国人民代表大会常务委员会第十八次会议通过《中华人民共和国外国中央银行财产司法强制措施豁免法》，并决定将之列入香港和澳门两特别行政区《基本法》附件三以适用于两特别行政区。该法是中国第一部关于国家财产豁免的专门立法，赋予了外国中央银行财产的豁免权，并规定了对等原则。

（2）关于国家豁免的立法解释

就香港法院受理的美国一公司诉刚果民主共和国案中涉及的国家豁免问题，2011年8月26日第十一届全国人民代表大会常务委员会第二十二次会议通过《全国人民代表大会常务委员会关于〈中华人民共和国香港特别行政区基本法〉第十三条第一款和第十九条的解释》，明确规定国家豁免规则或政策属于

---

① A/CN.4/410 and Add.1-5，p. 63.

② 1991年《中华人民共和国民事诉讼法》第239条规定：“对享有外交特权与豁免的外国人、外国组织或者国际组织提起的民事诉讼，应当依照中华人民共和国有关法律和中华人民共和国缔结或者参加的国际条约的规定办理。”

国家对外事务中的外交事务范畴，香港特别行政区法院在审理案件时遇有外国国家及其财产管辖豁免和执行豁免问题，须适用和实施中央人民政府决定适用于香港特别行政区的国家豁免规则或政策。

3. 关于参加放弃豁免的条约

1969 年《国际油污损害民事责任公约》第 11 条第 2 款规定，国家所有而用于商业目的的船舶不应主张豁免。1980 年中国参加该公约时，并未对该条提出保留。

4. 最高人民法院关于豁免的文件

2007 年 5 月 22 日，最高人民法院发布《最高人民法院关于人民法院受理涉及特权与豁免的民事案件有关问题的通知》（法〔2007〕69 号），对人民法院受理的涉及特权与豁免的案件建立报告制度，凡以在中国享有特权与豁免的外国国家等主体为被告、第三人向人民法院起诉的民事案件，人民法院应在决定受理之前，报请本辖区高级人民法院审查；高级人民法院同意受理的，应当将其审查意见报最高人民法院。在最高人民法院答复前，一律暂不受理。该文件不再强调"外交特权与豁免"，而是改用更为准确的"特权与豁免"措辞。

2012 年 8 月 15 日，最高人民法院发布《最高人民法院关于原告蓝婕诉被告马腾和荷兰驻广州总领事馆等机动车交通事故责任纠纷一案受理问题的请示的复函》（〔2012〕民四他字第 31 号），明确根据中国一贯坚持的国家绝对豁免原则，不能将荷兰驻广州总领事馆的派遣国荷兰作为本案的被告。

（二）制定《外国国家豁免法》的必要性

制定《外国国家豁免法》是完善中国特色社会主义法治体系的需要。党的二十大报告对全面依法治国工作作出战略部署，提出"完善以宪法为核心的中国特色社会主义法律体系"，"加强重点领域、新兴领域、涉外领域立法"。国家豁免问题是外交和司法领域的一个重要问题。20 世纪 70 年代以来，世界绝大多数国家通过立法等方式实施限制豁免。中国已签署但尚未批准《联合国国家豁免公约》。长期以来，中国一直坚持绝对豁免政策，在 2005 年制定了《中华人民共和国外国中央银行财产司法强制措施豁免法》，但是尚未制定全面规定国家豁免问题的专门法律。中国制定《外国国家豁免法》，规定外国国家在中国享有的豁免及其例外等问题，旨在健全国家豁免这一外交和司法领域急需的法律制度。它是贯彻落实习近平法治思想，完善以宪法为核心的中国特色社会主义法律体系的具体体现。

制定《外国国家豁免法》有助于推动高水平对外开放。中国的发展，离不开国际交往，需要用好国际国内两个市场、两种资源。随着改革开放的纵深推进，在更高水平的全方位开放背景下，中国正不断优化法治化透明化国际化营商环境，国际交往愈加频繁和深入。法律服务和争议解决机制是营商环境的重要组成部分。高水平对外开放和营商环境的提升要求平等保护外国国家和中国境内外自然人、法人和非法人组织的合法权益，要求为外国国家和中国境内外自然人、法人和非法人组织提供高效、快捷、具有公信力的争议解决平台及方案。世界上各主要国家均已采纳限制豁免制度，允许本国法院在外国国家从事商业活动等非主权行为时行使管辖权。中国在国家豁免问题上长期坚持绝对豁免，境内外自然人、法人和非法人组织实际上难以在中国法院、仲裁机构解决与外国国家之间的争议，而只能在境外法院、仲裁机构解决与外国国家之间的争议。国家豁免立法的空缺，制约了中国处理国家豁免这一外交和司法工作的法治化水平，限制了中国利用国家豁免原则和规则处理外交和司法工作的能力，影响了境内外自然人、法人和非法人组织在与外国国家发生争议时有效地在中国法院、仲裁机构解决争议的可能性，这不但影响了中国法律服务等行业的发展，也在一定程度上影响了中国营商环境的提升。对接各国国家豁免立法及《联合国国家豁免公约》等国际通行规则，制定《外国国家豁免法》，有助于为中国境内外自然人、法人和非法人组织运用法治和规则维护自身合法权益提供更多工具，有助于中国的高水平对外开放。

制定《外国国家豁免法》是坚持统筹推进国内法治和涉外法治、深入推进国家治理体系和治理能力现代化的必然要求。党的二十大报告提出以良法促进发展、保障善治。传统上，中国主要以外交谈判等方式处理国家豁免这一复杂的外交和司法问题。在当前复杂多变的形势下，考虑到深入推进国家治理体系和治理能力现代化的要求，以及国际交往中需要加强国际法运用，维护以联合国为核心的国际体系和以国际法为基础的国际秩序，制定《外国国家豁免法》是回应新形势要求，提升外交、涉外司法效能以及统筹推进国内法治和涉外法治的重要举措，也是参与国际治理的重要组成部分。制定《外国国家豁免法》，有利于在国家豁免这一国际法领域贡献中国方案和中国智慧。《外国国家豁免法》既尊重外国国家的豁免待遇，又允许外国国家和中国境内外自然人、法人和非法人组织在中国领域内通过法治化的方式解决争议，有助于更好发挥法治固根本、稳预期、利长远的保障作用，有助于在法治轨道上全面建设社会主义现代化国家。

（三）《外国国家豁免法》与国际通行规则接轨

欧洲国家早期通过司法判例以及 1972 年《欧洲国家豁免公约》采纳限制豁免原则。美国 1976 年制定《外国主权豁免法》，最早采用单行法确定限制豁免原则，英国、新加坡、巴基斯坦、南非、马拉维、加拿大、澳大利亚、阿根廷、以色列、日本、西班牙、俄罗斯等国也制定了关于外国国家豁免的单行立法。法国、意大利、土耳其、巴西等绝大多数国家虽未制定专门的国家豁免立法，但通过在民事诉讼法律中纳入专门条款、司法判例等方式采纳限制豁免原则。美国、英国、日本、俄罗斯等就国家豁免制定的单行立法，与《欧洲国家豁免公约》和《联合国国家豁免公约》在国家豁免的具体规则存在一些差异，但核心内容均包括：外国国家原则上享有豁免；外国国家仅在商业活动等非主权行为时不享有管辖豁免；外国国家财产仅在外国国家明示放弃豁免等情形下不享有司法强制措施豁免；诉讼程序规则；不影响外国国家依据国际法和本国法所享有的其他特权和豁免。

《外国国家豁免法（草案）》框架清晰，结构合理，立法体例、具体内容均与国际通行规则接轨。“草案”第 1 条、第 2 条规定立法目的和宗旨、明确外国国家的定义。第 3 条明确规定外国国家享有管辖豁免作为一般原则，只有本法另有规定的才不享有豁免。第 4 条至第 12 条规定外国国家接受管辖的方式，并明确外国国家在从事商业活动、为获得个人提供的劳动或者劳务与个人签订合同、造成人身和财产损害等少数情形下不享有管辖豁免。第 13 条和第 14 条规定司法强制措施豁免及其例外，对外国国家财产给予特别保护，规定不得对外国中央银行或类似金融管理机构的财产以及其他特定种类财产采取强制措施。第 15 条至第 18 条充分考虑了外国国家豁免案件的特殊性，对送达、缺席审判、行政部门作用等特殊程序问题作出规定，做到了与民事诉讼法等相关法律的有效衔接。第 19 条规定外国外交、领事和特别使团以及外国国家元首、政府首脑、外交部长等依法享有的特权与豁免不受影响。第 20 条基于维护国家主权的需要，规定外国法院给予中国国家和财产的豁免低于本法规定的，中国法院可以实行对等原则。第 21 条规定中国缔结或者参加的国际条约优先适用，以法律的形式庄严宣告中国遵守和尊重对中国有效的国际条约义务。第 22 条是关于生效日期的条款。

（四）结论

党的二十大报告提出“在法治轨道上全面建设社会主义现代化国家”“全面推进国家各方面工作法治化”。《外国国家豁免法》草案立法体例、具体内容均与国际通行规则接轨，既保障中国境内外自然人、法人和非法人组织的合法权益，维护国家主权，又保障外国国家享有的合法权益，有助于促进国际交往和高水平对外开放，是涉外法律法规体系的重要组成部分，是中国特色社会主义法治体系的重要成果，是统筹推进国内法治和涉外法治的最新成就，也是推进国家治理体系和治理能力现代化的重要进展。

第五章　反制裁、出口管制法治发展

第一节　大　事　记

一、反制裁方面

（一）习近平总书记重要文章要求“完善反制裁、反干涉、反制‘长臂管辖’法律法规”

2022 年 2 月 16 日出版的第 4 期《求是》杂志发表中共中央总书记、国家主席、中央军委主席习近平的重要文章《坚持走中国特色社会主义法治道路 更好推进中国特色社会主义法治体系建设》。文章指出，要运用法治手段开展国际斗争。坚持统筹推进国内法治和涉外法治，加强涉外领域立法，进一步完善反制裁、反干涉、反制“长臂管辖”法律法规，推动我国法域外适用的法律体系建设。①

（二）党的二十大报告要求“健全反制裁、反干涉、反‘长臂管辖’机制”

2022 年 10 月 16 日，习近平总书记在中国共产党第二十次全国代表大会上的报告“高举中国特色社会主义伟大旗帜 为全面建设社会主义现代化国家而团结奋斗”中指出，“健全反制裁、反干涉、反‘长臂管辖’机制”。②

（三）中国对美国涉台军售企业实施反制

2022 年 2 月 21 日，为了维护中国主权和安全利益，根据中国《反外国制裁法》有关规定，中国政府决定对长期参与美国向中国台湾地区出售武器的美国军工企业雷神技术公司和洛克希德·马丁公司的侵权行为实施反制。③

---

①《求是》杂志发表习近平总书记重要文章《坚持走中国特色社会主义法治道路　更好推进中国特色社会主义法治体系建设》，载《人民日报》2022 年 2 月 16 日，第 1 版。

②《高举中国特色社会主义伟大旗帜　为全面建设社会主义现代化国家而团结奋斗——在中国共产党第二十次全国代表大会上的报告》，载《人民日报》2022 年 10 月 26 日，第 1 版。

③《2022 年 2 月 21 日外交部发言人汪文斌主持例行记者会》，http://new.fmprc.gov.cn/web/fyrbt_673021/202202/t20220221_10644054.shtml，2022 年 12 月 31 日访问。

（四）中国对在涉华人权问题上的美国官员采取反制措施

2022年3月21日，外交部发言人表示，美方借口所谓人权问题炮制恶劣谎言，并以此为由干涉中国内政，抹黑中国形象，打压中方官员。这些行径毫无道德底线，严重违反国际法和国际关系基本准则，中方对此坚决反对。为维护中国主权和安全、发展利益，保护中方人员正当合法权益，根据中国《反外国制裁法》有关规定，中方决定对在涉华人权问题上炮制谎言、推动出台对华制裁、损害中方利益的美方官员对等采取签证限制。①

（五）大陆对“台独”顽固分子关联机构及有关企业采取惩戒措施

2022年8月3日，国台办发言人表示，“台独”顽固分子关联机构“台湾民主基金会”“国际合作发展基金会”打着“民主”和“合作发展”的幌子，在国际上大肆从事“台独”分裂活动，极力拉拢贴靠外部反华势力，攻击抹黑大陆，以金钱等为诱饵拓展台所谓“国际空间”，企图破坏国际社会一个中国格局。大陆方面决定对上述基金会采取惩戒措施，禁止其与大陆组织、企业、个人合作，依法惩治为上述基金会提供资助或服务的组织、企业、个人，以及采取其他必要措施。禁止大陆组织、企业、个人与为上述基金会捐款的宣德能源、凌网科技、天亮医疗、天眼卫星科技等企业进行任何交易、合作，禁止有关企业负责人入境。②

（六）中国对美国国会众议长佩洛西采取制裁措施

2022年8月5日，外交部发言人表示，美国国会众议长佩洛西不顾中方严重关切和坚决反对执意窜台，严重干涉中国内政，严重损害中国主权和领土完整，严重践踏一个中国原则，严重威胁台海和平稳定。针对佩洛西恶劣挑衅行径，中方决定，根据中华人民共和国有关法律，对佩洛西及其直系亲属采取制裁措施。③同日，外交部宣布针对佩洛西窜台反制措施，“针对美国国会众议长佩洛西不顾中方强烈反对和严正交涉，执意窜访中国台湾地区，外交部8月5日宣布采取以下反制措施：一、取消安排中美两军战区领导通话。二、取消中美国防部工作会晤。三、取消中美海上军事安全磋商机制会议。四、暂停中美非法移民遣返合作。五、暂停中美刑事司法协助合作。六、暂停中美打击跨国

---

①《2022年3月31日外交部发言人汪文斌主持例行记者会》，https://www.mfa.gov.cn/web/wjdt_674879/fyrbt_674889/202203/t20220331_10658157.shtml，2022年12月31日访问。

②《国台办宣布对“台独”顽固分子关联机构予以惩戒》，http://www.gwytb.gov.cn/xwdt/xwfb/wyly/202208/t20220803_12457720.htm，2022年12月31日访问。

③《外交部发言人宣布中方对美国国会众议长佩洛西实施制裁》，https://www.fmprc.gov.cn/web/wjdt_674879/fyrbt_674889/202208/t20220805_10735491.shtml，2022年12月31日访问。

犯罪合作。七、暂停中美禁毒合作。八、暂停中美气候变化商谈”。[①]

（七）大陆对一批“台独”顽固分子等人员实施惩戒

2022 年 8 月 16 日，中共中央台办发言人受权宣布对列入清单的一批“台独”顽固分子等人员实施惩戒。为维护两岸关系和平发展和两岸同胞切身利益、坚决打击“台独”顽固分子，决定公布萧美琴、顾立雄、蔡其昌、柯建铭、林飞帆、陈椒华、王定宇等为列入清单的“台独”顽固分子，对他们及前已公布的苏贞昌、游锡堃、吴钊燮采取以下惩戒措施：禁止其本人及家属进入大陆和香港、澳门特别行政区，限制其关联机构与大陆有关组织、个人进行合作，绝不允许其关联企业和金主在大陆谋利，以及采取其他必要的惩戒措施，依法终身追责。决定对游锡堃担任董事长的“台湾民主基金会”的执行长、吴钊燮担任董事长的“国际合作发展基金会”的秘书长实施制裁，禁止其进入大陆和香港、澳门特别行政区。[②]

（八）中国对美国涉台军售企业负责人实施制裁

2022 年 9 月 16 日，外交部新闻发言人表示，美国向中国台湾地区出售武器，严重违反一个中国原则和中美三个联合公报特别是“八·一七”公报规定，严重损害中国主权和安全利益，严重损害中美关系和台海和平稳定。中方对此坚决反对，予以强烈谴责。为了维护中国主权和安全利益，中国政府决定对参与此次售武的雷神技术公司董事长兼首席执行官海耶斯、波音防务公司总裁兼首席执行官卡尔伯特实施制裁。[③]

（九）中国对余茂春、托德·斯坦恩采取反制裁措施

2022 年 12 月 23 日，外交部发布《中华人民共和国外交部令》（第 4 号），公布《关于对余茂春、托德·斯坦恩采取反制裁措施的决定》，自 2022 年 12 月 23 日起施行。《关于对余茂春、托德·斯坦恩采取反制裁措施的决定》指出：“12 月 9 日，美方借口所谓‘西藏人权’问题，对两名中方官员进行非法制裁。依据《中华人民共和国反外国制裁法》第 4 条、第 5 条、第 6 条规定，中方决定对余茂春、托德·斯坦恩等后附《反制裁清单》列明的个人采取以下反制裁措

① 《外交部宣布针对佩洛西窜台反制措施》，http://new.fmprc.gov.cn/web/zyxw/202208/t20220805_10735604.shtml，2022 年 12 月 31 日访问。

② 《中共中央台办发言人受权宣布对列入清单的一批“台独”顽固分子等人员实施制裁》，http://www.gwytb.gov.cn/xwdt/zwyw/202208/t20220816_12462610.htm，2022 年 12 月 31 日访问。

③ 《2022 年 9 月 16 日外交部发言人毛宁主持例行记者会》，https://www.mfa.gov.cn/web/wjdt_674879/fyrbt_674889/202209/t20220916_10767035.shtml，2022 年 12 月 31 日访问。

施：一、冻结在我国境内的动产、不动产和其他各类财产；二、禁止我国境内的组织、个人与其进行有关交易活动；三、对其本人及直系亲属不予签发签证、不准入境。本决定自2022年12月23日起施行。”在决定的附件“反制裁清单”中，列明了余茂春、托德·斯坦恩（Todd Stein）的基本身份信息。[①]同日，外交部发言人表示，“美方借口所谓‘西藏人权’问题，对中方官员进行非法制裁。有关行径严重干涉中国内政，严重违反国际关系基本准则，中方已对此表明坚决反对并予以强烈谴责。针对美方上述错误行径，中方决定自即日起对长期在涉华和涉藏问题上表现恶劣的美国前国务卿中国事务顾问余茂春和现‘国会—行政部门中国委员会’办公室副主任托德·斯坦恩采取反制措施。有关内容已通过第4号外交部令公布。我们要再次强调，西藏事务纯属中国内政，美方没有权利、没有资格横加干涉。粗暴干涉中国内政，必将受到中方坚决反制。我们敦促美方撤销所谓制裁，停止干涉西藏事务和中国内政。”[②]

二、出口管制

（一）商务部发布出口管制合规建设问答（二）

2022年3月17日，商务部产业安全与进出口管制局发布《出口经营者出口管制内部合规机制建设相关问题（二）》。[③]

（二）商务部发布出口管制执法常见问题解答（一）

2022年3月21日，商务部产业安全与进出口管制局发布《出口管制执法常见问题解答（一）》。[④]

（三）商务部发布《两用物项出口管制条例（征求意见稿）》

2022年4月22日，为贯彻落实《出口管制法》，加强和规范两用物项出口管制，维护国家安全和利益，履行防扩散等国际义务，商务部会同有关部门研究起草了《两用物项出口管制条例（征求意见稿）》。[⑤]《征求意见稿》对现行两

---

① 《关于对余茂春、托德·斯坦恩采取反制裁措施的决定》，https://www.mfa.gov.cn/web/wjb_673085/zfxxgk_674865/gknrlb/fzcqdcs/202212/t20221222_10993979.shtml，2022年12月31日访问。

② 《2022年12月23日外交部发言人毛宁主持例行记者会》，https://www.mfa.gov.cn/fyrbt_673021/202212/t20221223_10994373.shtml，2022年12月31日访问。

③ 《出口经营者出口管制内部合规机制建设相关问题（二）》，http://exportcontrol.mofcom.gov.cn/article/cjwt/202203/615.html，2022年12月31日访问。

④ 《出口管制执法常见问题解答（一）》，http://aqygzj.mofcom.gov.cn/article/zsyd/202203/20220303286952.shtml，2022年12月31日访问。

⑤ 《关于〈两用物项出口管制条例（征求意见稿）〉公开征求意见的通知》，http://tfs.mofcom.gov.cn/article/as/202204/20220403306817.shtml，2022年12月31日访问。

用物项出口管制行政法规进行了提炼和总结，并进一步细化落实了《出口管制法》确立的出口管制法律制度。

（四）商务部发布出口管制合规建设问答（三）

2022 年 6 月 13 日，商务部产业安全与进出口管制局发布《出口经营者出口管制内部合规机制建设相关问题（三）》。[①]

（五）商务部发布两用物项和技术进出口许可证问答（二）

2022 年 6 月 17 日，商务部产业安全与进出口管制局发布《办理两用物项和技术进出口许可证相关问题（二）》。[②]

（六）中国公布 2023 年度《两用物项和技术进出口许可证管理目录》

2022 年 12 月 30 日，商务部、海关总署关于发布 2023 年度《两用物项和技术进出口许可证管理目录》的公告。[③]公告指出，根据《中华人民共和国出口管制法》和商务部、海关总署 2005 年第 29 号令《两用物项和技术进出口许可证管理办法》以及 2023 年《中华人民共和国进出口税则》，商务部和海关总署对《两用物项和技术进出口许可证管理目录》进行了调整，现将调整后的《两用物项和技术进出口许可证管理目录》予以公布。进口经营者进口放射性同位素按《放射性同位素与射线装置安全和防护条例》和《两用物项和技术进出口许可证管理办法》有关规定，报生态环境部审批后，在商务部配额许可证事务局申领两用物项和技术进口许可证，凭证向海关办理进口手续。公告自 2023 年 1 月 1 日起正式实施，商务部、海关总署 2021 年第 48 号公告公布的《两用物项和技术进出口许可证管理目录》同时废止。

（七）中国对高氯酸钾实施出口管制

2021 年 12 月 29 日，商务部、海关总署发布公告（2021 年第 46 号），根据《出口管制法》《对外贸易法》《海关法》的有关规定，为维护国家安全和利益，经国务院批准，决定对高氯酸钾（海关商品编号 2829900020）实施出口管制，依照《有关化学品及相关设备和技术出口管制办法》（对外贸易经济合作部　国家经济贸易委员会　海关总署令 2002 年第 33 号）管理。从事高氯酸钾出口的

① 《出口经营者出口管制内部合规机制建设相关问题（三）》，http://exportcontrol.mofcom.gov.cn/article/cjwt/202206/661.html，2022 年 12 月 31 日访问。

② 《办理两用物项和技术进出口许可证相关问题（二）》，http://exportcontrol.mofcom.gov.cn/article/cjwt/202206/667.html，2022 年 12 月 31 日访问。

③ 《商务部 海关总署关于发布 2023 年度〈两用物项和技术进出口许可证管理目录〉的公告》，http://aqygzj.mofcom.gov.cn/article/glml/202212/20221203376668.shtml，2022 年 12 月 31 日访问。

经营者，须经商务部登记。未经登记，任何单位和个人不得经营高氯酸钾出口。公告自2022年4月1日起实施。[①]

（八）中国对高压水炮类产品实施出口管制

2022年11月1日，根据《出口管制法》《对外贸易法》《海关法》的有关规定，为维护国家安全和利益，经国务院批准，商务部、海关总署、国家国防科技工业局发布关于对高压水炮类产品实施出口管制的公告。满足最大射程大于等于100米、额定流量大于等于540立方米/小时和额定压力大于等于1.2兆帕的高压水炮（海关商品编号：8424899920），以及为此专门设计的主要部件及配套设备，未经许可，不得出口。从事上述高压水炮类产品出口的经营者，须经商务部登记，未经登记，任何单位和个人不得出口。出口经营者应当向海关出具出口许可证件，依照《海关法》的规定办理海关手续，并接受海关监管。海关凭商务部签发的出口许可证件办理验放手续。[②]

第二节　综合分析

一、2022年美国对华制裁仍在继续且理由呈多样化

（一）2022年美国对华制裁相关情况

2022年，中国个人和实体受美国财政部、国务院等发布的制裁措施共有约9项，主要涉及如下方面：由于向叙利亚提供了澳大利亚集团化学生物武器防扩散制度控制的设备，依据美国《伊朗、朝鲜及叙利亚防扩散法》对一家中国企业实施制裁[③]；由于涉嫌向伊斯兰革命卫队圣城军（IRGC－QF）提供相关物质援助、赞助或财务、物质或技术支持，依据第13224号行政令将多个实体和

①《商务部 海关总署公告2021年第46号 关于对高氯酸钾实施出口管制的公告》，http://exportcontrol.mofcom.gov.cn/article/zcfg/gnzcfg/zcfggzqd/202201/595.html，2022年12月31日访问。

②《商务部 海关总署 国家国防科技工业局公告2022年第31号 关于对高压水炮类产品实施出口管制的公告》，http://exportcontrol.mofcom.gov.cn/article/gndt/202211/730.html，2022年12月31日访问。

③ New Sanctions Under the Iran, North Korea, and Syria Nonproliferation Act (INKSNA), https:// www.state.gov/new-sanctions-under-the-iran-north-korea-and-syria-nonproliferation-act-inksna/; Imposition of Nonproliferation Measures Against Foreign Persons, Including a Ban on U.S. Government Procurement, A Notice by the State Department on 03/24/2022, https://www.federalregister.gov/documents/2022/03/24/2022-06200/imposition-of-nonproliferation-measures-against-foreign-persons-including-a-ban-on-us-government，2022年12月31日访问。

个人加入 SDN 名单，其中包括一家中国内地企业和香港地区的多家企业；[①]将一家位于中国丹东的企业列入制裁名单，原因是涉及朝鲜大规模杀伤性武器；[②]以参与伊朗石油贸易为由，将浙江省的“中谷储运舟山有限公司”和山东省的赢仕船舶服务有限公司等中国企业列入 SDN 名单；[③]依据美国《伊朗、朝鲜及叙利亚防扩散法》对一家中国公司和一名中国自然人实施制裁；[④]因涉及朝鲜相关制裁（附加次级制裁）将一名中国公民列入 SDN 制裁名单；[⑤]以涉嫌帮助伊朗在能源领域逃避制裁、向伊方销售石化产品为由，对 2 家中国内地公司、5 家中国香港地区公司实施制裁；[⑥]以“腐败和侵犯人权”为由，将西藏自治区原党委书记吴英杰、西藏自治区公安厅原党委书记张洪波列入 SDN 名单；[⑦]以“非法、未报告和不受管制捕鱼”为由制裁 2 名中国个人、10 个其控制的和附属的实体，以及 157 艘悬挂中国国旗的渔船。[⑧]

（二）具有总量相对稳定但理由更加多样等特点

从上述情况看，2022 年中国个人和实体受到美国财政部和国务院制裁的情况仍时有发生，总体数量相对于此前年度未见明显高企态势，但制裁理由则继

---

① Treasury Targets Oil Smuggling Network Generating Hundreds of Millions of Dollars for Qods Force and Hizballah, https://home.treasury.gov/news/press-releases/jy0799，2022 年 12 月 31 日访问。

② SPECIALLY DESIGNATED NATIONALS LIST UPDATE, 05/27/2022, https://home.treasury.gov/policy- issues/financial-sanctions/recent-actions/20220527，2022 年 12 月 31 日访问。

③ SPECIALLY DESIGNATED NATIONALS LIST UPDATE, 059/29/2022, https://home.treasury.gov/ policy-issues/financial-sanctions/recent-actions/20220929，2022 年 12 月 31 日访问。

④ Imposition of Nonproliferation Measures Against Foreign Persons, Including a Ban on United States Government Procurement, https://www.federalregister.gov/documents/2022/10/14/2022-22347/imposition-of-nonproliferation-measures-against-foreign-persons-including-a-ban-on-united-states，2022 年 12 月 31 日访问。

⑤ SPECIALLY DESIGNATED NATIONALS LIST UPDATE, 11/08/2022, https://home.treasury.gov/policy-issues/financial-sanctions/recent-actions/20221108，2022 年 12 月 31 日访问。

⑥ Designating Sanctions Evaders Involved in Iranian Petrochemical and Petroleum Trade, https://www.state.gov/designating-sanctions-evaders-involved-in-iranian-petrochemical-and-petroleum-trade/; Treasury Targets Network Supporting Iranian Petrochemical and Petroleum Sales, https://home.treasury.gov/news/press-releases/ jy1115; SPECIALLY DESIGNATED NATIONALS LIST UPDATE, https://home.treasury.gov/policy-issues/ financial-sanctions/recent-actions/20221117，2022 年 12 月 31 日访问。

⑦ Treasury Sanctions Over 40 Individuals and Entities Across Nine Countries Connected to Corruption and Human Rights Abuse, https://home.treasury.gov/news/press-releases/jy1155; SPECIALLY DESIGNATED NATIONALS LIST UPDATE; https://home.treasury.gov/policy-issues/financial-sanctions/recent-actions/20221209_33，2022 年 12 月 31 日访问。

⑧ Global Magnitsky Designations; Issuance of Global Magnitsky General Licenses and Frequently Asked Questions, https://home.treasury.gov/policy-issues/financial-sanctions/recent-actions/20221209; Treasury Targets Serious Human Rights Abuse Aboard Distant Water Fishing Vessels Based in the People's Republic of China, https://home.treasury.gov/news/press-releases/jy1154，2022 年 12 月 31 日访问。

续呈现多种情况。

第一，2022年中国实体和个人遭受制裁的主要原因还是与朝鲜、伊朗、叙利亚进行贸易。从历史数据初步看，这似乎也是长期以来中国实体遭受美国经济制裁的最主要原因。需要指出的是，2022年中国企业遭受美国以出口管制为代表的限制情况则继续存在较多数量，这从广义上也属于对华企业制裁的范畴，但因本研究所针对的是反制裁以及相对应的外来制裁措施的角度，采取的是狭义的制裁范围。

第二，2022年未出现美国制裁中国政府机构的情况，也未出现制裁中国在任官员的情况，但出现了制裁已不在任的政府官员的情况。制裁原因，仍旧是此前美国制裁中国官员最常借口的人权问题。

第三，2022年出现美国以“非法、未报告和不受管制捕鱼”为由制裁中国个人和实体的情况。这是一个较新的制裁理由。2022年6月27日，拜登总统发布了《打击非法、未报告和不受管制捕鱼及相关虐待劳工行为备忘录》。该备忘录指出，如果不加以控制，IUU捕鱼和相关的虐待劳工行为将威胁到世界各地渔民的生计和人权，并将损害美国的经济竞争力、国家安全和渔业的可持续性。此外，被制裁的企业之一平潭海洋实业有限公司为纳斯达克证券交易所上市的实体，这也是美国财政部首次指定制裁一家纳斯达克上市企业。在全球更加注重海洋捕捞可持续性及打击非法捕捞等大趋势下，美国的这种做法进一步扩展了对外经济制裁所涉及的领域，有关中国企业需要对此问题予以高度注意。

二、2022年中国反制裁实践出现新特点新动向

（一）继续推进实施反制裁措施

从本章前述情况介绍可见，2022年我国对外反制裁措施约7项，与2020年的9项措施和2021年的8项措施相对照，[①]对外反制裁措施在继续推进。

一方面，本章前述情况介绍限于我国公开可查的带有“制裁”性质的措施。如我国政府有关部门通过内部措施采取了一些带有“制裁”目的的措施，那么这些措施虽然从广义上也可以自认为是“反制裁”，但因从规则角度无法验证，其法律形式和效果更难以确认，难以作为研究对象。例如，针对美国以所谓在

① 纪文华等：《反制裁法治发展》，载对外经济贸易大学法学院、对外经济贸易大学涉外法治研究院编：《中国涉外法治发展报告（2021）》，对外经济贸易大学出版社2022年版，第91－93页。

西藏自治区“严重侵犯人权”为由对两名中国高级别官员施加了制裁，中方是否会予以反制，12 月 12 日外交部发言人指出，“敦促美方立即撤销所谓制裁，停止干涉西藏事务和中国内政。中方将采取有力措施坚决维护自身合法权益。”在这种情况下，仅表明“将采取有力措施”，没有表示是否采取，也未说明如何采取，或是采取内部措施（例如对于美方某些人员限制签证等），则不宜认为采取了反制措施。但在 12 月 23 日外交部颁布部令对有关国外人员采取制裁措施后，这种此前可能采取的内部措施正式化公开化，则记为反制裁措施。

另一方面，从 2022 年我国实体和个人遭遇的制裁措施的特性来看，大多数是针对企业或者企业控制人或私营者，只在一个案例中出现制裁原中国政府官员的情况，这也部分“导致”中国反制裁措施数量未呈现增长。根据对 2021 年及以前我国采取反制裁措施时呈现出的特点分析，在外国制裁中国政府机构和官员的情况下，存在较大的可能是我国会针对外国有关部门或者机构的人员采取对应的反制裁措施，但对单纯制裁中国企业和私营者的情况，长期以来我国很少采取反制裁措施。这一特点对 2022 年情况似乎仍然适用。

（二）反制裁措施的对象呈现新特点

基于前述情况介绍，从严格的“制裁”字义上看，2022 年我国采取的相关措施中，直接针对外国的在先制裁采取的反制裁措施相对较少（2021 年则存在多例此类情况），而较多的是对外国各类干涉中国内政措施的反制措施。同时，2022 年我国相关反制措施的对象呈现一个新特点，大多数围绕涉台问题。

例如，因为美国政府批准美国企业对台军售，主要是雷神公司和洛克希德·马丁公司，因此 2 月份中国政府决定对这两家公司的侵权行为实施反制，9 月份决定对再次售武的雷神技术公司董事长兼首席执行官海耶斯、波音防务公司总裁兼首席执行官卡尔伯特实施制裁。这两次制裁，都属于主动制裁的情况，因为美国企业对台军售从概念上似乎不属于对中国的在先“制裁”情况。

再如，8 月份对“台独”顽固分子关联机构“台湾民主基金会”“国际合作发展基金会”，以及对萧美琴、顾立雄、蔡其昌、柯建铭、林飞帆、陈椒华、王定宇等列入清单的“台独”顽固分子的制裁，是值得关注的新实践。一方面，我国有关部门在宣布对这些机构和人员采取措施时用的是“惩戒”，并没有用“制裁”，显然是经过了考虑和选择。可能存在争议的一点是，这些对“台独”分子和相关机构的惩戒措施，属不属于《反外国制裁法》项下的“制裁”措施。本书认为，这些措施的采取虽然并未援用《反外国制裁法》，在采取时也未说明是制裁，发布机构也是负责台湾事务的有关部门，但其措施实质上仍是“制裁”措施，而且措施的内容也符合《反外国制裁法》所列出的可采取的制裁措施范围。反过来看，如果这些惩戒措施不作为《反外国制裁法》项下的制裁措施，那么这些措施的法律依据就更加不确定，因为不管是《反分裂国家法》还是《国家安全法》都未见授权采取惩戒措施的相关规定。这也从另一个角度说明随着国际斗争形势日渐复杂，对外各类制裁措施的使用需求和广度可能是很广泛的，相关法律需要满足必要的灵活性。

（三）出现国内机构配合落实反制裁措施等新动向

《反外国制裁法》第 11 条规定，“我国境内的组织和个人应当执行国务院有关部门采取的反制措施。对违反前款规定的组织和个人，国务院有关部门依法予以处理，限制或者禁止其从事相关活动。”从法律的规定看，在相关反制裁措施被公布后，中国境内的组织和个人负有法律上的义务来执行相关措施，否则可能受到处理。本书也认为，这种法律义务的前提是相关制裁措施也应当清晰明确，如果国务院有关部门采取的反制措施并不清晰明确，则也不应当要求国内组织和个人承担过严过重的合规义务。自 2021 年我国开始较多采取反制裁措施以来，制裁措施的国内落实就成为一个值得关注的问题。通常情况下，这种国内实施主要有赖于国内实体和个人的合规意识和能力，更多的是一种信息获取和风险检视和防控的能力，大多是国内企业等实体的内部合规流程的控制范围，企业一般也不会主动公开对外宣布。就目前本书所查询和了解到的信息看，目前尚未有我国实体和个人因违反《反外国制裁法》第 11 条被处罚的情况。但这种未见明显违规的情况，并不意味着我国实体和个人在此方面的合规义务履行得很好，可能存在多方面原因，如措施不清晰、有关违规未被发现等。也因此，在我国反制裁措施逐步增多并且可能逐步重视实效的趋势下，如何逐步加强某些重要反制措施的效果，值得关注。

2022 年 8 月，有报道指出中国证券投资基金业协会（以下简称“中基协”）发出《关于落实反制要求并完善相关机制的通知》，[①]通知要求各私募基金管理人及其从业人员等严格执行国务院有关部门采取的反制措施，不得损害国家利益和社会公共利益。通知指出：《中华人民共和国反外国制裁法》规定我国境内

① 中基协：《关于落实反制要求并完善相关机制的通知》，https://user.guancha.cn/main/content?id= 831597，2022 年 12 月 20 日访问；中基协：《严格落实对佩洛西的制裁措施》，https://www.thepaper.cn/newsDetail_forward_19539826，2022 年 12 月 31 日访问。

的组织和个人应当执行国务院有关部门采取的反制措施。2022 年 8 月，外交部发言人宣布，中方决定根据中华人民共和国有关法律，对佩洛西及其直系亲属采取制裁措施。各私募基金管理人及其从业人员等应当严格落实上述要求，禁止同相关人员进行交易。同时，管理人应当在宣传推介、资金募集和投资运作等环节，进一步完善内部控制流程、机制，主动关注和严格落实《反外国制裁法》规定及具体反制措施。该通知具有重要示范意义，是自《反外国制裁法》实施以来由行业组织提醒和要求本行业内实体主动关注和严格落实有关举措，也说明我国反制裁措施的实施情况在逐步改进和完善。

三、通过配套立法推动出口管制法律体系的完善

2020 年 10 月 17 日，第十三届全国人民代表大会常务委员会第二十二次会议审议通过了《中华人民共和国出口管制法》，并于同年 12 月 1 日正式施行。《出口管制法》确立了出口管制范围、管制政策、管制清单、管制措施、监督管理及法律责任等基本制度，为构建现代化出口管制体系奠定了坚实的法律基础，在中国出口管制发展历程中具有里程碑意义。根据商务部的信息，“中国将继续推进出口管制法治化建设。未来，我们将坚持以习近平新时代中国特色社会主义思想为指导，贯彻落实总体国家安全观，统筹发展和安全，以加快构建设计科学、运转有序、执行有力的现代化出口管制体系为目标，抓紧完善《出口管制法》配套法规，加快制定统一的出口管制清单，积极开展出口管制多双边交流合作，广泛做好法律政策的宣贯，严格保护市场各方主体的合法权益，为营造市场化、法治化、国际化营商环境创造良好条件。”①

《出口管制法》实施后，有关主管部门推进细化落实，初步形成了以《出口管制法》为统领，涵盖两用物项、军品、核等相关货物、技术、服务等物项的出口管制体系，同时也不断深入开展执法领域的实践。

2022 年 4 月《两用物项出口管制条例（征求意见稿）》的颁布，是一个重要的立法推进事件。根据有关信息，该条例的草案相关程序正在推进中，商务部内部工作基本完成，后续还需要司法部等进行审核并提交国务院审议等，有望于 2023 年出台。这一条例的出台，将对我国两用物项的出口管制制度进行系统性整合和提升，对于广受企业关注的“视同出口”“再出口”“向境外提供出

---

①《商务部有关负责人就中国的出口管制白皮书发布答记者问》，http://www.scio.gov.cn/xwfbh/gbwxwfbh/xwfbh/swb/Document/ 1718364/1718364.htm，2022 年 12 月 31 日访问。

口管制相关信息”等问题可能会给予不同程度的明确，将促进中国出口管制制度的发展。

第三节　热点聚焦

一、反制裁制度改进和完善：实证角度

（一）反制裁法律制度规则待进一步完善

回顾看，从2018年到2021年，在参考他国经验基础上，我国引领性创新性打造了以《反外国制裁法》为标志和主体，辅之以《不可靠实体清单规定》《阻断外国法律与措施不当域外适用办法》（以下简称《阻断办法》），与其他法律支持联动的“一体两翼，多点支撑”、具有中国特色反制裁法律体系。这标志着我国综合运行立法、行政和司法等手段维护国家主权和利益的能力得到显著提升，也标志着我国在构建攻防兼备、体系完备的涉外法治体系道路上迈出了坚实一步。

我国反制裁法律体系具有鲜明特色：一是协调统一强。在中央统一部署和领导下，实施目标和利益诉求是集中明确和一致的。二是涉及领域宽。涵盖领域全面，涉及反制裁、反干涉和反制“长臂管辖”等，具有综合性、高适应性、领先性，而非仅是阻断立法。三是反制措施广。可采取从移民签证限制、查扣没收财产、限制经贸投资、金融制裁等，还提供侵权诉讼赔偿等救济手段。四是执行潜力强。面对美国制裁，中国可谓唯一有潜力、有能力和政治意愿实施反制措施且产生实效的国家。正因此，我国如何发展反制裁法律和实践，在国际层面具有引领示范作用，也是体现中国话语权影响力的重要领域。

但同时，我国反制裁法律体系主体规范具有宏观性、授权性、防御性特点，在规则上存在诸多待明晰完善方面。在这方面，相关国内学术界和实务界曾提出诸多建议。例如，《反外国制裁法》等规则条文均较简略，诸多法律概念须进一步明确。再如，《阻断办法》本质要求企业在制裁国法与阻断国法间“选边站”，对营商环境和产业链稳定有影响，需控制执法节奏，在最大限度维护整体国家利益和个体微观利益之间寻求平衡。本书认为，从便于政府实施、企业合规、公众知晓等角度看，《反外国制裁法》《不可靠实体清单规定》《阻断办法》所规定的一些制度在操作层面存在进行细化完善的需要和必要性，同时也应关注程

序合理、提高透明、执法到位、确保实效等问题。从推进法治建设角度看，法律规则的细化完善宜通过制定条例、规章或者规范性文件的方式来进行，从而提升法律效率和确定性。但鉴于所涉事项复杂性和所需灵活性，实践中也可通过有关部委负责人介绍等方式，对相关规则作出权威性的解读和指引，达到同样效果。对已受到这些法律规则具体影响的中外企业、个人和公众来说，对规则执行有更多了解，有助于反制裁法律体系发挥更大的作用，而这也符合建设法治政府、打造更好法治化营商环境的要求。

在 2022 年，尚未见到我国有关部门出台有关《反外国制裁法》《不可靠实体清单规定》《阻断办法》的细则、说明等相关文件，未见到有关的具体立法计划措施的出台。

但就同期相关文件和领导讲话等来看，对于反制裁法律制度的完善问题，我国是相当重视的。例如，“进一步完善反制裁、反干涉、反制‘长臂管辖’法律法规”①，“健全反制裁、反干涉、反‘长臂管辖’机制”②。根据这些要求，我国有关部门应会继续就我国反制裁相关法律制度的完善进行探索和研究。

（二）反制裁的实施方面存在完善空间

2022 年，我国对外实施的大部分反制裁措施，从措施颁布程序、措施内容明确度以及可操作性方面来说，与 2021 年情况和问题较相似，即客观地从法律实施的角度看，反制裁措施存在一些可完善空间，这体现在程序性、明确性、联动性等方面。例如，在程序性方面，主要渠道是发言人在新闻发布会上的表态，并没有随后的正式政府部门公告，制裁发布的形式需要改进和完善。再如，在明确性方面，有时仅提及要进行制裁，有时仅提及了被制裁人的中文人名或组织名，无从准确确定制裁的具体范围，无法准确确定有关外国人员的身份信息和相关联的机构有哪些，从而影响我国反制措施的准确性和效果。再如，在联动性方面，迄今我国也曾宣布禁止中国机构与被制裁人的关联企业、组织进行往来，但并未明确这些企业和组织具体有哪些，难以达到精准对被制裁人的重大利益相关对象进行制裁从而将压力传导到被制裁人的目的。

不过这种情况在 2022 年有了一些改进。2022 年 12 月 23 日，外交部发布

---

①《求是》杂志发表习近平总书记重要文章《坚持走中国特色社会主义法治道路 更好推进中国特色社会主义法治体系建设》，载《人民日报》2022 年 2 月 16 日，第 1 版。

②《高举中国特色社会主义伟大旗帜 为全面建设社会主义现代化国家而团结奋斗——在中国共产党第二十次全国代表大会上的报告》，载《人民日报》2022 年 10 月 26 日，第 1 版。

《中华人民共和国外交部令》（第 4 号），公布《关于对余茂春、托德·斯坦恩采取反制裁措施的决定》，自 2022 年 12 月 23 日起施行。决定明确指出了被制裁人——余茂春、托德·斯坦恩，列明了法律依据——《中华人民共和国反外国制裁法》第 4 条、第 5 条、第 6 条规定，明确了反制裁措施——冻结在我国境内的动产、不动产和其他各类财产；禁止我国境内的组织、个人与其进行有关交易活动；对其本人及直系亲属不予签发签证、不准入境。在决定的附件中，还对被制裁人的基本身份信息进行了说明。[①]

本次制裁，是我国第一次通过正式的政府部门决定的方式颁布制裁措施，并且在外交部网站上政府信息公开部分，增加了一项“反制裁清单和措施”的栏目，表明我国反制裁措施的实施在法治化、程序化等方面的切实完善和改进。

当然，在肯定本次反制裁措施实施方式改进的同时，一方面需要继续跟踪我国将来有关的制裁和反制裁措施是否都采取外交部令的形式，另一方面也要注意到外交部的相关决定本身还有待进一步完善的空间，有一些问题尚不清晰，例如被制裁人身份信息需要细化，外交部决定的适用范围和实施程序需要进一步明确等。

二、反制裁实施机制改进和完善：理论角度

（一）我国当前实施反制裁措施具有鲜明特点

一是限定性。中方反制裁措施，多都集中在外方对中方政府机构和官员采取在先制裁的情形下，似有所考量和重点限定。二是对应性。中方采取的具体反制措施，多是直接对应外方制裁方式，一般不主动扩大领域和方式，遵照了对等和比例原则。三是回击性。中方采取反制措施时都明确指出回击原因，力求阐明正当性和合理性。

（二）我国反制裁措施实施的主要问题

从法律实施完备性角度分析，我国反制裁措施实施主要呈现如下问题：一是工作机制欠清晰。例如反外国制裁工作协调机制内容并未公开，是否建立不详，与公众接口部门不明确。二是措施领域有待扩展。例如，目前《不可靠实体清单规定》和《阻断办法》尚无公开执法实践。三是程序规范性待改进。例如反制裁决定主要是新闻发言人口头宣布，发布程序和文书形式亟待改进。四

① 《关于对余茂春、托德·斯坦恩采取反制裁措施的决定》https://www.mfa.gov.cn/web/wjb_673085/ zfxxgk_674865/gknrlb/fzcqdcs/202212/t20221222_10993979.shtml，2022 年 12 月 31 日访问。

是措施明确性待提高。例如对外制裁信息过于简短，公众难以了解并配合，影响反制准确性和效果。五是举措联动性待提高。例如，可考虑将被制裁人的关联企业或组织列入《不可靠实体清单规定》，形成措施联动合力，提高反制成效。六是实施效果待考量。对制裁取得的成效宣传力度待加强。七是司法实践待观察。我国法院在反制裁相关规则的阐释和审判实践方面尚待进一步展开。

（三）关于完善反制裁实施的理论思考

1. 加强反制裁实施的紧迫性和需求持续存在

美国将中国视为长期战略竞争对手的整体政策未变，对华各类制裁、干涉、胁迫、“长臂管辖”或会更加严重。同时，中国面对一系列新问题新挑战，如美国以所谓“强迫劳动”为名广泛限制新疆产品、欧盟在 WTO 质疑我对立陶宛采取所谓贸易限制措施、欧美酝酿采取应对所谓的域外“经济胁迫”相关议案。如何更合理有策略地运用反制裁工具进行应对，成为紧迫新课题。我国加强反制裁实施的紧迫性、强需求持续存在，需要加快发展和完善反制裁相关制度和实施机制。

2. 应制定平衡适度的反制裁推进和实施策略

反制裁是进行国际斗争、维护自身利益、掌握国际话语权、争取国内支持的重要手段，其具有高度政治性、外交性、敏感性，需要战略筹划，有理有据有利实施。反制裁是攻防较量，需要综合考虑实力对比、产业和供应链依赖情况，出击范围和程度须周全考量利弊得失。宜制定平衡适度的反制裁总体实施策略，既避免法律束之高阁无所作为，也避免冒进机械执法，可采取有限实施、精选目标、抓好典型的执法方法，着重通过个案打出中国反制裁特色和力度，切实产生对外震慑效应。

具体看：第一，采取完善法律、宽域授权、行政主导、留权在手的立法策略。在现实需求和法律供给间寻求平衡，辩证统一处理好反制裁实施所包含的法律合规要求与政治外交要求的关系。反制裁是进行国际斗争、维护自身利益、掌握国际话语权、争取国内支持的重要手段，具有政治性、外交性，同时以法律形式呈现，需要达到自洽和逻辑等要求。第二，采取有限实施、精选目标、抓好典型、重在威慑的执法策略。要防范大规模机械性执法带来的全面出击，也要避免法律工具束之高阁造成的无所作为，通过个案打出中国反制裁特色和力度。第三，注重流程透明、立场开放、渠道通畅、反馈及时等程序建构。实施反制裁措施涉及国家政治和外交考虑，也涉及企业和个人重要利益和合规需求，需要尽力加强程序正义和规则保障，保障中外实体的程序权利和正常利益。第四，做好预先研判、择优施策，重视效果外溢、妥善应对国际争议，维护负责任大国形象。

3. 做好反制裁相关规则完善和扩展

第一，完善反制裁法与其他法律法规对接条款，提高协同性。第二，适度澄清细化现有反制裁法律规则，明晰模糊概念，提升权利义务确定性，保障基本程序和救济权。这是建设法治政府、打造更好法治化营商环境的要求。第三，借鉴新概念，如考虑扩展反制裁针对措施，适时主动引入“反经济胁迫”概念，争夺国际政治和法律话语权。第四，务实加强宣传推介，对内提升企业主动合规意识，对外提升反制裁影响力。

4. 完善反制裁的实施机制和要素

第一，明晰反外国制裁工作协调机制，提高透明度。在国务院层面加快建立并完善反外国制裁工作协调机制，切实履行统筹协调相关工作职能。基于工作特性，由副总理以上级别牵头更具权威和效率，具体办事机构可由外交部、商务部共同牵头负责。应让公众知晓协调机制基本信息，提高透明度。第二，做好多机制、多部门的协调，提高实施机制内部运作成效。合理分工，明晰权责，防范管理行为重叠和缺位。以事项和职能为聚焦，建议做好反外国制裁工作协调机制、不可靠实体清单工作机制、阻断办法工作机制间的关系和协同。从长期发展看，可整合为统一适用的工作机制，并考虑工作机制牵头部门（办公室）的实体化，专注于整体反制裁趋势研判把握和协调。第三，注重提高实施机制对公众开放度、可及性、可信度。从依法行政和营造营商环境角度，应明确与利益相关方和公众的接口渠道和窗口部门，在政府部门网站开设反制裁工作机制查询网页，增加网上收集信息渠道，便利诉求反映和反馈信息，消除神秘感，提高亲和力和制度可信性。第四，用好智库外脑，建立专家咨询委员会。在信息整合、措施谋划、合规研判等方面提供支持。第五，注重司法部门与行政的对接协调。法院在反制裁体系和实践中具有重要独特作用。面对诸多外交、行政、商事等方面涉反制裁问题，提前预研，确定审判原则和指引，注重对外交事项判定权的礼让。

5. 提升反制裁措施的规范性有效性

第一，措施发布形式法律化。巩固改进后的发布方式，尽量坚持依法以正式政府部门公告形式发布反制裁决定。第二，措施裁定用语规范化。应通过比较统一化和标准化的裁定用语，提高反制裁决定的法律化和权威性。第三，措施内容具体精准化。反制裁措施应力求准确描述被制裁人员和组织具体信息，精准说明财产类制裁具体范围（贸易限制、投资限制、冻结没收财产）、与被制裁人关联机构等内容。第四，措施类型丰富多元化。我反制裁措施目前主要集中于贸易投资领域，可探索开展金融外汇领域的反制动作等，探索与实体清单制度相配套的金融制裁等举措。第五，措施汇总更新常态化。反制裁工作机制牵头部门应承担汇总、发布并更新制裁措施数据库工作，通过网络方式促进透明度，提高可用性，便利合规查阅，切实扩大反制裁措施影响。

6. 探索建立反制裁成效跟踪和评估机制

加强反制措施效果的跟踪和定期评估，可按年度进行，也可按国别进行，评估应依托第三方研究机构独立进行，评估结果可以简要报告方式公开，目的是改进制度，完善规则，提高成效，实现目标。

7. 加强多双边协同，提升反单方制裁理念的国际支持和认同

在多双边场合提升反单方制裁理念。可参照 2022 年中俄联合声明等成功范例，加强与有关国家协同，纳入强调反对强权政治、霸凌行径、单边制裁和“长臂管辖”，反对滥用出口管制等内容，为我反制裁赢得更多合理性和国际认同。

三、需考虑反制裁与其他国内法律的协同问题——以海关为例的思考

《反外国制裁法》第 6 条规定：“……根据实际情况决定采取下列一种或者几种措施：（一）不予签发签证、不准入境、注销签证或者驱逐出境；（二）查封、扣押、冻结在我国境内的动产、不动产和其他各类财产；（三）禁止或者限制我国境内的组织、个人与其进行有关交易、合作等活动；（四）其他必要措施。”第 9 条规定：“反制清单和反制措施的确定、暂停、变更或者取消，由外交部或者国务院其他有关部门发布命令予以公布。”第 11 条规定：“我国境内的组织和个人应当执行国务院有关部门采取的反制措施。”

实践中，反制裁措施涉及出入境、贸易、投资、金融、资产管理等多方面，而在这些方面要把反制裁措施落到实处，是需要有关政府部门主动采取具体措施。那么这些措施的采取，在国内法律中是否已经提供了执法依据，其他法律对《反外国制裁法》是否存在较好的协同支撑关系，是一个需要关注的问题。

在这方面，需要通过梳理相关法律的条文内容，分析法律之间相互支撑和

条款链接状况，从依法行政和合规角度去探究其细节。

在此以海关为例，假设我国对某一外国实体“禁止或者限制我国境内的组织、个人与其进行有关交易、合作等活动”，那么在现行法律法规项下，探究海关是否和如何能够切实执行相关禁止或限制措施。

从语义来说，《反外国制裁法》第6条规定的“交易、合作”涉及领域是非常广泛的，目前我国有关立法部门和外交部等职能部门，并未有具体的解释和限定。但就基本字义和按常识来分析，交易应包括并可能主要指向各种商业交易，其中就包括与货物进出口相关的商业交易。

就禁止和限制我国个人和组织与被制裁对象进行货物进出口相关的交易这种情形分析，鉴于目前未有相关部门对禁限的范围作出澄清，参考美国等在货物进出口方面制裁或者禁限措施的“穿透”范围，具体可能涉及两种比较重要的情形，呈现难度递增、影响扩大的态势：

第一，针对主体，即禁止或限制中国个人和实体与被制裁对象直接进行进出口贸易（不论产品）。

第二，针对客体，即货物。在这种情况下，根据制裁和禁限的力度，又可分为两种情形：（1）禁止被制裁的个人或组织所生产的所有产品进口（不管产品类别，不管进出口交易方，只要产品是被制裁对象生产）。（2）禁止含有被制裁对象生产成分的产品进口（不管产品类别，不管进出口交易方，只要含有被制裁对象生产的与被制裁对象有关的成分。在特定情况下，可以设定一定比例）。

要对上述情形进行监管，在实践中将涉及两个方面问题：第一，涉及由哪个国务院部门发布决定采取措施；第二，涉及由哪个国务院部门对具体交易承担审核工作并在存在违规行为时进行调查处理。对第一个问题，需要看《反外国制裁法》项下如何进行安排和确定。对第二个问题，涉及在关境上对具体进出口交易的监管和执法，本质上也是海关贸易管制工作的一种，最适宜也应当由海关来承担。

贸易管制是我国对外贸易政策的重要部分，而海关监管是我国实现贸易管制的重要手段。总体看，我国海关开展贸易管制工作，主要依据包括以《海关法》《对外贸易法》《出口管制法》为主的贸易管制法律体系和以《海关贸易管制工作规程（试行）》为主的海关贸易管制内部管理体系。

《海关法》第2条规定：“中华人民共和国海关是国家的进出关境（以下简称进出境）监督管理机关。海关依照本法和其他有关法律、行政法规，监管进出境的运输工具、货物、行李物品、邮递物品和其他物品（以下简称进出境运输工具、货物、物品），征收关税和其他税、费，查缉走私，并编制海关统计和办理其他海关业务。”第 40 条规定：“国家对进出境货物、物品有禁止性或者限制性规定的，海关依据法律、行政法规、国务院的规定或者国务院有关部门依据法律、行政法规的授权作出的规定实施监管。具体监管办法由海关总署制定。”第 66 条规定：“国家对进出境货物、物品有限制性规定，应当提供许可证件而不能提供的，以及法律、行政法规规定不得担保的其他情形，海关不得办理担保放行。”据此，《海关法》明确了海关的职责，即海关根据与国家贸易管制政策有关的法律、法规、规定等法律文件实施监管，并制定有关监管程序。从另一个角度说，海关是国家贸易管制政策的执行者，外贸及其他行业主管部门则是相关贸易管制的制定者①。

实践中，海关在采取贸易管制措施时需要对应的主管部门众多，包括商务部、市场监管总局、生态环境部、国家林业和草原局、农业农村部、卫生部、文旅部、国家广播电视总局、工业和信息化部、国家国防科技工业局、中国人民银行总行、国家发展和改革委员会、国家文物局等，涉及的商品种类具有各自行业特点均不相同。

实践中，海关执行贸易管制政策主要通过以下两个手段：一是对物的管理，是物流监控的范围；二是对单证的管理，对海关管理相对人进出口行为合法性的管理。由于国家贸易管制政策是通过外贸及国家其他行业主管部门发放各类许可证件，最终由海关依据许可证件和其他单证对实际进出口货物合法性的监督管理来实现的，因此海关贸易管制离不开单、证、货。在此过程中，海关对国家禁止或者限制出口货物的监管通过单证、证货验核方式进行，并有权对单证不符的货物拒绝放行甚至没收。对于进出口货物是否属于许可证件管理范围有争议的，由海关总署商主管部门确认后办理相关手续。为了便于现场执法，海关总署在 H2000 系统中设置了部分许可证件代码和禁止进出口标志，辅助现场作业。

总的来看，当前海关贸易管制的执行模式是以货物为对象的单、证、货相符验证模式，其注重的是特定货物是否属于被管制对象。

---

① 在这方面，国务院颁布了大量行政法规涉及海关贸易进出口限制和禁止问题。例如，针对货物进出口的《货物进出口管理条例》、针对技术进出口的《技术进出口管理条例》、保护野生植物的《野生植物保护条例》、针对药品的《农药管理条例》《兽药管理条例》《麻醉药品和精神药品管理条例》等等。

在《反外国制裁法》项下，被制裁的对象是有关个人和组织，如制裁措施涉及禁止或限制交易，不仅可能涉及与被制裁对象的直接交易，在特定情形下还可能需要对与被制裁对象有关的产品采取禁限措施。在这种情况下，制裁措施所关注的是货物是否与特定被制裁对象有关，这实质是一种“特定主体——供应链审核”。如何执行和实现此种管制，给传统的海关贸易管制带来了新要求新挑战，也意味着现有《海关法》并未能很好提供解决方案和授权，也尚未与《反外国制裁法》进行有效链接和提供具体支撑。

从提高海关参与和履行反制裁相关职能、维护国家主权和安全权益的角度，在《海关法》修改时，有必要参考既有条款的立法范式，考虑通过增加原则性规定的方式，重点解决两个方面问题：一是明确海关在反外国制裁方面事务中的参与和职责问题；二是为逐步构建并完善“特定主体——供应链审核”监管手段提供授权。

第四节　展望与建议

一、反制裁方面

（一）中美关系走向对中国实体和个人受制裁情况起到实质性影响

过去几年中国实体和个人面临的外来制裁，以及我国对外反制裁的最主要来源都是美国，而中美关系的下一步走向，无疑将直接关系和影响到中国实体和个人受制裁情况，也涉及中国对外反制裁的实施。

2022 年 11 月 14 日下午，国家主席习近平在印度尼西亚巴厘岛同美国总统拜登举行会晤。两国元首就中美关系中的战略性问题以及重大全球和地区问题坦诚深入交换了看法。两国元首同意，双方外交团队保持战略沟通，开展经常性磋商。同意两国财金团队就宏观经济政策、经贸等问题开展对话协调。同意共同努力推动《联合国气候变化框架公约》第二十七次缔约方大会取得成功。双方就开展两国公共卫生、农业和粮食安全对话合作达成一致。同意用好中美联合工作组，推动解决更多具体问题。同意中美人文交流十分重要，鼓励扩大两国各领域人员交往。

中美领导人的会晤，对于中美关系下一步的发展无疑具有指导作用。但同时也应看到，美国将中国作为最主要战略竞争对手打压的政策近中期难有根本性改变和调整，相反，美国国内的霸权主义和反华势力还会不断推动美国与中国加强对抗，加剧对中国的各种打压，中国实体和个人未来面临的美国制裁、遏制、打压、干涉等情况或会进一步加重，名目可能会继续增多，甚至更广泛涉及与意识形态和政治体制有关的方面，从而促使中国也不得不加强反制裁的利用。

此外，美国的霸权和霸道不仅体现在其几乎认为自己可以不受约束地对外进行单边制裁，还想当然地认为其他国家不能也不应对美国进行阻断和反制，否则就是对美国采用所谓胁迫。例如，2022 年 12 月 23 日，美国总统拜登前述《2023 年国防授权法案》（James M. Inhofe National Defense Authorization Act for Fiscal Year 2023），在其中有相当部分针对中国的内容，还要求美国政府成立一个“反经济胁迫专班”（counter economic coercion task force），来对中国的所谓“经济胁迫”行为进行监督，并要求美国政府在一年内就如下问题出具报告，其中就包括中国采取对外经济制裁的相关情况和应对。这将使得中美在制裁与反制裁方面的斗争更具“对抗性”，也对中国的反制裁应对提出新的挑战。

（二）中国对外反制裁或需逐步探索新的实践领域

面对可能越来越复杂的国际斗争形势，服务于对外斗争的需要，我国采取各类反制裁措施的必要性和可能性始终在上升。一方面，《反外国制裁法》可能会更加频繁地被援用，制裁措施的国内落实会逐步成为国内外关注点问题，例如财产冻结、交易禁止等如何实现等，也可能会出现利用法院进行起诉维权的情况，中国法院也将面临如何适用相关法律的问题。另一方面，《阻断办法》《不可靠实体清单规定》等规则虽然目前尚未实施，但在新的情势下，不排除商务部等有关部门宣布阻断国外某些措施，或将“断供”或对中国企业采取其他歧视性措施的外国企业加入不可靠实体清单。总的来说，对美国霸权主义作斗争的复杂性和紧迫性，给中国反制裁的规则和实践不断带来挑战，也推动着中国反制裁制度的完善。与此同时，可能会继续出现一些现象，即在存在对外反制需求的时候，相关法律法规如果本身提供的工具能够满足需要，则相关措施会呈现较大的依规依法的特点，而在某些情况下，如相关法律法规本身的规定未能提供足够的灵活性和延展性，则有关措施可能会在法律性合规性方面存在探讨空间。

（三）进一步探索反制裁相关法律规则的完善

对外反制裁和制裁，是利用法治手段进行国际斗争的表现形式，从而决定了法律需要跟着实践的需要而不断发展完善。从体系框架和规则内容完备程度来看，随着我国对外制裁实践的增多，需要结合实践中遇到的新情况和新需求，不断研究和探索《反外国制裁法》《不可靠实体清单规定》《阻断办法》自身内容的完善，并考虑国内相关配套规则的拟定，逐步阐明若干存在模糊的条款和问题，为实践操作和企业合规等打下良好基础。在这个过程中，鉴于反制裁涉及问题的复杂性，可能在急用先立同时，也需要强调速度与质量并重的原则，进一步集思广益，深入研究，提高立法质量和成效。

（四）进一步提高法律实施程序规范性

我国已经进行了一定数量反制裁实践，并且相关措施的程序法治化和规范化也在不断提高，呈现逐步完善的发展特点。同时，也应当看到，我国的实践相对来说还存在完善的空间，这涉及机制协调方面，也涉及具体措施的颁布实施方面。例如，反制措施的形式包括不予签发签证、不准入境、注销签证或者驱逐出境；查封、扣押、冻结在我国境内的动产、不动产和其他各类财产；禁止或者限制我国境内的组织、个人与其进行有关交易、合作等活动等等方面，这些措施需要各执法部门之间联动配合，而各执法部门也需要考虑制定执法细则，明确分工及执法程序。再如，《反外国制裁法》赋予了我国企业受到不当域外法律侵害的救济途径，以便减少外国“长臂管辖”的不利影响，对于企业如何依据《反外国制裁法》等通过向人民法院提起诉讼等方式维护自身合法权益，可能需要有进一步明确的实践操作指引和指导培训等。

（五）加强多双边协同，提升反单方制裁理念的国际支持和认同

反制裁虽然主要是本国应对外国的一项措施，主要依据国内法和自身实力，但也不能忽视国际联合和造势的作用。从某个角度来说，正因为我国面临的是美国的单边制裁频频发生的情况，而中美之间仍存在实力上的差异，在我国加强自身反制裁制度建设和措施运用的同时，也应该注重启发、引导国际力量和声音，在多双边场合提升反单方制裁理念，联合发出反对单边制裁的呼声。例如，可参照 2022 年中俄联合声明等成功范例，加强与有关国家协同，纳入强调反对强权政治、霸凌行径、单边制裁和“长臂管辖”，反对滥用出口管制等内容，为我反制裁赢得更多合理性和国际认同。同时，在必要的时候，考虑到美国在 WTO 已经败诉多项涉及国家安全方面的案件，可以将美国的某些单边制裁措施诉诸 WTO 争端解决机制，从而为我国在国际多边场合对美进行批驳和斗争增加主动性和道义感，为我国争取国际法律规则上的主动权。

二、出口管制方面

（一）中国两用物项出口管制制度不断更新迭代

2023年，预计《两用物项出口管制条例》将会颁布并生效，现行的《核两用品及相关技术出口管制条例》《导弹及相关物项和技术出口管制条例》《生物两用品及相关设备和技术出口管制条例》《监控化学品管理条例》等4部行政法规将被废止。新的条例将推动中国两用物项出口管制制度的现代化，在管制政策、管制措施、监督管理、法律责任等方面推出一些新的制度和做法，值得关注和期待。

此外，随着形势的发展和我国科技水平的提高，出口管制的范围也在不断扩大，有从传统的核生化导等敏感领域，向电信和互联网数据安全领域拓展的趋势。这对政府部门和企业都提出了更高要求。政府部门需要完善管理标准和流程，依法进行有效监管，同时防止管理措施构成不必要的贸易障碍。企业需要及时了解掌握政策法律变化，建立内部合规体系，依法合规进行经营。

（二）继续完善出口管制方面的法律制度和规范，提高法律法规和配套规章的实用性、适用性和有效性

根据中国自身情况和国际规则，适当借鉴其他国家在出口管制立法和制度构建方面的一些有效做法，适度考虑引入国别分类、清单制度等，采取适度和合理的域外适用政策。在制定出口管制物项清单时，应当充分考虑产业经营者的意见，并结合生产端与供应链的实际情况，以提高清单的实用性作为重要目标，对物项清单进行有逻辑的梳理，加强物项清单的分类与细化。

（三）加强出口管制方面的信息整合工作

中国出口管制信息网的建设，是中国出口管制信息透明度建设的一个积极成果，建议加大该平台的利用，更全面发布我国有关出口管制方面的处罚决定等，不仅包括商务部门，也包括海关、工信等职能部门，从而提高信息透明度，也提升出口管制制度的震慑力。

（四）积极推进企业合规建设

在2021年商务部《关于两用物项出口经营者建立出口管制内部合规机制的指导意见》和《两用物项出口管制内部合规指南》基础上，进一步推动企业的合规建设，继续引导企业加强出口合规、内控机制、体系建设、跨境交易和合

作等方面工作。企业也要高度关注出口管制的最新政策变化，比如清单变化，动态调整等，并结合企业业务模式特点，在全面评估风险的基础上，从整体上建立和完善符合中国出口管制要求的相应管理制度和合规体系，拟订或更新企业自身的出口管制政策，实现企业持续稳健经营。

第三编　涉外经济法治编

第六章　对外贸易法治发展

第一节　大　事　记

一、党的二十大报告提出“加快建设贸易强国”战略

2022 年 10 月 16 日至 22 日，中国共产党第二十次全国代表大会在北京召开。[①]对于我国近十年来对外开放的成就，二十大报告指出：“我们实行更加积极主动的开放战略，构建面向全球的高标准自由贸易区网络，加快推进自由贸易试验区、海南自由贸易港建设，共建‘一带一路’成为深受欢迎的国际公共产品和国际合作平台。我国成为一百四十多个国家和地区的主要贸易伙伴，货物贸易总额居世界第一，吸引外资和对外投资居世界前列，形成更大范围、更宽领域、更深层次对外开放格局。”[②]

二十大报告提出：“推进高水平对外开放。依托我国超大规模市场优势，以国内大循环吸引全球资源要素，增强国内国际两个市场两种资源联动效应，提升贸易投资合作质量和水平。稳步扩大规则、规制、管理、标准等制度型开放。推动货物贸易优化升级，创新服务贸易发展机制，发展数字贸易，加快建设贸易强国。”[③]党的二十大报告提出加快建设贸易强国战略，具有重大的时代意义，为新时代新征程对外贸易指明了发展方向。

二、WTO 第 12 届部长级会议召开

2022 年 6 月 12—17 日，WTO 第 12 届部长级会议（MC12）在瑞士日内瓦成功举行。商务部部长王文涛率团出席会议，农业农村部副部长马有祥、中国

---

① 《中国共产党第二十次全国代表大会在京开幕　习近平代表第十九届中央委员会向大会作报告》，http://www.gov.cn/xinwen/2022-10/16/content_5718884.htm，2022 年 12 月 10 日访问。

②③　习近平：《高举中国特色社会主义伟大旗帜　为全面建设社会主义现代化国家而团结奋斗——在中国共产党第二十次全国代表大会上的报告》，2022 年 10 月 16 日。北京：人民出版社，2022 年 10 月第 1 版，第 9 页—第 32 页。

常驻 WTO 代表团大使李成钢参加。[①]

MC12 取得了超出预期的成果。会议发布了《MC12 成果文件》，各方重申加强以世贸组织为核心的多边贸易体制，推进世贸组织必要改革。会议重要成果还包括：《关于〈与贸易有关的知识产权协定〉的部长决定》《渔业补贴协定》《关于 WTO 新冠肺炎疫情应对和未来疫情应对准备的部长宣言》《关于紧急应对粮食安全问题的部长宣言》《关于世界粮食计划署购粮免除出口禁止或限制的部长决定》《关于电子商务的工作计划》等。

三、中国加入《数字经济伙伴关系协定》工作组正式成立

2022 年 8 月 18 日，根据《数字经济伙伴关系协定》（DEPA）联合委员会的决定，中国加入 DEPA 工作组正式成立，全面推进中国加入 DEPA 的谈判。

2021 年 10 月 30 日，中国国家主席习近平在出席二十国集团领导人第十六次峰会时宣布，中国已经决定申请加入 DEPA。2021 年 11 月 1 日，中国商务部部长王文涛致信新西兰贸易与出口增长部部长奥康纳，代表中方向 DEPA 保存方新西兰正式提出申请加入 DEPA。在推进加入进程中，中国与 DEPA 成员国新西兰、新加坡、智利在各层级开展对话，举行了十余次部级层面的专门会谈、两次首席谈判代表会议、四次技术层非正式磋商，深入阐释中国数字经济领域法律法规和监管实践，全面展现中国在 DEPA 框架下与各方开展数字经济领域合作的前景。DEPA 成员国欢迎中国提出加入申请，作出了成立中国加入 DEPA 工作组的决定。下一步，中国将与现有成员国在中国加入 DEPA 工作组框架下深入开展加入谈判，努力推进中国加入进程，力争尽早正式加入 DEPA，为与各成员国加强数字经济领域合作、促进创新和可持续发展作出贡献。[②]

四、《关于促进内外贸一体化发展的意见》出台

2022 年 1 月 19 日，国务院办公厅印发《关于促进内外贸一体化发展的意见》（以下简称《意见》）。[③]《意见》出台的背景是：近年来，外贸企业积极开

① 《世贸组织第 12 届部长级会议胜利闭幕取得“1+4”丰硕成果》，http://wto.mofcom.gov.cn/article/xwfb/202206/20220603319684.shtml，2022 年 12 月 10 日访问。

② 《中国加入〈数字经济伙伴关系协定〉（DEPA）工作组正式成立》，http://www.gov.cn/xinwen/2022－08/23/content_5706451.htm，2022 年 12 月 1 日访问。

③ 《国务院办公厅关于促进内外贸一体化发展的意见》，http://www.gov.cn/zhengce/content/2022－01/19/content_5669289.htm，2022 年 12 月 1 日访问。

拓国内市场，内贸企业积极拓展海外市场，内外贸融合加速。同时，内外贸一体化仍然存在短板，一体化调控体系不够完善，统筹利用两个市场、两种资源的能力不够强，内外贸融合发展不够顺畅，还不能完全适应构建新发展格局的需要。为促进内外贸一体化发展，商务部会同 19 个部门研究起草了《意见》。经国务院同意，国务院办公厅正式印发《意见》，就促进内外贸一体化发展作出部署。①

《意见》提出了三条基本原则：坚持政府引导、市场为主，坚持改革开放、规则衔接，坚持系统观念、统筹推进。《意见》明确了内外贸一体化的发展目标：到 2025 年，内外贸法律法规、监管体制、经营资质、质量标准、检验检疫、认证认可等衔接更加有效，市场主体内外贸一体化发展水平进一步提升，内外联通网络更加完善，政府管理服务持续优化，内外贸一体化调控体系更加健全，实现内外贸高效运行、融合发展。

《意见》从 4 个方面提出了 15 条工作措施。需要特别关注的是"完善内外贸一体化制度体系"，提出了健全法律法规，完善监管体制，加强规则对接，促进标准认证衔接，推进同线同标同质等 5 条措施。其他方面还包括：增强内外贸一体化发展能力、加快内外贸融合发展、完善保障措施等。

五、面向全球的高标准自由贸易区网络取得重要进展

2022 年 1 月 1 日，《区域全面经济伙伴关系协定（RCEP）》对文莱、柬埔寨、老挝、新加坡、泰国、越南等 6 个东盟成员国以及中国、日本、新西兰和澳大利亚共 10 国正式生效。韩国也已完成核准程序，将于 2 月 1 日生效实施，其他成员都在加紧相关核准程序。全球最大自由贸易区正式启航。②2022 年 1 月 24 日，商务部等 6 部门发布《关于高质量实施〈区域全面经济伙伴关系协定〉（RCEP）的指导意见》。③根据该指导意见，首项重点任务是"利用好协定市场开放承诺和规则，推动贸易投资高质量发展"。具体包括：促进货物贸易发展，确保优惠原产地规则发挥实效，高标准实施海关程序和贸易便利化规则，加强

① 《商务部有关负责人解读〈关于促进内外贸一体化发展的意见〉》，http://www.mofcom.gov.cn/article/xwfb/xwrcxw/202201/20220103238475.shtml，2022 年 12 月 1 日访问。

② 《区域全面经济伙伴关系协定正式生效——推动贸易投资促进开放合作》，http://www.gov.cn/xinwen/2022－01/02/content_5666072.htm，2022 年 12 月 1 日访问。

③ 《商务部等 6 部门关于高质量实施〈区域全面经济伙伴关系协定〉（RCEP）的指导意见》，http://www.gov.cn/zhengce/zhengceku/2022－01/26/content_5670518.htm，2022 年 12 月 1 日访问。

动植物检疫和食品安全国际合作，提高服务贸易对外开放水平，提升投资自由化便利化水平，提升对外投资便利化水平及提高对外投资质量效益，加强知识产权保护，高水平履行电子商务规则。此外，在重点任务之一“因地制宜用好RCEP 规则，提升营商环境”中提出“各地方要严格实施与 RCEP 强制性义务对应的国内法律法规规章。以 RCEP 鼓励性义务作为进一步营造良好营商环境的抓手，不断提高地方治理能力”“发挥海南自由贸易港政策和 RCEP 的叠加效应”“支持自由贸易试验区积极推动制度创新”等具体任务。

除 RCEP 外，《中华人民共和国政府和柬埔寨王国政府自由贸易协定》也于 2022 年 1 月 1 日正式生效实施。根据该协定安排，双方货物贸易零关税产品税目比例均将达到 90%以上，双方还将加强在服务贸易、投资、“一带一路”倡议、电子商务、经济技术等领域的合作。①

此外，中国与韩国积极推动自贸协定第二阶段谈判。2022 年 7 月 13 日，中国商务部与韩国产业通商资源部通过视频方式举行自贸协定第二阶段谈判首席谈判代表会议。双方就跨境服务贸易、投资和金融服务等议题规则和负面清单市场准入问题开展深入磋商，取得积极进展。②

六、全国人大常委会通过修改《对外贸易法》的决定

2022 年 12 月 30 日，第十三届全国人大常委会第三十八次会议通过了关于修改《对外贸易法》的决定，删去其中第 9 条关于对外贸易经营者备案登记的规定。本决定自公布之日起生效。③自 2022 年 12 月 30 日起，各地商务主管部门停止办理对外贸易经营者备案登记。对于申请进出口环节许可证、技术进出口合同登记证书、配额、国营贸易资格等相关证件和资格的市场主体，有关部门不再要求其提供对外贸易经营者备案登记材料。这是扩大制度型开放，建设更高水平开放型经济新体制的重要举措，将有利于推进贸易高质量发展和高水平对外开放。

---

① 《中国—柬埔寨自由贸易协定正式生效》，http://www.mofcom.gov.cn/article/xwfb/xwrcxw/202201/20220103234636.shtml，2022 年 12 月 1 日访问。

② 《中国与韩国积极推动自贸协定第二阶段谈判》，http://www.mofcom.gov.cn/article/xwfb/xwrcxw/202207/20220703333274.shtml，2022 年 12 月 10 日访问。

③ 《全国人民代表大会常务委员会关于修改〈中华人民共和国对外贸易法〉的决定》（2022 年 12 月 30 日第十三届全国人民代表大会常务委员会第三十八次会议通过），http://www.npc.gov.cn/npc/c30834/202212/1fb87c771e914c30918cf750b69cbaa6.shtml，2022 年 12 月 31 日访问。

第二节 综合分析

一、中美贸易战期间我国反制性关税实践及存在的不足

2018 年至 2019 年，美国特朗普政府依据其国内法中的《1974 年贸易法》301 条款，发起对华“301 调查”，并随后分三轮对总计 3 700 亿美元的中国对美出口商品加征关税，将对华平均关税税率从 3%提至约 18%。我国随即对美国进口商品采取了反制措施。我国对美反制性关税分为三轮：均由国务院关税税则委员会发布公告决定实施。2019 年 12 月，中美达成第一阶段经贸协议后，对部分商品暂不实施加征关税措施。2020 年 2 月以来，国务院关税税则委员会多次发布公告，公布“对美加征关税商品排除清单”并八次延长排除期限，对清单内商品不再加征我为反制美 301 措施所加征的关税。

结合国务院关税税则委员会发布的公告，笔者认为，我国反制性关税实践存在法律依据不够明确，法律适用不够严谨等问题。

首先，在法律依据上，历次公告均仅提及法律或行政法规的名称，并未明确提及依据相关法律或行政法规的哪一具体条款。同时存在三轮反制性关税所依据的法律不完全一致的现象。

其次，相关公告或公开说明也存在法律适用不够严谨的问题。三轮反制措施公告均列举了《对外贸易法》作为法律依据。但在历次公告中，均未出现“美国在贸易方面对中国采取歧视性限制措施”“中国因此对美采取相应措施”与《对外贸易法》第 7 条相关的表述。三轮反制措施公告同时还列举了《进出口关税条例》作为法律依据。在第一轮和第二轮反制措施公告中，出现“美方措施违反（或严重违反）世界贸易组织相关规则”与《进出口关税条例》第 14 条相关的表述，但第三轮反制措施公告未再提及“美方措施违反世界贸易组织相关规则”。这可能是因为：尽管美方措施可能违反中美共同参加的贸易条约或协定（如 WTO 协定），中国也已起诉，但 WTO 专家组当时还未作出违法裁定，因此，“违反世界贸易组织相关规则”是相关部门自主作出的判断。WTO 争端解决规则专门要求：某一成员的贸易措施是否符合 WTO 规则，不应由受该措施影响的成员自行判断，而是应由专家组来判断。第三轮反制措施公告未再提及“美方措施违反世界贸易组织相关规则”，可以被解读为相关部门对如何合理认定反制措

施的事实条件进行了反思和调整。

再次，《进出口关税条例》第 14 条的核心是授权征收“报复性关税”，但在反制性关税历次公告中并未提及“报复性关税”这一概念，而是使用“反制措施”或“加征关税”。尽管从广泛政策意义上，贸易反制措施与报复性关税之间具有紧密联系，《进出口关税条例》第 14 条也对贸易反制措施实践发挥了法律指引作用；但从严谨适用法律的角度看，如果对美反制措施就是报复性关税，公告中理应依法使用“报复性关税”的表述。

最后，现有法律规定并不完全适应反制性关税的灵活性和复杂性的特点。中美贸易战的实践证明，反制性关税涵盖了若干项具有重大社会影响的行政行为，包括加征关税、排除适用加征关税、暂停适用加征关税、恢复适用加征关税等，但在《海关法》和《对外贸易法》中，并未对上述关税行政行为进行明确规定。尽管《进出口关税条例》规定了“报复性关税”的征收，包括适用的货物、适用国别、税率、期限和征收办法，但并非从行为类型的角度，对加征关税、排除适用、暂停适用、恢复适用等行政行为进行授权，从而在适用上难免有不匹配、不好用的问题。

需要说明的是，在中美贸易战的紧急形势下，相关部门只对相关法律法规作概括性宣示说明的做法具有必要性和合理性。尽管如此，与贸易反制有关的现行法律条文与反制措施的现实需求不适应，或者在实际执行中不好用。鉴于实践中出现的这些问题，亟须完善反制性关税的法律依据，夯实其制度基础。

二、在《关税法》中制定反制性关税条款的必要性

（一）制定专门的反制性关税条款的必要性

第一，从中美经贸关系的现状和前景看，适用反制性关税具有不可或缺的长期战略意义。中国可以不营造自己的“301 条款”，但打造能有效反击 301 措施的法律武器却是必需的。非歧视原则是多边主义的基石，也是新形势下维护稳定和可预见的中美经贸关系的“护栏”。作为抗衡美国“301 条款”的贸易政策工具，贸易反制措施发挥着抵制单边主义和维护非歧视原则的重要作用，具有不可或缺的长期战略意义。同时，作为维护国家主权、安全和发展利益的法律武器，贸易反制制度也是我国涉外法治的重要组成部分。

第二，现有法律和行政法规条文并未专门明确规定反制性关税，《对外贸易法》和《进出口关税条例》中的相关条款既不完全符合反制性关税的特点，也

不能充分满足反制性关税的适用需要。《对外贸易法》第7条就贸易领域的反制措施作出一般性规定。该条文的措辞比较宽泛，对适用程序和措施的规定具有原则性和宣示性，在实践中可操作性不够强。而且，适用第7条还受制于《对外贸易法》第36条第6项下的对外贸易调查程序的要求，不能满足针对外国的歧视性措施作出即时快捷反应的需要。同时，《对外贸易法》并不是专门调整关税的法律，现有条文并不涉及关税征收和关税排除等问题。《进出口关税条例》第14条授权适用“报复性关税”，但其适用条件要求“外国违反贸易协定”。在实践中，一方面我国需要自主作出决定、快速作出反应，另一方面，又要尊重WTO规则要求，不适宜自行宣告对方措施违法，从而在实践中造成法定条件与适用事实情形不匹配的困境。

第三，反制性关税的灵活性和复杂性。不论是与海关日常处理的进口关税业务相比，还是与反倾销税、反补贴税和保障措施税等其他加征关税相比，反制性关税的灵活性和复杂性都独具一格，从而需要专门规则予以调整。

因此，有必要基于已有实践经验和新形势下的长期战略需要，并参考吸收现有法律条文的合理要素，制定专门的反制性关税条款。

（二）反制性关税的特征

从已有实践看，反制性关税具有下列特征：

第一，在性质上属于对外国歧视性贸易限制措施进行反击的贸易政策工具，适用条件是外国国家或地区政府对我国采取具有重大影响的贸易限制措施。其核心理念是“后发制人”而不是主动挑事，目的是“以打促谈”或“以打促和”，最终通过对话磋商平息和解决冲突。

第二，在形式上属于加征关税，即在进口商品零关税或已有关税的基础上额外征收关税，且税率往往大幅超过已有关税税率。

第三，在对应的职能部门上，决定机构和公布措施的机构是国务院关税税则委员会，执行机构是海关。

第四，在适用的程序性要求方面，具有对等性和灵活性。反制性关税是“后发制人”的贸易行政行为。关于采取措施的时间、措施涵盖产品范围、税率、征税期限等问题，并不能通过法律事先明确限定，也不是通过对外贸易调查程序由相关主管机构来裁定，而是需要根据外国国家或地区对我国实际采取的歧视性措施，对等地采取“相应措施”。同时，反制性关税的目的仍在于“以打促谈”，因此，反制性关税决策和实施的过程往往与贸易谈判的进程紧密交织和相互影响，同时还要兼顾维护国内产业链供应链安全的需求。随着贸易谈判的起伏变化，以及根据国内产业链供应链的实际需要，反制性关税可能根据实际情况出现征收、排除适用、暂停适用、恢复适用等多种适用情形。

最后，反制性关税具有较强的政治性和政策性，但这并不意味着其可以游离于法治原则之外。相反，采取反制性关税应该具备明确的法律依据，相关部门应以法治思维依法行政、依法办事，同时兼顾反制性关税的政策性需要。

（三）《关税法》最适合设置反制性关税条款

反制性关税是具有战略意义的对外斗争法律工具，同时也涵盖多项具有重大社会影响的涉外行政行为，在程序上往往须经党中央、国务院批准后，关税税则委员会作出决定。因此，构建和完善我国反制性关税制度的最佳选择并不是修改现行行政法规（《进出口关税条例》第 14 条），反制性关税问题更适宜用法律层级的规范来进行调整。这更能彰显中国捍卫国家主权、安全和发展利益的决心与能力，也有利于更好地发挥制衡和威慑美国“301 条款”的作用。同时，在现行相关法律中，《海关法》是主要调整海关职权和海关行政行为的法律，其第五章“关税”并不涉及税率，也不涉及国务院关税税则委员会的职权，因此在《海关法》中增加反制性关税条款也不是最优方案。

简言之，已经列入《国务院 2022 年度立法工作计划》的《关税法》是最适合设置反制性关税条款的一部法律。

三、《关税法》反制性关税条款建议

笔者建议：在《关税法》中制定反制性关税条款，专门规定反制性关税的适用条件、适用对象、适用税率、适用程序等事项，并明确关税税则委员会的反制性关税决定权以及海关执行反制性关税的职能。

（一）反制性关税条款

建议反制性关税条款如下：

“任何国家或者地区在贸易方面对中华人民共和国采取歧视性的禁止、限制、加征关税或者其他类似措施，严重损害我国国家利益和人民利益，对原产于该国家或者地区的进口货物可以征收反制性关税，并根据实际情况适用相应的关税税率。

国务院关税税则委员会经国务院批准，决定并公布反制性关税的征收、排除适用、暂停适用、恢复适用。海关根据国务院关税税则委员会的决定，征收反制性关税。”

（二）条文建议说明

本条款分为两款：第一款规定采取反制性关税的实质条件、采取的措施；第二款规定反制性关税的决策机制、涉及的各类决定以及海关执行反制性关税的职能。

关于采取反制性关税的实质条件。建议设立“二要件”结构的条件：一是“任何国家或者地区在贸易方面对中华人民共和国采取歧视性的禁止、限制、加征关税或者其他类似措施”，二是“严重损害我国国家利益和人民利益”。反制措施的特性在于“后发制人”，因此以外国国家或地区对我国采取贸易措施为前提条件之一。从内涵和外延上看，“歧视性贸易措施”要比“违反条约或协定”更加宽泛和灵活，有利于我国相关部门自主作出判断。因此，本条款采用了“歧视性”而不是“违法性”作为定性外国国家或地区贸易措施的标准。同时，考虑到反制性关税对外交关系、经贸交往和国内产业链供应链等具有重大影响，需要慎用，确保不被滥用。因此，本条款将“严重损害我国国家利益和人民利益”作为采取反制性关税的条件之二。这突出体现了“以人民利益为中心”的总体国家安全观，彰显了我国通过反制性关税维护国家主权、安全和发展利益的决心和能力。同时，“损害性”要件也有利于由我国相关部门自主作出判断。上述两个要件共同构成采取反制性关税的前提条件，即应同时满足两个要件，缺一不可。“二要件”参考吸收现有法律条文的合理要素，并符合我国已有的反制性关税实践。

关于采取的措施。建议如下条文：“对原产于该国家或者地区的进口货物可以征收反制性关税，并根据实际情况适用相应的关税税率。”前一句为采取反制性关税的授权条款，同时说明了措施的对象，体现了“定向反击”的法理；后一句涉及“税率”，也体现出对反制措施力度的把握。因此，本条款采取“根据实际情况”“采取相应的（税率）”的措词，概括体现适用反制性关税的灵活性和复杂性的要求，有利于相关部门自主、及时、有效作出决定。同时，“根据实际情况，采取相应的税率”能够更准确地体现反制措施应遵循的“对等性”或“必要性”原则。

关于反制性关税的决策机制。反制性关税对外交关系、经贸交往和国内产业链供应链等具有重大影响，而且由于中美贸易长期保持中方出口大于进口，一旦反制性关税导致贸易战升级，将转而对我国出口企业带来更大的风险或损失。因此，需要较高层级的决策部门通过跨部门评估和讨论，权衡各方面利益和风险，最大限度地慎重作出决定。考虑到商务部并不专门管理关税事务，而国务院关税税则委员会作为层级更高的跨部门机构，长期履行对关税事务的决策部门的职能，同时根据已有的反制性关税实践，应借助本次《关税法》制定的契机，确立国务院关税税则委员会决定并公布反制性关税的职权，并同时确立“经国务院批准，国务院关税税则委员会决定”的决策机制。

关于涉及的各类决定。本条款根据反制性关税过往实践和实际需求，确立国务院关税税则委员会就反制性关税的征收、排除适用、暂停适用、恢复适用等各项工作作出决定和发布公告的职权。

关于海关执行反制性关税的职能。本条款建议明确赋予海关根据国务院关税税则委员会的决定，征收反制性关税的职权。这一规定也完整涵盖了从反制性关税的决策到执行各环节的工作，充分体现了依法行政原则。

当前，中美两国间在意识形态、政治制度和经济体制等方面的对立和斗争日趋加剧，美国在战略上愈加针对中国，中美经贸关系“政治化”的态势将会更加明显。从当前形势看，拜登政府上任后仍基本维持特朗普政府时期对华政策，也未取消对华“301 措施”。法律斗争成为中美经贸关系的一个常态，中美两国围绕经贸问题磕磕绊绊、打打谈谈、以打促谈的态势将长期存在。从美国“301 措施”的实践看，加征关税是手段，强迫他国开放市场或接受“美国意志的规则”才是目的。对此，我国需要考虑继续利用法律斗争工具，采取有理、有利、有节的反制措施，向拜登政府形成外部压力，并与要求取消对华“301 措施”的美国国内各界人士形成合力，促成中美恢复正常经贸关系。例如，2022 年 7 月 5 日，美对华第一轮“301 措施”4 年实施期已届满，如拜登政府仍拒不取消对华加征关税，我国可以考虑对美国相关商品恢复适用贸易反制措施。从长期趋势看，贸易反制措施是反击美国单边贸易保护主义的重要法律武器，其核心理念是“后发制人”“以打促谈”或“以打促和”。既然美国不可能放弃使用“301 条款”，我国就有必要保留贸易反制措施这一战略性贸易政策工具。“备而不用”是贸易反制制度最理想的状态，但“备而不用”并不意味着其没有作用或将来不会用。作为抗衡美“301 条款”的贸易政策工具，贸易反制发挥了并将继续发挥着维护作为多边主义基石和新形势下中美经贸关系“护栏”的非歧视原则的作用。根据中美经贸关系发展的实际情况，我国或会迫不得已再次适用贸易反制措施，或仍备而不用，但无论如何，贸易反制措施的存在都将对美起到重要的威慑作用。

第三节 热点聚焦

一、取消外贸经营者备案登记

2022 年 12 月 30 日，第十三届全国人大常委会第三十八次会议通过了关于修改《对外贸易法》的决定，删去其中第九条关于对外贸易经营者备案登记的规定。这意味着，自该决定生效之日起，各地商务主管部门停止办理对外贸易经营者备案登记。这是扩大制度型开放，建设更高水平开放型经济新体制的重要举措，将有利于推进贸易高质量发展和高水平对外开放。

对外贸易经营权管理体制的演变是观察我国改革开放的一扇窗口。1994 年《对外贸易法》第 9 条明确体现了外贸经营资格的“审批制”，即从事货物进出口与技术进出口的对外贸易经营者须经国务院对外经济贸易主管部门许可。[①]1994 年《对外贸易法》开始实施时，外贸经营权刚刚经历了在 1992 年的一次放开：从仅限于国有外贸公司放开到允许大中型国有生产企业申请。[②]1999 年 1 月 1 日开始，一些规模较大的私营生产企业开始可以申请外贸经营权，但在注册资本、销售收入、出口供货额等方面仍有一定门槛。[③]为履行我国加入世贸组织的有关承诺，促进我国对外贸易持续健康协调发展，第十届全国人大常委会第八次会议修订通过了《对外贸易法》，并于 2004 年 7 月 1 日施行。本次修订，将原第 9 条下的许可要求改为“从事货物进出口或者技术进出口的对外贸易经营者，应当向国务院对外贸易主管部门或者其委托的机构办理备案登记”。从“审批制”改为“备案登记制”，这是外贸经营权放开的重要一步。随着市场经济的发展，对外贸易经营者备案登记制已经不构成从事对外贸易业务的实质性壁垒，

---

① 1994 年《对外贸易法》第 9 条，http://cys.mofcom.gov.cn/article/zcfb/a/200401/20040100169524.shtml，2022 年 12 月 31 日访问。

② 1992 年 5 月 11 日国发〔1992〕30 号文《国务院批转经贸部、国务院生产办关于赋予生产企业进出口经营权有关意见的通知》（现已废止），其中转发了经贸部、国务院生产办的《关于赋予生产企业进出口经营权有关问题的意见》。

③《关于赋予私营生产企业和科研院所自营进出口权的暂行规定》，该暂行规定于 1998 年 9 月 2 日由国务院批准，1998 年 10 月 1 日对外贸易经济合作部发布，1999 年 1 月 1 日开始施行，http://www.mofcom.gov.cn/article/b/e/200207/20020700031456.shtml，2022 年 12 月 31 日访问。

但对于企业来说，仍然是一个程序性的负担。2022 年《对外贸易法》修订删除了关于对外贸易经营者备案登记的规定，意味着我国在贸易领域的简政放权有了重大推进。从审批到备案，再到最终取消备案，是我国推进“放管服”改革的重要一步，也是制度型开放的重要体现。

取消对外贸易经营者备案登记是经实践检验的有益尝试。自 2019 年 12 月 1 日开始，全国人大常委会授权国务院在自由贸易试验区暂时调整适用有关法律，在自贸试验区内可以直接取消对外贸易经营者备案登记，有关调整在 3 年内试行。[①]改革试点实施以来，对外贸易经营者相关手续办理流程得以精简，便利度显著提升，受到市场主体广泛认可。实践证明，取消对外贸易经营者备案登记这一改革举措是可行的。三年自贸试验区试验为最终在全国范围内取消对外贸易经营者备案登记制度积累了经验，创造了条件。此次全国人大常委会通过修改《对外贸易法》，删去其中第 9 条，取消对外贸易经营者备案登记，可以说是水到渠成。

取消对外贸易经营者备案登记，是政府部门“放管服”改革的重要举措，有利于优化营商环境，有利于促进内外贸一体化，有利于推动“双循环”新发展格局的形成。取消对外贸易经营者备案登记之后，一方面，市场主体从事对外贸易活动更为便利，尤其是对刚进入外贸领域，或者想同时开展内贸和外贸业务的中小企业而言意义较大；另一方面，市场主体登记包括其中经营范围的登记，以及海关、税务、外汇等部门各自的备案登记制度，已经可以涵盖对外贸易经营活动监管的各个环节，不会形成监管空白。商务主管部门需要直接管理的一些环节，例如许可证与配额管理、国营贸易管理、技术进出口管理等，在“多证合一、一照一码”改革背景下，可以直接使用市场主体登记信息来识别经营主体，也可以通过多个部门的数据共享来获取相关信息，不必再通过对外贸易经营者备案登记制度来进行识别和管理。

取消备案登记是与国际通行规则相衔接的体现，有助于中小企业积极开拓国际和国内两个市场。值得关注的是，对外贸易经营者备案登记制度的取消对我国外贸代理制的进一步发展可能产生一定影响。企业从事外贸代理业务，越来越可能是因为外贸专业化服务而不是因为外贸经营权，而外贸综合服务和跨

---

① 《全国人民代表大会常务委员会关于授权国务院在自由贸易试验区暂时调整适用有关法律规定的决定》（2019 年 10 月 26 日第十三届全国人民代表大会常务委员会第十四次会议通过），http://www.npc.gov.cn/npc/c30834/201910/8ad8261ea88a4da4ae64c0a81eca6788.shtml，2022 年 12 月 31 日访问。

境电商平台等新业态将如何发展，也是一个值得观察的问题。在技术进出口管理中，经营主体不再需要进行对外贸易经营者备案登记，从事技术进出口的各类经营主体都应进行技术进出口登记或者申请许可。总之，我们还需要跟踪观察对外贸易经营者备案登记制度取消后可能产生的影响，调整相关的管理流程，跟踪新业态的发展情况，在今后进一步完善《对外贸易法》相关规定。

值得注意的是，本次《对外贸易法》删除第 9 条，属于《对外贸易法》修订的早期阶段性成果，而并非总体修改工作的全面成果。党的十九届四中全会要求“完善涉外经贸法律和规则体系”，党的十九届五中全会要求“加强涉外领域立法”。《中共中央国务院关于推进贸易高质量发展的指导意见》要求“不断完善贸易及相关领域国内立法，为贸易高质量发展提供法治保障”。《对外贸易法》修订列入商务部于 2021 年 6 月 30 日印发的《“十四五”商务发展规划》。①这是继 2004 年之后，对《对外贸易法》的第二次“大修”。2022 年 7 月 5 日国务院办公厅发布的《国务院 2022 年度立法工作计划》将对外贸易法修订草案列为“预备提请全国人大常委会审议”。②根据全国人大宪法与法律委员会向全国人大常委会提交的报告，为精简对外贸易经营者相关手续办理流程，将自由贸易试验区相关改革试点经验在全国范围内复制推广，有必要对《对外贸易法》进行修改，删去第 9 条关于对外贸易经营者备案登记的规定。针对在审议中有常委委员提出关于本次删除第 9 条与对外贸易法的总体修改统筹考虑的意见，宪法和法律委员会经研究，建议“抓紧做好对外贸易法修改工作”。③因此，《对外贸易法》总体修订工作仍有待相关部门继续协力完成。

二、WTO 第 12 届部长级会议与 WTO 改革

2022 年 6 月 12—17 日，WTO 第 12 届部长级会议（MC12）在瑞士日内瓦成功举行，经过多轮密集谈判和成员各方激烈交锋，最终达成一揽子协议。会议发布了《MC12 成果文件》，各方重申加强以 WTO 为核心的多边贸易体制，

① 对外经济贸易大学法学院，对外经济贸易大学涉外法治研究院编：《中国涉外法治发展报告（2021）》，对外经济贸易大学出版社 2022 年版，第 156 页。

② 《国务院办公厅关于印发〈国务院 2022 年度立法工作计划〉的通知》，http://www.gov.cn/zhengce/content/2022-07/14/content_5700974.htm，2022 年 12 月 10 日访问。

③ 《全国人民代表大会宪法和法律委员会关于〈中华人民共和国对外贸易法修正案（草案）〉审议结果的报告》（2022 年 12 月 30 日），http://www.npc.gov.cn/npc/c30834/202212/22c0e8a5a2aa4b5e9249e7167aeba68f.shtml，2022 年 1 月 30 日访问。

推进 WTO 必要改革。会议通过了重点议题多边成果。MC12 的成功，标志着多边主义一次关键而重要的胜利，充分展示了 WTO 成员的团结协作和共克时艰的决心，进一步提振国际社会对多边贸易体制的信心，为应对全球挑战、世界经济复苏注入一股强劲暖流。①

（一）特殊的时代背景

首先，MC12 是在 2018 年至 2019 年的中美贸易战后召开的部长级会议。2017 年在阿根廷召开的第 11 届部长级会议（MC11），是在美国酝酿筹划发起对华措施之前召开的，正值美国单边主义、保护主义上升的高峰期，时任美国贸易代表（USTR）莱特希泽对多边主义采取排斥、打压的立场，MC11 最终未能取得任何成果。2018 年 7 月中美贸易战正式开战，美方前后实施三轮“301 措施”，中国也实施了三轮反制措施，贸易战的规模和影响前所未有。事实证明，特朗普政府用单边制裁极限打压中国的方法无法奏效，同时，中美贸易战也检验了中美之间的实力平衡。对中美实力平衡的客观认识有助于双方回到正轨，以合作思维在多边协力发挥“定海神针”的作用，推动 MC12 取得成功。

其次，MC12 是新冠疫情后召开的部长级会议。新冠疫情给全球经济和民生带来严重冲击，在疫情前期，各国出于自身利益采取的贸易措施特别是对医疗卫生用品采取出口限制，在疫情后期，疫苗的可获得性成为发展中国家面临的最严重的问题。新冠疫情让 WTO 也遭受冲击，MC12 因疫情推迟了两年召开。但疫情也形成了新的议题，共同的经历也使得各成员方更容易就相关新议题达成共识。TRIPS 部长决定是由发达成员（美国、欧盟）和发展中成员（印度和南非）共同倡议，这在多边历史上也是罕见的。

再次，MC12 还是俄乌冲突爆发后召开的部长级会议。WTO 大多数成员深刻认识到和平和发展作为全人类共同价值的重要性，而战争和冲突只能带来相互伤害。WTO 总干事指出：在国际商业关系中回归“强权即公理”对强国来说代价高昂，对其他成员的伤害更大。低收入国家将遭受经济增长方面最大的损失。贸易脱钩将加剧新冠疫情导致的发展危机。②俄乌冲突促成了各成员共同应

① 商务部：《世贸组织第 12 届部长级会议胜利闭幕取得“1 + 4”丰硕成果》，http://www.mofcom.gov.cn/article/xwfb/xwbldhd/202206/20220603319543.shtml，2022 年 12 月 10 日访问。

② MC12 Opening Session：Opening remarks by the Director-General，https://www.wto.org/english/news_e/spno_e/spno26_e.htm，2022 年 12 月 10 日访问。

对问题与挑战的氛围。

最后，WTO 总干事的作用有目共睹。WTO 总干事伊维拉女士的个人魅力、意志力和沟通能力是这次会议成功的关键要素。

（二）MC12 重要成果

1.《渔业补贴协定》

渔业补贴存废之争体现为鱼和渔业之争，本质上还是海洋和人类是否和谐共生的问题。一方面，需要保护海洋及渔业资源，实现可持续的渔业发展。另一方面，需要考虑如何保证在实现可持续目标的前提下，不至于对现有渔业产业发展造成严重冲击。MC12 对久拖不决的渔业补贴议题取得突破，达成了《渔业补贴协定》。这是 WTO 过去 9 年达成的首份多边协定，也是 WTO 达成的首个贸易与可持续发展的协定，开创了多边贸易体制同时管理贸易与可持续发展的先河。然而，由于 WTO 成员未能就协定草案中最复杂和最具争议的“助长产能过剩和过度捕捞的补贴”规则达成一致，《渔业补贴协定》未能包含禁止助长产能过剩和过度捕捞的补贴的纪律，而是留待 MC12 后继续谈判。从这个意义上说，MC12 通过的《渔业补贴协定》是 WTO 渔业补贴谈判的阶段性成果，而非最终的全面成果。

《渔业补贴协定》共有 12 条。其核心内容是针对三类补贴确立了禁止性纪律：一是助长非法、未报告和无管制捕捞的补贴（IUU 补贴）；二是对过度捕捞鱼类种群的补贴；三是对一沿海成员或沿海非成员管辖范围以外和一相关区域渔管组织/安排管辖范围以外的捕捞或与捕捞有关的活动提供的补贴。此外，还规定了适用范围、最不发达国家特定条款、技术援助和能力建设、通报和透明度、机构安排、争端解决、最后条款等。

值得注意的是，根据《渔业补贴协定》第 12 条，如在本协定生效 4 年内全面纪律未获通过，除非总理事会另有决定，否则本协定即应立即终止。这意味着，如果在渔业补贴第二阶段谈判中（谈判期为最迟在《渔业补贴协定》生效 4 年内），WTO 成员不能就禁止助长产能过剩和过度捕捞的补贴的纪律，以及发展中成员的特殊和差别待遇问题达成一致，那么，渔业补贴谈判的第一阶段成果也很可能付之东流。一方面，这一特殊条款绑定了最富争议的议题的后续谈判，甚至不惜以牺牲既有成果为代价，另一方面，该条款客观上也可以督促 WTO 成员持续有效推进相关议题的谈判。

2. 对新冠疫情的应对以及相关知识产权的豁免

MC12 达成《关于 WTO 新冠疫情应对和未来疫情应对准备的部长宣言》。该宣言涵盖应对疫情的各项综合措施，通过提高政策透明度、尽可能取消出口限制、促进贸易便利化、发挥服务贸易的作用、支持包容性复苏、加强与国际组织合作、实施未来行动计划等方式，积极推动应对新冠疫情，并对将来可能出现的疫情做好准备。

MC12 最重要的成果之一是通过了《关于〈与贸易有关的知识产权协定〉的部长决定》（以下简称《豁免决定》）。该决定允许对发展中成员豁免新冠疫苗专利的保护义务，发展中成员可在未经专利权人允许的情况下授权生产并向其他符合条件的发展中成员出口新冠疫苗。发展中成员在实施授权的方式、通报义务和向专利权人提供适当报酬等方面享有较大灵活性，例如，成员可通过立法、行政命令、紧急法令等各种方式进行授权，可在授权后向世贸组织进行通报，确定权利人报酬时可考虑人道主义和非营利目的等。该决定还规定在 6 个月内谈判扩大专利保护义务的豁免范围，以覆盖应对疫情所需的诊断和治疗产品。该决定鼓励有新冠疫苗产能的发展中成员放弃享受豁免。

为支持疫苗知识产权豁免谈判达成协议，中国在 MC12 前就主动宣布不寻求享受豁免决定所提供的待遇。中国为进一步加强国际抗疫合作、提升发展中成员的新冠疫苗可及性和可负担性作出贡献。

自愿弃权或排除的做法，在 WTO 规则和实践中并非首次出现，但亦非常见做法。一方面，值得关注的是，发达成员是否会将《豁免决定》做法视为一种“成功”尝试，并进而推广作为处理涉及发展中国重要利益的特殊和差别待遇事项的一剂“灵丹妙药”。对中方来说，既要考虑大局并保持原则性灵活性，也要防止“请中国最后买单、劝中国最终让步”成为某些成员勾连其盟友运作谈判的惯用套路。另一方面，自愿弃权和排除方式，对于解决 WTO 谈判功能因“协商一致”而常难以取得具体成果的困境，是否和多大程度上能提供灵感和新思路，需要所有成员进一步思考和讨论。[①]

MC12 的重要成果还包括：一是为应对全球粮食安全问题，通过了《关于紧急应对粮食安全问题的部长宣言》。各成员承诺采取措施，以便利农产品贸易，

---

① 纪文华：《WTO 新冠疫苗知识产权豁免的谈判历程与未来挑战》，https://m.thepaper.cn/newsDetail_forward_18746959，2022 年 12 月 1 日访问。

改善全球粮食和农产品市场运转，鼓励向贫弱国家提供粮食援助，帮助最不发达国家和粮食净进口发展中国家提高农业生产能力。二是达成《关于世界粮食计划署购粮免除出口禁止或限制的部长决定》，承诺不对世界粮食计划署人道主义粮食采购实施出口禁止或限制措施。三是达成《关于〈电子商务工作计划〉的部长决定》，同意将电子传输临时免征关税的做法延续至下一届部长级会议。[①]此外，还有《关于小经济体工作计划的部长决定》《关于〈与贸易有关的知识产权协定〉非违反之诉和情势之诉的部长决定》《MC12 卫生与植物卫生宣言：应对现代 SPS 挑战》等一系列协议达成。

简言之，MC12 取得超出预期的成果并就 WTO 改革作出授权，一定程度上恢复了成员对多边贸易体制的信心，有利于维护 WTO 在国际规则制定方面的主渠道地位。借鉴 MC12 的成功经验，有利于成员继续在多边体系下就全球关注的贸易及相关问题进行磋商、谈判，以求达成更多的成果。中国一直是多边贸易体制的坚定支持者、建设者和贡献者。MC12 期间，中方充分展现大国担当，践行真正的多边主义，全程参与各议题磋商，坚持与美国等其他成员进行合作。中国为 MC12 的成功作出了重要贡献，并将继续以实际行动推动 WTO 更好发挥作用。

MC12 后，中国明确表示将履行在 MC12 上所作承诺。在商务部“2022 年上半年商务工作及运行情况”专题新闻发布会上，世贸司负责人表示，作为负责任发展中大国，维护以 WTO 为核心的多边贸易体制是中方追求的目标。中方将坚持言必信、行必果，积极落实 MC12 各项成果。中方将努力推动《渔业补贴协定》早日生效，助力海洋渔业资源可持续发展，为实现联合国 2030 年可持续发展议程作出贡献。中方将推动新冠疫苗知识产权豁免付诸实施，帮助发展中成员扩大本地化生产，提升发展中成员对新冠疫苗的可及性和可负担性，弥合全球“免疫鸿沟”。[②]

（三）WTO 改革与中国的方案

2018 年，WTO 改革成为国际社会广为关注的议题。引发这一问题的导火索是美国滥用单边主义措施并持续阻扰上诉机构法官遴选，使作为 WTO 最重要功能之一的争端解决功能陷入困境。在此背景下，主要成员纷纷发布关于

① 自 1998 年起，WTO 开始以《电子商务工作计划》部长决定等形式，明确对电子传输临时免征关税。

②《商务部召开“2022 年上半年商务工作及运行情况”专题新闻发布会》，http://ca.mofcom. gov.cn/article/xwfb/202209/20220903346049.shtml，2022 年 12 月 1 日访问。

WTO 改革的立场、观点和政策。2018 年，二十国集团领导人布宜诺斯艾利斯峰会宣言支持 WTO 进行必要的改革以完善其功能。2018 年以来，中国政府多次表明了中国支持和参与 WTO 进行必要改革的立场。2018 年 6 月，也是中美贸易战即将正式打响之际，中国政府发表《中国与世界贸易组织》白皮书，全面阐述了中方对 WTO 的立场主张，介绍中国对世界经济贸易发展的积极贡献。2018 年 11 月 23 日，中国政府发布《中国关于世贸组织改革的立场文件》（以下简称《立场文件》），提出关于 WTO 改革的三个基本原则和五点主张。2019 年 5 月 13 日，中国政府向 WTO 提交《中国关于世贸组织改革的建议文件》（以下简称《建议文件》），包含四大行动领域，并逐项以“问题与表现”“目标和任务”“做法与建议”提出 12 个行动领域。

WTO 成员在 MC12 上首次明确对 WTO 改革议题进行授权，同意对 WTO 进行必要改革并且在第 13 届部长级会议上审议进展。改革议题明确涉及改进发展中国家特殊与差别待遇的适用、WTO 运行机制改革以及“完整的和运转良好的”争端解决机制等，同时也有望在后续谈判中涉及产业补贴、农业补贴、公平竞争、数字贸易和可持续发展等议题。可以预见，改革将成为未来 WTO 的核心工作之一。中国将更加积极主动地参与 WTO 改革各项议题谈判，支持 WTO 改革朝着正确方向发展，支持多边贸易体制包容性发展，支持发展中成员合法权益，推动 WTO 更好发挥作用。

三、中国加入 DEPA 的机遇与挑战

（一）DEPA 的重要性

DEPA 是首个专门聚焦于数字经济的区域性协定。众所周知，现行 WTO 协定尚未涵盖及时回应数字经济时代的规则。在 WTO 就电子商务达成多边规则前，各国主要通过区域贸易协定来探索管理跨境数字经济的协调合作。2019 年 5 月，新加坡、智利和新西兰三国启动了 DEPA 谈判，旨在专门针对数字贸易议题构建治理规则。这与之前大多数国家选择在区域贸易协定中设置一个专门的章节来构建数字贸易规则的做法有所不同。在过去的“一揽子”区域贸易协定谈判中，各方往往同时就多个领域的事项展开讨论，过分广泛的利益分歧往往使得整个谈判的过程变得十分漫长。得益于聚焦单一主题的策略，DEPA 使参与成员免于在多个领域展开拉锯谈判，仅用了一年左右时间即完成了协定的谈判和签署。2021 年，新加坡、新西兰和智利已先后批准了该协定。

DEPA 拥有更加灵活的模块式框架。区别于其他区域贸易协定以章节的形式构建协定的体系，DEPA 由 16 个不同内容的模块构成，内容涵盖贸易便利化、数字产品、数字身份、中小企业合作等多个议题。这意味着，DEPA 下的数字经济规则不仅内容的涵盖面更广，而且其规则的适用也更具灵活性。DEPA 创新性的“自助模式”允许成员可以根据自身的情况选择各自可以接受的模块加入并履行该模块下的义务，这大大削减了加入协定的成本，具有强大的兼容性和开放性。这一模式也有利于 DEPA 最大限度地适应数字经济的快速发展，成员可以借助 DEPA 在数字经济的特定领域推动构建更高标准的规则。

（二）中国加入 DEPA 的机遇

首先，加入 DEPA 将有利于中国参与国际数字经济规则的制定与完善，促进中国数字经济的持续蓬勃发展。作为世界第二大经济体和最大的发展中国家，近年来，我国电子商务交易额保持快速增长，由 2012 年的 8 万亿元增长至 2021 年的 42.3 万亿元，年均增长 20.3%。即使面对全球新冠疫情的冲击，中国跨境电子商务依旧蓬勃发展。根据国务院关于数字经济发展情况的报告，2021 年我国跨境电商进出口规模近 2 万亿元。[①]中国数字经济的迅速发展，需要深度参与数字经济国际治理，推进多边和区域机制下数字经济合作，推动构建开放、公平、非歧视的数字营商环境，引导包容性规则制定。一方面，加入 DEPA 将有助于中国与现有 WTO 成员开展合作，共同发展国际数字经济规则；另一方面，作为数字经济发展最快的国家之一，中国庞大的数字经济市场将会吸引更多 WTO 成员通过申请加入 DEPA 的方式实现与中国更广泛的合作，这将进一步提升 DEPA 在国际数字经济领域的影响力和战略价值。

其次，加入 DEPA 将有利于提升中国在数字贸易治理领域的国际话语权。目前全球数字贸易治理领域主要有四种代表性理念。一是美国，其治理理念是强调推动数据的跨境自由流动、数据存储非强制本地化、提升数字贸易的自由化水平；二是欧盟，主要站在道义的制高点上，强调要保护个人隐私，强调平台责任，在货物贸易领域主张文化例外；三是中国，强调尊重各国的互联网主权、数据主权，强调数据跨境流动安全可控；四是新加坡，其虽是小国，但在数字贸易治理方面独具特色，强调提升数字贸易便利化水平，鼓励数字技术创

① 《国务院关于数字经济发展情况的报告》（2022 年 10 月 28 日在第十三届全国人民代表大会常务委员会第三十七次会议上），http://www.npc.gov.cn/npc/c30834/202211/dd847f6232c94c73a8b59526d61b4728.shtml，2022 年 12 月 1 日访问。

新和研发，同时注重数字贸易领域的中小企业合作。[①]当前国际数字贸易规则谈判方兴未艾，各国在国际数字贸易治理的方案各有侧重，但也存在交叉重叠和补充，既存在冲突也存在合作的空间。中国需要积极尝试发挥在数字贸易规则制定方面的影响力，加入 DEPA 便是一次很好的实践。加入谈判有助于我国对标高标准国际规则，进一步推动数字经济领域法律法规和监管实践的改革创新，全面展现中国与各方开展数字经济领域合作的决心与能力，从而有利于我国提升在亚太乃至全球数字贸易治理中的话语权。

最后，加入 DEPA 对于推进中国加入 CPTPP 进程具有借鉴意义。DEPA 规则与 CPTPP 关键数字贸易规则有着较高的重合：DEPA 几乎全部吸纳了 CPTPP 中"非应邀商业电子信息"和"无纸化贸易"这类较低标准的数字贸易便利化规则，同时也吸纳了部分高标准的数字经济规则，例如"个人信息保护"和"通过电子方式跨境传输信息"等规则。但整体而言，DEPA 在数字经济的理念上与中式理念差异更小，其开放的模块式框架使其接纳成本更低。以数据跨境流动的一般例外条款为例，DEPA 设置的例外范围上比 CPTPP 更大，更多地考虑到了缔约方的自身诉求，给予其更大的数据流动规则例外空间。通过加入 DEPA 谈判，中国也将同时加深对 CPTPP 数字贸易规则的理解，从而有利于促成中国接受 CPTPP 下相关数字贸易规则的决心，并通过推动同步国内改革举措加强履约能力。

（三）中国加入 DEPA 的挑战

在数字经济方面，中国主导达成的 RCEP 中也有专门的章节予以规定，中国在 RCEP 谈判与国内履行过程中也积累了一定的经验。但是 DEPA 作为聚焦于数字经济的专门性协定，其在深度和广度上仍存在若干超出 RCEP 的规则。因此，如何与 DEPA 的相关规则对接问题仍将使我们面临一定的挑战。[②]

在数字贸易便利化方面，中国当前管理体制有待提升。为满足 DEPA 的无纸化贸易、电子支付、电子发票等要求，中国需要全面梳理贸易管理文件并实现电子化，并且转译成符合协定要求的语言文本以供其他成员公开获得。中国

① 周念利，于美月：《中国应如何对接 DEPA——基于 DEPA 与RCEP 对比的视角》，载《理论学刊》2022 年第 2 期，第 56 页。

② 周念利，于美月：《中国应如何对接 DEPA——基于 DEPA 与 RCEP 对比的视角》，载《理论学刊》2022 年第 2 期；赵若锦，李俊：《中国加入〈数字经济伙伴关系协定〉：差异、挑战及对策》，载《经济体制改革》2022 年第 6 期；李佳倩等：《DEPA 关键数字贸易规则对中国的挑战与应对——基于 RCEP、CPTPP 的差异比较》，载《国际贸易》2022 年第 12 期。

还要进一步完善电子支付系统、电子发票系统，以达成系统可在中国与其他成员之间可互操作的目标，为跨境电商便利交易、证据保存和争议解决创造良好的制度基础。

在数据跨境流动方面，总体而言，在我国现行法律框架下并不存在禁止数据跨境流动的原则性规定，但对特定数据类型规定了数据本地化存储要求，并采取出境安全评估制度。具体来说：

我国有关数据跨境流动的法律规定首先体现为2017年6月施行的《网络安全法》第37条。①我国初步确立了个人信息和重要数据本地化存储以及数据出境需要主管部门进行安全评估的管理制度。2021年9月施行的《数据安全法》第31条再次明确了上述制度。②2021年11月施行的《个人信息保护法》第三章（第38条至第43条）则专门规定了个人信息跨境提供的规则，其第40条规定："关键信息基础设施运营者和处理个人信息达到国家网信部门规定数量的个人信息处理者，应当将在中华人民共和国境内收集和产生的个人信息存储在境内。确需向境外提供的，应当通过国家网信部门组织的安全评估；法律、行政法规和国家网信部门规定可以不进行安全评估的，从其规定。"

2022年7月7日，国家互联网信息办公室公布了《数据出境安全评估办法》（以下简称《办法》），并自2022年9月1日起施行。《办法》明确适用于数据处理者向境外提供在中国境内运营中收集和产生的重要数据和个人信息的安全评估，提出数据出境安全评估坚持事前评估和持续监督相结合、风险自评估与安全评估相结合等原则。《办法》第4条规定了应当申报数据出境安全评估的情形，包括数据处理者向境外提供重要数据、关键信息基础设施运营者和处理100万人以上个人信息的数据处理者向境外提供个人信息、自上年1月1日起累计向境外提供10万人个人信息或者1万人敏感个人信息的数据处理者向境外提供个人信息以及国家网信部门规定的其他需要申报数据出境安全评估的情形。《办法》第5条提出了数据出境安全评估的具体要求，规定数据处理者在申报数据出境安全评估前应当开展数据出境风险自评估并明确了重点评估事项。《办法》

---

① 该条规定：关键信息基础设施的运营者在中华人民共和国境内运营中收集和产生的个人信息和重要数据应当在境内存储。因业务需要，确需向境外提供的，应当按照国家网信部门会同国务院有关部门制定的办法进行安全评估；法律、行政法规另有规定的，依照其规定。

② 该条规定：关键信息基础设施的运营者在中华人民共和国境内运营中收集和产生的重要数据的出境安全管理，适用《中华人民共和国网络安全法》的规定；其他数据处理者在中华人民共和国境内运营中收集和产生的重要数据的出境安全管理办法，由国家网信部门会同国务院有关部门制定。

还规定数据处理者在与境外接收方订立的法律文件中明确约定数据安全保护责任义务，在数据出境安全评估有效期内发生影响数据出境安全的情形应当重新申报评估。此外，还明确了数据出境安全评估程序、监督管理制度、法律责任以及合规整改要求等。[①]

2022 年 12 月 2 日《中共中央　国务院关于构建数据基础制度更好发挥数据要素作用的意见》中明确提出："积极参与数据跨境流动国际规则制定，探索加入区域性国际数据跨境流动制度安排。推动数据跨境流动双边多边协商，推进建立互利互惠的规则等制度安排。鼓励探索数据跨境流动与合作的新途径新模式。"[②]

简言之，尽管我国对数据的本地化存储要求和数据出境安全评估制度与 DEPA 项下的禁止本地化措施和数据流动要求存在一定的差距，但随着我国相关制度的完善，差距正在不断缩小。在加入 DEPA 谈判中，需要向现有成员进一步阐释中国数字领域法律法规和监管实践的新进展，展现中国在 DEPA 框架下接纳高标准国际规则的决心与能力，同时通过善意解释 DEPA 第 4.3 条下的公共政策例外条款，争取必要的监管政策空间。

第四节　展望与建议

一、加快建设贸易强国对法治保障提出了更高要求

习近平总书记在党的二十大报告中指出："推动货物贸易优化升级，创新服务贸易发展机制，发展数字贸易，加快建设贸易强国。"加快建设贸易强国战略的提出具有重大的时代意义，为新时代新征程对外贸易指明了发展方向。

对外开放是我国的基本国策，是当代中国的鲜明标识，是国家繁荣发展的必由之路。提高开放水平有利于增强贸易综合实力。当前，我国开放水平仍有较大提升空间。加快建设贸易强国，要求我们扩大高水平对外开放，对标高标准国际经贸规则，稳步扩大制度型开放，加快从贸易大国迈向贸易强国。[③]

---

① 国家互联网信息办公室：《数据出境安全评估办法》，http://www.cac.gov.cn/2022－07/07/c_1658811536594644.htm，2022 年 12 月 1 日访问。

② 《中共中央　国务院关于构建数据基础制度更好发挥数据要素作用的意见》，http://www.gov.cn/zhengce/2022－12/19/content_5732695.htm，2022 年 12 月 31 日访问。

③ 王文涛：《加快建设贸易强国》，载《人民日报》2022 年 12 月 20 日，第 9 版。

当前，国际贸易环境面临诸多不稳定不确定因素，各种安全问题层出不穷。加快建设贸易强国，要求我们认真贯彻总体国家安全观，敢于斗争、善于斗争，筑牢贸易安全屏障，主动在开放中谋安全，在更高层次上维护国家经济安全。

贸易强国应是国际经贸合作的重要引领者、全球经济治理的重要参与者。当前，我国日益走近世界舞台中央，国际社会对我国的希望和期待显著提升。加快建设贸易强国，要求我们进一步深化多双边和区域合作，积极参与国际经贸规则制定，贡献更多中国智慧和中国方案。①

改革开放以来，我国贸易法治体系不断健全，法治始终是中国对外贸易健康持续发展的坚强有力保障。新时代新征程，加快推进贸易强国同样离不开法治保障。当前我国对外贸易法治建设与加快建设贸易强国的任务相比，还存在一定的制度短板和发展弱项，亟须加强和完善。加快推进贸易强国，要重视并切实强化贸易领域的国内法治与国际法治之间的协调互动，全面推进制度、体制和机制建设，围绕高水平对外开放和维护国家经济安全、积极参与全球贸易治理体系改革与建设等核心任务，加速构建和完善贸易法治体系，更好发挥法治固根本、稳预期、利长远的保障作用。

二、加快建设贸易强国战略下贸易法治工作的总体思路

第一，加快建设贸易强国，需要践行人类命运共同体理念，注重以合作思维统筹推进贸易法治建设。人类命运共同体理念所揭示的“分享、合作、共赢、包容”的精神内核，表明了中国对外关系的基本立场和行为逻辑，与“统筹推进国内法治和涉外法治”所依托的“立足国内、国际两个大局”的系统观高度契合。要站在构建人类命运共同体的高度促进国际合作，以合作思维推进贸易法治建设。一是用法治思维和法治方式推进高水平对外开放，维护国家主权、安全和发展利益，坚持把我们自己的事情做好，做以良法促进发展、保障善治的模范。二是推进双边和多边合作，坚定维护多边贸易体制，积极参与 WTO 改革，深入参与 G20、金砖国家、APEC 等多边和区域合作机制，贡献更多中国方案。三是推动共建“一带一路”高质量发展，坚持共商共建共享原则，完善贸易畅通网络，构建内外联通、安全高效的贸易大通道。四是最大程度地兼顾国际法义务及国内经济社会发展，为反击霸权主义和强权政治、维护国际法

① 王文涛：《加快建设贸易强国》，载《人民日报》2022 年 12 月 20 日，第 9 版。

治作出我国应有的贡献。

第二，贸易法治工作要坚持服务于高水平对外开放并兼顾国家主权、安全和发展利益。实践表明，开放和发展是安全最好的保障，封闭和落后是安全最大的威胁。通过贸易法治建设，提高扩大开放和维护安全的能力，可以充分向国际社会展现全面开放与安全稳定的中国气派。这有利于中国更加自信和更有底气地推动全球治理体系变革、促进人类命运共同体建设。为此，需要在《外商投资法》和《海南自由贸易港法》等立法基础上，进一步完善外商投资准入前国民待遇加负面清单管理制度，依法保护外资企业合法权益，坚决依法惩处侵犯外商合法权益特别是侵犯知识产权行为，持续提高知识产权审查质量和审查效率。要健全促进和保障我国公民、法人境外投资的法律、政策和服务体系；高度重视履行多边和双边经贸条约和协定，建立有约束力的国际条约（协定）履约执行机制；按照高水平对外开放的要求进行法律法规的立、改、废、释，在行政许可、市场监管等方面进一步简政放权，清理废除妨碍公平竞争、扭曲市场的政策做法，公平对待所有类型的市场主体，营造市场化、法治化、国际化营商环境。

第三，全面深入参与全球经济治理体系改革与建设。当前，全球经济治理面临许多重大挑战，发展赤字、治理赤字加剧，贸易保护主义、单边主义抬头，全球治理能力下降。西方国家刻意编造所谓“修昔底德陷阱”和“金德尔伯格陷阱”论调，试图降低国际社会对我国的信任。同时，世界面临百年未有之大变局，国际力量对比正在发生深刻变化，中国在处理国际事务过程中发挥着越来越重要的作用，所承担的国际责任也越来越大。中国作为负责任的大国，必须积极参与全球贸易治理体系建设，引领全球贸易治理体系向着更加公正合理的方向发展。

三、加快建设贸易强国战略下贸易法治工作的具体建议

第一，加强贸易反制等重点领域的立法，并持续推进维护经济安全相关体制机制建设。

我们要用三到五年的时间，通过对贸易领域的专门性法律法规以及分布在其他法律法规中的涉贸易条款的立、改、废、释，确保贸易立法全方位规制重要领域和关键环节，基本解决重点领域无法可依或部分法律法规缺乏可适用性可操作性的问题，包括制定或修改完善《关税法》《对外贸易法》等涵盖贸易反

制措施和国家安全例外条款的法律。贸易立法要分轻重缓急，有重点、分步骤地有序进行。建议在公开征求意见并充分吸收相关合理建议的基础上尽快颁布实施《关税法》等基础性支撑性法律；进一步修改完善《对外贸易法》，抓紧充实反制裁、反干涉、反制“长臂管辖”的法律斗争工具箱，完善我国贸易法律法规域外适用的配套执法程序。同时，加快制定《反外国制裁法》《反分裂国家法》在贸易领域的配套条例或规范性文件，提高贸易反制措施的精准度和执行力。

同时，持续推进维护我国经济安全的贸易立法、执法、争端解决等方面的体制和机制建设。推进产业损害预警体系建设，积极引导企业防范应对风险。增强运用贸易救济规则能力和水平，提升贸易救济政策工具效能，完善贸易调整援助制度。实施出口管制法及其配套法规、规章，优化出口管制许可制度，加大出口管制执法力度。促进正常的两用物项贸易，妥善应对滥用出口管制等歧视性行为，适当运用 WTO 争端解决等手段反击遏华出口管制政策做法。

第二，以人类命运共同体理念为指导，全面深入参与全球贸易治理体系改革与建设。

党的十八大以来，习近平总书记反复强调并多次阐释构建人类命运共同体理念，得到了国际社会的广泛支持。在人类命运共同体理念指导下，开创参与和引领国际贸易规则新局面。要着眼当下，更加积极主动地参与 WTO 改革各项议题谈判，支持 WTO 改革朝着正确方向发展，支持多边贸易体制包容性发展，维护发展中国家合法权益，推动 WTO 更好发挥作用。同时，要积极构建和维护区域贸易外交机制，通过区域贸易合作机制解决国际社会共同关心的地区和全球性问题，并积极开展贸易法治外交，加强同世界各国的信任和合作，为完善全球治理体系贡献中国智慧与中国方案。

具体举措包括：一是以积极参与 WTO 改革和建设的方式，助力推进高水平对外开放、扩大制度型开放和加快建设贸易强国等领域的良性互动；二是更大发挥 G20、金砖国家、APEC 作为国际经济合作主要论坛的作用，促进全球主要经济体间加强宏观政策协调；三是以实际行动表明中国积极参与全球治理体系改革和建设，推动 WTO 谈判机制和争端解决机制的改革，促进 WTO 更好发挥作用，切实维护多边贸易体制国际规则制定的主渠道地位；四是在 WTO 多边临时仲裁上诉机制以及 WTO 开放式诸边贸易谈判中发挥更大作用；五是以积极开放态度参与数字经济、贸易和环境、产业补贴、国有企业等议题谈判；

六是结合维护 WTO 基本原则和发展中国家待遇，阐释包容性发展的理念并推进相关新的规则范式；七是充分发挥并不断扩大“产业链供应链韧性与稳定国际论坛”的影响与作用，切实维护全球产业链供应链稳定畅通；八是大力推进“一带一路”合作，推动高质量共建“一带一路”取得更多丰硕成果；九是加快区域贸易协定谈判进程，积极推进加入《全面与进步跨太平洋伙伴关系协定》（CPTPP）和《数字经济伙伴关系协定》（DEPA），加入 CPTPP 和 DEPA 的谈判有助于我国在多边积极参与数字经济、贸易和环境、产业补贴、国有企业等议题谈判形成良性互动；同时尽快达成中国–海合会自贸安排，探索加快推进中日韩自贸协定。

第三，构建与加快建设贸易强国战略相适应的国际话语体系，提升中国的国际话语权。

一是要注重提炼我国贸易法治和国家治理的成功经验，加强贸易法治理论研究与创新，为贸易外交决策和国际合作提供智力支持，更加积极地为国际法治和全球治理提供倡议或议案，有效推进 WTO 改革和全球贸易治理体系变革的进程。二是提升我国在国际贸易规则制定的议程设置能力和话语权，有效应对西方国家通过法律手段推行对华遏制打压政策所形成的挑战。我国对于加严对滥用国家安全例外的措施的纪律、加严对不符合世贸组织规则的单边措施的纪律以及坚持贸易和投资的公平竞争原则等方面，以及电子商务议题和投资便利化议题等新兴领域，都逐渐形成了中国特色的国际法观点和立场。通过阐述这些观点和立场，并与相关国家沟通、磋商，可以为现有国际法实体规范和实施机制的完善作出更多有益的贡献。三是采取有效措施助力我国优秀的专家进入国际组织工作，适当增加我国在 WTO 等国际组织中的国际职员人数和 WTO 专家组等国际争端解决机制中的法律人才岗位，切实提高我国在国际贸易组织运行和国际贸易规则制定上的影响力。

总之，加快推进贸易强国离不开法治保障，加强贸易法治建设符合中国战略利益和长远利益。我们要通过贸易法治建设，服务并保障高水平对外开放、制度型开放和贸易强国建设，进而推动开放型世界经济建设，为推动建设更公平、更包容、更完善的全球贸易治理体系贡献力量。

第七章　涉外投资法治发展

第一节　大　事　记

一、《对外投资合作建设项目生态环境保护指南》发布[①]

2022 年 1 月 6 日，生态环境部、商务部印发《对外投资合作建设项目生态环境保护指南》（以下简称《指南》）。主要在以下几方面进一步优化对外投资合作建设项目环境管理：一是进一步明确适用范围。《指南》适用于中国企业在境外开展投资建设的新建（含改建、扩建）类项目、收购并购类项目以及承包工程项目。二是明确生态环境的内涵。《指南》明确生态环境包括污染防治、应对气候变化、生态系统和生物多样性保护等方面。三是理顺项目全生命周期管理流程。根据项目投资建设前、施工期、运营期、退出等主要环节，《指南》调整并补充完善了相关规定。四是突出重点行业的要求。根据对外投资合作的重点行业发展情况，《指南》针对能源、石油化工、矿山开采、交通基础设施等行业提出了生态环境保护的具体规定。五是增强应对气候变化和生物多样性保护的要求。随着应对气候变化和生物多样性保护的重要性不断提升，《指南》针对项目在应对气候变化和生物多样性保护领域分别提出了相关要求。

二、商务部等 6 部门《关于高质量实施〈区域全面经济伙伴关系协定〉（RCEP）的指导意见》发布[②]

2022 年 1 月 24 日，商务部、发展改革委、工业和信息化部、中国人民银

---

① 《生态环境部环境影响评价与排放管理司有关负责人就〈对外投资合作建设项目生态环境保护指南〉答记者问》，https://www.mee.gov.cn/ywdt/zbft/202201/t20220111_966727.shtml，2022 年 12 月 14 日访问。

② 商务部等 6 部门《关于高质量实施〈区域全面经济伙伴关系协定〉（RCEP）的指导意见》，http://gjs.mofcom.gov.cn/article/dongtai/202201/20220103239468.shtml；RCEP 于 2022 年 1 月 1 日正式生效。《〈区域全面经济伙伴关系协定〉（RCEP）首次部长级会议联合媒体声明》，http://fta.mofcom.gov.cn/article/rcep/rcepnews/202209/49828_1.html，2022 年 12 月 14 日访问。

行、海关总署、市场监管总局联合发布了《关于高质量实施〈区域全面经济伙伴关系协定〉（RCEP）的指导意见》（以下简称《意见》）。《意见》的“指导思想”是以习近平新时代中国特色社会主义思想为指导，全面贯彻党的十九大和十九届历次全会精神，认真落实党中央、国务院决策部署，立足新发展阶段，完整、准确、全面贯彻新发展理念，构建新发展格局，高质量实施 RCEP，实施自由贸易区提升战略，构建面向全球的高标准自由贸易区网络，推动更高水平对外开放，建设开放型世界经济。《意见》的“总体目标”是通过高质量实施 RCEP，以更高水平开放促进更深层次改革。将把握 RCEP 发展机遇与各地方发展战略紧密对接，推动地方高质量发展。引导鼓励企业以 RCEP 实施为契机，进一步提升贸易和投资发展水平，扩大国际合作，提升质量标准，促进产业升级，增强参与国际市场竞争力。《意见》中与投资相关的“重点任务”包括“提升投资自由化便利化水平”及“提高对外投资质量效益”。

三、《外商投资企业授权登记管理办法》发布①

《外商投资企业授权登记管理办法》（以下简称《办法》）于 2022 年 2 月 18 日市场监管总局第 4 次局务会议通过，自 2022 年 4 月 1 日起施行。该《办法》简化了申请外商投资企业登记管理授权的条件材料，结合社会经济发展实际，删除和修改了一些条件；明确适用于外商投资企业及其分支机构，外国公司分支机构以及其他依照国家规定应当执行外资产业政策的企业、港澳台投资者投资设立企业及其分支机构登记管理的授权和规范，参照执行；强调了外商投资企业的授权管理制度和登记机关，市场监管总局负责全国外商投资企业登记管理，并可以根据本《办法》规定条件，授权地方人民政府市场监督管理部门承担外商投资企业登记管理工作，未经市场监管总局授权，不得开展或者变相开展外商投资企业登记管理工作；强化了被授权市场监管部门的登记审查、授权变更等责任。明确被授权单位要严格执行外商投资准入前国民待遇加负面清单管理制度。被授权局名称等情况发生变化或者不再履行外商投资企业登记管理职能的，应当由省级市场监督管理部门及时向总局申请变更或者撤销授权。

① 市场监管总局:《简化申请外商投资企业登记管理授权的条件材料》，https://www.samr.gov.cn/xw/mtjj/202203/t20220304_340170.html，2022 年 12 月 14 日访问。

四、《鼓励外商投资产业目录（2022 年版）》发布①

2022 年 7 月 29 日国家发展改革委和商务部发布了《鼓励外商投资产业目录（2022 年版）》（以下简称新版《鼓励目录》）。新版《鼓励目录》延续了 2020 年版的结构，包括两部分：一是全国鼓励外商投资产业目录（全国目录），适用于全国；二是中西部地区外商投资优势产业目录（中西部目录），适用于中西部地区、东北地区以及海南省。与 2020 年版相比，总条目 1 474 条，增加 239 条，修改 167 条。其中，全国目录共 519 条，增加 39 条、修改 85 条；中西部目录共 955 条，增加 200 条、修改 82 条。新版《鼓励目录》主要有以下三方面变化：一是持续鼓励外资投向先进制造业。全国目录继续将制造业作为鼓励外商投资的重点方向，提升产业链供应链水平，加快促进技术迭代升级。二是持续引导外资投向现代服务业。全国目录将提升服务业发展质量、促进服务业和制造业融合发展作为修订重点。三是持续引导外资投向中西部和东北地区优势产业。中西部和东北地区具有独特的资源禀赋和产业优势。新版《鼓励目录》自 2023 年 1 月 1 日起施行。

五、《关于以制造业为重点促进外资扩增量稳存量提质量的若干政策措施》发布②

2022 年 10 月 13 日，国家发展改革委、商务部、工业和信息化部、自然资源部、生态环境部、交通运输部联合印发了《关于以制造业为重点促进外资扩增量稳存量提质量的若干政策措施》（以下简称《若干政策措施》），从扩增量、稳存量、提质量三个方面提出了 15 项政策措施，具体包括：一是优化投资环境，扩大外商投资增量。深入实施外资准入负面清单；高标准落实外资准入后国民待遇；推动外资项目签约落地；强化土地要素保障；开展国际产业投资合作系列活动；提升国际投资公共服务平台效能。二是加强投资服务，稳定外商投资存量。便利国际商务人员往来；加强货运物流保通保畅；强化外商投资企业金融支持；鼓励外商投资企业利润再投资；支持制造业外商投资企业进出口。三

① 商务部有关负责人就《〈鼓励外商投资产业目录（2022 年版）〉》答记者问，http://www.gov.cn/zhengce/2022－10/29/content_5722482.htm，2022 年 12 月 14 日访问。

② 国家发展改革委等部门印发《关于以制造业为重点促进外资扩增量稳存量提质量的若干政策措施的通知》，https://www.ndrc.gov.cn/xxgk/zcfb/tz/202210/t20221025_1339087.html?code＝&state＝123，2022 年 12 月 14 日访问。

是引导投资方向，提升外商投资质量。优化外商投资结构；支持外商投资创新发展；加快外商投资绿色低碳升级；引导制造业外商投资企业国内梯度转移。

六、全国人民代表大会常务委员会执法检查组《关于检查〈中华人民共和国外商投资法〉实施情况的报告》发布①

为全面贯彻落实党中央关于对外开放的重大决策部署，建设更高水平开放型经济新体制，营造市场化法治化国际化营商环境，推动外商投资法的贯彻实施，根据2022年度监督工作计划，全国人大常委会对《中华人民共和国外商投资法》实施情况开展了检查。2022年10月28日全国人大常委会发布了全国人民代表大会常务委员会执法检查组《关于检查〈中华人民共和国外商投资法〉实施情况的报告》（以下简称《报告》）。《报告》共有五部分组成，分别为：开展外商投资法执法检查契合当前的形势和需要；外商投资法实施取得积极成效；外商投资法实施中存在的主要困难和问题；产生问题的原因；对贯彻实施外商投资法的意见建议。本次执法检查工作有以下几个特点：一是执法检查覆盖面广。执法检查工作覆盖了全国多半省份，这些省份外商投资额占全国的90%以上，具有广泛的代表性。二是执法检查重点突出。将准入前国民待遇加负面清单管理制度、外商投资促进制度、外商投资权益保护制度、外商投资管理制度的落实情况等7个方面作为执法检查重点。三是注重听取外商投资企业意见。累计听取了200余家外商投资企业和10余家外国商协会关于法律实施情况的意见和建议。四是继续创新方式方法。在以往运用法律评估、大数据分析等方式执法检查取得良好效果基础上，继续探索创新。

第二节　综合分析

一、“外商投资法”的深入贯彻落实

2022年外商投资法治发展的主要特点是对“外商投资法”制度的具体落实，表现在三个方面：一是投资管理制度的贯彻落实；二是投资促进措施的贯彻落实；三是投资法治的地方性贯彻落实。

① 全国人民代表大会常务委员会执法检查组《关于检查〈中华人民共和国外商投资法〉实施情况的报告》，http://www.npc.gov.cn/npc/c30834/202210/ece32ab2e6f54c4caac8c2286bd59b88.shtml，2022年12月14日访问。

（一）投资管理制度的贯彻落实

"外商投资法"确立了准入前国民待遇加负面清单的外商投资管理制度。外商投资准入负面清单规定禁止投资的领域，外国投资者不得投资。外商投资准入负面清单规定限制投资的领域，外国投资者进行投资应当符合负面清单规定的条件。外商投资准入负面清单以外的领域，按照内外资一致的原则实施管理。因此，负面清单制度的贯彻落实是实现投资自由化的重要路径。2022 年 1 月 1 日施行的国家发展改革委、商务部发布的《外商投资准入特别管理措施（负面清单）（2021 年版）》和《自由贸易试验区外商投资准入特别管理措施（负面清单）（2021 年版）》与之前 2020 年版相比，主要有四方面变化，包括进一步深化制造业开放、自贸试验区探索放宽服务业准入、提高外资准入负面清单精准度、优化外资准入负面清单管理。从条目数量来看，缩减至 31 条、27 条，压减比例分别为 6.1%、10%。2022 年 3 月 12 日国家发展改革委、商务部发布了《市场准入负面清单（2022 年版）》。《市场准入负面清单（2022 年版）》列有禁止准入事项 6 项，许可准入事项 111 项，共计 117 项，相比《市场准入负面清单（2020 年版）》减少 6 项。《市场准入负面清单（2022 年版）》严格落实"全国一张清单"管理要求。坚决维护市场准入负面清单制度的统一性、严肃性和权威性，确保"一单尽列、单外无单"。按照规定，需要用负面清单管理思路或管理模式出台相关措施的，应纳入全国统一的市场准入负面清单。已经纳入的，各有关部门要做好对地方细化措施的监督指导，确保符合"全国一张清单"管理要求。各地区各部门不得自行发布市场准入性质的负面清单。《市场准入负面清单（2022 年版）》的确定及缩减在很大程度上贯彻落实了"外商投资法"的负面清单制度。

除此负面清单管理制度外，国家市场监督管理总局于 2022 年 3 月 1 日公布了修订后的《外商投资企业授权登记管理办法》（简称《办法》），自 2022 年 4 月 1 日起施行。《办法》是对"外商投资法"有关登记管理规定的贯彻落实，有助于依法做好外商投资企业授权登记管理工作，提升外商投资企业登记管理水平。《办法》确定了外商投资企业的授权管理制度和登记机关。市场监管总局负责全国外商投资企业登记管理，并可以根据本《办法》规定条件，授权地方人民政府市场监督管理部门承担外商投资企业登记管理工作。未经市场监管总局授权，不得开展或者变相开展外商投资企业登记管理工作。市场监管总局应在官网公布其授权的市场监督管理部门名单。《办法》简化了申请外商投资企业登记管理授权的条件和材料，如删除和修改了“已从事外商投资企业登记初审和登记违法违章行为调查等工作 2 年以上”等条件。[①]

（二）投资促进措施的贯彻落实

2022 年 10 月 26 日国家发改委和商务部发布了《鼓励外商投资产业目录（2022 年版）》（新版《鼓励目录》），自 2023 年 1 月 1 日起施行。[②]新版《鼓励目录》主要有以下三方面变化：一是持续鼓励外资投向先进制造业；二是持续引导外资投向现代服务业；三是持续引导外资投向中西部和东北地区优势产业。新版《鼓励目录》内的行业领域，主要可以享受三项优惠政策：一是在投资总额内进口自用设备，除国家规定不予免税的产品，免征关税；二是对于集约用地的鼓励类工业项目优先供应土地，并且可以按不低于所在地土地等别相对应全国工业用地出让最低价标准的 70%确定出让底价；三是在西部地区和海南省投资，还可进一步减 15%税率缴纳企业所得税。[③]

（三）投资法治的地方性贯彻落实

各地政府贯彻落实“外商投资法”成为 2022 年外商投资法治发展的一个亮点。2022 年 3 月 1 日起实施的《上海市外商投资项目核准和备案管理办法》（简称《办法》）较有代表性。《办法》共六章 43 条，包括总则、项目核准、项目备案、监督管理、法律责任和附则。[④]《办法》将外商投资新规定、固定资产投资项目管理新要求与上海市“放管服”改革特色相结合。《办法》大幅简化了核准材料，全面实施告知性备案。对于核准项目，取消了企业财务报表、资金信用证明、国有资产出资确认文件等附件材料，并且明确通过政务服务“一网通办”平台能够实现数据互认共享的文件，不得要求项目单位重复提供。对于备案项目，则明确项目单位通过在线平台将全部备案信息告知项目备案机关，即完成备案，项目单位可在线自行打印备案证明。[⑤]作为《外商投资法》的落地政策，

---

① 《外商投资企业授权登记管理办法》，https://gkml.samr.gov.cn/nsjg/fgs/202203/t20220302_340102.html，2022 年 12 月 14 日访问。

② 《鼓励外商投资产业目录（2022 年版）》，http://www.gov.cn/zhengce/zhengceku/2022－10/28/content_5722417.htm，2022 年 12 月 14 日访问。

③ 商务部有关负责人就《〈鼓励外商投资产业目录（2022 年版）〉》答记者问，http://www.gov.cn/fuwu/2022－10/29/content_5722482.htm，2022 年 12 月 14 日访问。

④ 上海市人民政府《关于印发〈上海市外商投资项目核准和备案管理办法〉的通知》，https://www.shanghai.gov.cn/ nw12344/20220112/015bd80f6e364347887716aafc772b1d.html，2022 年 12 月 14 日访问。

⑤ 《上海市外商投资项目核准和备案管理办法》，https://www.shanghai.gov.cn/nw4411/20220113/6b7ada0582d34ca087190af416417c8a.html，2022 年 12 月 14 日访问。

《办法》强调了落实国民待遇，明确保障投资自主权。对负面清单之外领域的项目，明确按照内外资一致原则实施管理，项目核准和备案的范围、方式、流程等均保持一致。对项目的市场前景、经济效益、资金来源和产品技术方案等，明确由外国投资者和外商投资企业依法自主决策、自担风险，项目核准和备案机关不得非法干预其投资自主权。《办法》同时突出高效协同管理，要求项目核准和备案机关以及其他有关部门，统一使用在线平台生成的项目全生命周期唯一项目代码，办理手续、归集信息和共享数据，提高跨部门管理协同性。[①]2022年3月1日起施行的《中国（湖南）自由贸易试验区条例》[②]、2022年3月1日起施行的《中国（上海）自由贸易试验区临港新片区条例》[③]、2022年5月1日起施行的《中国（北京）自由贸易试验区条例》[④]等在投资管理和投资开放等方面进一步贯彻落实了外商投资法治。

二、对外投资法治的主要发展

2022年对外投资法治的发展主要体现在绿色投资、文化投资、国企及国有资产监管三个方面。其中绿色投资强调对外投资应主动遵守的环境保护义务；文化投资强调文化“走出去”的促进和便利化措施；而国企及国有资产的监管是2022年对外投资法治发展的重点。

（一）对外投资法治的绿色投资导向

2022年1月6日生态环境部、商务部印发《对外投资合作建设项目生态环境保护指南》（简称《指南》），旨在指导中国企业进一步规范对外投资合作活动中的环境保护行为，及时识别和防范环境风险，引导企业积极履行环境保护社会责任，树立中国企业良好对外形象，支持东道国的可持续发展，推动对外投资建设项目高质量发展和绿色“一带一路”建设。根据项目投资建设前、施工期、运营期、退出等主要环节，《指南》调整并补充完善了环境尽职调查、环境影响评价、生态环境保护、环境风险防控等生态环境管理的相关规定。《指南》

---

① 《〈上海市外商投资项目核准和备案管理办法〉的政策解读》，https://www.shanghai.gov.cn/202204zcjd/20220221/04442aac22874889b77665a63f98bd53.html，2022年12月14日访问。

② 《中国（湖南）自由贸易试验区条例》，http://ftz.hunan.gov.cn/hnzm/sjzc/202201/t20220112_25263566.html，2022年12月14日访问。

③ 《上海市人大常委会公告第104号》，http://www.spcsc.sh.cn/n8347/n8467/u1ai242732.html，2022年12月14日访问。

④ 《中国（北京）自由贸易试验区条例》，http://open.bjtzh.gov.cn/kftzh/c110061/202204/1522288.shtml，2022年12月14日访问。

鼓励项目采用国际通行标准或中国更严标准开展生态环境保护相关工作。为加强对外投资合作重点行业生态环境管理工作的指导，根据对外投资合作的重点行业发展情况，《指南》针对能源、石油化工、矿山开采、交通基础设施等行业提出了生态环境保护的具体规定。①

（二）对外文化投资促进和便利化举措

商务部、中央宣传部等27部门于2022年7月18日联合印发《关于推进对外文化贸易高质量发展的意见》（以下简称《意见》）。《意见》以推进对外文化贸易高质量发展为主题，着力加强顶层设计和统筹协调，着力推动体制机制改革和内容形式创新，着力促进文化贸易规模增长和结构优化。《意见》从七个方面提出28项具体任务举措。其中涉及文化投资的主要有两项：一是扩大文化领域对外投资。鼓励有条件的文化企业创新对外合作方式，优化资源、品牌和营销渠道，面向国际市场开发产品、提供服务，提高境外投资质量效益。鼓励优势企业设立海外文化贸易促进平台。推动深化与共建“一带一路”国家文化领域投资合作。该项举措由中央宣传部、发展改革委、商务部、文化和旅游部、广电总局、外文局和各地方人民政府按职责分工负责。二是提升便利化水平。海关、商务部门加大宣传和培育力度，帮助符合条件的文化贸易企业成为海关高级认证企业，享受相关便利措施。简化演艺机构人员出境审批手续。支持文化贸易企业开展跨境人民币结算业务。提升对外投资便利化水平，支持银行为文化贸易企业提供更加优质的跨境结算服务。该项举措由发展改革委、商务部、文化和旅游部、中国人民银行、海关总署、外汇管理局按职责分工负责。

（三）对外投资国企及国有资产的监督管理

2022年，对外投资的国企及国有资产监管规则发展侧重于风控监管和合规管理。主要体现在：（1）2022年5月24日，国资委发布了《关于加强中央企业商誉管理的通知》（以下简称《通知》），《通知》指出过高的商誉（商誉，是指企业在对外并购中形成，合并成本超过被并购企业可辨认净资产公允价值份额且单项入账的资产）预示可能存在较大的减值风险，如果管理不当将对企业权益、会计信息质量产生重大影响，还会加剧企业经营业绩的波动，影响企业平稳运行。各中央企业要正确认识、高度重视商誉管理的重要性，切实落实主体责任，不断提升全链条、全周期的商誉管理能力，特别要将境外项目以及溢

① 生态环境部环境影响评价与排放管理司有关负责人就《对外投资合作建设项目生态环境保护指南》答记者问，https://www.mee.gov.cn/ywdt/zbft/202201/t20220111_966727.shtml，2022年12月14日访问。

价率（即支付对价/经备案的收购股份对应评估价值－1）高于两年内可比行业或企业平均水平 50%以上的项目（以下称高溢价项目）作为管理重点，实施从严管控，及时化解高商誉潜在风险，切实夯实资产质量，维护国有资产安全。[①]（2）2022 年 1 月 28 日发布的《中央企业重大经营风险事件报告工作规则》，要求中央企业在生产经营管理过程中，受到其他国家、地区或者国际组织机构管制、制裁等，对企业或者国家形象产生重大负面影响或者受到国内外媒体报道，造成重大负面舆情影响，应当确定为重大经营风险事件并及时报告。[②]（3）2022 年 2 月 18 日国资委发布的《关于中央企业加快建设世界一流财务管理体系的指导意见》指出央企要积极主动防范境外国有资产风险，合理安排境外资产负债结构，努力推动中高风险国家（地区）资产与负债相匹配，降低风险净敞口。[③]（4）2022 年 10 月 1 日施行的《中央企业合规管理办法》规定中央企业应当针对涉外业务重要领域，根据所在国家（地区）法律法规等，结合实际制定专项合规管理制度。[④]（5）2022 年 3 月 3 日国资委办公厅发布的《关于做好 2022 年中央企业违规经营投资责任追究工作的通知》指出要加大对境外违规经营投资问题线索的查处力度，坚决防止"破窗效应"。[⑤]（6）2022 年 10 月 28 日在第十三届全国人民代表大会常务委员会第三十七次会议上，国务院作了关于 2021 年度国有资产管理情况的综合报告，其中提到完善国有金融企业境外投资财务管理，切实维护国有金融资本权益。[⑥]（7）2022 年 7 月 20 日财政部发布《关于进一步加强国有金融企业财务管理的通知》，要求金融企业境外投资决策要建立全流程、全链条管理机制，事前要实施尽职调查和可行性论证；事中要强化全面预算、逐级授权、项目跟踪、风险监测、资产监管和资金管控，实施决策、执行、监测不相容岗位分离机制，防范境外投资廉洁风险；事后开展绩

① 《中国（北京）自由贸易试验区条例》，http://xxgk.sasac.gov.cn：8080/gdnps/pc/content.jsp?id＝24876655，2022 年 12 月 14 日访问。

② 《中央企业重大经营风险事件报告工作规则》，http://xxgk.sasac.gov.cn：8080/gdnps/pc/content.jsp?id＝22958393，2022 年 12 月 14 日访问。

③ 国资委《关于中央企业加快建设世界一流财务管理体系的指导意见》，http://www.gov.cn/zhengce/zhengceku/2022－03/02/content_5676491.htm，2022 年 12 月 14 日访问。

④ 《中央企业合规管理办法》，http://www.gov.cn/zhengce/zhengceku/2022－09/19/content_5710633.htm，2022 年 12 月 14 日访问。

⑤ 国资委办公厅《关于做好 2022 年中央企业违规经营投资责任追究工作的通知》，http://www.gov.cn/zhengce/zhengceku/2022－03/22/content_5680622.htm，2022 年 12 月 14 日访问。

⑥ 《国务院关于 2021 年度国有资产管理情况的综合报告》，http://www.sasac.gov.cn/n2588025/n2588119/c26496596/content.html，2022 年 12 月 14 日访问。

效评价，实施追踪问效。对于发生损失的项目要依法落实责任认定、责任追究。[①]

三、国际投资条约的生效实施与谈判进展

（一）国际投资条约的生效实施

2022年生效的国际投资条约主要包括三个：一是《区域全面经济伙伴关系协定》（RCEP）；二是《中华人民共和国政府和柬埔寨王国政府自由贸易协定》（《中—柬 FTA》）；三是《中华人民共和国政府和新西兰政府关于升级〈中华人民共和国政府和新西兰政府自由贸易协定〉的议定书》（《中国—新西兰升级议定书》）。从三个条约的实施和规则内容来看，侧重投资促进和投资自由化及便利化。

1. RCEP的投资自由化及便利化

2022年1月1日起文莱、柬埔寨、老挝、新加坡、泰国、越南6个东盟成员国和中国、日本、新西兰、澳大利亚4个非东盟成员国正式开始实施协定。2022年2月1日起协定对韩国生效，3月18日起对马来西亚生效。RCEP投资章节实施时间与协定生效时间一致。RCEP 投资规则涵盖投资保护、投资自由化、投资促进和投资便利化四个方面，既继承了传统投资协定的主要内容，也体现了国际投资缔约实践的新发展。文本规则包含投资章节18个条款和两个附件。其中，准入前国民待遇加负面清单、投资便利化等内容实现了在成员方间既有投资协定基础上的增值，体现了高水平国际投资协定的发展趋势。[②]

为深入贯彻落实党中央、国务院关于实施好 RCEP 的决策部署，全面落实协定规定的市场开放承诺和规则，引导地方、产业和企业适应区域市场更加开放的环境、更加充分的竞争，更好把握 RCEP 带来的机遇，促进经济高质量发展，经国务院同意，商务部、发展改革委、工业和信息化部、中国人民银行、海关总署和市场监管总局于2022年1月24日共同发布了《商务部等6部门关于高质量实施〈区域全面经济伙伴关系协定〉（RCEP）的指导意见》，其中与投资有关的主要包括两项：一是提升投资自由化便利化水平。履行好协定投资负面清单承诺，确保开放措施落地到位。推动完善全国版和自由贸易试验区版外

---

① 《关于进一步加强国有金融企业财务管理的通知》，http://jrs.mof.gov.cn/zhengcefabu/cwjx/202208/t20220802_3831380.htm，2022年12月14日访问。

② 《〈区域全面经济伙伴关系协定〉（RCEP）投资规则释疑》，http://fta.mofcom.gov.cn/article/rcep/rcepjd/202202/47599_1.html，2022年12月14日访问。

商投资准入特别管理措施（负面清单），落实好“十四五”规划纲要关于有序推进电信、互联网、教育、文化、医疗等领域开放的部署，在确保国家安全的前提下进一步扩大开放。二是提升对外投资便利化水平，提高对外投资质量效益。推动企业参与区域产业链供应链重塑，引导对外投资绿色低碳发展。推进对外投资便利化，推广使用电子证照。高质量建设境外经贸合作区，提高合作区与国内园区协同发展水平。加强对外投资保护，维护企业合法权益。

2.《中—柬 FTA》的投资促进和投资便利化

2022 年 1 月 1 日，《中—柬 FTA》正式生效实施。根据《中—柬 FTA》安排，中国与柬埔寨将加强在投资等领域合作。双方承诺将积极推动做好《中国和柬埔寨自由贸易协定》实施，让成果充分惠及两国企业和人民。①从《中—柬 FTA》的规则来看，第 8 章“投资合作”重点指出缔约双方认识到两国间现有机制安排的有效性及其对实现双边投资合作的重要作用，决定加强和进一步深化投资合作。主要内容包括两个方面：

第一，投资促进。中国和柬埔寨均认识到促进跨境投资流动对实现经济增长和发展的重要性。在遵守本国法律法规的前提下，承诺通过识别投资机会、加强投资促进活动、分享关于促进对外投资措施的信息、交流投资法律、法规和政策的信息、帮助投资者了解缔约双方的投资法规和投资环境、改善有利于增加投资流动的环境、促进中国和柬埔寨机构之间的联系，以期促进双边投资等举措，促进中国和柬埔寨之间的投资。缔约双方尤其认识到便利中国企业“走出去”是双边合作的重要支柱，将加强在该领域的合作。为此，缔约双方应努力识别并分享潜在对外投资领域和活动的信息，鼓励此类企业向缔约方另一方投资。

第二，投资便利化。中国和柬埔寨均承诺将通过包括提高其国内投资环境的透明度和效率，以期促进缔约方之间的优质投资；为所有形式的投资创造必要的环境，包括但不限于为任何投资项目的资金流动创造有利条件；简化投资申请与核准程序；促进投资信息的传播，包括但不限于投资规则、法规、政策、其他双边和多边贸易协议、程序；加强东道国的一站式投资安排，为商界提供协助和咨询帮助，包括便利经营牌照和许可证申请程序等举措在内的方式为另一缔约方的投资提供便利。一缔约方应向另一缔约方的投资者及其投资提供投

① 商务部有关负责人就《中国和柬埔寨签署自由贸易协定》答记者问，http://www.gov.cn/xinwen/2020－10/12/content_5550674.htm，2022 年 12 月 14 日访问。

资设立手续的规定措施。缔约双方应便利投资者及其投资，按照东道国相关法律要求，在投资发生前，遵守环境影响评估和社会影响评估的有关标准和程序。

3.《中国—新西兰升级议定书》的投资自由化[①]

《中国—新西兰自由贸易协定》于 2008 年 4 月 7 日签署，同年 10 月 1 日实施。中国和新西兰于 2016 年 11 月启动自贸协定升级谈判，并于 2021 年 1 月 26 日签署《中国—新西兰升级议定书》。2022 年 4 月 7 日，《中国—新西兰升级议定书》正式生效。

《中国—新西兰升级议定书》进一步扩大投资等领域市场开放，使中新两国自贸关系在《中国—新西兰自由贸易协定》和 RCEP 基础上实现了进一步提质增效，有助于进一步深化两国各领域务实合作，释放高水平开放政策红利，促进双边贸易投资自由化便利化，不断丰富和充实中新全面战略伙伴关系内涵。作为《中国—新西兰升级议定书》4 项换文之一的《投资审查门槛的换文》，在中方对新西兰投资方面达成共识。[②]根据新西兰已经通过的《海外投资（CPTPP）修正法规（2018 年版）》及《中国—新西兰自由贸易协定》的相关规定，中国政府投资者投资审查门槛为 1 亿新西兰元，非政府投资者投资审查门槛为 2 亿新西兰元。

（二）国际投资条约的谈判进展

2022 年国际投资条约的谈判进展主要包括两个方面：一是在现行自由贸易协定的基础上，通过“第二阶段谈判”和“升级后续谈判”方式继续推动深化投资规则；二是通过签订投资合作谅解备忘录等方式推进双边投资合作机制建设。

1. 自由贸易协定的升级和后续谈判

2022 年 7 月 13 日，中国商务部与韩国产业通商资源部通过视频方式举行自贸协定第二阶段谈判首席谈判代表会议。双方就投资等议题规则和负面清单市场准入问题开展深入磋商，取得积极进展。[③]2022 年 8 月 1 日，中国商务部与新加坡贸易与工业部通过视频方式举行自贸协定升级后续谈判第四轮谈判首

---

① 《中国—新西兰自贸协定升级议定书正式生效》，http://fta.mofcom.gov.cn/article/chinanewzealand/newzealandnews/202204/48078_1.html，2022 年 12 月 14 日访问。

② 商务部国际司负责人解读《中国—新西兰自由贸易协定升级议定书》，http://www.mofcom.gov.cn/article/news/202101/20210103033935.shtml，2022 年 12 月 14 日访问。

③ 《中国与韩国积极推动自贸协定第二阶段谈判》，http://www.mofcom.gov.cn/article/xwfb/xwrcxw/202207/20220703333274.shtml，2022 年 12 月 14 日访问。

席谈判代表会议。双方就有关章节文本、服务贸易和投资负面清单等议题开展深入讨论，取得积极进展。双方同意积极推动谈判进程，争取早日取得实质性成果。《中国—新加坡自由贸易协定升级议定书》于2019年10月实施。根据升级议定书规定，双方于2020年12月宣布启动升级后续谈判，致力于采用负面清单方式开展服务贸易和投资自由化谈判，全面提升双边贸易投资自由化便利化水平。①

2. 双边投资合作机制的推进及成果

2022年1月25日，中国—厄瓜多尔经贸混委会召开第十四次会议，就推动投资等领域机制建设等方面交换意见。会议达成务实成果，双方签署《中厄关于建立投资和经济合作工作组的谅解备忘录》；一致同意推动投资等领域磋商交流和重点项目务实合作；积极探讨数字经济、绿色发展领域投资合作；推进贸易投资便利化。②2022年5月23日，中国与巴西召开中巴（西）高委会第六次会议，达成两项与投资有关的成果：中国商务部与巴西经济部同意签署可持续发展投资合作谅解备忘录，促进两国低碳和清洁技术投资；中国商务部与巴西经济部同意积极探讨签署在数字经济领域开展投资合作的谅解备忘录，共同促进双边投资合作与数字经济深度融合。2022年9月29日，中国与海合会举行自贸协定第十轮谈判部级首席谈判代表会议。双方就投资等议题开展深入讨论，取得积极进展。③

第三节　热点聚焦

一、《外商投资法》实施的成效及不足

2022年10月28日全国人大常委会发布了全国人民代表大会常务委员会执法检查组《关于检查〈中华人民共和国外商投资法〉实施情况的报告》（简称《报

① 《中国与新加坡举行自贸协定升级后续谈判第四轮谈判首席谈判代表会议》，http://www.mofcom.gov.cn/article/xwfb/xwrcxw/202208/20220803338161.shtml，2022年12月14日访问。

② 《中国与厄瓜多尔正式启动自由贸易协定谈判》，http://www.gov.cn/xinwen/2022－02/07/content_5672625.htm，2022年12月14日访问。

③ 《中国与海合会举行自贸协定第十轮谈判部级首席谈判代表会议》，http://fta.mofcom.gov.cn/article/chinahaihehui/haihehuinews/202209/49887_1.html，2022年12月14日访问。

告》)。[①]《报告》指出外商投资法的实施取得了积极成效，同时还指出外商投资法实施中存在的主要困难和问题。

（一）《外商投资法》实施取得积极成效

外商投资法施行以来，各级政府深入贯彻实施外商投资法。具体包括大力开展法律宣传，提振外商投资预期和信心；强化配套制度建设，完善外商投资法律制度体系；建立健全工作机制，依法推进外商投资工作；多措并举深入贯彻实施，持续优化外商投资环境等。尤其是在外商投资法律体系完善方面，各级政府部门、司法机关都努力做好制度配套工作，主要表现在以下几个方面。

1. 积极开展法规文件清理工作

深入清理与外商投资法不相符的法规及规范性文件，累计推动各地区各部门修订或废止 399 部法规、规章和规范性文件，取消了一系列涉及外资企业设立和变更事项审批的规定，外商投资更加便捷高效。

2. 出台配套法规和部门规章

国务院制定出台了外商投资法实施条例，有关部门出台外商投资企业投诉工作办法、外商投资信息报告办法、外商投资安全审查办法、资本项目外汇业务指引等多部配套规章和规范性文件，外商投资法律制度不断健全。

3. 做好相关司法解释和审判工作

最高人民法院制定、修改适用外商投资法和审理外商投资企业纠纷案件相关司法解释，发布系列司法指导意见、会议纪要、典型案例，加强对地方人民法院的指导和培训，平等保护中外当事人合法权益。北京成立国际商事法庭，设立国际商事纠纷多元解纷中心，提升涉外商事案件和纠纷调解的能力。

4. 地方政府出台落实举措

各地加快制定相关地方性法规和制度政策，法律实施以来出台了 100 余件地方性法规和文件，上海出台外商投资条例，广东出台外商投资权益保护条例，重庆、安徽等地出台自贸试验区条例，为外商投资工作提供法治保障。

（二）《外商投资法》实施中存在的主要困难和问题

外商投资法的实施当前仍然存在负面清单制度未完全落实、内外资区别待遇、外商投资权益保护不足、外商投资管理有待优化等方面的困难和问题。

---

① 全国人民代表大会常务委员会执法检查组《关于检查〈中华人民共和国外商投资法〉实施情况的报告》，http://www.npc.gov.cn/npc/wstzfzfjc008/202211/18bbc6f4f985400bbdeee1019d1eb13a.shtml，2022 年 12 月 14 日访问。

1. 外商投资准入前国民待遇加负面清单管理制度有待完善

由于配套制度不够完善，在负面清单之外的领域，“准入不准营”问题比较突出，投资自由化水平还不够高。一是负面清单限制或禁止进入领域不够具体和明确。负面清单的文本规定了限制或禁止外商投资的领域，缺少对具体行业的说明，不利于外商投资在相关领域创新发展。二是负面清单与部分行业政策不够一致。负面清单与某些行业政策不衔接，有的承诺落实起来存在困难，有的领域存在负面清单与相关行业政策冲突的情况。三是外商投资对进入负面清单以外领域缺乏明确预期。负面清单以外的个别行业领域，内外资项目均需按照有关规定办理项目核准手续。四是安全审查制度不够明确。现行外商投资安全审查制度中关于安全审查范围、对象等实体内容不明晰，影响外国投资者进行自我合规审查与预判。

2. 外商投资促进工作仍需改进

法律要求建立完善外商投资促进机制，保障外商投资企业公平参与市场竞争。实践中，外商投资企业对内外资一致公平待遇方面存在问题的反映和诉求较多。主要表现在：一是在招投标和政府采购中被区别对待。二是参与标准制定工作受限。三是获得政府支持和补贴的机会不平等。四是参与国家重大项目的机会受限。

3. 外商投资权益保护有待加强

一是知识产权保护仍有困难。二是商业秘密保护仍有短板。三是投诉工作机制有待完善。四是个别地方政府履行承诺不到位。

4. 对外商投资的管理水平有待提升

一是外商投资信息报告制度不够完备。相关部门全面准确掌握外商投资信息和加强部门地方协同监管存在障碍。二是政策的稳定性、透明度、可预期性不高。在制定政策过程中部门间地区间协同衔接不够，未充分听取相关外资企业意见，政策调整过于突然，甚至直接冲击企业生产经营。三是行政执法存在随意性。外资企业反映，由于对政策理解不一致等因素，行政部门执法自由裁量空间较大。四是新兴领域制度政策不完善。数据出境管理制度不完善，透明度、可预期性、可操作性不强，需要明确相关制度规则，为正常商业活动所需数据的跨境流动提供明确指引，降低企业合规风险。

5. 对外商投资违法违规行为的监管存在薄弱点

对于外商投资企业在生产经营中的违法违规行为，监管还存在一些薄弱点。

一是存在偷逃税款等违法违规行为。二是存在垄断和不正当竞争等违法违规行为。三是外商投资企业组织形式转换进度滞缓。目前已经转换组织形式的企业比例较低，到 5 年实施过渡期满后，存在未能完成组织形式转换、企业组织形式不合法的风险。

二、“外商投资法”司法适用的新发展

《中华人民共和国外商投资法》（以下简称《外商投资法》）是外商投资领域的基础性法律，2020 年 1 月 1 日起施行。为了做好《外商投资法》与其他法律的衔接和适用工作，国务院颁布了《中华人民共和国外商投资法实施条例》（以下简称《实施条例》），最高人民法院颁布了《关于适用〈中华人民共和国外商投资法〉若干问题的解释》（以下简称《司法解释》），均于 2020 年 1 月 1 日起施行。报告此处涉及的《外商投资法》包含上述三个法律文件。

《外商投资法》自 2020 年 1 月 1 日起施行以来，较为频繁地在司法实践中加以适用。从 2022 年《外商投资法》的司法实践来看，主要表现在外商投资的市场准入即准入前国民待遇和负面清单制度方面。

《外商投资法》第 4 条规定：“国家对外商投资实行准入前国民待遇加负面清单管理制度。国家对负面清单之外的外商投资，给予国民待遇。”准入前国民待遇和负面清单制度是我国外商投资管理模式的重大变革，其取消了以往对外商投资的逐案审批体制，大幅减少对外资的限制性措施，放宽外资准入。在司法实践中，法律一直保障着外商投资企业的合法经营与存续，不让其受到不合理的程序限制。如 2022 年 2 月 24 日审结的颜某 1、陈某股权转让纠纷一案中，原告颜某 1 的哥哥颜某 2 于 2007 年 9 月 7 日投资设立了台港澳自然人独资企业性质的欧力公司。2010 年 12 月，颜某 2 将其持有的欧力公司的股份转让给了颜某 1、陈某和澳大利亚公民卡巴丹尼斯·乔治，并于 2010 年 12 月 18 日，与颜某 1、陈某、乔治签订了一份欧力公司股权转让协议书，就有关欧力公司的股权转让事宜进行了约定，同时还约定协议的订立、效力、解释、履行和争议的解决，均受中华人民共和国法律的管辖。随后原告与其他两方受让人产生纠纷诉至法院，法院首先解决的争议焦点即为该股权转让协议书的效力问题。法院认为该案为涉台股权转让纠纷，因双方一致同意适用我国内地法律，根据《中华人民共和国涉外民事关系法律适用法》第 41 条“当事人可以协议选择合同适用的法律”的规定，该案纠纷应适用我国内地法律作为准据法进行裁决。而《外

商投资法》已于 2020 年 1 月 1 日起施行，根据《司法解释》第 1 条第 1 款规定的“本解释所称投资合同，是指外国投资者即外国的自然人、企业或者其他组织因直接或者间接在中国境内进行投资而形成的相关协议，包括设立外商投资企业合同、股份转让合同、股权转让合同、财产份额或者其他类似权益转让合同、新建项目合同等协议”以及第 2 条规定的“对外商投资法第四条所指的外商投资准入负面清单之外的领域形成的投资合同，当事人以合同未经有关行政主管部门批准、登记为由主张合同无效或者未生效的，人民法院不予支持。前款规定的投资合同签订于外商投资法施行前，但人民法院在外商投资法施行时尚未作出生效裁判的，适用前款规定认定合同的效力”，法院认为虽然诉争股权移转协议书签订日期是在外商投资法施行之前，但根据上述规定，应认定该合同成立并生效。由此可见，为了保证外商投资在我国享有国民待遇，能够在经营过程中不受到额外的负担困扰，立法和司法都作出了相应的努力。

三、2022 年涉华国际投资仲裁的新案件及新进展

根据不完全统计，2022 年新提起的涉华国际投资仲裁案件至少有四件，其中 ICSID 机构仲裁案件有三件，分别是华为公司诉瑞典政府案、PCCW 公司诉沙特政府案和华东院、中铁十八局集团诉越南政府案，专设仲裁案件有一件，为庄胜矿产资源集团有限公司诉厄瓜多尔政府案。此外，2022 年涉华国际投资仲裁案件出现新进展的至少有两件，一是美国联邦地区法院驳回了涉港投资仲裁（Alpene Ltd.v. Republic of Malta）1 782 程序的证据开示申请；二是亚化集团诉中国案申请人之一的 AsiaPhos（亚化集团）公布了其获得第三方资助的信息。

（一）华为公司诉瑞典政府案

1. 案件背景

2020 年 10 月 20 日，瑞典邮政和电信管理局（PTS）发布 5G 频谱竞拍条件（PTS 条件），其中要求，参与拍卖的电信运营商不得在新网络中安装华为或中兴的电信设备；如果现有网络中含有华为或中兴的 5G 设备，必须在 2025 年 1 月 1 日前移除。瑞典邮电局称，该决定是与瑞典武装部队和安全部门共同协商后，基于国家安全的理由作出。2020 年 11 月 5 日，华为瑞典公司对瑞典邮电局上述的行政决定提起诉讼，并请求斯德哥尔摩行政法院发布临时禁令。11 月 9 日斯德哥尔摩行政法院出台临时禁令，暂停适用瑞典邮电局 5G 频谱拍卖决定中有关华为的部分，致使原计划的 5G 频谱拍卖推迟。随后 PTS 向斯德哥尔摩

上诉法院进行上诉，12 月 16 日该法院支持了 PTS 对停止拍卖裁决提出的上诉，PTS 表示将于 1 月 19 日恢复 5G 频谱拍卖。华为随后向瑞典最高行政法院提起上诉，但以败诉告终。①

2020 年 12 月 31 日，华为向瑞典政府发出“争议通知”，认为瑞典政府禁止华为参与瑞典 5G 网络铺设的决定，违反了 1982 年《中国—瑞典双边投资条约》（下称“中—瑞 BIT”）。华为认为，该禁令严重损害了华为及其当地子公司的利益，违反了中—瑞 BIT 第 2 条公平公正待遇条款（FET）和最惠国待遇条款（MFN）。华为要求与瑞典的国家代表进行谈判，并表示如果谈判失败，可能会根据中—瑞 BIT 诉诸仲裁。②

2022 年 1 月 22 日，华为公司正式在 ICSID 中心提起针对瑞典政府 5G 禁令的投资条约仲裁（ICSIDCaseNo. ARB/22/2）。华为主张，瑞典政府的上述禁令，违反了中—瑞 BIT 的相关规定。据最新消息，该案已于 2022 年 6 月 8 日正式完成组庭。③

2. 争议焦点

尽管该案目前尚在完成组庭阶段，但依据华为公司的主张以及此前瑞典政府在内国法院审理中作出的相关抗辩，该案的争议焦点主要集中在以下方面：

第一，是关于管辖权的问题，即仲裁事项是否落在仲裁庭管辖的范围之内。该问题的解决应同时考虑《关于解决国家与他国国民间投资争端公约》（下称 ICSID 公约）以及 1982 年中—瑞 BIT 的具体条款。根据 ICSID 公约第 25 条第 1 款的规定，符合 ICSID 仲裁管辖的条件有以下三点：（1）作为争议一方的当事人必须是缔约国的政府或政府组织、机构，另一方当事人必须为缔约国自然人或法人；（2）仲裁事项必须是由投资引发的法律争端；（3）需争议双方书面同意将争端提交 ICSID 管辖。

首先，在主体要件方面，华为公司作为中国法人，以及瑞典 PTS 作为瑞典政府机构的事实显然符合该条件。其次，在争议性质方面，该争议源自瑞典政府对华为公司在瑞典铺设 5G 网络业务的禁令，即 PTS 在发布的 5G 频谱竞拍条

---

① Huawei loses Swedish appeal over 5G ban，https://www.thelocal.se/20220622/huawei-loses-swedish-appeal-over-5gban/，2022 年 12 月 14 日访问。

② See IA Reporter，China's Huawei lodges ICSID arbitration against Sweden over 5G ban，https:// www.iareporter.com/articles/chinas-huawei-lodges-icsid-arbitration-against-sweden-over-5g-ban/，2022 年 12 月 14 日访问。

③ Huawei Technologies Co.，Ltd. v. Kingdom of Sweden（ICSID Case No. ARB/22/2），https://icsid.worldbank.org/cases/case-database/case-detail?CaseNo = ARB/22/2，2022 年 12 月 14 日访问。

件中禁止华为公司的参与。该行为直接干预、损害了华为公司在瑞典的投资。因此，该争议应属于投资引发的法律争端。最后，在双方书面同意的要件上，将涉及对中—瑞 BIT 相关条款的解释。值得注意的是，2004 年修订后的中—瑞 BIT 第 6 条新增了国际投资仲裁的“前置程序”要求。根据该条款，投资者在提起仲裁前若已向东道国国内法院提起诉讼，在最终判决作出前撤诉的，或投资者在书面通知后 3 个月内仍未能解决争端的，仍可以向仲裁庭提起仲裁申请。在本案中，华为公司得知瑞典政府的禁令后向斯德哥尔摩行政法院提起上诉，该法院驳回了华为公司的上诉。在收到上诉判决后，华为公司就作出声明称将寻求其他途径解决纠纷。基于瑞典司法审判采取的三级终审制，华为公司在提起仲裁请求时并未获得终审判决。此外，华为于 2020 年 12 月 31 日发出争议通知，此时距离提起国内诉讼之日（2020 年 11 月 5 日）已超过 3 个月，争端仍未解决。因此，本案应符合前置程序的要求。综合上述三个条件的考量，本案争议应属于 ICSID 管辖范围。[①]

第二，是关于在投资仲裁中援引国家安全例外的问题。虽然目前瑞典政府尚未就本案的实体问题作出任何答辩意见，但根据其政府机构此前的抗辩，能够合理预见，瑞典政府在 PTS 决定中声称的国家安全利益很大程度上会成为本案的关键争议焦点之一。关于国家安全例外，中—瑞 BIT 未有相关规定。因此，瑞典政府援引国家安全例外的正当理由仅能基于习惯国际法的依据。《国家对国际不法行为的责任条款草案》（下称“ILC 草案”）是国家安全利益在习惯国际法上的主要渊源。根据 ILC 草案第 25 条的规定，一国援引“危急情况”应当基于其面临某种严重迫切危险的情况下维护其基本利益的唯一途径是暂不履行某些条约义务。在本案中，双方很可能就援引 ILC 草案第 25 条规定的“危急情况”测试进行激烈对抗。在国际投资条约仲裁的实践中，东道国在仲裁庭上曾多次提出过危急情况抗辩，绝大多数与 20 世纪 90 年代后期阿根廷主权债务违约引发经济危机所产生的投资纠纷相关。然而在大多数案件中，仲裁庭均驳回阿根廷援引的危急情况抗辩。[②]因此，从瑞典政府角度，要援引危急情况抗辩，则必须证明 PTS 决定是维护其国家基本利益的唯一途径，即不可能采取其他

---

① 《国际投资仲裁中的国家安全例外抗辩——以华为诉瑞典案为例|万邦仲裁》，https://mp.weixin.qq.com/s/26lptCkD0DktdIZTlhBVvw，2022 年 12 月 14 日访问。

② CMS 诉阿根廷案，ICSID Case No. ARB/01/8，仲裁裁决，第 322 段；Total SA 诉阿根廷案，ICSID Case No. ARB/04/1，仲裁裁决，第 229 – 230 段；Unión 诉埃及案，ICSID Case No. ARB/14/4，仲裁裁决，第 8.46 段。

监管措施来保护国家安全。从华为公司的角度，其至少应严肃地阐明当时瑞典政府在作出 PTS 决定时可以采取的其他措施的性质。[①]即便最终瑞典政府成功援引危急情况抗辩，也仅能产生暂时中止履行义务的效果，一旦危急情况消失，瑞典政府仍需履行条约义务，或对华为公司因 PTS 决定遭受的损失进行赔偿。[②]

（二）庄胜矿产资源集团有限公司诉厄瓜多尔政府案

1. 案件背景

2022 年 10 月 4 日，中国投资者庄胜矿产资源集团有限公司（下称“庄胜矿产”）对厄瓜多尔提起专设（adhoc）条约仲裁（JunefieldGold v. Ecuador）。庄胜黄金投资有限公司（下称“庄胜黄金”）是香港庄胜矿产旗下的全资子公司。2015 年，庄胜黄金与湖南黄金集团有限责任公司共同成立厄瓜多尔黄金矿业公司，旨在经营位于厄瓜多尔南部的里约布兰科金、银矿项目，并获得相关许可证。自开始运营以来，该项目一直受到当地社区的抗议。当地社区居民质疑该项目环境许可的有效性，认为其事先未征集居民意见，而采矿活动会污染水资源。[③]庄胜矿产则表示，其运营符合最高的环境标准。2018 年 6 月 18 日与 8 月 2 日，厄瓜多尔当地法院以政府在授予采矿许可前未与社区进行事先协商为由，吊销了该项目许可证，并责令厄瓜多尔黄金矿业公司暂停运营。2020 年 1 月，庄胜黄金根据《中华人民共和国政府和厄瓜多尔共和国政府关于鼓励和相互保护投资协定》（下称“中－厄 BIT”）就金矿项目停产向厄瓜多尔发出争议通知，从而启动了条约规定的 6 个月谈判期。2022 年 10 月 4 日，庄胜黄金根据中－厄 BIT 正式提交了仲裁请求。[④]

在仲裁通知中，庄胜黄金主张厄瓜多尔政府从案涉项目撤出安保力量，放任抗议者的做法，以及当地法院责令该项目停止运营的判决，事实上构成非法征收。此外，庄胜黄金还主张厄瓜多尔政府违反了中－厄 BIT 第 1 条规定的公平公正待遇标准以及提供保护的义务。综上，庄胜黄金向厄瓜多尔政府索赔约

---

① Urbaser 诉阿根廷案，ICSID Case No. ARB/07/26，仲裁裁决，第 717 段。

②《国际投资仲裁中的国家安全例外抗辩——以华为诉瑞典案为例|万邦仲裁》，https://mp.weixin.qq.com/s/26lptCkD0DktdIZTlhBVvw，2022 年 12 月 14 日访问。

③《厄瓜多尔：白河区的社群抗议和采取法律行动令中国公司投资的金矿暂停营运》，https://www.business-humanrights.org/it/ultime-notizie/，2022 年 12 月 14 日访问。

④《中国矿业公司兑现早期威胁向厄瓜多尔提出投资条约索赔》，https://www.sohu.com/a/591157630_652123，2022 年 12 月 14 日访问。

1.6 亿美元。

2. 争议焦点

尽管目前本案情况只有零星报道，但相较于其他投资仲裁案件，本案依然有许多值得关注的问题。

第一，在仲裁依据问题上，案涉双边投资协定——中—厄 BIT 于 1994 年生效，于 2018 年由厄瓜多尔单方面终止。其中，协定第 3 条规定了公平公正待遇与保护条款，第 4 条规定了征收条款，第 9 条规定了争端解决，第 13 条第 4 款规定了 10 年的日落条款。因此，尽管厄瓜多尔于 2018 年终止中—厄 BIT，但依据该协定的日落条款——“第一至第十二条的规定对本协定终止之日前进行的投资应继续适用十年”的规定，庄胜黄金依然有权在中—厄 BIT 终止后就本案争端提交仲裁。

第二，在仲裁程序问题上，由于中—厄 BIT 第 9 条并未将争议管辖权交由国际投资争端解决中心（ICSID 中心），而是约定交由专设仲裁庭管辖，并约定仲裁庭参照 ICSID 仲裁规则自行决定仲裁程序。因此庄胜黄金对厄瓜多尔政府提起专设仲裁，依据专设仲裁庭决定的仲裁程序进行仲裁。

第三，在主体资格问题上，由于庄胜黄金是中国香港投资者，因此本案有可能产生中外签订的 BIT 是否适用于港澳地区的争议。依据此前已有裁决，如中国香港投资者谢业深诉秘鲁政府案、中国澳门世能公司诉老挝案，ICSID 仲裁庭均认定中外签订的 BIT 适用于港澳地区。因此，本案在该问题上应倾向于庄胜黄金具备援引中—厄 BIT 的主体资格。

第四，在实体问题上，中—厄 BIT 第 9 条第 3 款仅规定投资者有权将“涉及征收补偿数额的争议”提交仲裁，而从本案庄胜黄金提交的仲裁申请事项来看，其中包括征收行为是否存在且是否合法以及是否违反公平公正待遇与提供保护义务的问题，因此不排除厄瓜多尔政府依据上述条款提出属事管辖权异议，主张仲裁庭仅有权审理征收补偿数额的争议。①

除了上述两个案件外，2022 年新提起的涉华国际投资仲裁案件还有两件：一是 PCCW 公司诉沙特政府案。2022 年 7 月 26 日于中国香港注册的 PCCWCascade（MiddleEast）Ltd.依据 1996 年中国与沙特签订的双边投资保护协定，正式在

① 《跨境法评|中国矿企海外再亮剑》，https://mp.weixin.qq.com/s/czy_Wohz50cutrj8GyK7KQ，2022 年 12 月 14 日访问。

ICSID 仲裁庭提交针对沙特政府的投资仲裁。[①]二是华东院、中铁十八局集团诉越南政府案。2022 年 11 月 29 日，中国电建集团华东勘测设计研究院有限公司（华东院）和中铁十八局集团有限公司（中铁十八局）根据《ICSID 附加便利规则》和 2009 年《中国—东盟投资协定》对越南政府提起投资仲裁。目前该案已在 ICSID 登记注册（ICSIDCaseNo. ARB（AF）/22/7），争议领域为建筑纠纷。[②]

2022 年涉华国际投资仲裁案件出现新进展的有两件：一是美国联邦地区法院驳回了涉港投资仲裁 1 782 程序的证据开示申请。2022 年 10 月 28 日，美国纽约东区地方法院驳回 Alpene Ltd.v. Republic of Malta（ICSID Case No. ARB/21/36）一案中申请人请求根据第 1 782 条规定在美国进行证据开示，以协助其 ICSID 仲裁的申请。[③]法官认为，依据第 1 782 条的规定，只有政府或政府间的裁决才构成“外国或国际法庭”，而非政府性的裁决机构并不在该条款适用范围内。显然，ICSID 仲裁庭并不具有政府权力，不符合第 1 782 条证据开示的条件。因此，法官驳回申请人的申请。[④]二是亚化集团诉中国案申请人之一的 AsiaPhos（亚化集团）公布了其获得第三方资助的信息。2020 年 8 月 7 日，亚化集团和四川绵竹华丰磷化工有限公司向中国政府发出仲裁通知，基于《中国—新加坡双边投资协定》提起投资仲裁。亚化集团董事会及其子公司四川绵竹华丰磷化工有限公司（Norwest Chemicals PteLtd.）于 2022 年 8 月 18 日与一美国基金正式达成资助协议。根据该协议，美国基金将就亚化集团针对中国政府的仲裁案件提供无追索权资助（non-recourse funding），涵盖亚化集团在投资仲裁中的花费和成本。相关资助将以亚化集团在仲裁裁决或和解协议中获得的补偿金额为对价。即使资助协议在仲裁程序结束前终止，且第三方不再提供资助，资助人也有权获得相应的赔偿。[⑤]

---

① 《跨境法评|硝烟再起，又一中国投资者“亮剑”ICSID》，https://mp.weixin.qq.com/s/_rnQ3TEoQc4p9MuijNZZ9g，2022 年 12 月 14 日访问。

② Power China HuaDong Engineering Corporation and China Railway 18th Bureau Group Company Ltd. v. Socialist Republic of Vietnam（ICSID Case No. ARB（AF）/22/7），https://icsid.worldbank.org/cases/case-database/case-detail?CaseNo = ARB（AF）/22/7，2022 年 12 月 14 日访问。

③ See IA Reporter，Claimant Seeks Discovery From American National In Arbitration Under China-Malta BIT，available at https://www.iareporter.com/articles/claimant-seeks-discovery-from-american-witness-in-arbitration-under-china-malta-bit/，2022 年 12 月 14 日访问。

④ See IA Reporter，US court dismisses §1782 application for discovery in aid of ICSID arbitration，https://www.iareporter.com/articles/us-court-dismisses-%c2%a71782-application-for-discovery-in-aid-of-icsid-arbitration/，2022 年 12 月 14 日访问。

⑤ 《案件速递|涉及中国政府的第四起国际投资仲裁案件申请人获得第三方资助》，https://mp.weixin.qq.com/s/Duan4eRQ-kxdzgHg4SedTw，2022 年 12 月 14 日访问。

第四节　展望与建议

一、促进国内投资法制的完善和贯彻实施

（一）推进国内投资法制的完善

从外商投资法制来看，应该完善准入前国民待遇加负面清单管理制度，主要包括解决负面清单限制或禁止进入领域不够具体和明确、负面清单与部分行业政策不够一致、外商投资对进入负面清单以外领域缺乏明确预期等问题。从对外投资法制来看，应制定统一的高位阶法律制度，协调各主管部门的相关职能，确定对外投资规则制定协同机制；对外投资的核准备案制度应统一；继续探索和扩充对外投资保护的途径和方法。

（二）深入贯彻落实国内投资法制

深入贯彻落实国内投资法制应该确保相关机关遵守以下三个原则：一是合法原则。要求国内司法机关和执法机关应该严格按照《外商投资法》等相关规定作出判决或开展管理工作，确保法律解释和裁决的一致性以及防止行政执法存在随意性。二是公平原则。在外商投资促进方面，应该保障外商投资企业在招投标和政府采购中、参与标准制定工作、获得政府支持和补贴的机会、参与国家重大项目的机会等方面公平参与市场竞争。三是透明度原则。建议建立国内法治实践问题汇总解答机制，由主管部门整理汇集相关问题，通过权威方式进行解答；政策调整应邀请利益相关方参与，并及时向社会公众征求意见；行政执法应建立常规披露机制，并由相关部门进行行政执法效果评估检查；相关司法案例应及时予以分类、汇总和公布，还应加强对司法实践的分析研究工作。

二、规范投资条约缔结权行使及加强缔约内容审查

为了规范缔结条约工作程序，加强对缔结条约事务的管理，2022 年 10 月 16 日国务院发布了《缔结条约管理办法》，该办法自 2023 年 1 月 1 日起施行。《缔结条约管理办法》共 36 条。国际投资条约的缔结作为中国对外缔结条约的重要组成部分，应该遵守《缔结条约管理办法》。其中尤其要注意以下两个方面。

（一）规范缔约权的行使

根据《缔结条约管理办法》规定，外交部指导、督促国务院有关部门依照

法定程序办理缔结条约工作，国务院有关部门在各自职权范围内负责办理缔结条约的相关工作；司法部负责审查报请国务院审核并建议提请全国人民代表大会常务委员会批准或者加入，或者报请国务院核准、决定加入或者接受的条约，并提出法律意见。除中华人民共和国宪法、法律和国务院另有授权外，地方各级政府无权缔结条约；条约内容涉及政治、外交、经济、社会、安全等领域重大国家利益的，应当将条约草案及条约草案涉及的重大问题按照有关规定报告党中央。投资条约的缔约权行使应该遵守这些规定，以防范国际法律风险。

（二）加强缔约内容的审查

根据《缔结条约管理办法》规定，条约签署前，国务院有关部门法制机构应当从法律角度对条约进行审查。以中华人民共和国名义或者中华人民共和国政府名义签署，且根据缔约程序法或者有关规定应当报请国务院审核并建议提请全国人民代表大会常务委员会决定批准或者加入，或者报请国务院核准、决定加入或者接受的条约，内容与中华人民共和国法律、行政法规或者与中华人民共和国依据其他条约承担的国际义务不一致的，国务院有关部门应当在条约签署前不少于 30 个工作日征求司法部的意见。下列情形，国务院有关部门应当在签署条约的请示中予以说明：（1）拟签署的条约内容与中华人民共和国法律、行政法规或者与中华人民共和国依据其他条约承担的国际义务是否一致；有不一致的，应当提出解决方案；根据本办法第 13 条规定应当征求司法部意见的，还应当附司法部的意见。（2）拟签署的条约是否需要征询香港特别行政区政府、澳门特别行政区政府的意见以及征询意见的情况。（3）拟签署的条约属于多边条约的，是否需要作出声明或者保留以及声明或者保留的内容。

三、建立涉外投资法治的协调互动机制①

中国未来涉外法治的协调互动机制应该注意以下三个方面的问题：一是中国对外缔结的投资条约的一致性目标；二是对外缔结的投资条约与国内投资法治的协同完善；三是国际投资条约与其他国际法制度的协调互动。

（一）确立中国对外缔结的投资条约的一致性目标

中国对外缔结的投资条约应确定以可持续发展为导向的一致性目标。国际投资条约包括双边投资条约、区域性投资条约和多边投资条约。凡是涉及投资

① UNCTAD，UNCTAD's Reform Package for the International Investment Regime，New York and Geneva：United Nations，2018.

促进和保护条款的条约均应该予以考虑。中国相关部门应该盘点目前对外缔结的有效国际投资条约，并对它们的相关条款进行比较分析，尤其应该关注其中的重叠和不一致之处。对于重叠部分应该评估其适用的顺序，评估可能出现的重复适用，以防止“平行诉讼”的情形出现。对于不一致之处，应该注意与相关缔约方进行协商修订或者终止条约。

（二）推动对外缔结的投资条约与国内法治的协同完善

首先，中国应该加强不同部门之间的分工与协同，涉外法治涉及国内多个主管部门，国内法治的主管机关和负责缔结国际投资条约的部门之间应该通过协同机制实现合作。其次，应该完善国际投资条约和国内法制的互动，需要处理好三个问题：（1）确定两者的先后顺序关系，确定投资者获得国际投资条约保护的前提是遵守国内法；（2）善用两者的分歧来实现国内或国际战略和政策目标；（3）确保国际投资条约和国内法制的相互交流，建立国际投资条约和国内法制的互相借鉴机制，如国际投资条约可以借鉴国内的投资便利化、投资者义务等制度，而国际投资条约则可以借鉴可持续发展导向等制度。

（三）加强国际投资条约与其他国际法制度的协调互动

国际投资条约作为中国对外缔结的国际条约体系的一部分，应该注意与其他相关国际条约制度的协调与互动，可以考虑采取以下几个实现路径：首先，将其他领域的国际条约制度作为例外直接纳入国际投资条约中；其次，通过间接援引的方式将其他国际条约制度引入投资条约中；最后，通过限定国际投资条约解释所涉及的国际法范围来限定对条约条款的扩大解释。

第八章　涉外金融法治发展

第一节　大　事　记

一、境内银行开办境外贷款业务

2022 年 1 月 29 日，中国人民银行、国家外汇管理局发布《关于银行业金融机构境外贷款业务有关事宜的通知》（银发〔2022〕27 号），[①]进一步支持和规范境内银行开展境外贷款业务。

《通知》内容包括：一是建立本外币一体化的银行境外贷款政策框架，将银行境外人民币和外汇贷款业务纳入统一管理，拓展银行境外人民币贷款业务范围，便利采用人民币开展境外贷款业务。二是将银行境外贷款相关的跨境资金流动纳入宏观审慎管理政策框架。三是明确银行境外贷款业务办理和相关跨境资金使用要求，切实做好风险防范。

《通知》自 2022 年 3 月 1 日起实施，标志着我国监管部门进一步引导境内银行稳妥有序开展境外贷款业务，为境内银行提高国际化经营水平营造良好的政策环境，切实发挥跨境业务服务实体经济、促进贸易投资便利化的积极作用。

二、中国人民银行与多国中央银行签署人民币清算合作备忘录

2022 年 1 月至 12 月，中国人民银行与哈萨克斯坦国家银行、老挝银行、巴基斯坦国家银行分别签署了在哈萨克斯坦、老挝、巴基斯坦建立人民币清算安排的合作备忘录，有利于我国和其他国家之间企业和金融机构使用人民币进行跨境交易，进一步促进双边贸易、投资便利化。[②]

---

① 中国人民银行、国家外汇管理局：《关于银行业金融机构境外贷款业务有关事宜的通知》，http://www.pbc.gov.cn/goutongjiaoliu/113456/113469/4463677/index.html，2023 年 1 月 5 日访问。

② 中国人民银行官方网站，http://www.pbc.gov.cn/rmyh/index.html，2023 年 1 月 8 日访问。

三、人民币继续成为 IMF 特别提款权（SDR）篮子货币，人民币权重上升至 12.28%

2022 年 5 月 11 日，国际货币基金组织执董会完成了五年一次的特别提款权（SDR）定值审查。这是 2016 年人民币成为 SDR 篮子货币以来的首次审查。

执董会一致决定，维持现有 SDR 篮子货币构成不变，即仍由美元、欧元、人民币、日元和英镑构成，并将人民币权重由 10.92%上调至 12.28%（升幅 1.36 个百分点），人民币权重仍保持第三位。执董会决定，新的 SDR 篮子货币在 2022 年 8 月 1 日正式生效。①

人民币在篮子货币中权重的提升，一方面反映了近年来中国货物和服务出口在全球市场份额的上升，另一方面也反映了近年来中国扩大金融改革和开放、稳慎推进人民币国际化的积极成果。②

四、金砖国家新开发银行在中国银行间债券市场发债③

2022 年 1 月 27 日，总部位于上海的金砖国家新开发银行（NDB）在中国银行间债券市场成功发行了 30 亿元人民币债券。2022 年 5 月 18 日，金砖国家新开发银行在中国银行间债券市场成功定价了一笔 70 亿元人民币的 3 年期债券，该交易是多边开发银行（MDB）有史以来最大的熊猫债发行。2022 年 10 月 25 日，金砖国家新开发银行在中国银行间债券市场成功定价 30 亿元人民币的 3 年期债券，完成了 NDB 第二个 200 亿元人民币债券计划。④

金砖国家新开发银行在中国银行间债券市场发行人民币债券，有利于进一步推动人民币的国际化进程，推动人民币成为国际货币的进程，也有利于金砖国家新开发银行获得更多的融资渠道，金砖国家等新兴经济体和发展中国家的基础设施和可持续发展项目调动资源，为全球经济增长和发展作出努力。

---

① 中国人民银行：《国际货币基金组织执董会完成特别提款权（SDR）定值审查》，http://www.pbc.gov.cn/goutongjiaoliu/113456/113469/4551516/index.html，2023 年 1 月 5 日访问。

② 中国人民银行：《人民币在 SDR 篮子货币中权重上调至 12.28%》，http://www.pbc.gov.cn/rmyh/105232/4554512/index.html，2023 年 1 月 5 日访问。

③《金砖国家新开发银行在中国银行间债券市场发债》，http://www.gov.cn/xinwen/2021 – 09/18/content_5638281.htm，2023 年 1 月 6 日访问。

④ 新开发银行官方网站：https://www.ndb.int，2023 年 1 月 6 日访问。

五、央行数字货币跨境支付进入试行阶段[①]

2022 年 8 月 15 日至 9 月 23 日期间，国际清算银行（香港）创新中心、香港金融管理局、泰国中央银行、阿联酋中央银行和中国人民银行数字货币研究所在多边央行数字货币桥平台上首次成功完成了基于四地央行数字货币的真实交易试点测试，央行数字货币跨境支付由实验阶段进入试行阶段。

多边央行数字货币桥项目打造以央行数字货币为核心的高效率、低成本、高可扩展性且符合监管要求的跨境支付解决方案，旨在通过覆盖不同司法辖区和货币，探索分布式账本技术和央行数字货币在跨境支付中的应用。多边央行数字货币桥项目致力于实现二十国集团重点任务，通过开展新技术应用，实现更快速、更便宜和更安全的跨境支付和结算。

六、外国银行分行监管评级

2022 年 11 月 30 日，中国银保监会发布《外国银行分行综合监管评级办法（试行）》，对外国银行分行监管评级工作进行规范，对外国银行分行评级的基本定义、适用范围、主要原则、评级要素、基本程序、评级结果运用等作出原则性规定。《办法》明确了外国银行分行监管评级基本体系，规范外国银行分行综合监管评级程序，对评级结果运用作出指导。

《办法》的发布和实施，是对外资银行监管的进一步制度化和规范化，是对中国特色监管道路的一次有益的探索，为加强外国银行分行监管、发挥监管评级作用提供了制度保障，有利于合理分配监管资源、增强监管能力，有利于引导外国银行分行完善风险管理体系，持续提升风险治理水平。[②]

七、本外币合一银行结算账户体系试点启动

2022 年 12 月 19 日，中国人民银行上海总部在中国（上海）自由贸易试验区启动本外币合一银行结算账户体系试点。

试点具有以下特征：（1）以人民币单位银行结算账户体系为基础，构建本

① 国际清算银行：Project mBridge：Connecting economies through CBDC，https://www.bis.org/publ/ othp59.htm，2023 年 1 月 6 日访问。

② 中国银行保险监督管理委员会：《中国银保监会发布〈外国银行分行综合监管评级办法（试行）〉》，http://www.cbirc.gov.cn/cn/view/pages/ItemDetail.html?docId=1087223&itemId=917&generaltype=0，2023 年 1 月 6 日访问。

外币合一银行结算账户体系；（2）以人民币银行结算账户业务基本规则为基础，统一本外币银行结算账户开立、变更、年检、撤销等全生命周期账户管理规则；（3）支持本外币账户多币种结算；（4）建立健全覆盖事前、事中、事后的本外币银行结算账户全生命周期管理机制；（5）加强对本外币银行结算账户的监管和监测，实施银行结算账户协同监管；（6）适当实行资金管理与账户管理分离，不附加相关资金试点政策。

试点工作有利于把中国（上海）自由贸易试验区打造成更具国际影响力和竞争力的特殊经济功能区，促进上海实体经济发展和营商环境改善，为更好地服务对外开放战略布局提供金融支持。①

八、保险资管领域取消外资持股比例上限②

2022 年 9 月 1 日《保险资产管理公司管理规定》施行。《规定》优化保险资产管理公司股权结构，全面贯彻落实国务院金融委扩大对外开放决策部署，取消外资持股比例上限。设置境内外股东统一适用的股东资质条件，不因境内外差异而作出区别对待。该举措有助于更好吸引国际优秀保险公司和资产管理机构参与中国保险资产管理行业发展。

九、中、瑞证券市场互联互通存托凭证业务开通

2022 年 2 月 11 日，中国证监会发布《境内外证券交易所互联互通存托凭证业务监管规定》。该规定主要包括以下内容：一是拓展适用范围，境内方面，从上海证券交易所拓展至深圳证券交易所，符合条件的沪深交易所上市公司可申请到证监会认可的境外市场发行全球存托凭证，境外方面，从英国拓展至瑞士、德国市场；二是允许境外基础证券发行人融资，并采用市场化询价机制定价；三是优化持续监管安排，对年报披露内容、权益变动披露义务等持续监管方面作出更为优化和灵活的制度安排。

2022 年 7 月 28 日，中瑞证券市场互联互通存托凭证业务正式开通。中瑞证券市场互联互通存托凭证业务的开通，将开启两国资本市场合作的新领域，

① 中央人民政府：《本外币合一银行结算账户体系试点在上海启动》，http://www.gov.cn/xinwen/2022－12/19/content_5732691.htm，2023 年 1 月 6 日访问。

② 中国银保监会：《保险资产管理公司管理规定》，http://www.cbirc.gov.cn/cn/view/ pages/ItemDetail.html?docId＝1065349&itemId＝917&generaltype＝0，2023 年 1 月 5 日访问。

对拓宽双向跨境投融资渠道、深化中外金融合作有着重要的意义。[①]

十、首笔 QFII 境内商品期货交易完成

2022 年 9 月 2 日，上海期货交易所、上海国际能源交易中心、大连商品交易所、郑州商品交易所发布公告，允许合格境外机构投资者（以下简称 QFII）、人民币合格境外机构投资者（以下简称 RQFII）参与部分商品期货、期权合约交易。2022 年 10 月 11 日，瑞银期货有限责任公司宣布完成首单国内商品期货交易，并成为首家支持 QFII 参与境内商品期货市场的期货公司。[②]

行业首单交易完成标志着中国期货市场对外开放的大门正越开越大。向 QFII、RQFII 开放参与商品期货、商品期权和股指期权产品，符合期货市场对外开放的态度，有助于稳步扩大商品和金融期货国际化品种，实现期货市场开放路径多元化。[③]

十一、境外机构投资者投资中国债券市场便利新规定出台

2022 年 11 月 10 日，中国人民银行、国家外汇管理局联合发布《境外机构投资者投资中国债券市场资金管理规定》，明确境外机构投资者可自主选择汇入币种投资中国债券市场等多项便利境外机构投资者措施。

《规定》主要内容包括：一是统一规范境外机构投资者投资中国债券市场所涉及的资金账户、资金收付和汇兑、统计监测等管理规则。二是完善即期结售汇管理，允许境外机构投资者通过结算代理人以外的第三方金融机构办理。三是优化外汇风险管理政策，进一步扩大境外机构投资者外汇套保渠道，并取消柜台交易的对手方数量限制。四是优化汇出入币种匹配管理，提升境外机构投资者投资资金汇出便利性，鼓励长期投资中国债券市场。五是明确主权类机构外汇管理要求，通过托管人或结算代理人（商业银行）投资的主权类机构投资者，应在银行办理登记。[④]

---

① 中国证券监督管理委员会：《中瑞证券市场互联互通存托凭证业务正式开通》，http://www.csrc.gov.cn/csrc/c100028/c4884928/content.shtml，2023 年 1 月 3 日访问。

② 瑞银证券：《瑞银期货成为首家开启 QFII 参与境内商品期货交易的期货公司》，https://mp.weixin.qq.com/s/CyTVjYl4kkfoIJ90_42PUQ，2023 年 1 月 3 日访问。

③ 中国证券监督管理委员会：《坚定不移推进资本市场双向开放助力构建新发展格局》，http://www.csrc.gov.cn/csrc/c100028/c5603389/content.shtml，2023 年 1 月 5 日访问。

④ 国家外汇管理局：《中国人民银行国家外汇管理局关于印发〈境外机构投资者投资中国债券市场资金管理规定〉的通知》，http://www.safe.gov.cn/hubei/2022/1125/1968.html，2023 年 1 月 3 日访问。

《规定》进一步便利了境外投资者投资中国债券市场所涉资金管理政策，增强中国债券市场对境外机构投资者的吸引力，取消柜台交易的对手方数量限制，进一步赋予市场主体更多选择权，彰显对外开放的态度。随着我国资本市场开放程度的不断提高，境外投资者在我国债券市场的参与度逐渐提升，境外机构增持有利于增强我国国债市场流动性、定价合理性和交易活跃性，同时资本市场开放是丰富我国市场投资者结构、提高市场有效性的必经之路，从长远角度来看我国仍将继续积极稳妥推进资本市场开放，人民币资产的吸引力也将稳步提升。[①]

十二、中美审计监管合作协议签署

2022 年 8 月 26 日中国证监会、财政部与美国监管机构签署审计监管合作协议，[②]这是解决中美审计监管合作问题迈出的重要一步，为依法对共同监管范围内的会计师事务所开展日常检查和执法合作建立了监管合作机制。协议确立了对等原则，对双方具有同等约束力；明确了合作范围，包括协助对方开展对相关事务所的检查和调查；明确了协作方式，美方须通过中方监管部门获取审计底稿等文件，在中方参与和协助下对会计师事务所相关人员开展访谈和问询。

第二节　综 合 分 析

一般而言，涉外金融可以划分为涉外货币关系、涉外金融服务以及资本市场对外关系三个维度，其中，涉外金融服务又包含涉外银行与信托服务业、涉外证券与基金服务业与涉外保险服务业等领域。

2022 年，尽管受到疫情影响，我国涉外金融法治的建设仍然在极为不利的客观经济、社会条件下取得了明显进步与成果，呈现出在涉外货币金融、涉外银行业、涉外证券业、涉外保险业以及资本市场对外开放等各方面更加开放、涉外金融法治化程度进一步提高的整体态势。

---

① 证券时报：两部门发布《境外机构投资者投资中国债券市场资金管理规定》，统一境外机构投资者资金跨境管理提升债市便利化水平，https://baijiahao.baidu.com/s?id=1749827582278903157&wfr=spider&for=pc，2023 年 1 月 5 日访问。

② 中国证券监督管理委员会：《中国证监会、财政部与美国监管机构签署审计监管合作协议》，http://www.csrc.gov.cn/csrc/c100028/c5572328/content.shtml，2023 年 1 月 6 日访问。

一、进一步推进人民币国际化进程

近年来，人民币国际化各项指标总体向好，人民币支付货币功能稳步提升，投融资货币功能进一步深化，储备货币功能不断上升，计价货币功能逐步增强。2022 年，人民币国际化水平持续提升。

2008 年国际金融危机后，顺应外贸企业对人民币需求上升的趋势，中国人民银行推出便利人民币跨境贸易结算的一系列措施。[①]随着境内金融市场开放步伐加快，人民银行进一步开展结算便利化试点，鼓励银行简化结算流程，不断探索为优质企业、首办企业提供便捷高效跨境人民币服务的可行路径。[②]

2022 年 1 月 29 日，中国人民银行、国家外汇管理局发布《关于银行业金融机构境外贷款业务有关事宜的通知》（银发〔2022〕27 号），将银行境外贷款业务范围，由原来的“走出去”项目拓展至所有境外非金融企业。[③]意味着中国人民银行、国家外汇管理局在对国际贸易业务相关跨境资金结算实现本外币一体化管理，建立了本外币一体化的银行境外贷款政策框架。[④]也提升了人民银行业务办理便利性，增强了对“走出去”企业及与我国有关的产业链供应链上下游企业的支持力度。

2022 年，中国人民银行扩展了境外人民币清算行安排，在老挝、哈萨克斯坦和巴基斯坦新设清算行，进一步优化人民币清算行海外布局，[⑤]以促进贸易、投资便利化。

随着贸易投资的便利化，人民币支付货币功能不断增强。随着人民币汇率弹性增强、双向波动成为常态，市场主体在跨境贸易投资中使用人民币以减少货币错配风险的内生需求也在不断增长。[⑥]2022 年 1—11 月，我国银行代客人

---

① 中国人民银行宏观审慎管理局：《坚持改革开放和互利共赢人民币国际化稳步推进》，http://www.pbc.gov.cn/redianzhuanti/118742/4657542/4675743/index.html，2023 年 1 月 16 日访问。

② 中国人民银行：《2022 年央行工作盘点积极推进金融对外开放和国际合作》，https://mp.weixin.qq.com/s/c0YvQOlnBVm9sMhxCEFeGA，2023 年 1 月 16 日访问。

③ 中国人民银行、国家外汇管理局有关部门负责人就《关于银行业金融机构境外贷款业务有关事宜的通知》答记者问》，http://www.pbc.gov.cn/goutongjiaoliu/113456/113469/4463687/index.html，2023 年 1 月 16 日访问。

④ 中国人民银行：《2022 年人民币国际化报告》，http://www.pbc.gov.cn/goutongjiaoliu/113456/113469/4666144/index.html，2023 年 1 月 16 日访问。

⑤ 中国人民银行：《2022 年央行工作盘点积极推进金融对外开放和国际合作》，https://mp.weixin.qq.com/s/c0YvQOlnBVm9sMhxCEFeGA，2023 年 1 月 16 日访问。

⑥ 中国人民银行宏观审慎管理局：《坚持改革开放和互利共赢人民币国际化稳步推进》，http://www.pbc.gov.cn/redianzhuanti/118742/4657542/4675743/index.html，2023 年 1 月 16 日访问。

民币跨境收付金额为 38.6 万亿元，同比增长 16.2%；在同期本外币跨境收付总额中占比达 49.5%。跨境货物贸易中以人民币结算的比重升至 18%，为近年来最高水平。国际清算银行（BIS）最新调查显示，近三年来人民币外汇交易在全球市场的份额由 4.3%增长至 7%，排名由第八位上升至第五位，成为上升速度最快的货币。①

截至 2021 年末，中国人民银行与累计 40 个国家和地区的中央银行或货币当局签署过双边本币互换协议，其中包括 22 个“一带一路”沿线国家。2022 年，中国人民银行与印度尼西亚央行、阿尔巴尼亚央行、土耳其央行、新加坡金管局、欧央行、澳门金管局等中央银行或货币当局续签双边本币互换协议。②2022 年 7 月 1 日，中国人民银行与香港金管局将本币互换协议升级为常备互换安排，并将互换规模扩大至 8 000 亿元人民币/9 400 亿港元，是人民银行第一次签署常备互换协议。③

人民币通过特别提款权（SDR）审查且权重上升。2016 年 10 月 1 日，人民币将正式加入国际货币基金组织（IMF）SDR 篮子货币，是人民币国际化的重要“里程碑”。④近年来，受益于储备资产多元化趋势及人民币加入 SDR 篮子货币，全球央行持有人民币储备的需求显著增加。根据国际货币基金组织数据，截至 2022 年二季度末，全球央行持有的人民币储备规模为 3 223.8 亿美元，占比为 2.88%，较 2016 年人民币刚加入 SDR 时提升 1.8 个百分点。⑤2022 年 5 月 11 日，IMF 开展了人民币入篮以来的首次 SDR 篮子货币审查，维持 SDR 篮子货币构成不变，将人民币权重由 10.92%上调至 12.28%，保持第三位。这是国际社会对人民币可自由使用程度提高、中国持续推进金融开放成果的认可，也是人民币国际化的重要进展，提升了人民币储备货币功能。⑥

---

① 中国人民银行：《2022 年央行工作盘点积极推进金融对外开放和国际合作》，https://mp.weixin.qq.com/s/c0YvQOlnBVm9sMhxCEFeGA，2023 年 1 月 16 日访问。

② 中国人民银行：《2022 年央行工作盘点积极推进金融对外开放和国际合作》，https://mp.weixin.qq.com/s/c0YvQOlnBVm9sMhxCEFeGA，2023 年 1 月 16 日访问。

③ 中国人民银行：《2022 年人民币国际化报告》，http://www.pbc.gov.cn/goutongjiaoliu/113456/113469/4666144/index.html，2023 年 1 月 16 日访问。

④ 中国人民银行：《国际货币体系改革与人民币正式加入 SDR——人民币加入 SDR 系列文章之一》，http://www.pbc.gov.cn/goutongjiaoliu/113456/113469/3145762/index.html，2023 年 1 月 16 日访问。

⑤ 中国人民银行宏观审慎管理局：《坚持改革开放和互利共赢人民币国际化稳步推进》，http://www.pbc.gov.cn/redianzhuanti/118742/4657542/4675743/index.html，2023 年 1 月 16 日访问。

⑥ 中国人民银行宏观审慎管理局：《坚持改革开放和互利共赢人民币国际化稳步推进》，http://www.pbc.gov.cn/redianzhuanti/118742/4657542/4675743/index.html，2023 年 1 月 16 日访问。

二、金融服务业继续积极、稳妥地实施“制度型”对外开放

2022年1月，中国人民银行会同市场监管总局、银保监会、证监会联合印发《金融标准化“十四五”发展规划》，明确“十四五”时期统筹推进金融标准化发展的相关内容。[①]

根据《规划》，中国人民银行稳步扩大金融领域规则、规制、管理、标准等制度型开放，完善准入前国民待遇加负面清单的管理制度。2022年8月，中国人民银行将德意志银行（中国）和法国兴业银行（中国）纳入碳减排支持工具的金融机构范围，[②]体现中国坚持对外开放，对外资金融机构给予国民待遇的做法。[③]2022年6月25日，中国人民银行与国际清算银行（BIS）签署了参加人民币流动性安排（RMBLA）的协议，[④]通过构建储备资金池，在金融市场波动时为参加该安排的央行提供流动性支持。

涉外银行法治发展方面。2001年加入WTO后，我国银行业逐步放开外资持股比例、放松外资银行业务审批等新举措陆续落地，外资银行在华发展空间拓展。[⑤]2021年以来，银保监会相继出台50多项金融对外开放措施。[⑥]2022年，国际政经局势动荡、国内疫情散发往复对经济造成一定冲击，我国银行业监管政策持续助推银行业高水平对外开放，银保监会修订《外资银行行政许可事项实施办法》《外国银行分行综合监管评级办法（试行）》等监管规则，进一步深化银行业对外开放程度，同时加强对外国银行风险控制。

涉外证券法治完善方面。2022年，我国证券行业国际交流持续深入，引进来和走出去步伐加快。一方面，证监会进一步深化境内外资本市场互联互通，拓宽跨境融资渠道，稳步推进市场、机构、产品全方位制度型开放。摩根大通、

---

① 中国人民银行、市场监管总局、银保监会、证监会印发《金融标准化“十四五”发展规划》，http://www.pbc.gov.cn/goutongjiaoliu/113456/113469/4467138/index.html，2023年1月5日访问。

② 中国人民银行：《2022年央行工作盘点积极推进金融对外开放和国际合作》，https://mp.weixin.qq.com/s/c0YvQOlnBVm9sMhxCEFeGA，2023年1月16日访问。

③ 中国人民银行：《将部分外资银行纳入碳减排支持工具金融机构范围》，https://mp.weixin.qq.com/s/QoC7xXHVPq8pNMlVW3Ulog，2023年1月16日访问。

④ 中国人民银行：《中国人民银行参加国际清算银行发起的人民币流动性安排》，http://www.pbc.gov.cn/goutongjiaoliu/113456/113469/4586982/index.html，2023年1月5日访问。

⑤ 陈卫东、张兴荣、熊启跃、原晓惠：《中国银行业对外开放：发展、影响与政策》，载《金融监管研究》2018年第10期，第1－17页。

⑥ 中国银行业协会：《中国银行业协会发布“2021年银行业十件大事”》，https://www.chinacba.net/Index/show/catid/14/id/40404.html，2023年1月16日访问。

高盛、野村、UBS 等 12 家外资控股或全资证券基金期货公司相继获批，渣打银行等 3 家外资银行在华子行获得基金托管资格。[①]继 2021 年摩根大通和高盛高华先后成为国内前两家外资全资控股券商后，2022 年 9 月方正证券公告称拟向瑞信银行转让瑞信证券 49%股权，届时瑞信证券或将成为第三家外资全资券商。合资券商法巴证券、意才证券自提交申请材料一两年后，分别于 2022 年 4 月[②]和 10 月[③]首次获得证监会反馈，外资券商队伍逐渐增加。另一方面，证监会支持具备一定实力、运作规范、管理水平较高的我国证券基金期货经营机构“走出去”，拓展跨境业务范围，增强参与国际竞争的能力。2022 年 2 月，中国证监会发布《境内外证券交易所互联互通存托凭证业务监管规定》，优化升级互联互通机制，进一步推进制度型开放。[④]此后，头部券商不断打通海外业务。2022 年 11 月 17 日，中金公司宣布，中国国际金融（英国）有限公司（中金英国）完成了上海证券交易所（上交所）境内外证券交易所互联互通全球存托凭证（GDR）对德国的跨境转换机构备案，成为首家在沪、深交易所备案成功的德国市场 GDR 跨境转换机构。[⑤]其后，12 月 7 日，中信证券亦宣布获得英国、瑞士及德国三国证券交易所会员，并成功完成沪深交易所对三国交易所 GDR 跨境转换机构备案。[⑥]此外，2022 年，证监会进一步加强双边多边交流对话，跨境监管合作取得重要进展。证监会已同 67 个国家（或地区）建立监管合作机制。2022 年 8 月 26 日中国证监会、财政部与美国公众公司会计监督委员会（PCAOB）签署中美审计监管合作协议，将双方对相关会计师事务所的检查和调查活动纳入双边监管合作框架下开展。当地时间 12 月 15 日，PCAOB 发布报告确认 2022 年度可以对中国内地和香港会计师事务所完成检查和调查，撤销 2021 年对相关

① 国务院新闻办公室：《扩大开放促进资本市场高质量发展——方星海副主席在第五届虹桥国际经济论坛“中国资本市场高质量对外开放”分论坛上的致辞》，http://www.scio.gov.cn/xwfbh/jjxwfyr/wz/Document/1733020/1733020.htm，2023 年 1 月 16 日访问。

② 中国证监会：《法巴证券（中国）有限公司设立申请文件反馈意见》，http://www.csrc.gov.cn/csrc/c106215/c2276218/content.shtml，2023 年 1 月 16 日访问。

③ 中国证监会：《青岛意才证券有限公司设立申请文件反馈意见》，http://www.csrc.gov.cn/csrc/c100096/c6224146/content.shtml，2023 年 1 月 16 日访问。

④ 中国证监会：《境内外证券交易所互联互通存托凭证业务监管规定》，http://www.csrc.gov.cn/csrc/c101954/c1885482/content.shtml，2023 年 1 月 16 日访问。

⑤ 中金公司：《中金公司成为首家在沪深交易所备案成功的德国市场 GDR 跨境转换机构》，https://www.cicc.com/cmscontent/106193.html，2023 年 1 月 16 日访问。

⑥ 中信公司：《中信证券助力资本市场互联互通服务企业国际化发展》，http://www.cs.ecitic.com/newsite/news/202212/t20221220_1173768.html，2023 年 1 月 16 日访问。

事务所作出的认定。[①]该事件标志着中美审计监管合作取得积极成效，中概股退市风险在很大程度上得以缓解或解决。

涉外保险法治推进保险服务市场进一步开放。2022 年，我国不再限制外资保险公司持有保险资管公司股份的比例上限。同时，进一步降低外资保险中介机构的准入门槛，允许外国保险集团公司、境内外资保险集团公司投资设立的保险中介机构经营相关保险中介业务。

截至 2022 年末，银行业、保险业外资股权比例限制已经全部取消。首家外资控股理财公司、首家外资独资保险控股公司、首家外资独资人身险公司、首家外资独资保险资产管理公司、首家外资独资货币经纪公司等也相继成立。中外资银行、保险机构经营范围已经基本实现一致。

下一步，银保监会将稳步扩大制度型开放，与国际通行规则特别是高标准规则对标对表，推进与国际规则的对接和协调。在安全可控前提下，引入更多经营稳健、资质优良、特色突出的外资金融机构参与中国市场，发挥其自身优势，在更多领域有更大作为，实现优势互补，互利共赢。

三、资本市场继续推进高水平、制度型对外开放

党的十八大以来，我国资本市场改革发展取得重大进展，市场规模跃居世界前列，市场结构大幅改善，制度型开放向纵深推进，服务实体经济特别是支持科技创新的能力明显提升，重点领域风险持续收敛、总体可控，市场韧性和活力全面增强。随着对外开放的不断深化，我国资本市场运行质量和国际影响力也得到显著提升。目前中国资本市场已经成为世界第二大市场，开放程度日益提升，吸引了越来越多国际投资者积极参与。[②]与此同时，我国资本市场发展进入战略机遇和风险挑战并存、不确定难预料因素增多的时期，需要直面新的困难挑战，在新的环境下继续坚定不移推动资本市场高水平开放。

2022 年，尽管全球经济面临严峻挑战，我国资本市场依然持续扩大高水平对外开放，坚持更好地利用国内、国际两个市场两种资源，提升经济竞争力。2022 年，资本市场对外开放取得了新成绩，高水平制度型开放举措渐次落地，

① 中国证监会：《中国证监会新闻发言人就中美审计监管合作进展情况答记者问》，http://www.csrc.gov.cn/csrc/c100028/c6913408/content.shtml，2023 年 1 月 16 日访问。

② 中国证券监督管理委员会：《坚定不移推进资本市场双向开放助力构建新发展格局》，http://www.csrc.gov.cn/csrc/c100028/c5603389/content.shtml，2023 年 1 月 15 日访问。

有力地促进了资本市场高质量发展新格局，重点部分体现在以下几个方面。

（一）深化境内外资本市场互联互通，拓宽跨境投融资渠道

资本市场对外开放体现在境内企业境外融资、境外机构境内融资两个方面。2022 年我国在这两方面均进一步加大对外开放的力度。

一方面，制度化推进境外上市融资渠道进一步拓宽。2022 年 2 月 11 日，证监会对《关于上海证券交易所与伦敦证券交易所互联互通存托凭证业务的监管规定（试行）》（证监会公告〔2018〕30 号）进行修订，修订后名称定为《境内外证券交易所互联互通存托凭证业务监管规定》。该规定优化和拓展互联互通存托凭证业务，境内拓展至深交所，境外拓展至瑞士、德国市场，进一步便利跨境投融资、促进要素资源的全球化配置，有利于拓宽双向融资渠道，是推进制度型开放的务实举措。[①]此外，持续完善沪深港通机制。2022 年 6 月 28 日，中国证监会和香港证券及期货事务监察委员会（以下简称“香港证监会”）发布联合公告，批准交易型开放式指数基金（ETF）纳入内地与香港股票市场交易互联互通机制并于 2022 年 7 月 4 日正式启动。2022 年 12 月 19 日再次发布联合公告，原则同意两地交易所进一步扩大股票互联互通标的范围。拓宽沪深港通标的范围，正式启动互联互通下 ETF 交易，这不仅是落实国家对外开放战略部署、支持香港巩固和提升国际金融中心地位的重要举措，也是深化互联互通机制、更好服务粤港澳大湾区建设的又一标志性成果。[②]

另一方面，国际化产品体系不断丰富，产品开放迈出坚实步伐。

2022 年 7 月 26 日，银行间市场交易商协会发布《关于开展熊猫债注册发行机制优化试点的通知》，从“多品种统一注册”便利、统一境外企业信息披露要求、试点“增发机制”、为熊猫债引入“常发行计划”方面提高熊猫债注册发行效率。2022 年 12 月 2 日，中国人民银行、国家外汇管理局联合发布《关于境外机构境内发行债券资金管理有关事宜的通知》，完善熊猫债的资金管理要求，进一步便利境外机构在境内债券市场融资。

《通知》统一银行间和交易所市场熊猫债资金登记、账户开立、资金汇兑及使用、统计监测等管理规则。规范登记及账户开立流程，熊猫债发行前在银行

---

① 中国证券监督管理委员会：《证监会发布〈境内外证券交易所互联互通存托凭证业务监管规定〉》，http://www.csrc.gov.cn/csrc/c100028/c1885444/content.shtml，2023 年 1 月 3 日访问。

② 深圳证券交易所：《ETF 纳入互联互通机制正式开通服务粤港澳大湾区高质量发展》，http://www.szse.cn/aboutus/trends/news/t20220704_594614.html，2023 年 1 月 15 日访问。

办理登记，允许分期发行中首期登记开户、后续发行后逐次报送发行信息，并可共用一个发债专户。完善熊猫债外汇风险管理，境外机构可与境内金融机构开展外汇衍生品交易管理汇率风险。明确发债募集资金可留存境内，也可汇往境外使用。

中国债市对外开放进程正逐步从广度开放过渡到深度开放，《通知》有助于进一步扩大金融市场双向开放，有望吸引更多不同类型的境外发行人发行熊猫债，推动熊猫债市场进一步实现高质量扩容。规范熊猫债资金管理不仅体现了我国坚持债券市场对外开放的方针，人民币债券市场双向对外开放不断深化，有助于人民币国际化水平稳步提升。作为债券市场跨境投融资工具之一，熊猫债正逐渐成为优化人民币跨境循环、稳妥推进人民币国际化进程的重要渠道之一。①

（二）继续推动我国资本市场与国际接轨，完善市场化法治化国际化的营商投资环境

2022 年，我国资本市场对外开放的一项重大举措是金砖国家新开发银行开始在中国银行间债券市场发债。2022 年金砖国家新开发银行在中国银行间债券市场共发行了 130 亿元人民币债券，完成了第二个 200 亿元人民币债券计划，并计划向 NAFMII 注册其第三个人民币债券计划，以深化其作为熊猫债券领先发行人的角色。②熊猫债的发行，为金砖国家新开发银行助力新兴市场和发展中国家的高质量可持续发展提供了资金支持，也充分体现了中国债券市场在全球金融市场中的重要性。③

为了有效地推动我国资本市场与国际接轨，扩大制度型对外开放，2022 年我国出台了多项相关法律规范。主要有：我国证监会于 2022 年初启动货银对付（DVP）改革，修订《证券登记结算管理办法》。④2022 年 9 月 9 日，中国证监

---

① 金融时报：《完善资金管理要求熊猫债市场制度框架进一步完善》，https://www.financialnews.com.cn/sc/zq/202212/t20221207_261037.html，2023 年 1 月 5 日访问。

② 新开发银行：New Development Bank Issued CNY 3 Billion Bond in the China Interbank Bond Market and Completed Its Second Rmb Bond Programme，https://www.ndb.int/press_release/new-development-bank-issued-cny-3-billion-bond-in-the-china-interbank-bond-market-and-completed-its-second-rmb-bond-programme/，2023 年 1 月 16 日访问。

③ 中央人民政府：《金砖国家新开发银行在中国银行间债券市场发债》，http://www.gov.cn/xinwen/2022－05/20/content_5691433.htm，2023 年 1 月 16 日访问。

④ 中国证券监督管理委员会：《中国证监会将正式实施货银对付改革》，http://www.csrc.gov.cn/csrc/c100028/c6913866/content.shtml，2023 年 1 月 15 日访问。

会发布修订后的《关于合格境外机构投资者和人民币合格境外机构投资者境内证券交易登记结算业务的规定》。规定根据 DVP 改革要求，修改超买情形下中国结算违约处置具体规定，改为中国结算按照相关业务规则处理。借鉴国际市场通行做法，结合中国市场实际，稳步推进 DVP 改革，有助于进一步加强资本市场基础制度建设，建设“规范、透明、开放、有活力、有韧性”的资本市场，提高国际投资者对于国内结算效率和资金安全保障的信心。

第三节　热点聚焦

一、数字人民币发展面对的挑战

近些年，数字货币和区块链技术推动金融服务持续转型升级。数字人民币有助于人民币突破物理和地域界限，提高人民币易获取性，促进人民币国际化进程，成为我国货币形态演变与金融科技发展的必然产物。近两年是数字人民币高速发展的时期，获得较多应用场景。央行 2022 年二季度支付系统报告数据显示，我国有 10 亿人左右使用第三方支付，非银行支付机构的网络支付业务量（第三方支付），每天的交易笔数 2 000 多亿笔，交易额 1.31 万亿元。银行卡目前规模为 93 亿张，每天交易额为 5 000 亿元。截至 2022 年 8 月 31 日，全国范围内 15 个省（市）的数字人民币试点地区累计交易笔数为 3.6 亿笔、金额 1 000.4 亿元。对比来看，在销售领域数字人民币使用的人数很少，并不活跃。目前，数字人民币还没有正式发行，依然处于试点阶段，其发展过程中面临着种种挑战和需要解决的问题。

（一）数字人民币推广面临的现实挑战

首先是数字人民币的货币定位与用途问题。根据中国人民银行发布的数字人民币白皮书，数字人民币是人民银行发行的数字形式的法定货币，主要用于满足国内零售支付需求，主要定位是“现金类支付凭证（M0），将与实物人民币长期并存”。不过，数字人民币对 M0 的替代定位，可能会对其广泛推广与应用造成很大困难。基于我国众多的人口和消费潜力，消费支付场景的货币使用量固然庞大，但以现金、银行卡为组成的主流支付方式，以及商业模式逐渐成熟稳定的支付宝、微信等第三方支付平台，已经基本满足了现有零售支付的国民需求，培养了国民的支付习惯，导致数字人民币的生态圈难以推广形成。尤其是第三方支付公司，为在激烈的支付市场中求得一席之地，利用所处平台公司的规模经济和协同效应，不断加大科技升级、技术迭代与服务优化，[①]使得市场产品除了具备基本支付功能之外，还能够融入保险、投资、信贷等一系列功能。相较而言，仅由央行作为专业机构推动的数字人民币需要巨大的推广成本，而其功能也仅仅用于零售支付，其吸引力自然无法与市场产品相比较。

其次是数字人民币的个人信息保护问题。传统货币体系下，金融监管部门几乎不直接掌握货币权利人货币持有情况的任何信息，只有在现金存取、交易结算等情形中，监管部门才会对个人信息进行核实审查。[②]而在包含数字人民币在内的法定数字货币体系中，基于打击洗钱、恐怖融资等犯罪活动的职责要求，以及数字人民币中大数据、云计算等新兴技术，识别、检测、追踪和储存大量的用户身份、财产、生物、交易等个人信息，引发了数字人民币与个人隐私、个人信息问题的深度交互。在此过程中，金融监管部门可能出现不当收集个人信息，造成个人隐私保护与金融监管失衡的问题；用户的个人信息储存在数字人民币 App 及数字货币系统中，可能会被犯罪分子通过非法技术手段盗用和侵害；数字人民币用户的个人信息，还可能被商业银行等处在金融监管部门与最终用户之间的金融机构不当获取和滥用，金融消费者的隐私权和个人信息法益极有可能遭受侵害。

最后是数字人民币的国际竞争问题。引入数字人民币后，货币主权竞争重新被各界所关注。数字人民币能够促进人民币国际化和增强中国在全球货币与金融体系话语权，也必然会迎来针对中国参与国际货币与金融体系的激烈竞争。[③]中国是规模最大的美元储备国和美债债权人，但中美间既没有常设的货币互换协议，也没有临时性的货币互换安排，[④]人民币与美元在当前国际货币体系中的“竞争大于合作”特点凸显。数字人民币的发行与流通有助于增强人民币跨境支付能力，提升人民币国际地位。如何争夺国际货币与金融体系的主导权，成为

---

① 谢平：《数字人民币使用量不多的初步分析》，https://mp.weixin.qq.com/s/WAY6TUSlv4jMVJY2SfH0Iw，2023 年 2 月 13 日访问。

② 张莉莉：《法定数字货币应用的金融风险及其防范——基于金融消费者权益保护的视角》，载《广西社会科学》2022 年第 5 期，第 19 – 24 页。

③ 李扬：《必须重视 Libra 的挑战》，载《中国外汇》2019 年第 15 期，第 14 – 17 页。

④ 黄国平：《数字人民币发展的动因、机遇与挑战》，载《新疆师范大学学报（哲学社会科学版）》2022 年第 1 期，第 129 – 138 页。

数字人民币设计与推广应用的未来方向。

（二）数字人民币挑战的制度应对

一方面，持续扩大数字人民币的应用场景。对此，需要加强与淘宝、京东、美团等现有市场主体的互联与合作，将数字人民币应用场景快速扩大至现有的支付场景和应用渠道，并进一步扩大试点范围。在这一点上，数字人民币 App 已经有进展。2022 年 12 月，最新的数字人民币 App 已经接入了 92 家商户平台。此外，还需要调整数字人民币的货币定位与实际用途，如可以使用数字人民币购买金融产品、扩大数字人民币使用场景。从长远来看，以数字人民币的法偿性、稳定性和双层运营模式，使其在普惠金融与跨境金融方面发挥独特优势，把握区域协同战略机遇，加强与“一带一路”沿线、RCEP 成员国在跨境电子商务、大宗商品交易、绿色金融等方面的政策协调，拓展数字人民币在跨境支付结算等场景中的应用空间，强化境内使用与跨境支付场景的共同推进。

另一方面，加强数字人民币使用中的个人信息保护。一是进一步加强金融领域的个人信息保护立法，明确金融消费者个人信息的适用范围和合理限度，以制度引领和保障金融科技、金融监管科技的信息处理水平。二是注重数字人民币研发、推广、使用等全程的个人信息保护工作。央行总体负责数字人民币的设计和推广工作，且央行也是目前金融领域的个人信息保护专责部门。应进一步落实对数字人民币相关个人信息设置的“防火墙”，严格落实信息安全及隐私保护管理。三是以技术善治应对技术风险，落实分级分类与可控匿名的要求，对金融机构和交易相对方匿名，根据不同的钱包等级分配不同的余额上限和单笔限额，积极提升数字人民币的技术研发能力和信息保护技术。

二、人民币跨境支付系统得到更为广泛的应用

在世界地缘政治背景下，人民币跨境支付系统（Cross-border Interbank Payment System，简称 CIPS）得到了更为广泛的适用。2021 年，CIPS 系统稳定运行，累计处理跨境人民币业务 334.16 万笔，金额 79.60 万亿元，同比分别增长 51.6%和 75.8%；日均处理业务 13 367 笔，金额 3 184 亿元。2021 年，CIPS 新增直接参与者 33 家（其中 17 家为境外人民币清算行），新增间接参与者 134 家。截至 2021 年末，共有境内外 1 259 家机构通过直接或间接方式接入 CIPS，其中直接参与者 75 家，较 2015 年 10 月上线初期增加 56 家；间接参与者 1 184

家，较 2015 年上线初期增加了近 6 倍。[①]2022 年前三个季度，CIPS 系统累计处理人民币支付业务 308.62 万笔，金额 70.63 万亿元，同比分别增长 28%和 21%，业务量稳步增长。

2022 年 2 月 26 日，为制裁俄罗斯对乌克兰的“特别军事行动”，美国与欧盟、英国、加拿大发表共同声明，宣布禁止俄罗斯主要银行使用 SWIFT。SWIFT 全称为环球同业银行金融电信协会（Society of World Interbank Financial Telecommunication），是公认的“金融核弹”。禁止俄罗斯主要银行使用 SWIFT 是对俄罗斯最严厉的金融措施之一，美欧英加多国的这一举措成为俄乌冲突中的国际焦点。1973 年 5 月，来自美国、加拿大和欧洲 15 个国家的 239 家银行，宣布在比利时的布鲁塞尔正式成立该系统，为各国银行便捷高效和可靠传送来往账目电子信息，已经是全球银行最为倚重的交易通信系统。截至目前，SWIFT 服务范围已经遍及 207 个国家和地区，接入的金融机构超过 10 000 家，每日结算额达到 5 万亿到 6 万亿美元，成为国际支付标准和金融全球化的重要通信渠道。失去 SWIFT 的俄罗斯银行面临挤兑，将很快失去偿付能力，给俄罗斯经济系统带来巨大的压力。

作为一项众多国家参与的系统，为何 SWIFT 能够被部分国家作为金融制裁的方式？虽然 SWIFT 名义上是一个国际银行间非营利性的国际合作组织，总部设在比利时，但美国对该系统拥有巨大的影响力，美国曾利用 SWIFT 制裁过伊朗、朝鲜、叙利亚、古巴和委内瑞拉。在 2001 年“9·11 事件”之后，美国政府成功地强迫 SWIFT 将其在美国储存的部分数据交给美国政府用于反恐，布什总统根据《国际紧急经济权利法案》，授权财政部海外资产控制办公室从 SWIFT 调取与恐怖活动有关的金融交易和资金流通信息，了解和打击恐怖组织的资金往来。2012 年 3 月和 2018 年 11 月，美国先后两次将伊朗央行和部分银行从 SWIFT 中排除，阻断伊朗银行与其他银行之间的金融信息传输通道。面对以 SWIFT 为代表的金融制裁措施，俄罗斯推出了跨境支付网络 SPFS 来取代 SWIFT，但由于使用主体更多的是俄罗斯内部金融机构，难以替代 SWIFT。

目前，我国已经建成境内外币支付系统 CFXPS（China Foreign Exchange Payment System），以满足国内对部分币种的支付需求与结算效率。但 CFXPS 仅服务于我国境内机构之间的外币清算，跨境外币清算依然需要通过主要货币

① 中国人民银行：《2022 年人民币国际化报告》，http://www.gov.cn/xinwen/2022－09/24/content_5711660.htm，2023 年 2 月 13 日访问。

的跨境支付系统完成。我国 CIPS 启动建设时以 CHIPS 为参照，但仍然对 SWIFT 系统具有高度依赖性。未来，需进一步推动 CIPS 系统在清算资金占用、信息传输主体、报文类型与标准方面的建设，降低 CIPS 系统的介入成本，持续提高本币清算基础设施运行效率与安全性，推动我国应对他国金融制裁能力的发展。

三、中美审计监管关系出现新态势：从冲突到合作

2022 年 12 月 15 日，美国公众公司会计监督委员会（PCAOB）发布报告，确认 2022 年度可以对中国内地和香港会计师事务所完成检查和调查，撤销 2021 年对相关事务所作出的认定；2022 年 12 月 16 日，中国证监会新闻发言人回应中美审计监管合作进展情况时表示，中国证监会一贯主张通过监管合作机制解决跨境上市审计监管问题，标志着中美审计监管合作取得积极成效，对中国企业在美上市释放出积极信号。

此轮审计监管风波由来已久，2020 年《外国公司问责法》（HFCAA）发布，法案内容主要涉及两个方面：一是在美上市的外国公司若连续三年未遵守 PCAOB 审计，将被禁止在美上市；二是上市公司需要披露与本国政府的关系。若上市公司雇佣的会计公司不受美国监管、美国审查机构无法审计其财务报告，则上市公司需证明其不被外国政府所有或控制。这一规定赋予了美国监管层对上市公司更大的监管权力和自由裁量权。2021 年 12 月 16 日，PCAOB 董事会认为中国监管当局的立场使其无法检查或调查 PCAOB 注册的会计师事务所，宣布无法确认其审计有效性。[①]法案颁布后，中国企业赴美上市进程呈现出巨大的不确定性。2022 年 3 月 10 日，美国证券交易委员会（SEC）将百济神州、百胜中国、再鼎医药、盛美半导体、和黄医药等 5 家中国公司列入《外国公司问责法》暂定清单，如果长期无法满足检查要求，上述企业可能被要求退市。

我国一直对美国 PCAOB 审查中国公司的会计底稿持反对态度，审计监管风波的重要分歧点在于数据安全及国家安全问题。从会计师事务所人士的角度来看，PCAOB 主要是查合规性，流程要合规、程序要合规、文件的分类要合规等，它们不会对具体公司的具体数据有兴趣。[②]不过，由于赴美上市的多家企业

---

① 吴婧：《审计监管合作进展顺利中概股退市警报暂时解除》，http://www.cb.com.cn/index/show/bzyc/cv/cv135176851645，2023 年 2 月 13 日访问。

② 岳跃：《审计底稿的“秘密”》，https://weekly.caixin.com/2022 – 03 – 19/101858171.html?p1，2023 年 2 月 13 日访问。

涉及通信、能源等多个行业的大型企业，这些企业的审计底稿中可能存在国家能源储备、能源战略、交通出行等与国家安全相关的数据。近年来，随着我国在个人信息保护、数据安全领域的立法完善，数据安全已经成为总体国家安全观的一部分，赴美上市的企业审计底稿数据自然受到重点关注。随着双方各自开展的多项工作，历时三年达成了新的中美审计监管模式：一是美方须通过中方监管部门获取审计底稿等文件；二是对相关人员的访谈及取证，需要在中方参与和协助下进行；三是明确约定了敏感信息的处理问题，针对个人信息等特定数据设置了专门的处理程序。

第四节　展望与建议

2022 年，我国涉外金融整体上体现出进一步推进对外改开的格局，同时，更加注重通过法律规范层面的成果推进涉外金融的开放、发展，体现出高水平、制度型对外开放的特征。2023 年及以后，我国将继续稳步扩大制度型开放，与国际通行规则特别是高标准规则对标对表，推进与国际规则的对接和协调。在安全可控前提下，引入更多经营稳健、资质优良、特色突出的外资金融机构参与中国市场，同时，鼓励国内银行、证券、保险机构以“一带一路”建设为契机，实施“走出去”战略，发挥其自身优势，在更多领域有更大作为。进一步扩大境内、境外资本市场的优势互补，互利共赢，在维护稳定的境外融资、上市渠道同时，稳步推进境内资本市场对外开放的新发展方向。

2023 年，我国将进入“后疫情”的新阶段，经济预期得到全面恢复与发展。2022 年 12 月，中央经济工作会议在北京举行。会议强调做好 2023 年经济工作，扎实推进中国式现代化，坚持稳中求进工作总基调，全面贯彻新发展理念，加快构建新发展格局，着力推动高质量发展，深化改革开放，提振市场信心，推动经济运行整体好转，实现质的有效提升和量的合理增长。[①]在这一背景下，2023 年预期我国涉外金融发展步伐将会得到进一步全面提升，伴随着我国金融服务业以及资本市场的恢复、发展，我国也应加大涉外金融法治建设的制度供给，为金融领域进一步对外开放提供更好的制度条件与法治环境。

---

① 人民网：《经济工作会议在北京举行》，http://sh.people.com.cn/n2/2022/1217/c134768 - 40234828.html，2023 年 2 月 13 日访问。

一、进一步夯实人民币国际化的法律基础

2021 年以来，中国人民银行坚持改革开放和互利共赢，坚持以市场驱动、企业自主选择为基础，稳步提升人民币国际化水平。中国人民银行着重从以下方面提升人民币国际化水平。一是拓展人民币在对外贸易投资中的使用。围绕自由贸易试验区（自由贸易港）、粤港澳大湾区及上海国际金融中心建设，推动人民币跨境投融资业务创新，不断提升境内外市场主体在贸易投资中使用人民币的意愿。二是稳步推进金融市场双向开放。推动金融市场向全面制度型开放转型，提高人民币金融资产的流动性。进一步便利境外投资者进入中国市场投资，丰富可投资的资产种类，便利境外投资者特别是央行类机构更多配置人民币资产。支持境外主体发行“熊猫债”，继续做好粤港澳大湾区“跨境理财通”试点工作。三是持续深化央行货币金融合作。继续稳步推进央行间双边本币互换和本币结算合作，发挥好货币互换对支持离岸人民币市场发展和促进贸易投资便利化的作用，探索与东盟国家和其他周边国家开展货币合作。推进人民币对相关国家货币直接交易，支持境外国家和地区发展当地人民币外汇市场。四是支持离岸人民币市场健康有序发展。发挥好与中国香港常备货币互换安排的作用，为香港人民币市场提供长期稳定的人民币流动性。继续完善离岸人民币流动性供给机制，激发市场主体创新发展离岸人民币市场产品和服务的动力，丰富离岸人民币产品体系，促进人民币在岸、离岸市场形成良性循环。优化人民币清算行布局，加强对清算行的政策支持，发挥好清算行培育人民币离岸市场的积极作用。

2021 年以来，人民币跨境收付金额延续增长态势。2021 年，银行代客人民币跨境收付金额合计为 36.6 万亿元，同比增长 29.0%，收付金额创历史新高。人民币跨境收支总体平衡，全年累计净流入 4 044.7 亿元。环球银行金融电信协会（SWIFT）数据显示，人民币国际支付份额于 2021 年 12 月提高至 2.7%，超过日元成为全球第四位支付货币，2022 年 1 月进一步提升至 3.2%，创历史新高。国际货币基金组织（IMF）发布的官方外汇储备货币构成（COFER）数据显示，2022 年一季度，人民币在全球外汇储备中的占比达 2.88%，较 2016 年人民币刚加入特别提款权（SDR）篮子货币时上升 1.8 个百分点，在主要储备货币中排名第五。2022 年 5 月，国际货币基金组织（IMF）将人民币在特别提款权（SDR）中权重由 10.92%上调至 12.28%，反映出对人民币可自由使用程度提高的认

可。[1]我们相信，在我国加快高质量发展的大背景以及中国人民银行持续不懈的努力下，人民币国际化水平将在2023年进一步得到稳步提升。

党的二十大报告提出“有序推进人民币国际化”的战略目标。在过去几年中，我国在人民币国际化法治建设中取得了显著成果。2008年国际金融危机后，中国人民银行推出便利人民币跨境贸易结算的一系列措施。2022年1月，中国人民银行、国家外汇管理局发布《关于银行业金融机构境外贷款业务有关事宜的通知》，将银行境外贷款业务范围由原来的“走出去”项目拓展至所有境外非金融企业，进一步推进资本跨境流动，也间接推动人民币国际化进程的发展。

人民币最终实现国际化，不仅需要在贸易结算领域得到广泛使用，也需要在投资领域中得到市场的普遍接受，同时，还应能够被各国央行普遍作为储备货币。因此，2023年，除了进一步推出有利于人民币贸易结算的法律规范外，我们还应当加强资本项下人民币跨境流动的便利措施，同时，继续积极探索与东欧、东盟国家等地区、国家开展双边本币结算合作的机制，提高人民币在这些地区的支付、投资和储备功能。此外，应持续完善和创新离岸人民币流动性供给机制，丰富和健全离岸人民币市场产品和服务机制，深化离岸人民币市场（如香港地区、伦敦）与内地市场的协作。

二、巩固金融服务“制度型”对外开放的法治保障

过去一年里，我国金融服务业继续积极、稳妥地实施了“制度型”对外开放。根据《金融标准化“十四五”发展规划》提出的推进金融标准化发展要求，人民银行稳步扩大金融领域规则、规制、管理、标准等制度型开放，完善准入前国民待遇加负面清单的管理制度。2021年以来，银保监会相继出台50多项金融对外开放措施。2022年，银保监会修订《外资银行行政许可事项实施办法》《外国银行分行综合监管评级办法（试行）》等规则，进一步推动银行业对外开放。证监会则颁布《境内外证券交易所互联互通存托凭证业务监管规定》，优化升级互联互通机制，进一步推进证券服务市场的制度型开放。此外，证监会已同67个国家（或地区）建立监管合作机制。特别是与美国公众公司会计监督委员会（PCAOB）签署了审计监管合作协议，将双方对相关会计师事务所的检查和调查活动纳入双边监管合作框架下开展。2022年，保险业外资股权比例限制

---

① 中国人民银行：《2022年人民币国际化报告》，http://www.gov.cn/xinwen/2022－09/24/content_5711660.htm，2023年2月13日访问。

全部取消，外资保险中介机构的准入门槛进一步降低。我们相信，2023年，人民银行、银保监会、证监会将进一步推动、扩大制度型对外开放，积极与国际通行规则对标对表，推进国内金融服务市场监管与国际规则的对接和协调，引入更多经营稳健、资质优良、特色突出的外资金融机构参与中国市场，发挥其自身优势，在更多领域实现优势互补，互利共赢。

加入WTO以来，我国金融服务业持续对外开放，目前，银行业、保险业外资股权比例限制全部取消，证券基金业已逐步实现全面开放，外资保险中介机构的准入门槛进一步降低。截至2022年末，银行业、保险业外资股权比例限制已经全部取消。首家外资控股理财公司、首家外资独资保险控股公司、首家外资独资人身险公司、首家外资独资保险资产管理公司、首家外资独资货币经纪公司等也相继成立。中外资银行、保险机构经营范围已经基本实现一致。

2023年，建议尽早解除外资在证券业持股比例的有关限制，允许全资外国证券公司与基金管理公司设立，引入更多经营稳健、资质优良、特色突出的外资证券服务机构参与中国市场服务与市场竞争。

三、优化资本市场开放的法律制度环境

我国资本市场改革发展已取得重大进展，市场规模跃居世界前列，市场结构大幅改善，制度型开放向纵深推进。目前，中国资本市场已经成为世界第二大市场，开放程度日益提升。2022年，尽管全球经济面临严峻挑战，我国资本市场依然持续扩大高水平对外开放，坚持更好地利用国内、国际两个市场两种资源，提升经济竞争力。资本市场对外开放取得了新成绩，高水平制度型开放举措渐次落地，有力地促进了资本市场高质量发展新格局。

我国资本市场在开放中成长，也必将在进一步扩大开放中壮大。面对复杂的国际环境，我国资本市场仍需统筹开放和安全，坚定不移推进市场、机构、产品全方位制度型开放，同时进一步加强开放环境下的监管能力和风险防范能力建设，推出更多有力度、有深度的举措，推动资本市场高质量发展。

2022年，我国资本市场推出了多项高水平制度型开放的配套措施。如证监会对《关于上海证券交易所与伦敦证券交易所互联互通存托凭证业务的监管规定（试行）》进行修订，优化和拓展互联互通存托凭证业务，境内拓展至深交所，境外拓展至瑞士、德国市场。此外，持续完善沪深港通机制，批准交易型开放

式指数基金（ETF）纳入内地与香港股票市场交易互联互通机制，并原则同意两地交易所进一步扩大股票互联互通标的范围。中国人民银行、国家外汇管理局颁布《关于境外机构境内发行债券资金管理有关事宜的通知》进一步便利境外机构在境内债券市场融资，标志着中国债市对外开放进程正逐步从广度开放过渡到深度开放。

为了有效地推动我国资本市场与国际接轨，扩大制度型对外开放，证监会修订《证券登记结算管理办法》《关于合格境外机构投资者和人民币合格境外机构投资者境内证券交易登记结算业务的规定》，旨在建设“规范、透明、开放、有活力、有韧性”的资本市场，提高国际投资者对于国内结算效率和资金安全保障的信心。

2023 年，我国应进一步提供资本跨境便利化措施，进一步推动境内机构境外融资、境内机构境外放贷、境外机构境内融资、境外机构境内放贷的便利化配套措施的设立，进一步探索境内资本市场与国际资本市场接轨与制度配套，例如，进一步深化内地与香港股票市场交易互联互通机制，提升两地交易所股票互联互通范围并出台相应配套规则。

四、加强绿色金融的法治建设与国际合作

绿色金融已经从理论、理念层面不断向法律制度层面渗透，并成为今后金融制度改革的发展方向之一。2016 年，我国担任二十国集团（G20）主席国期间，中国人民银行首次将绿色金融引入 G20 议题，之后作为 G20 可持续金融工作组共同主席，于 2021 年与各国共同制定《G20 可持续金融路线图》，为引导国际市场资金支持应对气候变化提供重要指引。过去 6 年，全球绿色金融标准快速发展，国际社会正在努力推动全球主要绿色金融标准兼容。[①]

2022 年，中国人民银行与美财政部联合牵头 G20 可持续金融工作组，制定 G20 转型金融政策框架，为各方建立转型金融体系提供指引。[②]2022 年 10 月 13 日，2022 年第四次 G20 财长和央行行长会议一致通过《2022 年 G20 可持续金融报告》，进一步凝聚各国关于金融支持绿色低碳转型的共识。2022 年 7 月，

① 中国人民银行：《中国人民银行副行长宣昌能在上海外滩峰会上的发言》，https://mp.weixin.qq.com/s/5WgO9fuCwDHb4l2_9AcOOg，2023 年 1 月 16 日访问。

② 中国人民银行：《2022 年央行工作盘点积极推进金融对外开放和国际合作》，https://mp.weixin.qq.com/s/c0YvQOlnBVm9sMhxCEFeGA，2023 年 1 月 16 日访问。

人民银行与欧委会有关部门发布《可持续金融共同分类目录》更新版并推动落地实施，促进绿色分类标准可比、趋同，便利绿色资金跨境流动。较高的标准，有助于提升市场对绿色资产的识别和接受度，提高风险定价效率。[①]2022 年 6 月和 11 月，银保监会相继印发《银行业保险业绿色金融指引》和《绿色保险业务统计制度的通知》，助力"一带一路"绿色低碳建设。2022 年 1 月至 6 月，中国信保共承保对"一带一路"沿线国家的出口和投资 877.8 亿美元，支持共建"一带一路"。[②]2022 年上半年，中国"一带一路"再保险共同体成员公司累计为 164 个国家和地区的 6 600 项次中国海外利益项目提供风险保障，合计保障境外资产总规模逾 2.1 万亿元。[③]可以预见，2023 年及今后我国将从财政、融资、保险等各方面进一步推动绿色金融的发展及相应的法治建设。

建议我国应持续扩大《"一带一路"绿色投资原则》影响力，以绿色金融支持"一带一路"建设高质量发展。目前，我国在绿色金融领域已经颁布《关于推动银行业和保险业高质量发展的指导意见》《银行业保险业绿色金融指引》《绿色保险业务统计制度的通知》等相关法律规范及标准，地方也在进行立法过程中。2023 年，我国应加快推进已列入 2022 年国务院立法规划的《中华人民共和国碳排放权交易管理暂行条例》的论证与起草工作，[④]同时，应当更加重视我国与各国在 G20 及其他平台的国际合作，共同推进绿色金融的发展，体现大国责任与担当。

① 中国人民银行：《中国人民银行副行长宣昌能在上海外滩峰会上的发言》，https://mp.weixin.qq.com/s/5WgO9fuCwDHb4l2_9AcOOg，2023 年 1 月 16 日访问。

② 中国银保监会：《银行业保险业多措并举　助力稳经济促发展》，https://www.cbirc.gov.cn/cn/view/pages/ItemDetail.html?docId = 1059089&itemId = 920&generaltype = 0，2023 年 1 月 16 日访问。

③ 中国银保监会：《坚定不移推进财产保险业高质量发展　积极服务社会主义现代化强国建设》，http://www.cbirc.gov.cn/cn/view/pages/ItemDetail.html?docId = 1078559&itemId = 915&generaltype = 0，2023 年 1 月 16 日访问。

④ 国务院办公厅：《关于印发国务院 2022 年度立法工作计划的通知》，http://www.gov.cn/zhengce/zhengceku/2022 – 07/14/content_5700974.htm，2023 年 2 月 13 日访问。

第九章　反垄断涉外法治发展

第一节　大　事　记

一、立法方面

2022 年 6 月 24 日，第十三届全国人民代表大会常务委员会第三十五次会议决定对《中华人民共和国反垄断法》作出修改。[①]2022 年 8 月 1 日，修改后的《中华人民共和国反垄断法》正式施行，这是我国《反垄断法》自 2008 年施行以来的首次修改。本次修法属于有限修改，是对我国社会主义市场经济发展成熟的阶段性回应，其中引入的重要制度以及新增的规定，给未来的执法、司法、市场建设和配套改革留下了伏笔和空间。

二、执法方面

（一）知网滥用市场支配地位被行政处罚

12 月 26 日，国家市场监督管理总局发布知网滥用市场支配地位案行政处罚决定书，罚款 8 760 万元。知网滥用在中国境内中文学术文献网络数据库服务市场的支配地位，通过签订并实施独家合作协议，要求学术期刊出版单位、高校只能向当事人提供学术文献数据，并以不公平的高价销售中文学术文献网络数据库服务，构成实施不公平高价和限定交易的滥用市场支配地位垄断行为，排除、限制竞争的主观意图和实际危害明显，情节较为严重、持续时间较长，社会反应强烈，被国家市场监督管理局处以 2021 年度中国境内销售额 17.52 亿元 5%的罚款，计 8 760 万元。[②]

---

① 全国人民代表大会常务委员会：《全国人民代表大会常务委员会关于修改〈中华人民共和国反垄断法〉的决定》，http://www.npc.gov.cn/npc/c30834/202206/e42c256faf7049449cdfaabf374a3595.shtml，2022 年 12 月 25 日访问。

② 国家市场监督管理总局：《市场监管总局发布知网滥用市场支配地位案行政处罚决定书》，https://www.samr.gov.cn/fldys/tzgg/xzcf/202212/t20221226_352400.html.com，2022 年 12 月 30 日访问。

（二）市场监管总局加强行政垄断执法

2022 年度我国反垄断执法部门为进一步激发市场主体活力，畅通国内大循环，推动形成高效规范、公平竞争的全国统一大市场，深化公平竞争政策实施，在全国范围内开展制止滥用行政权力排除、限制竞争执法专项行动。并且，执法部门公布了四批 2022 年制止滥用行政权力排除、限制竞争执法专项行动的案件。①

（三）市场监管总局首次试点委托开展部分经营者集中案件反垄断审查

2022 年 7 月 8 日，市场监管总局发布《关于试点委托开展部分经营者集中案件反垄断审查的公告》，试点委托北京、上海、广东、重庆、陕西 5 个省（直辖市）市场监督管理部门实施部分经营者集中案件反垄断审查事项，根据工作需要，将部分符合标准的适用经营者集中简易程序的案件委托试点省级市场监管部门负责审查，试点期限为 2022 年 8 月 1 日至 2025 年 7 月 31 日。②

（四）市场监管总局处罚腾讯 2011 年的并购行为

7 月 10 日，市场监管总局发布 28 起未依法申报违法实施经营者集中案件作出的行政处罚决定，均为过去应当申报而未申报的交易。③其中违法达成经营者交易的时间最早一案可追溯至 11 年前，即腾讯收购好乐买案。腾讯于 2011 年 3 月收购好乐买股权，执法机关则于 2021 年 8 月 12 日对此并购行为立案调查，于 2022 年 3 月 31 日作出行政处罚决定。可见，市场监管总局积极进行存量案件清理工作，即便是 11 年前实施的违法经营者集中行为仍会被执法机关严惩。

（五）公用事业已然成为反垄断重点领域

由于准入门槛高、市场份额大，公用事业是滥用市场支配地位垄断案件频发的领域，2022 年执法机关对该类垄断行为仍是重拳出击。2022 年全年，市场监督管理总局共发布 9 起滥用市场支配地位案件，其中 7 起案件的被处罚当事人为公用事业企业，在这 7 起案件中 5 起为供水、水务企业，2 起为燃气企业。④

---

① 国家市场监管总局，滥用行政权力排除、限制竞争案件的通知公告栏，https://www.samr.gov.cn/fldys/tzgg/xzjj/，2022 年 12 月 31 日访问。

② 国家市场监督管理总局：《市场监管总局关于试点委托开展部分经营者集中案件反垄断审查的公告》，https://www.samr.gov.cn/zt/wjj/zcwj/202209/t20220923_350272.html，2022 年 12 月 25 日访问。

③ 国家市场监督管理总局：《市场监管总局发布未依法申报违法实施经营者集中案行政处罚决定书》，https://www.samr.gov.cn/fldes/tzgg/xzcf/202207/t20220710_348523.html，2022 年 12 月 28 日访问。

④ 参见国家市场监督管理总局，行政处罚案件公告栏，https://www.samr.gov.cn/fldes/tzgg/xzcf/，2022 年 12 月 30 日访问。

三、司法方面

（一）最高人民法院就“垄断民事纠纷案件司法解释”公开征求意见

11 月 18 日最高人民法院发布《最高人民法院关于审理垄断民事纠纷案件适用法律若干问题的规定（公开征求意见稿）》，这是在最高人民法院 2012 年发布的《最高人民法院关于审理因垄断行为引发的民事纠纷案件应用法律若干问题的规定》基础上所起草的，现向社会公开征求意见。

（二）最高人民法院、北京知产法院发布反垄断典型案例

11 月 17 日，最高人民法院举行新闻发布会，发布人民法院加强反垄断和反不正当竞争司法有关情况和典型案例十件，[①]并回答记者提问。3 月 16 日，北京知产法院发布竞争垄断十大典型案例，其中 3 起为反垄断案件。[②]

（三）最高人民法院明确仲裁条款不能排除人民法院对垄断纠纷案件的管辖权

8 月 9 日，最高人民法院在霍尼韦尔纵向垄断协议案中明确仲裁条款不能排除法院管辖。该案的争议焦点为：当事人协议约定的仲裁条款，能否排除人民法院对垄断纠纷案件的管辖权。最高人民法院认为，首先，本案为垄断民事纠纷案件，需要以《中华人民共和国反垄断法》为裁判依据。其次，仲裁条款不能成为排除人民法院管辖垄断协议纠纷的当然依据。最后，原审法院对本案具有管辖权。[③]

（四）最高人民检察院首次就反垄断案件提起抗诉

山西昌林实业有限公司与壳牌（中国）有限公司滥用市场支配地位纠纷一案，二审法院基于存在有效仲裁条款的约定，裁定驳回昌林公司的起诉。山西昌林实业有限公司不服二审裁定，向最高人民检察院申诉，最高检认为原判决、裁定适用法律确有错误向最高法提出抗诉。[④]11 月 15 日，最高人民法院发布裁定，由该院提审。[⑤]本案是检察机关以审判监督的方式介入到垄断纠纷案件的第一案，为检察机关参与反垄断案件积累了有益经验。有关检察机关介入反垄断案件的方式，除抗诉之外，还有新《反垄断法》确立了反垄断民事公益诉讼制

---

① 最高人民法院：《人民法院反垄断典型案例》，https://www.court.gov.cn/zixun-xiangqing-379701.html，2022 年 12 月 26 日访问。

②《北京知识产权法院设立竞争垄断法官委员会并发布十大竞争垄断典型案例》，载北京法院网，https://bjgy.bjcourt.gov.cn/article/detail/2022/03/id/6591712.shtml，2022 年 12 月 23 日访问。

③ 最高人民法院民事判决书，（2022）最高法知民终 1276 号。

④ 高检民监［2021］159 号。

⑤（2022）最高法民抗 12 号。

度。若抗诉不成功，最高检可选择启动反垄断民事公益诉讼，因而该再审案可能成为后续提起反垄断民事公益诉讼的前奏。

第二节 综合分析

反垄断法是维护市场竞争秩序的基础性法律规范，常被称为“经济宪法”，在现代市场经济国家具有举足轻重的地位。我国是社会主义市场经济体制国家，不断完善反垄断法律制度，强化竞争政策基础地位，是我国发展完善社会主义市场经济体制的内在要求，也是我国融入全球化市场体系、参与国际竞争规则制定的需要。

一、政策层面

（一）竞争政策的顶层设计基础更加牢固

2022 年 10 月，中国共产党第二十次全国代表大会胜利召开，大会报告中的“四、加快构建新发展格局，着力推动高质量发展”指出，“高质量发展是全面建设社会主义现代化国家的首要任务”“构建全国统一大市场，深化要素市场化改革，建设高标准市场体系。完善产权保护、市场准入、公平竞争、社会信用等市场经济基础制度，优化营商环境”“加强反垄断和反不正当竞争，破除地方保护和行政性垄断，依法规范和引导资本健康发展”。这是继党的十九大报告和十九届四中全会决定先后要求“打破行政性垄断，防止市场垄断”和“强化竞争政策基础地位”后，又一次通过巩固完善竞争政策顶层设计的方式，提出了对加强和改进反垄断工作的配套改革命题，对今后反垄断工作的前进方向有着重要的指导意义。

与此同时，竞争政策也在向其他政策领域继续延伸，与其他政策之前的协调关系和机制的基础开始建立。3 月 16 日，国务院金融稳定发展委员会召开专题会议，研究当前经济形势和资本市场问题，要求“凡是对资本市场产生重大影响的政策，应事先与金融管理部门协调，保持政策预期的稳定和一致性”，市场是竞争政策和金融管理政策之间的衔接点，有了这一基点，二者的关系将得以进一步理顺。

平台经济领域竞争政策的日渐完善，也是竞争政策向细分领域发展的重要标志。继 2020 年末中央要求“强化反垄断和防止资本无序扩张”，到 2021 年中央财经委第九次会议、中央深改委第二十一次会议和中共中央政治局第三十四次集体学习分别要求“推动平台经济规范健康持续发展”“坚持监管规范和促进发展两手并重、两手都要硬，明确规则，划出底线，设置好‘红绿灯’”“把握数字经济发展趋势和规律推动我国数字经济健康发展”。2022 年，相关政策导向更加明确和清晰。1 月，国家九部门出台了《关于推动平台经济规范健康持续发展的若干意见》（以下简称“意见”）；3 月，国务院金融稳定发展委员会专题会议提出促进平台经济平稳健康发展，提高国际竞争力；4 月 29 日，中共中央政治局召开会议分析研究当前经济形势和经济工作时指出，要促进平台经济健康发展，完成平台经济专项整改，实施常态化监管，出台支持平台经济规范健康发展的具体措施；5 月全国政协召开“推动数字经济持续健康发展”专题协商会，提出“研究支持平台经济规范健康发展具体措施”；7 月 28 日，中共中央政治局会议强调要推动平台经济规范健康持续发展，完成平台经济专项整改，对平台经济实施常态化监管，集中推出一批“绿灯”投资案例。2022 年中央经济工作会议指出“要大力发展数字经济，提升常态化监管水平，支持平台企业在引领发展、创造就业、国际竞争中大显身手”。平台经济领域竞争政策从顶层设计到具体落实层面的日渐完善，可以成为今后更多细分领域竞争政策完善的参照目标。这些政策将使数字经济、平台经济领域的反垄断法适用有着更明确的方向性，也有利于增加确定性和改善市场预期。

（二）加快建设全国统一大市场，竞争政策发挥基础作用

2022 年 3 月 25 日，《中共中央　国务院关于加快建设全国统一大市场的意见》（以下简称《统一大市场意见》）对外发布。《统一大市场意见》指出，建设全国统一大市场是构建新发展格局的基础支撑和内在要求。主要目标是持续推动国内市场高效畅通和规模拓展，加快营造稳定公平透明可预期的营商环境，进一步降低市场交易成本，促进科技创新和产业升级，培育参与国际竞争合作新优势。《统一大市场意见》是落实党的十九届四中全会决定，完善社会主义基本经济制度，推动经济高质量发展的重要文件，与 2019 年 11 月发布的《中共中央　国务院关于推进贸易高质量发展的指导意见》、2020 年 4 月发布的《中共中央　国务院关于构建更加完善的要素市场化配置体制机制的意见》、2020 年 5 月发布的《中共中央　国务院关于新时代加快完善社会主义市场经济体制的意见》、2021 年 1 月发布的《建设高标准市场体系行动方案》等文件共同组成了目前指导我国经济发展、市场建设、营商环境改善方面最重要的意见。《统

一大市场意见》在原则中再一次重申强化竞争政策基础地位，将竞争政策的理念融入到了建设目标和具体实施方案中，并进一步提出建立公平竞争政策与产业政策协调保障机制，优化完善产业政策实施方式。从《统一大市场意见》中可以看出，反垄断、反不正当竞争和公平竞争审查是我国建设高效规范、公平竞争、充分开放的全国统一大市场的重要制度组成。畅通生产、分配、流通、消费各环节，降低市场交易成本需要反垄断发挥“竞争发动机”的作用，大力破除经济垄断行为；坚持对各类市场主体一视同仁、平等对待，破除地方保护和区域壁垒，清理废除妨碍依法平等准入和退出的规定和做法，清理招标采购领域违反统一市场建设的规定和做法需要反垄断和公平竞争审查制度的相互衔接配合，规制滥用行政权力排除限制竞争的行为；鼓励创新、提高市场运行效率需要反垄断与反不正当竞争、知识产权保护等其他民商事基本法律制度有机结合，在相似或不同的立法目标中寻找最合理的价值公约数。同时《统一大市场意见》突出了培育参与国际竞争新优势的重要原则，重申我国经济建设不仅要充分利用全球要素和市场资源，也要培养我国企业的国际竞争力。另外，《统一大市场意见》重申了对新业态新模式要坚持监管规范和促进发展并重；鼓励持续优化营商环境，以优质的制度供给和制度创新吸引更多优质企业投资。

二、立法层面

（一）我国《反垄断法》首次修法完成

2022年6月24日，第十三届全国人大常委会第三十五次会议表决通过《全国人民代表大会常务委员会关于修改〈中华人民共和国反垄断法〉的决定》，决定将于2022年8月1日起正式施行。本次修法是我国《反垄断法》自2008年开始实施以来的第一次修改，充分回应了《反垄断法》实施14年中显露出的包括规定较为原则、对部分垄断行为处罚力度不够、执法体制需要进一步健全等问题，吸收了《反垄断法》实施以来积累的执法和司法经验，兼顾了平台经济等新业态新模式快速发展带来的滥用数据、技术、资本等优势及实施垄断行为、妨碍公平竞争等新的现象，是一次相对准备充分、论证扎实、科学合理的修法。

在结构方面，本次修法没有改变原《反垄断法》的法律框架和分析结构，是一次增补式的“小修”，现行《反垄断法》从原来的8章57条增加至8章70条，二者之间存在36个条文的变化。在内容方面，本次修法在立法目的、法律原则、具体制度、特别条款均有改变或创新。具体而言，本次修法有如下亮点。

第一，本次修法在《反垄断法》第 1 条立法目的中加入了“鼓励创新”，丰富了我国《反垄断法》的立法目标体系。目前我国已进入高质量发展阶段，党中央多次强调“创新是引领发展的第一动力，抓创新就是抓发展，谋创新就是谋未来”，在立法目的中加入创新元素是更好地释放创新这一经济发展驱动力的重要表现。但是，本次修法的创新条款还过于原则，在反垄断法适用时如何平衡“创新”与“保护公平竞争”“提高经济运行效率”“维护消费者利益和社会公共利益”这些价值目标、“鼓励创新”在具体条款中如何体现等问题还有待进一步探索明确。

第二，2008 年实施的《反垄断法》仅在第 9 条国务院反垄断委员会的职责中提到“研究拟订有关竞争政策”，本次修法在《反垄断法》第 4 条中明确了“国家……强化竞争政策基础地位”，这是首次以法律形式确定竞争政策作为我国经济治理的原则，标志着我国过去几十年从产业政策一家独大过渡到开始重视竞争政策的不懈努力与尝试取得了里程碑性的成就。我国《反垄断法》在立法之时，经济体制改革起步不久，市场面临着产业政策独占鳌头、市场壁垒层峦叠嶂、价格调控大行其道、国有企业改革维艰等一系列难题；实施之初，又恰逢全球金融危机爆发，各项刺激政策使市场改革成果面临付诸东流的可能，而竞争政策发挥了保障《反垄断法》有效实施和顺利嵌入我国治理体系方面的重要作用。本次将“竞争政策”明文规定在《反垄断法》条文中是我国竞争立法的一大创举，竞争政策的运用将为我国未来的经济建设提供良好的视角和有力的抓手。

第三，本次修法在《反垄断法》增加的第 5 条中写入“国家建立健全公平竞争审查制度。行政机关和法律、法规授权的具有管理公共事务职能的组织在制定涉及市场主体经济活动的规定时，应当进行公平竞争审查”。这是自 2016 年我国建立公平竞争审查制度以来，首次以法律形式确定公平竞争审查制度，是我国在规制政府干预市场、排除限制竞争方面的又一进步，也是落实党的十九大对反垄断工作作出“打破行政性垄断，防止市场垄断”重要部署的具体措施。2016 年，国务院通过“34 号文”建立公平竞争审查制度，要求政策制定机关自我审查拟出台文件，以避免其中存在排除、限制竞争内容的制度性政策。这项政策与《反垄断法》中禁止行政垄断的规定在防止公权力不当干预市场的目标宗旨上具有一致性，但具体内容、实施方式又存在区别，违反公平竞争审查制度不必然产生《反垄断法》上的法律责任。本次修法在第 55 条中规定了“涉嫌违反本法规定的，反垄断执法机构可以对其法定代表人或者负责人进行约谈，要求其提出改进措施”，而第 5 条则正是将公平竞争审查制度规定在了“本法”之内，因此从文义理解上看，今后违反公平竞争审查制度将更加可能直接引发反垄断执法机构的约谈，增加了违反公平竞争审查制度在法律层面的不利后果。本次将公平竞争审查制度入法，还能促进解决公平竞争审查制度过去 6 年实施中面临的刚性约束不足问题，造成这一问题的根本原因是公平竞争审查制度未形成法制化，缺乏法律带来的标准、要件、程序、责任等强有力的实施机制和措施。本次修法是完善公平竞争审查制度，实现公平竞争审查制度法制化和破除行政性垄断法治化、常态化的第一步，后续在具体法规、规章的制定中还应深入研究公平竞争审查制度与行政垄断执法的衔接关系和具体机制。

第四，本次修法建立了纵向垄断协议的“安全港”制度，新法在禁止纵向垄断协议的法条处新增了一款，规定：“经营者能够证明其在相关市场的市场份额低于国务院反垄断执法机构规定的标准，并符合国务院反垄断执法机构规定的其他条件的，不予禁止。”根据市场监管总局最新发布征求意见的《禁止垄断协议规定（征求意见稿）》第 15 条的规定，经营者与交易相对人在相关市场的市场份额低于 15%，且无相反证据证明其排除、限制竞争的纵向垄断协议不予禁止。另外，现行《关于禁止滥用知识产权排除、限制竞争行为的规定》第 5 条、《国务院反垄断委员会关于汽车业的反垄断指南》第 4 条和《国务院反垄断委员会关于知识产权领域的反垄断指南》第 13 条，对纵向垄断协议的“安全港”豁免市场份额作了特殊规定。建立纵向垄断协议“安全港”制度，有利于节省反垄断执法资源，提高执法的权威性、专业性、程序性，统一执法的标准，给市场更加明确的预期。除了设置“安全港”制度，新法也明确了纵向协议如能够证明其不具有排除、限制竞争效果的，不被禁止。此条款回应了之前在行政执法和司法审判实践中对纵向垄断协议认定标准出现的分歧，有利于协调行政与司法机关的反垄断工作，统一反垄断法的适用标准。

第五，本次修法完善了经营者集中审查制度，新增了经营者集中“停钟”和分类分级审查制度、防止扼杀式并购的条款。首先，新《反垄断法》32 条规定：“有下列情形之一的，国务院反垄断执法机构可以决定中止计算经营者集中的审查期限，并书面通知经营者：（一）经营者未按照规定提交文件、资料，导致审查工作无法进行；（二）出现对经营者集中审查具有重大影响的新情况、新事实，不经核实将导致审查工作无法进行；（三）需要对经营者集中附加的限制性条件进一步评估，且经营者提出中止请求。自中止计算审查期限的情形消除之日起，审查期限继续计算，国务院反垄断执法机构应当书面通知经营者。”此条款明确了执法机构中止计算审查期限的条件，有利于平衡审查质量和审查效率。其次，《反垄断法》第26条增加了第2款和第3款，规定：“经营者集中未达到国务院规定的申报标准，但有证据证明该经营者集中具有或者可能具有排除、限制竞争效果的，国务院反垄断执法机构可以要求经营者申报。经营者未依照前两款规定进行申报的，国务院反垄断执法机构应当依法进行调查。”此条款明确了即使未达到申报门槛执法机构也有权要求申报的原则，回应了社会各界对新业态下出现的扼杀式并购现象的担忧。

第六，本次修法大幅加重了违反《反垄断法》的法律责任，增加了罚款金额；新增了实施垄断协议单位高管的违法责任；确立了对情节特别严重、影响特别恶劣、造成特别严重后果的违法行为可处以二到五倍罚款的加倍罚款制度；新增了对违反《反垄断法》遭到行政处罚的经营者处以信用惩戒的制度。本次修法加重反垄断法的违法责任，有利于强化反垄断法的实施力度，提高经营者反垄断合规的重视程度，营造市场公平竞争的环境。同时，需要指出的是，大幅加重违法责任也会增加不服反垄断行政处罚提起行政诉讼的概率，后续需要反垄断执法和司法机关进一步公正高效处理垄断案件，各司其职，共同维护市场的公平竞争。

（二）反垄断法配套执法规则同步修改

2022年6月，全国人大常委会通过《关于修改〈中华人民共和国反垄断法〉的决定》后，市场监管总局紧接着对《国务院关于经营者集中申报标准的规定（修订草案征求意见稿）》《禁止垄断协议规定（征求意见稿）》《经营者集中审查规定（征求意见稿）》《禁止滥用市场支配地位行为规定（征求意见稿）》《制止滥用行政权力排除、限制竞争行为规定（征求意见稿）》《禁止滥用知识产权排除、限制竞争行为规定（征求意见稿）》共6部反垄断法配套法规、规章公开征求意见，预计正式规定将会很快公布。

1.《国务院关于经营者集中申报标准的规定（修订草案征求意见稿）》[①]

对全球合计营业额、中国境内合计营业额和单方中国境内营业额的要求，

① 国家市场监督管理总局：《市场监管总局关于公开征求〈国务院关于经营者集中申报标准的规定（修订草案征求意见稿）〉意见的公告》，https://www.samr.gov.cn/jzxts/tzgg/zqyj/202206/t20220625_348150.html，2022年12月31日访问。

由现行 100 亿元人民币（币种下同）、20 亿元和 4 亿元分别提高到 120 亿元、40 亿元和 8 亿元，低于此标准的经营者集中原则上无需申报，提升了经营者集中审查的科学性和精准性，降低了企业制度性交易成本。值得注意的是，本次《国务院关于经营者集中申报标准的规定（修订草案征求意见稿）》新增了一类新的申报要求，即一方上一年度营业额超过 1 000 亿元人民币，另一方市值（或估值）超过 8 亿元人民币的合并需要事先申报。本规定是为了回应对互联网企业扼杀式收购的担忧，但是易使众多不属于互联网企业的上市公司的并购行为落入申报范围，增加交易成本。

2.《禁止垄断协议规定（征求意见稿）》[①]

针对《反垄断法》第 19 条关于垄断协议的规定，新增了横向垄断协议“具有竞争关系的经营者”的定义，并新增经营者对所达成的纵向价格协议进行抗辩的权利，另外新增了组织和帮助达成垄断协议的经营者法律责任，明确“组织”和“实质性帮助”的认定标准，细化相关违法情形。《禁止垄断协议规定（征求意见稿）》还对新《反垄断法》建立的纵向垄断协议“安全港”制度作出了细化规定，明确了一般豁免市场份额门槛和具体适用标准、程序，为经营者提供更加明确的合规指引。

3.《禁止滥用市场支配地位行为规定（征求意见稿）》[②]

在新《反垄断法》的基础上进一步明确反垄断相关制度在平台经济领域的适用规则，规定具有市场支配地位的经营者不得利用数据和算法、技术以及平台规则等从事滥用市场支配地位行为。

4.《经营者集中审查规定（征求意见稿）》[③]

本次共修改 22 条，增加 12 条，删除 1 条，修订后共 76 条。其中详细规定了经营者集中审查期限停钟制度，针对适用中止计算经营者集中审查期限的三种情形，制定了启动条件、恢复条件和适用程序等细则。

---

① 国家市场监督管理总局：《关于公开征求〈禁止垄断协议规定（征求意见稿）〉意见的通知》，https://www.samr.gov.cn/jzxts/tzgg/zqyj/202206/t20220627_348157.html，2022 年 12 月 31 日访问。

② 国家市场监督管理总局：《关于公开征求〈禁止滥用市场支配地位行为规定（征求意见稿）〉意见的通知》，https://www.samr.gov.cn/jzxts/tzgg/zqyj/202206/t20220627_348153.html，2022 年 12 月 31 日访问。

③ 国家市场监督管理总局：《关于公开征求〈经营者集中审查规定（征求意见稿）〉意见的公告》，https://www.samr.gov.cn/jzxts/tzgg/zqyj/202206/t20220624_348145.html，2022 年 12 月 31 日访问。

5.《制止滥用行政权力排除、限制竞争行为规定（征求意见稿）》[①]

针对新《反垄断法》在“滥用行政权力排除、限制竞争”部分新增的“行政机关和法律、法规授权的具有管理公共事务职能的组织不得滥用行政权力，通过与经营者签订合作协议、备忘录等方式，妨碍其他经营者进入相关市场或者对其他经营者实行不平等待遇，排除、限制竞争”条款进行同步调整，结合执法实践对限定交易、妨碍商品自由流通等排除、限制竞争行为表现方式予以进一步细化。另外，针对新《反垄断法》引入的执法约谈制度，对约谈的内容、程序、方式等作了进一步细化，增强制度的可操作性，保障制度落实提升制止滥用行政权力排除、限制竞争反垄断执法效能。

6.《禁止滥用知识产权排除、限制竞争行为规定（征求意见稿）》[②]

针对健全知识产权领域反垄断制度规则，进一步厘清明确保护知识产权与反垄断界限作出了规定，完善了标准必要专利等重点知识产权领域的反垄断规则，并将新《反垄断法》加入的“鼓励创新”立法目的融入到具体条文中。该规定第 3 条明确了知识产权领域垄断行为的范围包括达成垄断协议、滥用市场支配地位和具有或者可能具有排除、限制竞争效果的经营者集中；第 6 条细化了知识产权领域滥用市场支配地位行为制度规则，增加认定市场支配地位的考量因素；第 8 条至第 10 条完善了限定交易、搭售、附加不合理限制条件等行为认定规则；第 14 条完善了有关专利联营的垄断协议、滥用市场支配地位行为规定；第 15 条、第 16 条明确了标准制定和实施中的垄断协议情形，完善标准必要专利许可中的滥用市场支配地位行为规定；第 17 条增加了对著作权集体管理组织垄断行为的规定。

（三）反垄断民事诉讼司法解释加快制定

2022 年 11 月 18 日《最高人民法院关于审理垄断民事纠纷案件适用法律若干问题的规定（公开征求意见稿）》（以下简称“2022 司法解释稿”）对外公布。[③]2022 司法解释稿征求意见稿全文共 52 条，在整合吸收 2012 年发布的《最

---

① 国家市场监督管理总局：《关于公开征求〈制止滥用行政权力排除、限制竞争行为规定（征求意见稿）〉意见的通知》，https://www.samr.gov.cn/jzxts/tzgg/zqyj/202206/t20220627_348162.html，2022 年 12 月 31 日访问。

② 国家市场监督管理总局：《关于公开征求〈禁止滥用知识产权排除、限制竞争行为规定（征求意见稿）〉意见的通知》，https://www.samr.gov.cn/jzxts/tzgg/zqyj/202206/t20220627_348158.html，2022 年 12 月 31 日访问。

③ 最高人民法院：《关于反垄断民事诉讼司法解释稿向社会公开征求意见的公告》，https://www.court.gov.cn/zixun-xiangqing-380101.html.com，2022 年 12 月 29 日访问。

高人民法院关于审理因垄断行为引发的民事纠纷案件应用法律若干问题的规定》（以下简称“2012 司法解释”）基础上制定。从条文数量上来看，相比 2012 年的 16 条规定，2022 司法解释稿征求意见稿扩充了 36 条，对垄断民事案件中的程序与实体问题作出较为全面系统的规定，为《反垄断法》与《民法典》《民事诉讼法》等相关法律在反垄断民事诉讼领域的综合协调适用提供具体的规则指引。总结而言，2022 司法解释稿的征求意见稿具有如下亮点。

1. 加强反垄断行政执法和司法的衔接

为贯彻落实新修《反垄断法》关于健全行政执法和司法衔接机制的规定，2022 司法解释稿对此作出了配套规定，促进司法和行政执法在程序上更为有效的衔接。比如，针对同一垄断行为，若出现既遭到反垄断执法机构调查但调查尚未终结，又被相关当事人诉诸法院的情况，2022 司法解释稿第 14 条便对此作出指引，即被诉垄断行为正在反垄断执法机构调查中的，法院可以根据具体情况裁定中止诉讼。同时，2022 司法解释稿第 15 条规定，法院在审理民事纠纷案件中发现当事人的相关行为涉嫌违反《反垄断法》或被诉行为被认定违反《反垄断法》的，可以向反垄断执法机构移送涉嫌违法行为线索。这一指引既有助于平衡利用执法和司法资源来推动《反垄断法》实施，也有助于保障当事人在程序上的确定性预期。

2. 明确举证责任分配

在举证责任方面，2022 司法解释稿作出比 2012 司法解释更为细致的规定，并且在一定程度上减轻原告的举证责任，有助于提高当事人提起垄断民事诉讼的积极性。比如，2022 司法解释稿第 11 条规定，如果被诉行为已经被反垄断执法机构的生效处理决定认定的，原告无需再行举证证明垄断行为成立，除非被告能提供足以推翻垄断行为成立的证据。这一规定，在举证责任方面，为原告根据已有反垄断调查结果和处罚决定提起后续民事诉讼提供极大便利。

3. 注重竞争效果分析

在涉及垄断协议和滥用市场支配地位行为的认定上，2022 司法解释稿非常注重对竞争效果的分析。在认定垄断协议方面，2022 司法解释稿根据不同协议类型，就原被告针对相关协议是否“具有排除、限制竞争效果”所各自承担的举证责任进行详细规定。此外，2022 司法解释稿还具体规定认定纵向垄断协议是否具有排除、限制竞争效果所要考虑的因素，如被告是否具有显著市场力量，协议是否具有提高市场进入壁垒、削弱品牌间竞争等妨碍竞争的效果，协议是否有助于防止搭便车等等。在滥用市场支配地位的认定方面，2022 司法解释稿同样加以详细规定，不仅详细规定《反垄断法》第 22 条明文规定的各种类型滥用行为的具体认定考量因素，还要求在滥用行为认定过程中结合被诉滥用行为的反竞争效果进行分析。比如，2022 司法解释稿第 37 条规定，在初步认定经营者构成以不公平高价销售商品或不公平低价购买商品时，除了考虑价格因素外，还要考虑相关价格行为是否足以排除、限制同等效率的交易相对人在相关市场开展有效竞争。因此，在认定相关行为是否构成滥用市场支配地位时，不仅要分析行为特征是否符合基本构成要件，还要从经营者所在市场的结构、市场竞争状况、对上下游和相邻市场的影响等多个维度分析被诉垄断行为的竞争效果来进行综合判断。

4. 明确跨越相关市场界定门槛的可能

2022 司法解释稿在相关市场界定方面，参照了《国务院反垄断委员会关于相关市场界定的指南》与《国务院反垄断委员会关于平台经济领域的反垄断指南》中的相关规定，并作出拓展性的尝试。2022 司法解释稿第 16 条明确规定，原告主张被诉垄断行为违反《反垄断法》的，一般应当界定被诉垄断行为所影响的相关市场并提供证据或者说明理由。但是，原告提供证据足以直接证明被诉垄断协议的经营者具有显著的市场力量，被诉滥用市场支配地位的经营者具有市场支配地位，或者被诉垄断行为具有排除、限制竞争效果的，原告可以不再对相关市场的界定承担证明责任。尽管司法解释未就“直接证明”作进一步具体说明，但是无疑为垄断民事纠纷案件原告跨越相关市场界定门槛提供可能。至于如何直接证明市场支配地位或排除、限制竞争效果，还需要实践中的经验积累和方法归纳。

5. 强化反垄断民事责任

在民事责任方面，较之于 2012 司法解释，2022 司法解释稿新增一款，即如果判令被告停止被诉垄断行为并不足以消除排除、限制竞争效果的，法院可以根据原告诉讼请求，判令被告承担作出特定行为以恢复竞争的法律责任。比如，若被诉行为涉及排他性交易或拒绝交易，原告可以主张责令被告进行相关交易。此外，2022 司法解释稿还规定了赔偿损失包括赔偿直接损失和减少的可得利益。就确定相关损失，司法解释列出了一系列的参考因素，例如垄断行为实施前后与实施期间的相关产品的价格、成本、利润等的差异，未受垄断行为影响的可比市场的商品价格、成本、利润等。如损失数额难以确定的，法院可根据原告主张和相关证据，结合垄断行为的性质、程度、持续时间、获得利益等因素确定合理的赔偿金额。并且，2022 司法解释稿第 45 条引入了损失转嫁的抗辩规定，即被告能够证明原告已经将其所受损失全部或者部分转嫁给他人的，法院在确定赔偿数额时对于转嫁的损失可以予以扣减。最后，还需要注意的是，2022 司法解释稿第 48 条明确了横向垄断协议的经营者以达成、实施该协议的其他经营者为被告，请求赔偿其参与该协议期间的损失的，法院不予支持。

三、实施层面

（一）反垄断行政执法方面：迈向执法常态化，保护市场公平竞争

2022 年度，是反垄断执法迈向执法精细化、监管常态化的重要一年，反垄断执法部门着力提升反垄断法治化水平，持续营造公正稳定可预期的竞争执法制度环境，为市场主体提供更加清晰的行为指引，保护市场公平竞争。总体而言，2022 年的反垄断执法工作呈现如下特点：

1. 贯彻落实新修《反垄断法》，细化完善执法规则标准

根据反垄断执法部门已公开的执法数据，尽管 2022 年的案件总量较之于 2021 年有所减少，但更多的资源倾向于贯彻落实新《反垄断法》，细化完善当前的反垄断执法规则标准，不断推进反垄断执法程序实体规则体系的完善和整体法治化水平的提升，以规范、透明、可预期的监管，来维护市场公平竞争，促进社会主义市场经济繁荣稳定。在 2022 年 6 月 24 日新修《反垄断法》出台后，执法部门便旋即公布配套的一部行政法规和五部部门规章的征求意见稿，着力落实新法的原则性规定，通过推动执法规则的统一，执法标准的明确，来稳定市场主体的预期，提升执法质效。

2. 加强行政垄断执法，深化公平竞争政策实施

2022 年，我国反垄断执法部门为进一步激发市场主体活力，畅通国内大循环，推动形成高效规范、公平竞争的全国统一大市场，深化公平竞争政策实施，在全国范围内开展制止滥用行政权力排除、限制竞争执法专项行动。要求各地执法部门结合本地区的突出问题，依法调查处理一批行政机关违反《反垄断法》有关规定实施的限定交易、妨碍商品自由流通、限制外地经营者参加本地招标投标活动、制定含有排除、限制竞争内容的规定等行为，深入贯彻落实新修《反垄断法》关于“强化竞争政策基础地位”的规定，为各类市场主体的经营发展提供更为公平竞争的市场环境。截至 2022 年 12 月 31 日，执法部门公布了四批

2022 年制止滥用行政权力排除、限制竞争执法专项行动的案件。[①]

3. 加强重点领域反垄断执法，保障社会整体福利

民生重点领域依然是反垄断执法的重点，2022 年执法部门在陕西省水泥协会组织 13 家水泥企业实施垄断协议案中开出年度最高罚单约 4.51 亿，[②]在安徽芜湖湾沚中燃城市燃气发展有限公司因滥用市场支配地位实施限定交易行为案中，又罚款 889 万余元。[③]2022 年颇受社会关注的知网反垄断案，在历经 7 个多月的调查后，终以 8 760 万元的罚款而尘埃落定，知网被认定滥用市场支配地位实施限定交易和不公平高价行为。[④]对于这些民生重点领域中垄断行为的执法和处罚，有力维护了相关市场内公平竞争，促进民生领域的高质量发展，也彰显了《反垄断法》维护消费者福利保障民生福祉的立法目的和实施理念。此外，执法部门还强化对物流、公用事业、食品制造、医药健康等民生领域的经营者集中审查，在维护公平竞争市场格局的同时，保障了高质量发展成果更多、更公平惠及广大人民群众。

（二）反垄断司法审判方面：加强与执法衔接，提供司法有力保障

2022 年度，人民法院不断加强反垄断司法审判工作，深入贯彻落实新修改的《反垄断法》，有效维护市场的公平竞争秩序，为公平竞争的法治环境提供有力司法保障。2013 年至 2022 年 6 月，全国法院审结垄断一审民事案件 916 件，[⑤]并且在 2022 年最高人民法院发布了《最高人民法院关于审理垄断民事纠纷案件适用法律若干问题的规定（公开征求意见稿）》，以及 10 件反垄断典型案例，在强化反垄断司法审判的同时，也加强了反垄断案件的审判指导，有力促进了反垄断法司法实施的质效。总结而言，2022 年的反垄断司法审判工作具有如下特点：

---

① 国家市场监管总局，滥用行政权力排除、限制竞争案件的通知公告栏，https://www.samr.gov.cn/fldys/tzgg/xzjj/，2022 年 12 月 31 日访问。

② 国家市场监督管理总局：《市场监管总局发布陕西省水泥协会组织 13 家水泥企业达成并实施垄断协议案行政处罚决定书》，https://www.samr.gov.cn/fldys/tzgg/xzcf/202207/t20220708_348502.html.com，2022 年 12 月 30 日访问。

③ 国家市场监督管理总局：《市场监管总局发布芜湖湾沚中燃城市燃气发展有限公司滥用市场支配地位案行政处罚决定书》，https://www.samr.gov.cn/fldys/tzgg/xzcf/202207/t20220719_348778.html.com，2022 年 12 月 30 日访问。

④ 国家市场监督管理总局：《市场监管总局发布知网滥用市场支配地位案行政处罚决定书》，https://www.samr.gov.cn/fldys/tzgg/xzcf/202212/t20221226_352400.html.com，2022 年 12 月 30 日访问。

⑤ 最高人民法院：《最高法发布人民法院加强反垄断和反不正当竞争司法有关情况》，https://www.court.gov.cn/zixun-xiangqing-379771.html.com，2022 年 12 月 30 日访问。

1. 严格制止垄断行为，有效维护市场竞争秩序

法院审结了多起横向垄断协议纠纷案件和滥用市场支配地位纠纷案件，在正确适用反垄断法规制垄断行为的同时，进一步明确了部分垄断行为的认定方法以及损害赔偿的计算标准，有利于促进反垄断司法裁判标准的明确和完善，既有助于维护市场公平竞争秩序，也为企业反垄断合规提供司法指引，增强反垄断法实施的确定性。比如，在“驾校联营”横向垄断协议纠纷案中，明确了认定涉横向垄断协议的民事行为无效的基本原则；①在“茂名混凝土企业横向垄断协议”反垄断行政处罚案中，明确了垄断协议中“其他协同行为”的认定方法；在“延安混凝土企业”合同纠纷及横向垄断协议纠纷案和“威海水务集团”滥用市场支配地位纠纷案中，分别明确了横向垄断协议的损害赔偿计算标准和实施限定交易行为造成损失的认定标准。

2. 明晰知识产权行使的边界，引导权利人合法经营

我国《反垄断法》明确禁止经营者滥用知识产权排除、限制竞争，法院审结了多起涉知识产权的垄断纠纷案件，明确了知识产权滥用的司法审判规则，有助于正确适用反垄断法规制滥用知识产权行为，厘清专利权等排他性民事权利行使的合法边界，在规范权利人合法行使权利、促进权利人守法经营方面发挥司法的指引价值。比如，在“涉沙格列汀片剂药品专利反向支付协议”发明专利侵权纠纷案中，强调了在非垄断案由案件中对于所谓“药品专利反向支付协议”予以反垄断审查的必要性，并明确了审查的路径及其限度。②在“无励磁开关专利侵权和解协议”横向垄断协议纠纷案中，明确了涉及专利权行使的横向垄断协议的分析判断标准。③在“涉中超联赛图片”滥用市场支配地位纠纷案中，明确了体育赛事商业权利独家授权中的反垄断司法审查标准。④

3. 聚焦民生领域垄断案件，切实保障人民群众从公平竞争中获得实益

通过市场的有效竞争，人们可以更低的价格获得数量更多、质量更高的产品并且拥有更多的选择，这是反垄断法得以出现的价值原点，也是我国反垄断法的立法目的之一。法院聚焦民生领域垄断案件，针对幼儿教育和机动车检测领域经营者达成价格同盟和行业协会组织达成并实施垄断协议，以及一些公用

---

① 最高人民法院民事判决书，（2021）最高法知民终 1722 号。

② 最高人民法院民事判决书，（2021）最高法知民终 388 号。

③ 最高人民法院民事判决书，（2021）最高法知民终 1298 号。

④ 最高人民法院民事判决书，（2021）最高法知民终 1790 号。

企业滥用市场支配地位行为等人民群众高度关注的市场竞争行为，给予积极回应，依法制止排除、限制竞争行为，恢复、促进市场竞争活力，保证人民群众获得市场竞争带来的利益。比如，“幼儿园”横向垄断协议纠纷案、“惠州市机动车检测行业协会”反垄断行政处罚案和“威海水务集团”滥用市场支配地位纠纷案。[①]这些案件在服务保障民生，以及维护消费者利益方面发挥了重要作用，彰显反垄断法实施的社会价值。

4. 依法监督反垄断执法，促进行政执法标准与司法标准协调统一

新修《反垄断法》明确规定要“加强反垄断执法司法，依法公正高效审理垄断案件，健全行政执法和司法衔接机制”，人民法院在垄断司法案件审判中深入贯彻新法的规定，加强反垄断执法和司法的有效衔接，促进行政执法标准和司法标准的协调统一，提升反垄断实施的合力。比如，在“茂名混凝土企业横向垄断协议”反垄断行政处罚案[②]和“海南消防检测企业横向垄断协议”反垄断行政处罚案[③]中，分别明确了对违反《反垄断法》处以罚款的计罚基数“上一年度销售额”中的“上一年度”和“销售额”的原则性的理解与适用。又比如，在“延安混凝土企业”合同纠纷及横向垄断协议纠纷案中，对于反垄断行政执法机关作出处罚的垄断行为人依法判处承担民事赔偿责任。[④]

（三）实施体制方面：不断优化创新，竞争治理能力显著提升

1. 授权检察机关提起反垄断民事公益诉讼，有助于反垄断法公正高效实施

2022 年新修《反垄断法》第 60 条第 2 款规定：“经营者实施垄断行为，损害社会公共利益的，设区的市级以上人民检察院可以依法向人民法院提起民事公益诉讼。”自此，检察机关正式成为我国《反垄断法》实施的一方重要力量。对于反垄断公益诉讼，最高人民检察院高度重视本次《反垄断法》修改后新增的这一办案领域。2022 年 8 月，最高人民检察院印发《关于贯彻执行〈中华人民共和国反垄断法〉积极稳妥开展反垄断领域公益诉讼检察工作的通知》，指出要突出监督办案重点，对照国务院反垄断委员会有关反垄断指南、指引，重点针对法律明令禁止的垄断行为、涉及国计民生的重要领域、关系市场竞争规则的关键环节、严重侵害众多消费者权益的公益损害的突出

---

① 最高人民法院：《人民法院反垄断典型案例》，https://www.court.gov.cn/zixun-xiangqing-379701.html.com，2022 年 12 月 31 日访问。

② 最高人民法院民事判决书，（2022）最高法知行终 29 号。

③ 最高人民法院民事判决书，（2021）最高法知行终 880 号。

④ 陕西省西安市中级人民法院民事判决书，（2020）陕 01 知民初 509 号。

问题，重点关注互联网、公共事业、医药等民生保障领域，精准开展反垄断公益诉讼检察工作。人民检察院提起公益诉讼这一制度，早在 2017 年全国人大常委会修改《民事诉讼法》和《行政诉讼法》时就已正式确立，但是当时法律并未授权检察院提起反垄断民事公益诉讼，只是在法律条文表述上以“等损害社会公共利益的行为”为后续授权留下了空间。2017 年修改的《民事诉讼法》增加了以下条款，规定：“人民检察院在履行职责中发现破坏生态环境和资源保护、食品药品安全领域侵害众多消费者合法权益等损害社会公共利益的行为，在没有前款规定的机关和组织或者前款规定的机关和组织不提起诉讼的情况下，可以向人民法院提起诉讼。前款规定的机关或者组织提起诉讼的，人民检察院可以支持起诉。”本次《反垄断法》修改，授权人民检察院可以提起反垄断民事公益诉讼，是反垄断执法司法体系的一大创新，有利于保障反垄断法的有效实施和执行。

2. 试点委托开展部分经营者集中案件反垄断审查，有助于提升反垄断审查效能

2022 年 7 月，市场监管总局对外发布了《关于试点委托开展部分经营者集中案件反垄断审查的公告》，试点委托北京、上海、广东、重庆、陕西等 5 个省（直辖市）市场监督管理部门实施部分经营者集中案件反垄断审查事项。各地方市场监督管理部门负责审查案件的管辖范围为：（1）至少一个申报人住所地在该部门受委托联系的相关区域（以下简称相关区域）的；（2）经营者通过收购股权、资产或者合同等其他方式取得其他经营者的控制权，其他经营者的住所地在相关区域的；（3）经营者新设合营企业，合营企业住所地在相关区域的；（4）经营者集中相关地域市场为区域性市场，且该相关地域市场全部或主要位于相关区域的；（5）市场监管总局委托的其他案件。[①]值得注意的是，本次经营者集中审查申报委托，受案范围不局限于被委托地方市场监管部门所在的省（直辖市），而是覆盖全国，由 5 个省（直辖市）的市场监管部门各自负责划定的区域。但是，在具体的审查职权方面，地方执法市场监管部门没有独自作出审查决定的权限，而是由市场监管总局在试点省级市场监管部门审查意见和审查建议的基础上作出审查决定。这次市场监管总局在经营者集中申报上做的试点，是完善反垄断执法体制机制的重要制度创

① 国家市场监督管理总局：《市场监管总局关于试点委托开展部分经营者集中案件反垄断审查的公告》，https://www.samr.gov.cn/zt/wjj/zcwj/202209/t20220923_350272.html，2022 年 12 月 25 日访问。

新，有利于完善央地两级反垄断执法架构，构建更加科学系统完备的反垄断执法体系。

四、国际合作层面

2022年，我国竞争政策与法律方面的国际交流，整体立足于我国经济体制改革完善和全国统一大市场的建设需要，适应全球化市场需求的同时加强在竞争治理方面的国际合作，保持与各法域竞争执法机关之间的良好沟通。

2022年2月4日，在俄罗斯总统普京访华期间，受两国政府委托，市场监管总局与俄罗斯联邦反垄断局签署《中华人民共和国政府与俄罗斯联邦政府反垄断执法和竞争政策领域的合作协定》。这是中俄两国元首会晤成果之一，也是我国反垄断执法机构长期与友好国家反垄断执法机构合作交流的成果。本次签署的反垄断合作协定，建立了常态化工作机制，促进多双边经贸往来与合作，并将在反垄断案件通报、信息交换、执法协作、技术交流等方面进一步深化务实合作，强化竞争领域制度型开放，对深化中俄两国经贸交流，推动中俄新时代全面战略协作伙伴关系高水平发展具有重要意义。2022年3月28日至3月31日，为进一步提升中欧竞争领域合作水平，市场监管总局竞争政策协调司与欧盟竞争总司共同举办第23届中欧竞争政策周研讨会。中欧双方反垄断执法人员围绕反垄断立法和执法最新进展、经营者集中反垄断审查、公平竞争审查与国家援助控制、医药领域反垄断执法等重点问题进行了卓有成效的研究和讨论。双方表示将进一步深化竞争领域务实合作，共同提高反垄断立法和执法水平，实现中欧竞争领域更高合作水平、更高供给质量、更高发展韧性，助力中欧经贸关系不断深化。2022年11月，市场监督管理总局（国家反垄断局）、国务院反垄断委员会办公室及有关单位共同开展首届中国公平竞争政策宣传周活动。本次宣传周的主题是“统一大市场公平竞未来”，宣传周包括两个重要的国际竞争交流活动：第九届中国公平竞争政策国际论坛、金砖国家反垄断政策协调委员会视频会议。我国是2022年金砖国家轮值主席国，金砖国家反垄断政策协调委员会成员由金砖国家竞争主管机构的负责人或副负责人组成。金砖国家反垄断政策协调委员会会议由金砖国家轮流主办，每年召开一次，是金砖框架下的重要务实活动，本次在竞争政策宣传周召开金砖国家反垄断政策协调委员会视频会议，更加有利于我国竞争政策和法律的国际交流合作。

第三节　热点聚焦

2022 年是我国不断加强竞争政策基础地位，不忘反垄断法律制度的初心和使命，坚持社会主义市场经济守正创新的一年，在上述四个层面均取得重要进展。本节将着眼于国内法治和涉外法治两个维度，一方面聚焦我国本轮《反垄断修法》中的热点话题，另一方面关注反垄断领域的重要国际进展及其国内影响。

一、我国《反垄断法》修改中的热点话题

如上述所言，在内容方面，本次修法在立法目的、法律原则、具体制度以及法律责任条款等方面均有诸多亮点。另外，从理论和实务界的关注程度来看，本次修法中新增或修改的一些原则性条款和具体制度条款也引发强烈关注和热烈探讨。总结而言，有如下几方面的热点话题。

（一）修法新增“鼓励创新”作为立法目的

随着数字经济时代的到来，创新已经成为经济和社会发展中不可替代的重要推动力量，创新的重要性不言而喻，在新技术、新业态、新模式等方面的创新竞争已经成为企业成长迭代、市场繁荣壮大、经济高速发展的重要驱动力，因此，如何通过法治保障来鼓励创新成为当代重要的议题之一。在 2015 年中共中央、国务院出台的《关于深化体制机制改革加快实施创新驱动发展战略的若干意见》中就明确指出，发挥市场竞争激励创新的根本性作用，营造公平、开放、透明的市场环境，是创新驱动发展战略实施的重要内容。而本次反垄断修法将“鼓励创新”上升为立法目的，就是通过法治保障来发挥市场竞争机制、加强市场主体创新动力的重要体现。但由于本次修法对“鼓励创新”的规定高度原则性，也因而引发关于其经济学理论支撑的探讨，如竞争、垄断与创新的关系问题，以及由此引发了其在反垄断立法目的体系中的定位问题的理解讨论。

一方面，反垄断法作为一部高度需要经济学分析的法律，其立法目的的扩张同样需要经济学研究成果的支撑。然而，问题就在于经济学对此缺少稳定的理论支撑。从全球视野来看，当前关于垄断和创新关系的经济学研究理论成果中分歧多于共识，有三种观点共存，分别位于“天平”的两端以及中间。一端以熊彼得为代表，认为垄断是创新的基础，市场中更少的竞争会给企业提供更多激励和动力去参与创新活动，更高的市场集中度和更大的企业规模，将对创

新产生积极影响。[①]另一端的代表人物阿罗则相反，认为垄断会抑制企业对创新的进一步投资，竞争压力才是创新投资的关键。而处于中间的调和派阿吉翁，则通过大量实证数据提出了“倒 U 型模型”，简单而言就是适度集中的市场中创新率最高，竞争过度和竞争不足都不利于创新。[②]因此，垄断和创新的关系动态而复杂，缺乏强有力且稳定的经济学理论和数据来支撑保护竞争和鼓励创新之间的正向关系。这也进一步引发关于“鼓励创新”在反垄断法价值目标体系中的定位问题。

另一方面，关于“鼓励创新”在反垄断法立法目的体系中的定位问题，概括而言存在两类观点。一是，主张将“鼓励创新”作为反垄断法的直接目的，也即在数字经济时代反垄断法所追求的价值目标中创新有其独立性。通过强化反垄断推进竞争政策的实施，可为创新营造公平竞争的制度环境，实现创新和竞争的良性互动。二是，主张“鼓励创新”尽管是反垄断法中的题中应有之义，但是更宜将其作为间接目的在立法文本中表述，也即将其作为一种价值宣示或监管原则来体现，而非作为直接立法目的来适用。因为从经济学视角来看，鼓励创新和保护竞争之间不能简单划等号，在两者冲突的情况下，反垄断法应该回归其保护市场竞争的初心，而不是刻意追求专门保护创新。并且创新也并非企业的法定义务，而是企业经营自由的范围，保护竞争的前提是保护企业的经营自由，让企业独立自主地参与市场竞争，这其中就包括创新的自由。

综上，新增“鼓励创新”作为立法目的彰显了数字经济时代立法者对创新的重视，但是在后续的反垄断法实施中如何具体体现这一立法目的，还需要建立在对创新和竞争、垄断关系充分理解的基础上，引入动态竞争视角来推进反垄断法目的条款的恰当适用。此外，还需要注意，“鼓励创新”的立法目的可能会被企业加以利用，成为实施垄断行为的“合法”借口，执法过程中需要加以仔细辨识。

（二）修法回应数字经济领域的反垄断挑战

近年，数字经济迅猛发展，作为数字经济的特殊存在，以企业组织形式和商业模式为表征的数字平台也异军突起。与传统工业经济显著不同，平台经济领域的市场竞争具有鲜明特点，主要是双方市场、网络效应、规模经济、颠覆

---

① [美] 约瑟夫·熊彼特：《资本主义、社会主义与民主》，商务印书馆 1999 年版，第 171 页。

② Kenneth J. Arrow, “Economic Welfare and the Allocation of Resources for Invention”, in Richard R. Nelson, ed., *The Rate and Direction of Inventive Activity:Economic and Social Factors*, Princeton:Princeton University Press, 1962, p.609 – 626.

性创新以及动态竞争等。而大型数字平台滥用数据、算法、技术等优势，通过实施“二选一”“扼杀式收购”“自我优待”“平台封禁”等行为来巩固自身的垄断地位，对平台经济领域的有效竞争造成破坏，也为反垄断法的实施带来挑战。本次修法如何回应数字经济发展中的新挑战，规范平台经济健康有序发展，成为各界关注的重点和讨论的热点。具体而言如下。

1.“总则”章设数字经济反垄断专条

本次修法在总则章增加“经营者不得利用数据和算法、技术、资本优势以及平台规则等从事本法禁止的垄断行为”作为第9条，概括回应了数字经济对于现行反垄断规则提出的挑战，也对平台经营者提出了相应的合规要求。一方面，从立法技术上看，设置数字经济反垄断专条，其立法逻辑较之于之前的修正草案更加合理，并且在总则章表述，可以统摄全文，对各具体反垄断规制制度的适用均具有指引作用。并且专条的表述一改之前修正草案中的“不得滥用”，使用“利用”一词，更为明确中性，使得文义的重点置于“本法禁止的垄断行为”，明确将数字经济领域经营者对数据、算法等新手段的利用行为置于现行《反垄断法》既有的行为规制框架之内，提升了规则的可预见性。另一方面，从专条的内容来看，体现了数字经济的数据密集型、技术密集型和资本密集型特点，通过列举数字经济重要竞争要素的方式，来禁止经营者利用这些竞争要素实施垄断行为。这一概括性的禁止规定，既尊重了数字经济的竞争规律，也凸显强化数字经济反垄断的态度。

2.“滥用”章设数字经济反垄断专款

本次修法在数字经济反垄断专条之下，专门在滥用章设置专款，对平台“滥用市场支配地位”的垄断行为规制给予特别的关切，进一步强调“具有市场支配地位的经营者不得利用数据和算法、技术以及平台规则等从事前款规定的滥用市场支配地位的行为”。有别于之前修正草案中“不合理限制”的表述，专款的表述基本沿用了总则中专条规定的分析框架。由于数据、算法、技术等参与市场竞争的因素本质上是中性的，在专款的规定下，即便是利用这些竞争因素，对于“滥用行为”的判定仍然依据既有的滥用市场支配地位的分析框架，通过凸显出数字平台竞争的核心要素，为数字经济领域滥用行为的界定提供法律依据，从而推动对互联网平台的监管。

3.“经营者集中”章设“扼杀式并购”规制条款

本次修法还专门针对数字经济反垄断中较为突出的“扼杀式并购”问题给

予回应，在第 26 条第 2 款中规定“经营者集中未达到国务院规定的申报标准，但有证据证明该经营者集中具有或者可能具有排除、限制竞争效果的，国务院反垄断执法机构可以要求经营者申报”。这是因为，近年来，数字经济领域的“扼杀式并购”引起了反垄断执法机构的持续关注，虽然大型数字企业对于初创企业的并购并不必然具有反竞争效果，但随着时间推移，这种持续性的并购会强化大型数字平台的市场支配地位，对市场的潜在竞争和创新造成损害。但在经营者集中审查的执法实践中，经常出现交易双方均以营业额未达到申报门槛为由未进行申报的案例。基于数字市场企业的特殊性，初创企业的竞争潜力往往无法反映在营业额标准之中，为了补足这一缺漏，本次修法设“扼杀式并购”条款，以灵活应对可能具有排除、限制竞争效果的经营者集中。

（三）修法引入纵向垄断协议“安全港”制度

“安全港”（Safe Harbor）一词源于海运行业，作为法律属性而言，其指某类行为均有可能受到法律的禁止或制裁，但为更好地实现立法目标，立法者将这些行为进行细分，将某些基本上不会受法律禁止或制裁的行为予以指明。本次修法在第 18 条第 3 款规定“经营者能够证明其在相关市场的市场份额低于国务院反垄断执法机构规定的标准，并符合国务院反垄断执法机构规定的其他条件的，不予禁止”，正式确立了我国纵向垄断协议的安全港规则。安全港规则的确立既有助于提高反垄断执法、司法的效率，合理配置执法资源，也能够为市场主体提供更为明确的合规指引，节约合规成本。

从国际视野来看，美欧在反垄断领域也有安全港规则，但是较为不同。美国并没有直接规定安全港规则，而是在一系列反垄断指南中以不同的行业与行为为区分标准规定了“安全区（safety zone）”规则，比如在《横向合并指南》（The Horizontal Merger Guidelines）中，美国执法机关就规定 HHI 指数增加低于 100 点的合并通常不具有降低市场竞争的效果，不需要进一步审查。美国的安全区规则是在合理原则的思路下发展而来，在安全区内的行为并不当然豁免反垄断法的相关义务。欧盟的安全港规则有较长的立法和执法实践，主要规定在欧盟委员会于 2001 年发布的《关于〈欧盟运行条约〉第 101 条第 1 款不明显限制竞争的非重要协议的通知》（De Minimis Notice）第 8 条与第 9 条中，其适用范围既包括横向垄断协议，也包括纵向垄断协议，并就不同垄断协议的市场份额要求进行了区分，横向垄断协议的豁免市场份额要求为 10%，纵向垄断协议的豁免市场份额要求为 15%。但是，《纵向协议集体豁免条例》（Vertical Block

Exemption Regulation，VBER）将维持转售价格、地域/客户限制等核心限制行为排除在适用范围之外。

本次修法引入安全港规则是我国反垄断立法体系完善的重要一步，在立法中的规定还较为原则的情况下，更好发挥此项规则的制度功能，还需要在配套规章中进一步细化完善其适用条件和标准。比如，安全港规则适用中的市场份额标准，在反垄断法中并未直接明确，而是授权国务院反垄断执法机构予以规定，并且还明确国务院反垄断执法机构有权规定其他条件。再如，纵向垄断协议安全港的适用是否对核心限制与非核心限制设定不同的适用条件，也有待反垄断执法机构进一步明确。最后，需要注意的是，安全港规则之下，有强弱安全港模式之分，“弱安全港”模式是指低于规定标准的市场行为，仅被推定为不具有排除、限制竞争的效果，若有相反的证据则有可能被推翻。从本次修法来看，第 18 条第 3 款并未规定“但有证据证明经营者达成的协议排除、限制竞争的除外”，可理解为是“强安全港”模式，但是在配套的《禁止垄断协议规定（征求意见稿）》第 15 条第 1 款中纳入了这一条件，则可能被理解为转为“弱安全港”模式。因此，在配套规则的修改中需要加强对安全港规则适用条件的细化明确，为市场提供更加明确预期。

二、反垄断领域的重要国际进展事件及其影响

（一）欧盟《数字市场法案》正式生效及其启示

2022 年 10 月 12 日，欧盟《数字市场法案》（Digital Markets Act，以下简称 DMA）在《欧盟官方公报》上正式公布，在发布后的 20 天即 2022 年 11 月 1 日生效，预计 2023 年 5 月 2 日将正式适用于被认定为守门人的平台企业。[①]这是继《一般数据保护条例》（GDPR）之后，欧盟针对数字经济市场规范的又一重要立法，并且 DMA 与《数字服务法案》（Digital Services Act，以下简称 DSA）一同组成了“塑造欧洲数字未来”的欧盟数字战略。早在 2020 年 12 月 15 日欧盟委员会就向欧洲议会和欧盟理事会提交了 DMA 草案，之后 2022 年 3 月 24 日欧委会同欧洲议会和欧盟理事会就 DMA 达成政治协议，并于 2022 年 9 月 14 日由议会主席和理事会主席签署成为法律，从而结束了立法程序。欧盟颁布 DMA 是对数字市场反垄断法实施所面临在有效性和及时性方面挑战的回应，是

① See European Commission: Digital Markets Act: rules for digital gatekeepers to ensure open markets enter into force, https://ec.europa.eu/commission/presscorner/detail/en/IP_22_6423, last visited 24 April 2023.

为了使平台在欧盟数字经济产业中发挥更为积极的作用，最大程度降低超大型平台的垄断对数字市场造成的不公平性。通过加强对数字经济行业具有重大影响地位的“守门人”的监管和规制，来确保数字市场的可竞争性和公平性，来促进内部市场的正常运作，保障商业用户和消费者合法权益，以防止守门人的不公平做法，促进欧盟跨境业务，改善内部市场运行，消除已有或可能出现的分裂。

概括而言，DMA 所构建起的守门人监管制度，主要包括三大方面的内容：一是 DMA 的适用范围。DMA 适用于“守门人”向在欧盟设立的商业用户或在欧盟设立或位于欧盟的终端用户提供的核心平台服务，而不论“守门人”的设立地或住所地，也不论其他适用与提供服务的法律。而守门人是指委员会根据认定标准确定的提供核心平台服务的经营者，其中核心平台服务包括：（1）在线中介服务；（2）在线搜索引擎；（3）在线社交网络服务；（4）视频共享平台服务；（5）不依赖号码的人际通信服务；（6）操作系统；（7）网络浏览器；（8）虚拟助理；（9）云计算服务；（10）以上所列的任何核心平台服务的经营者提供的在线广告服务，包括任何广告网络、广告交易和广告中介。二是守门人的认定标准。DMA 第 3 条第 1 款规定了守门人认定的定性标准，包括：（1）其对欧盟内部市场有重大影响；（2）其所提供的核心平台服务是商业用户接触消费者的重要中间渠道；（3）需要其已经或即将在其业务领域享有稳固且持久的市场地位。而在 DMA 第 3 条第 2 款则对上述三个定性标准规定了具体的定量标准：（1）内部市场具有重要影响，即在过去的三个财政年度中，其在欧盟的年营业额均等于或高于 75 亿欧元，或其在上一个财政年度的平均市值或等价公允市值至少达到 750 亿欧元，并且至少在三个成员国提供相同的核心平台服务；（2）提供的核心平台服务是企业用户到达终端用户的重要途径，即其提供的核心平台服务，在上一财政年度平均至少有 4 500 万月度活跃终端用户在欧盟内创建或位于联盟内，以及至少 10 000 年度活跃商业用户在欧盟内创建，并根据附件中规定的方法和指标确定和计算；（3）稳固且持久的市场地位，即上述（2）中规定的门槛条件在过去的三个财政年度内，每年都达到。三是守门人的义务。DMA 对守门人规定了两类义务，即基础性义务，以及通过欧盟委员会与“守门人”进行协商后所确定的裁量性义务。DMA 第 5 条就为提供核心平台服务的“守门人”规定了其必须遵守的基础性义务。一方面，“守门人”不得利用自身的优势，实施不公平的交易和竞争行为；另一方面，其需要积极履行个人数据的保护和广告信息披露义务，以保障个人数据的安全使用和在线广告领域的公开透明。而 DMA 第 6 条则规定了“守门人”的裁量性义务。主要包括为市场的公平竞争提供一系列保证互操作性、性能测评、数据持续高效访问等技术性支持的积极性义务以及禁止限制用户选择、禁止实施自我优待等消极性义务。此类义务涉及消费者权益的保护以及市场公平竞争秩序的维护，裁量性义务的确定与“守门人”的经营业务范围息息相关。

2021 年 10 月 29 日，中国国家市场监督管理总局发布《互联网平台分类分级指南（征求意见稿）》《互联网平台落实主体责任指南（征求意见稿）》（以下统称为《指南》）公开征求意见的公告。两指南征求意见稿的出台预示着超级平台应承担超级责任，也被认为是我国“守门人”时代的到来。DMA 在立法上首次提出“守门人”监管制度，是对传统反垄断规制框架的突破，是数字经济反垄断监管的一条新路径，反映出对平台垄断规制理念上的革新。DMA 所体现出的事前监管模式、竞争合规制度以及平台合规义务体系等监管新理念、新思路、新制度，值得我国在健全完善“守门人”监管制度过程中给予关注和参考。

（二）欧盟《外国政府补贴条例》正式生效及其影响

2022 年 12 月 23 日，欧盟委员会（“欧委会”）在《欧盟官方公报》上正式公布了《关于可能扭曲欧盟市场的非欧盟成员国政府补贴的条例》（以下简称《外国补贴条例》）。早在 2020 年 6 月 17 日，欧委会便发布了针对非欧盟成员国政府补贴的白皮书，并于 2021 年 5 月 5 日发布了《外国政府补贴条例》的立法草案和影响评估报告，面向公众征求意见。经历长达两年的立法进程和反复探讨，欧盟成员国之间就这项备受全球关注的针对外国政府补贴的全新审查制度于 2022 年 7 月达成了政治协议，并最终于 2022 年 11 月 28 日正式通过该法案。[①]此外，根据欧盟的立法程序，《外国政府补贴条例》将于 2023 年 1 月 12 日（即公布后的第 20 日）正式生效，并在生效 6 个月后实施。可以预见，新规将给中国企业赴欧的投资经营活动，尤其是投资并购和参与公共采购，带来重大的影响。

概括而言，《外国政府补贴条例》将通过针对并购交易的事前审查、公共采购审查和依职权主动发起调查三大机制，对外国政府补贴进行审查和规制。一是针对并购交易的事前审查机制，该机制旨在审查获得非欧盟国家政府补贴的

---

① Council of the EU: Council gives final approval to tackling distortive foreign subsidies on the internal market, https://www.consilium.europa.eu/en/press/press-releases/2022/11/28/council-gives-final-approval-to-tackling-distortive-foreign-subsidies-on-the-internal-market/, last visited 24 April 2023.

交易方在欧盟境内开展的交易。需要注意的是，如果一项交易达到了相关申报门槛，则必须事先向欧委会进行申报，并且在欧委会结束审查之前不得完成交割。二是公共采购审查机制，是针对获得过外国政府补贴的经营者参与欧盟公共采购所规定的新申报义务。根据条例，如果投标方正在接受欧盟委员会的审查，那么在审查完成之前不可中标。三是依职权主动调查机制，即欧委会针对可能扰乱市场的外国政府补贴行为可以主动启动调查。该机制为欧委会的审查权限提供“安全网”，使其能够对其他扰乱欧盟市场竞争的外国政府补贴行为，或是未达申报门槛但对欧盟市场带来不利影响的交易进行修正。此外，需要注意的是，一是如果经营者在连续三个财政年度内获得的外国政府补贴总额少于 400 万欧元，则推定该补贴不会扰乱欧盟内部市场；二是在调查过程中，欧委会有权进行现场调查以及要求相关经营者甚至某一外国政府提供信息，如果经营者对于调查不予配合，欧委会可以处以不超过相关经营者营业额 1%的罚款，并作出不利于该企业的推定；三是审查具有回溯性，条例一旦生效，欧委会可对条例生效前 5 年（即自 2018 年开始）企业所获得的补贴进行调查；四是需要格外重视的是，获得外国政府补贴从而扰乱欧盟市场竞争的行为可能同时受到欧盟反垄断法的双重规制。这也意味着，两种制度分析框架以及可能有所不同的两种结果。

由于条例关于外国政府补贴的定义较为宽泛，并且明确强调适用于所有行业，因此中国企业赴欧投资经营活动将受到较大影响，并且，对于许多中国企业而言，常见的政治支持都可能被认定为外国政府补贴而受到监管。一方面，涉及欧盟企业的并购交易将面临额外的监管审批。条例新创设的事前强制申报义务构成经营者集中和外商投资审批以外的第三重监管障碍。如果中国企业计划收购欧盟企业、在欧盟境内设立合营企业，或与欧盟企业合作设立合营企业，需谨慎评估其申报义务以及可能的审批结果，并充分考虑审批对交易时间表造成的影响，尽早进行交易规划，尤其是相关融资安排，以确保交易的顺利推进。另一方面，除并购交易外，欧委会广泛的调查权限使中国企业在欧盟日常经营面临额外的监管风险。由于欧委会对于是否发起调查具有充分的自由裁量权，对于企业而言，监管的不确定性增加。一旦欧委会主动发起调查，中国企业将面临广泛的信息披露和配合调查的义务。同时，对于经自我评估认为自身获得政府补贴的中国企业而言，应加强企业合规，防止利用政府补贴为企业创造竞争优势，扰乱欧盟境内的竞争。

第四节 展望与建议

2022年是我国《反垄断法》迎来首次修改完成的一年，也是我国竞争政策和反垄断法守正创新的一年。在本年度，我国反垄断事业百尺竿头，更进一步，无论是在顶层设计、规则完善，还是在执法成效、体制机制健全以及国际合作等方面都取得了重要成就。一方面，我国《反垄断法》在立法层面取得重大进展，历经14年的实施后迎来首次修法完成，修法中引入的一系列新制度、新规定以及新表述，既回应了社会主义市场经济发展的阶段性需要，也为今后的改革预留了空间；另一方面，我国《反垄断法》的实施也进入常态化监管阶段，无论是反垄断执法还是司法，都在加强彼此衔接协调的基础上，以更加专业化和理性化的方式保护市场公平竞争，在执法工具专业性、执法体制高效性、执法程序规范化以及配套规则优化完善等方面都取得显著提升。此外，在国际合作层面，我国持续加强在竞争政策和反垄断法方面的国际交流，全方位、多层次、宽领域反垄断国际合作新局面得以不断夯实。

展望未来，科学合理、专业理性地推动我国《反垄断法》的实施和竞争政策基础地位的落实，不仅是回应我国建设和完善社会主义市场经济体制的需要，更是我国有效推动经济高质量发展的保障。因此，就深入推进我国竞争政策和反垄断法实施，进一步完善实施体制机制，有如下思考。

第一，要从建设全国统一大市场、构建新发展格局和促进高质量发展的角度，加快推动竞争政策顶层设计的配套政策和改革。在《反垄断修法》完成后不久，中共中央、国务院《关于加快建设全国统一大市场的意见》重申“建立公平竞争政策与产业政策协调保障机制，优化完善产业政策实施方式”，与新《反垄断法》中“强化竞争政策基础地位”入法形成了呼应。因此，为了使《反垄断法》实施更好发挥加快建设全国统一大市场方面的作用，我国还需要进一步完善竞争政策的顶层设计，给社会各界更加清晰的指引，特别是要通过更高层级的中央文件明确竞争政策和产业、财政、货币、金融、贸易、投资、消费、就业、环境、区域等政策的协调关系，并建立起相应的协调机制。在机制当中，要突出竞争政策的基础地位，对不符合竞争政策理念和规则的政策措施进行必要的调整。

第二，要通过强化竞争政策实施来推动国内市场与国际市场的良性互动和有机衔接。今后《反垄断法》的实施应当在构建新发展格局的视野下，从竞争政策和法律的角度考虑我国在国际市场当中可能面临的挑战。市场化和法治化是竞争政策的固有特点，而在国际格局朝着新型全球化演进的过程中，一些法域的竞争政策正越来越呈现出法治政策化、政策法治化、域外适用扩大化的特点，具体表现在通过专门立法和采取特殊的法律实施认定标准，实现特定的市场政策目标。比如，竞争中性的理念和原则催生一些法域在并购审查领域采取“单一实体规则”，将拥有国资背景的同行业企业共同视为一个单独的经营者，从而增加了国有企业的申报义务。此外，欧盟近来通过的《外国政府补贴条例》旨在通过规制获取外国政府补贴达到一定数量的欧盟境内企业，实现内部市场竞争的公平性，而这部法案则会在实施当中不可避免地影响到包括我国在内的外向型经济国家的国内政策及法律制定和实施。

第三，要落实好新修《反垄断法》关于强化反垄断监管力量和加强反垄断执法、司法的规定，推进反垄断执法、司法体制机制继续完善。我国《反垄断法》自 2008 年实施以来，执法和司法体制都经历了重大改革，但在适应新的执法、司法格局和服务高质量发展方面，持续发力。反垄断执法体制由原来的“三驾马车”过渡到由国家市场监管总局统一行使执法权；国家反垄断局成立后将一个执法司局扩充为三个，反垄断监管力量得到充实；最高人民法院知识产权法庭成立后，实现垄断民事和行政上诉案件集中统一审理。但随着新《反垄断法》强化法律责任，反垄断行政执法的专业性和精细化程度得到进一步加强，后续跟随民事诉讼也将有更为充分的证据基础，反垄断行政诉讼的比例也可能上升。这也使得今后的反垄断法实施面临更多挑战，诸如，反垄断行政执法和司法在实施程序、认定方法、分析思路、证据的证明力标准等方面的协调和衔接，以及我国反垄断执法机构将对大型平台公司、国有企业、跨国集团和损害市场竞争的公权力部门实施常态化监管等。以上种种挑战，都对我国反垄断执法、司法体制机制提出了更高的配套要求。

第四编　涉外民商事法治编

第十章　中国国际私法发展

第一节　大　事　记

一、最高人民法院发布10起人民法院服务保障自由贸易试验区建设典型案例

最高人民法院2022年2月28日发布10起人民法院服务保障自由贸易试验区建设典型案例。这些案例具有较强的案例示范和引导作用，集中展现了人民法院积极营造法治化国际化便利化营商环境的努力。“Carson与纽鑫达公司股东资格确认纠纷案”等，体现了人民法院坚持法治引领，平等保护中外当事人合法权益。“俄罗斯EL公司与重庆KH旅行社委托合同纠纷案”等，表明人民法院坚持协同创新，健全国际商事纠纷多元化解机制。“范某某诉星瀚公司游艇买卖合同纠纷案”等，展现了人民法院坚持规范引导，促进新兴产业健康发展。“新时代公司上海分公司与National FZE、National Group航空货物运输合同纠纷管辖权异议案”彰显了人民法院坚持恪守国际条约的法治形象。[①]

二、最高人民法院公布《中华人民共和国最高人民法院与新加坡共和国最高法院关于法律查明问题的合作谅解备忘录》

最高人民法院2022年4月3日在其官方网站公布了《中华人民共和国最高人民法院与新加坡共和国最高法院关于法律查明问题的合作谅解备忘录》。该备忘录于2021年12月3日在中华人民共和国和新加坡共和国签署，旨在为两国法院在国际民商事案件中查明对方法律提供便利，增强外国法查明的准确性和

---

① 最高人民法院：《人民法院服务保障自由贸易试验区建设典型案例》，https://www.court.gov.cn/zixun-xiangqing-347701.html，2022年12月13日访问。

权威性，提高司法审判效率。[①]这是继 2018 年 8 月 31 日签署《中华人民共和国最高人民法院和新加坡共和国最高法院关于承认与执行商事案件金钱判决的指导备忘录》后，双方在民事司法领域务实合作的又一举措。

三、最高人民法院发布《人民法院服务和保障粤港澳大湾区建设情况报告（2019—2022）》

最高人民法院 6 月 23 日发布《人民法院服务和保障粤港澳大湾区建设情况报告（2019—2022）》，全面总结人民法院发挥司法职能服务保障粤港澳大湾区建设情况。该报告指出，三年以来，最高人民法院邀请港澳专家担任国际商事专家委员会专家委员，出台司法政策支持港澳律师在内地执业；广东法院积极探索选任港澳人士担任人民陪审员，邀请港澳人士担任特邀调解员，试行港澳专家法律查明制度等；最高人民法院在已与香港签署 5 项、与澳门签署 3 项司法协助安排的基础上，三年来分别又与香港签署 3 项司法协助安排和 1 项司法协助文件，与澳门签署 2 项司法协助安排，具有中国特色的区际民商事司法协助体系建设进入快车道。[②]

四、第 3 届中国—东盟大法官论坛成功举行并通过《南宁声明》

2022 年 7 月 20 日，第 3 届中国—东盟大法官论坛于在中华人民共和国广西壮族自治区南宁市以线上线下相结合的方式举行。此次论坛主题为“共建 21 世纪海上丝绸之路，建设高水平司法合作平台”，会议通过了《第 3 届中国—东盟大法官论坛南宁声明》。各方表示，将继续加强在线诉讼问题的研究与交流，以适应数字经济时代的司法需求；在充分尊重和保障当事人诉讼模式选择权和程序利益处分权的情况下，各国将积极考虑推进跨境民商事案件在线诉讼方式的运用，提升司法服务现代化水平；愿在该论坛机制下进一步加强司法合作，共同为构建更加紧密的中国—东盟对话伙伴关系作出积极贡献。[③]

---

① 最高人民法院：《中华人民共和国最高人民法院与新加坡共和国最高法院关于法律查明问题的合作谅解备忘录》，https://www.court.gov.cn/zixun-xiangqing-353711.html，2022 年 12 月 12 日访问。

② 最高人民法院：《人民法院服务和保障粤港澳大湾区建设情况报告（2019—2022）》，https://www.court.gov.cn/zixun-xiangqing-363221.html，2022 年 12 月 12 日访问。

③ 最高人民法院：《第 3 届中国—东盟大法官论坛南宁声明》，https://www.court.gov.cn/zixun-xiangqing-366561.html，2022 年 12 月 2 日访问。

五、上海高院通报涉外、涉港澳台商事审判五年情况，首次发布域外法查明白皮书及典型案例

上海市高级人民法院9月13日召开涉外、涉港澳台商事审判工作情况新闻发布会，发布了《上海市高级人民法院涉外、涉港澳台商事审判白皮书（2017—2021）》，并首次发布《上海涉外商事审判域外法查明白皮书（2015—2021）》及典型案例。白皮书显示，2017—2021年五年间，上海法院共受理一、二审涉外、涉港澳台商事案件4 202件，审结4 294件，总标的额达920余亿元。发布会通报，2015年以来，上海法院涉外、涉港澳台商事审判域外法查明案件总体呈现以下五个特点：一是案由分布广泛，查明法律趋于精细化和复杂化；二是查明途径拓宽，查明方式体现合作性与多元化；三是查明主体法定，当事人提供与法院查明相结合；四是查明结果多样，成文法和域外判例等均有体现；五是查明人员专业，专家及服务机构发挥重要作用。①

六、最高人民法院召开涉外商事海事审判服务高水平对外开放新闻发布会

最高人民法院9月27日召开新闻发布会，介绍人民法院加强涉外商事海事审判、服务高水平对外开放有关情况。最高人民法院审判委员会委员、民四庭庭长王淑梅大法官系统提炼了新时代涉外商事海事审判工作取得的主要成效：司法服务保障对外开放重大战略开创新局面；外商投资权益司法保护步入新阶段；涉外审判精品战略实施取得新成效；涉外审判机制创新有了新突破；国际海事司法中心建设实现新发展；国际商事纠纷解决机制建设展现新优势；参与国际规则制定实现新跨越；涉外审判人才培养迈上新台阶。她具体指出，2013年至2022年6月，各级法院审结一审涉外民商事和海事案件29.5万件；最高人民法院制定涉外商事海事审判司法解释31个、规范性文件9个，发布指导性案例12件、典型案例137件，印发涉外商事海事审判工作座谈会会议纪要，对涉外审判中的111个疑难问题作出明确规定。②

---

① 上海市高级人民法院：《上海高院召开新闻发布会通报涉外、涉港澳台商事审判五年情况，首次发布域外法查明白皮书及典型案例》，http://www1.hshfy.sh.cn/shfy/web/xxnr.jsp?pa = aaWQ9MTAyMDI2NTcyMyZ4aD0xJmxtZG09bG0xNzEPdcssz，2022年12月13日访问。

② 最高人民法院：《涉外商事海事审判服务高水平对外开放新闻发布会》，https://www.court.gov.cn/zixun-xiangqing-373261.html，2022年12月13日访问。

七、《关于内地与香港特别行政区法院相互认可和执行民商事案件判决的安排》在香港的落实有了新进展

香港特别行政区立法会 2022 年 10 月 26 日三读通过《内地民商事判决（相互强制执行）条例草案》，旨在落实 2019 年 1 月 18 日最高人民法院和香港特别行政区政府律政司签署的《关于内地与香港特别行政区法院相互认可和执行民商事案件判决的安排》。相对于现行的《内地判决（交互强制执行）条例》，新条例的适用范围不再局限于当事人协议管辖的民商事案件的判决，可使两地民商事判决互认和执行机制达至全覆盖。新条例规定了“向香港法院申请登记内地民商事判决”与“授权香港法院就香港民商事判决发出经核证文本和证明书”两套机制。借助该条例连同其他已实施的司法协助安排，当事人可以在香港或内地申请执行另一地法院所作出不同类型的民商事判决，从而无需向两地法院重复提出诉讼。①

第二节　综 合 分 析

2022 年，中国国际私法制度的发展主要体现在一份司法解释和一份司法文件：前者指 2022 年 8 月 16 日《关于涉外民商事案件管辖若干问题的规定》（以下简称“2022 年《管辖规定》”）②，后者指 2022 年 1 月 24 日发布的《全国法院涉外商事海事审判工作座谈会会议纪要》（以下简称《会议纪要》）③。前者标志着施行 20 余年的涉外民商事案件集中管辖制度发生根本转向；后者是对多年来司法审判中涉外商事、涉外海事和仲裁司法审查三领域疑难问题的集中回应，涉及案件管辖、涉外民事关系的法律适用、域外法查明等诸多方面。

下文将一方面分析涉外民商事案件集中管辖制度的发展，另一方面主要结合《会议纪要》评析涉外民事关系法律适用和域外法查明制度的新变化。

---

① 中国法院网：《香港立法会通过内地民商事判决条例草案，推动民商事判决互认和执行全覆盖》，https://www.chinacourt.org/article/detail/2022/11/id/7024296.shtml，2022 年 12 月 15 日访问；中国法院网：《香港立法会通过新〈内港判决执行安排〉草案》，https://www.sw-hk.com/zh/20221105_01/，2022 年 12 月 15 日访问。

② 2022 年《最高人民法院关于涉外民商事案件管辖若干问题的规定》（法释〔2022〕18 号）。

③ 最高人民法院国际商事法庭官方网站显示该纪要发布时间为 2022 年 1 月 24 日，https://cicc.court.gov.cn/html/1/218/62/409/2172.html，2022 年 12 月 16 日访问。“威科先行・法律信息库”（https://law.wkinfo.com.cn）亦如此显示。不过“北大法宝”数据库显示其发布时间为 2021 年。该纪要基于 2021 年 6 月 10 日在南京召开的全国法院涉外商事海事审判工作座谈会上的研讨。

一、中国涉外民商事案件集中管辖制度的发展

2022 年《管辖规定》从根本上改变了 2002 年《最高人民法院关于涉外民商事案件诉讼管辖若干问题的规定》（下文简称 2002 年《诉讼管辖规定》）[①]所确立的涉外民商事案件集中管辖制度。若理解这一变化，则应首先明晰 2002 年《诉讼管辖规定》的由来和内容。

涉外民事案件的初审权由不同层级、不同类型的法院行使。在中国，法院有四个层级，基层人民法院、中级人民法院、高级人民法院和最高人民法院，案件实行两审终审制。1991 年《民事诉讼法》第 19 条规定，唯有“重大涉外案件”才由中级人民法院负责初审，换言之，普通涉外民事案件由基层人民法院负责初审。[②]为应对“入世”后涉外民商事审判面临的形势，2002 年《诉讼管辖规定》对 5 类涉外民商事案件的初审权指定由特定中级人民法院和少数基层人民法院享有，即实行“集中管辖制度”。这 5 类涉外案件主要是涉外商事案件，包括涉外合同和侵权纠纷案件，信用证纠纷案件，申请撤销、承认与强制执行国际仲裁裁决的案件，审查有关涉外民商事仲裁条款效力的案件，申请承认和强制执行外国法院民商事判决、裁定的案件。对此类案件享有初审权的法院有 5 类：国务院批准设立的经济技术开发区人民法院，省会、自治区首府、直辖市所在地的中级人民法院，经济特区、计划单列市中级人民法院，最高人民法院指定的其他中级人民法院，高级人民法院。其中，只有第一类为基层人民法院。当事人对其判决、裁定不服的，可上诉至当地中级人民法院。除了上述 5 类案件，其他的涉外婚姻、家庭或继承案件一般由基层人民法院民事审判庭负责初审。

这一涉外民商事案件集中管辖制度施行多年，积弊甚重。2002 年《诉讼管辖规定》在实质内容上对集中管辖的法院指定有失科学、对集中管辖的案件界定不尽合理、集中管辖的法律依据值得商榷，在具体表述上多处并不严谨。其在司法实践中的发展趋势不是走向“集中化”，而是走向其反面——“分散化”，集中管辖制度逐步走入了难以为继的境地。在“集中管辖制度”实施之初，只有不到百家中级人民法院享有集中管辖权，但随着涉外案件的增多，被授权的中级人民法院数量大增，此外还有众多基层人民法院重获涉外商事案件

---

① 2002 年《最高人民法院关于涉外民商事案件诉讼管辖若干问题的规定》（法释〔2002〕5 号）。该司法解释 2020 年修正版只是修改了所引用的《民事诉讼法》条文的序号，其余未变。

② 该条规定在现行《民事诉讼法》（2021 年修正）中未有变化，但条文序号调整为第 18 条。

初审权。[①]

考虑到中外当事人对高效便利解决涉外民商事纠纷的新期待，集中管辖司法实践出现的普遍性问题，四级法院审级职能定位改革以及中级和基层人民法院涉外审判队伍的长足发展，[②]2022年《管辖规定》原则上废除了施行20余年的集中管辖制度，将涉外民商事案件初审权交还给基层人民法院。按照新规定，北京、天津、上海、江苏、浙江、福建、山东、广东、重庆辖区中级人民法院，管辖诉讼标的额人民币4 000万元以上（包含本数）的涉外民商事案件；其他中级人民法院管辖诉讼标的额人民币2 000万元以上（包含本数）的涉外民商事案件。这就从诉讼标的额角度明晰了《最高人民法院关于适用〈中华人民共和国民事诉讼法〉的解释》（2022修正）第1条中“争议标的额大”的含义，有利于案件初审下沉到基层人民法院。

但是，2022年《管辖规定》并未彻底排斥集中管辖制度。高级人民法院可根据本地实际需要，指定一个或数个基层或中级人民法院跨区域集中管辖初审案件，但这一指定须经最高人民法院批准方为有效，这与以往分散管辖权限须经批准恰好相反。新规意味着，分散管辖为常规，集中管辖为例外。

此外，2022年《管辖规定》并不适用于涉外海事海商纠纷案件和涉外知识产权纠纷案件等。自1984年6家海事法院成立，涉外海事海商案件便由专门的海事法院初审。各海事法院与所在地的中级人民法院同级，对其判决的上诉审由其所在地的高级人民法院负责，上诉审高级人民法院设立了专门审判庭与之对接。最高人民法院于2000年设立了民事审判第四庭，审理在全国有重大影响的海事一审案件、高级人民法院一审的海事上诉案件和海事再审案件。2019年12月南京海事法院成立，至此中国已形成包括11家海事法院、42个派出法庭在内的全国海事审判组织体系，我国已成为世界上海事审判机构最齐全、受理海事案件最多的国家。[③]对于有关专利、植物新品种、集成电路布图设计、技术

---

① 2005年享有涉外民商事案件集中管辖权的中级人民法院仅95家，到2014年10月底这一数量已经增至203家，同时204家基层法院也具有涉外商事案件管辖权，10家海事法院的派出法庭数量增至39个。参见万鄂湘：《全面提高涉外商事海事审判水平，为我国对外开放提供有力的司法保障——在第二次全国涉外商事海事审判工作会议上的讲话》第一部分之（二），载《涉外商事海事审判指导》2005年第2辑，第6页；袁定波：《407个中基层法院可一审涉外商事案》，载《法制日报》2014年11月19日，第5版。

② 最高人民法院：《最高法民四庭负责人就〈最高人民法院关于涉外民商事案件管辖若干问题的规定〉答记者问》，https://www.court.gov.cn/zixun-xiangqing-379171.html，2022年12月17日访问。

③ 最高人民法院：《最高人民法院关于人民法院涉外审判工作情况的报告》，https://www.court.gov.cn/zixun-xiangqing-377231.html，2022年12月17日访问。

秘密、驰名商标等专业性、技术性较强的涉外知识产权民事案件，在北京、上海、广州和海南自由贸易港由专门的知识产权法院负责初审。[①]

二、涉外民事关系法律适用制度的发展

《会议纪要》有两处涉及涉外民事关系的法律适用问题。其一在“涉外商事部分”，第五节为“关于涉外民事关系的法律适用”，分三条对国际条约的适用问题作了解答。其二在“海事部分”，第十一节“关于运输合同纠纷案件的审理”之二为“多式联运合同”，仅一条，即第 68 条“涉外多式联运合同经营人的‘网状责任制’”。该条标题看似无关法律适用，其实是对涉外多式联运合同法律适用的解释，而且不止一个方面与 2010 年《涉外民事关系法律适用法》（下文简称《法律适用法》）存在不协调之处，值得特别关注。

（一）国际条约的适用问题

中国法院基于《联合国宪章》和《维也纳条约法公约》，恪守“条约必须信守”这一国际法原则，《会议纪要》有关国际条约适用的司法解释体现了这一立场。

首先，对于《联合国国际货物销售合同公约》的适用，若是营业地位于该公约不同缔约国的当事人缔结了国际货物销售合同，且其符合适用该公约的其他要求，则其应自动适用该公约，除非当事人明确表示排除该公约的适用。这就意味着，即便当事人在国际货物销售合同中约定了适用某一国家的法律，但未明确排除该公约的适用，合同也适用该公约。最高人民法院在 2019 年发布的指导案例“中化国际（新加坡）有限公司诉蒂森克虏伯冶金产品有限责任公司国际货物买卖合同纠纷案”就明确了对这一问题的立场。[②]各地法院对此亦普遍遵从。[③]《会议纪要》对此司法实践提炼为第 19 条明确的规定。此外，为确保当事人对是否适用公约表态的明确性，该条还要求人民法院在法庭辩论终结前向当事人询问关于适用该公约的具体意见。

---

① 2014 年《全国人民代表大会常务委员会关于在北京、上海、广州设立知识产权法院的决定》，2020 年《全国人民代表大会常务委员会关于设立海南自由贸易港知识产权法院的决定》。

② 《最高人民法院关于发布第 21 批指导性案例的通知》，载《最高人民法院公报》2019 年第 9 期，第 15 – 17 页。

③ 例如山东省高级人民法院 2021 年 4 月 7 日“雷普诺贸易有限公司、济南达润机械有限公司国际货物买卖合同纠纷二审民事判决书”，（2020）鲁民终 947 号。对该判决的分析，参见对外经济贸易大学法学院、对外经济贸易大学涉外法治研究院编：《中国涉外法治发展报告（2021）》，对外经济贸易大学出版社 2022 年版，第 273 – 274 页。

其次，遇有涉外商事案件应适用中国法，而非适用国际条约，但中国法律、行政法规的规定存在两种以上解释的，此时人民法院应选择与中国缔结或参加的国际条约相一致的解释，除非中国对有关的条款作了保留声明。这种情况应指中国已将相关国际条约转化为国内法，对于此类法律的解释出现分歧时，应追根溯源，探求其本意。这从一个侧面体现出中国信守国际条约的立场。

最后，遇有涉外商事案件虽与中国缔结或参加的国际条约相关，但国际条约对当事人之间的具体争议并未规定，或具体争议属于中国作出的保留事项，对此人民法院应转向中国的冲突法，根据涉外民事关系法律适用法等法律的规定确定准据法。

（二）涉外多式联运合同的法律适用问题

《会议纪要》第 68 条名为“涉外多式联运合同经营人的‘网状责任制’”，其实是对涉外多式联运合同法律适用的整体规定，当然重点在于“网状责任制”问题。

之所以对此专门进行司法解释，主要有两方面的原因：一是在推动“一带一路”建设和构建人类命运共同体的进程中，国际货物多式联运正日益成为畅通国际物流的重要途径。[①]二是在司法实践中，对于多式联运经营人的赔偿责任和责任限额如何适用法律，各地法院存在较大分歧。

这种司法实践的分歧，主要体现为三点：对《海商法》第 105 条的性质认识不一，对调整区段运输的外国法是否具有强制性把握的标准不同，以及对诉讼时效是否与赔偿责任和责任限额适用同一法律有肯定说与否定说之别。[②]这三点分歧的核心在于如何认识《海商法》第 269 条对一般海商合同法律适用的规定与第 105 条对定域损失法律适用的规定二者的关系。

《会议纪要》第 68 条对此的解答是：一方面，第 269 条的规定同样适用于涉外多式联运合同，即当事人可选择多式联运合同适用的法律，若无选择，则适用与合同有最密切联系的国家的法律；另一方面，若当事人选择适用中国法，或法院根据最密切联系原则确定适用中国法，但货损发生在国外某一运输区段的，则人民法院应根据第 105 条，适用该外国调整该区段运输方式的法律规定，

① 我国正大力发展多式联运，以优化调整运输结构，发挥其在“一带一路”建设中的作用。参见国务院办公厅 2021 年《推进多式联运发展优化调整运输结构工作方案（2021—2025 年）》之八，2016 年《交通运输部等十八个部门关于进一步鼓励开展多式联运工作的通知》之十八。

② 徐春龙，周茜：《论定域损失多式联运经营人赔偿责任的法律适用》，载《中国海商法研究》2022 年第 3 期，第 104－105 页。

而不应适用中国法，但诉讼时效仍应适用中国法。

显而易见，最高人民法院将《海商法》第 105 条中“适用调整该区段运输方式的有关法律规定”理解成了具有冲突法性质的规定；申言之，主张多式联运合同经营人的赔偿责任和责任限额适用货损地法。这就意味着，当事人选择了中国法，或法院依据最密切联系原则确定适用中国法，而我国《海商法》第 105 条指引适用货损地法，若货损地在德国，则案件最终适用德国法。这就出现了典型的冲突法上的转致现象。但是，我国 2010 年《法律适用法》第 9 条明确禁止反致。[①]尽管从字面分析，该条仅规定我国冲突法指向的外国法，不包括其冲突法，似乎我国冲突法指向我国法律，并未明确排除冲突法。但从逻辑上分析，我国冲突法指引适用中国法，然后再次依据我国冲突法指向外国法，这就隐含了一个无法摆脱的悖论，要么第一次运用冲突法（意思自治原则或最密切联系原则）错误，要么第二次运用我国冲突法（网状责任制）错误。若将网状责任制视作特别冲突法，则其应优先于一般冲突法规则适用，但是这就在多式联运合同领域直接排除了意思自治原则和最密切联系原则的适用，这又与《会议纪要》第 68 条第 1 款的规定相互矛盾。从《法律适用法》立法本意考察，该法旨在彻底排除反致制度。[②]其实，在《法律适用法》出台之前，就有学者运用经济分析方法指明反致对司法资源的高度耗费，运用价值分析方法指明其对公平、效率作用的无力，并从该制度的历史根源和国际私法的发展趋势论证了其必然消亡的结局。[③]

此外，按照《会议纪要》第 68 条第 2 款的规定，尽管在定域损失发生在国外时，多式联运经营人的赔偿责任和责任限额适用相应的外国法，但诉讼时效依然适用中国法。这就导致多式联运合同的实体问题适用的法律与诉讼时效适用的法律出现了脱节，诉讼时效其实被视作了程序问题，因而适用法院地法。我国向来将诉讼时效视作实体法问题，适用其所属法律关系的准据法。[④]

---

① 《法律适用法》第 9 条：“涉外民事关系适用的外国法律，不包括该国的法律适用法。”

② 主持《法律适用法》起草工作的时任全国人大常委会法制工作委员会副主任王胜明，事后撰文详述不采用反致制度的三点理由。参见王胜明：《涉外民事关系法律适用法若干争议问题》，载《法学研究》2012 年第 2 期。

③ 赵喜臣，许庆坤：《关于反致制度的反思》，载《中国国际私法与比较法年刊》2001 年第 4 卷，法律出版社 2001 年版。

④ 韩德培主编：《国际私法》，高等教育出版社、北京大学出版社 2014 年版，第 180－182 页。

（三）域外法查明制度的发展

鉴于域外法查明在涉外民事关系法律适用法实施中的重要性，最高人民法院以及地方人民法院对此高度重视，近年来不断完善相关规则，采取了多种创新举措。[①]基于以往的司法解释规则和司法实践，《会议纪要》列单节分 7 条（第 21 条至第 27 条）对域外法查明中的常见问题作出回应。这 7 条的标题分别为："查明域外法的途径""委托国际商事专家委员提供咨询意见""域外法专家出庭""域外法内容的确定""域外法查明不能的认定"和"域外法查明费用"。其中的第 21 条至第 23 条均有专家查明域外法的内容，从一个侧面体现了这一查明方法在实践中日益重要。

《会议纪要》罗列了八种查明域外法的途径：（1）由当事人提供；（2）由中外法律专家提供；（3）由法律查明服务机构提供；（4）由最高人民法院国际商事专家委员提供；（5）由与我国订立司法协助协定的缔约相对方的中央机关提供；（6）由我国驻该国使领馆提供；（7）由该国驻我国使领馆提供；（8）其他合理途径。前 7 种途径其实有三大类：当事人提供（第 1 种）、专家提供（第 2—4 种）和外交途径（第 5—7 种）。第 8 种"其他合理途径"为开放性规定，旨在鼓励各级法院继续探索其他有效查明域外法的程序和方法。

相对于《法律适用法》第 10 条第 1 款的精准措辞，[②]《会议纪要》第 21 条对域外法查明途径表述的准确性存在值得商榷之处。一方面，前者仅规定了由当事人"提供"这一种情形，而后者明确增加了 6 种其他各方"提供"域外法的情形。另一方面，前者已经明确涉外司法中查明外国法的责任主体为人民法院，当事人的责任限于"提供"域外法，而在后者的表述中，并无人民法院的身影。从字面来看，似乎除了在第一项"由当事人提供"下当事人负有提供域外法义务之外，其余各项下的查明途径均由人民法院来利用。但是，这种理解显然与事实不符。例如，在司法实践中，委托专家查明外国法，既可由当事人委托，也可由人民法院委托。[③]

同时，专家提供域外法的途径细分为三种，即中外法律专家提供、法律查明服务机构提供和最高人民法院国际商事专家委员提供，此种细分的合理性也

---

① 对外经济贸易大学法学院，对外经济贸易大学涉外法治研究院编：《中国涉外法治发展报告（2021）》，对外经济贸易大学出版社 2022 年版，第 241 – 245 页。

② 《法律适用法》第 10 条第 1 款："涉外民事关系适用的外国法律，由人民法院、仲裁机构或者行政机关查明。当事人选择适用外国法律的，应当提供该国法律。"

③ 上海市高级人民法院 2022 年《上海涉外商事审判域外法查明白皮书（2015—2021）》，第 7 页。

令人生疑。法律查明服务机构提供域外法，具体查明工作由中外法律专家完成；最高人民法院国际商事专家委员均为中外法律专家。因此，严格而言，在这三种途径中，第一种中外法律专家提供其实涵盖了后两种情形。当然，对此也可抱以同情式理解，即将中外法律专家提供理解成狭义的中外法律专家“个人”提供，从而将其与后两者有所区别。

对于委托国际商事专家委员提供域外法咨询意见，《会议纪要》设置了繁琐的流程。它要求请求主体为“人民法院”，而非个人；基层或中级人民法院提出请求，应当通过高级人民法院向最高人民法院国际商事法庭协调指导办公室寄交书面委托函，委托函中要写明提供意见的法律所属国别、法律部门、法律争议等内容，并附相关材料。显而易见，此处将国际商事专家委员置于特殊地位，似乎暗示此类专家的权威性高于其他专家，尽管对此并无明确规定。但是，此处隐含的逻辑难题是，若当事人通过私人渠道请国际商事专家委员出具了域外法意见，或者国际商事专家委员通过法律查明服务机构出具专家意见，其权威性是否应低于通过官方渠道出具的咨询意见呢？此外，设置此种繁琐流程的必要性并不清晰，对于国际商事专家委员通过更多渠道发挥更大作用并无助益。因此，这一规定将来至少应在要求的严格性上略作调整，即将其作为委托国际商事专家委员的渠道之一，而非必经途径。

对于域外法专家出庭的规定，这在司法解释或司法文件中首次出现。《会议纪要》第 23 条规定，当事人可以依据《民事诉讼法》第 82 条的规定申请域外法专家出庭。[①]人民法院可以就专家意见书所涉域外法的理解，对出庭的专家进行询问。经法庭准许，当事人可以对出庭的专家进行询问。专家不得参与域外法查明事项之外的法庭审理活动。专家不能现场到庭的，人民法院可以根据案件审理需要采用视频方式询问。这一规定显然源自《最高人民法院关于民事诉讼证据的若干规定》第 83—84 条。[②]

另一新颖规则是对域外法查明费用的规定。《会议纪要》第 26 条对于应当

① 2021 年《民事诉讼法》第 82 条：“当事人可以申请人民法院通知有专门知识的人出庭，就鉴定人作出的鉴定意见或者专业问题提出意见。”

② 2019 年《最高人民法院关于民事诉讼证据的若干规定》第 83 条：“当事人依照民事诉讼法第七十九条和《最高人民法院关于适用〈中华人民共和国民事诉讼法〉的解释》第一百二十二条的规定，申请有专门知识的人出庭的，申请书中应当载明有专门知识的人的基本情况和申请的目的。人民法院准许当事人申请的，应当通知双方当事人。”第 84 条：“审判人员可以对有专门知识的人进行询问。经法庭准许，当事人可以对有专门知识的人进行询问，当事人各自申请的有专门知识的人可以就案件中的有关问题进行对质。有专门知识的人不得参与对鉴定意见质证或者就专业问题发表意见之外的法庭审理活动。”

由当事人提供域外法的情形，要求查明费用由当事人直接支付给查明方，人民法院不得代收代付。人民法院可以根据当事人的诉讼请求和具体案情，对当事人因查明域外法而发生的合理费用予以支持。其实，这一条并非对于域外法查明费用的全面规定，而仅限于当事人提供域外法的情形下当事人支付途径以及人民法院是否支持此类合理费用的问题。至于如何计算此类费用，费用支付的方式和法律依据等，这类实践中常见的棘手问题，仍待各级人民法院继续探索。

对于域外法内容的确定，《会议纪要》第 24 条针对当事人提供域外法的情形，进一步细化了 2020 年《最高人民法院关于适用〈中华人民共和国涉外民事关系法律适用法〉若干问题的解释（一）》（下文简称《司法解释一》）第 16 条的规定。①只要双方当事人提交的域外法内容相同或者当事人对相对方提交的域外法内容无异议的，人民法院就可以作为域外法依据予以确定；当事人对相对方提交的域外法内容有异议的，人民法院应当结合质证认证情况进行审查认定。相对于《司法解释一》的规定，《会议纪要》新增了一点：人民法院不得仅以当事人对域外法内容存在争议为由认定不能查明域外法。这是对部分法院动辄认定不能查明域外法之类错误行为的纠偏。

至于如何认定域外法查明不能，《会议纪要》第 25 条的规定确实乏善可陈，不过是《司法解释一》第 15 条第 2 款②的翻版。详言之，当事人应当提供域外法的，人民法院可以根据案件具体情况指定查明域外法的期限并可依据当事人申请适当延长期限。当事人在延长期限内仍不能提供的，视为域外法查明不能。

第三节　典 型 案 例

一、国民信托有限公司与黄其森等金融借款合同纠纷案：外国法查明问题

北京市第四中级人民法院（下文简称“北京四中院”）2022 年 6 月 24 日判

① 2020 年《最高人民法院关于适用〈中华人民共和国涉外民事关系法律适用法〉若干问题的解释（一）》第 16 条：“人民法院应当听取各方当事人对应当适用的外国法律的内容及其理解与适用的意见，当事人对该外国法律的内容及其理解与适用均无异议的，人民法院可以予以确认；当事人有异议的，由人民法院审查认定。”

② 2020 年《司法解释一》第 15 条第 2 款：“根据涉外民事关系法律适用法第十条第一款的规定，当事人应当提供外国法律，其在人民法院指定的合理期限内无正当理由未提供该外国法律的，可以认定为不能查明外国法律。”

决的原告国民信托有限公司与被告泰禾投资集团有限公司、黄某、黄某某、永兴达企业（香港）有限公司、Thaihot Investment（Bermuda）Company Limited（百慕大泰禾投资有限公司）金融借款合同纠纷案（下文简称“国民信托借款案”），[①]是有关外国法查明问题的典型案例，其中的外国法查明费用承担问题尤其值得关注。

（一）案情简况

原告国民信托有限公司（下文简称“国民公司”）为中国公司，被告泰禾投资集团有限公司（下文简称“泰禾公司”）亦为中国公司，两位自然人被告黄某、黄某某均为中国人，另两位被告永兴达企业（香港）有限公司（下文简称“永兴达公司”）和 Thaihot Investment（Bermuda）Company Limited（百慕大泰禾投资有限公司，下文简称“百慕大公司”）分别为中国香港公司和百慕大群岛公司。2017 年 2 月，国民公司与泰禾公司签订了专项信托贷款合同，约定期限不超过 7 年，但出现对其他债务违约或涉诉等情形下，贷款本金可被宣布立即提前到期；合同的签署、生效、履行等事项均适用中国现行法。同时，永兴达公司和百慕大公司分别向国民公司出具了有关贷款的承诺函，明确表述该函是信托贷款合同的有效组成部分。随后，国民公司依约发放了贷款 39.5 亿元。2019 年 10 月，因泰禾公司对其他债务违约且涉诉，国民公司宣布贷款提前到期，但泰禾公司对此有异议。

国民公司诉请泰禾公司偿还本金 29.5 亿元和相应的利息、罚息、复利，以及为实现债权所支付的费用，包括外国法查明费用 60 万元，等等；黄某某、永兴达公司和百慕大公司对此承担连带清偿责任。泰禾公司辩称，国民公司未有效送达《提前到期通知书》；即便法院认定该通知书被有效送达，主债务的起算日期以及罚息、复利的起算日期和数额也存在错误；为实现债权所支付的费用不应由泰禾公司承担，并特别指出自己不应承担外国法查明费用的两点理由。这两点理由为，一方面，该费用因国民公司向永兴达公司和百慕大公司主张权利而发生，与主债权无关；另一方面，即便对后两者主张权利，其实域外法查明问题也与针对二者的诉讼请求“完全无关”，“亦与本案完全无关”，因此域外法查明费用理应由国民公司自行承担。另一位被告黄某某的辩解理由与国民公司的类似，也特别强调了域外法查明费用与主债权无关，不在其担保范围之内，

① 国民信托有限公司与黄其森等金融借款合同纠纷案，北京市第四中级人民法院民事判决书（2020）京 04 民初 327 号。

国民公司对永兴达公司和百慕大公司的诉讼请求“并无事实依据和法律依据”。永兴达公司一方面赞同上述两被告的答辩意见，另一方面主张其出具的2017年《承诺函》应依据最密切联系原则适用中国香港法，而据中国香港法之规定和事实证据，其《承诺函》并非构成贷款保证。

（二）法院判决意见

北京四中院在该案中以判决书近六分之一的篇幅详述查明的域外法及其在该案中适用。该判决书首先指出，外国法查明请求是国民公司和永兴达公司提出的。前者申请就2017年《承诺函》适用中国香港法和百慕大法律进行查明；后者申请就2019年《承诺函》适用中国香港法和百慕大法律进行查明。两公司选定中国政法大学外国法查明研究中心（下文简称“法大查明中心”）作为查明机构，北京四中院向该中心进行委托。该中心出具了三份答复函。北京四中院认定的主要内容如下：

（1）对于永兴达公司2017年《承诺函》适用中国香港法的问题，法大查明中心认为，永兴达公司具有出具该承诺函的能力，但该函最后一段有关连带责任的表述不构成中国香港法上的保证。

（2）对于百慕大公司2017年《承诺函》适用百慕大法的问题，法大查明中心同样回答了两方面的问题，百慕大公司具有出具该承诺函的能力，但该函最后一段有关连带责任的表述不构成中国香港法上的保证。

（3）对于2019年承诺函适用中国香港法的问题，法大查明中心依据中国香港合同法中合同相对性原则，认为永兴达公司并非该函的当事人，而且合同形式不合乎香港法。

（4）对于2019年承诺函适用百慕大法的问题，法大查明中心认为合同形式不合乎百慕大法。

对于该案准据法的确定，基于《法律适用法》第14条对法人能力等内部事项的规定和第41条对合同法律适用的规定，北京四中院认为，既然《信托贷款合同》明确约定适用中国法，永兴达公司和百慕大公司2017年出具的《承诺函》均明确为《信托贷款合同》的一部分，因此主合同（贷款合同）和从合同（担保合同）均应适用中国法。永兴达公司和百慕大公司出具承诺函的行为能力分别适用中国香港法和百慕大法。

北京四中院最终依据《法律适用法》第8、14、41条以及《民法典》及其司法解释等判决，泰禾公司偿还国民公司贷款本金29.5亿元和相应利息、罚息、复利，以及为实现债权支出的律师费和公告费，黄某某对此承担连带赔偿责任，而永兴达公司和百慕大公司不承担担保责任，泰禾公司请求支付外国法查明费用 60 万元也未得到法院支持。

（三）案例分析

该案判决彰显了当事人和法院对域外法查明问题日益重视。在笔者对我国涉外民商事司法实践的多年持续观察中，越来越多的当事人重视利用冲突法维护自身权益，利用查明域外法实现自身诉求，而法院也逐步转变对当事人适用域外法请求的漠视，愈益重视对域外法的查明和适用，经济发达地区的法院所作判决中尤其可清晰展现这一良好趋向。北京四中院自 2018 年集中管辖北京市第一审涉外、涉港澳台地区商事案件、仲裁司法审查案件及司法协助类案件，涉外审判经验丰富。在国民信托借款案中，国民公司和永兴达公司主动提出查明中国香港法和百慕大法的请求，而北京四中院积极回应当事人请求，委托了法大查明中心进行域外法查明。法大查明中心是最高人民法院域外法查明平台上的专业查明机构，具有一定的权威性。北京四中院不仅积极对待当事人查明域外法的请求，而且在判决书中详尽列出了查明的中国香港法和百慕大法相关规定，采纳了其中的部分内容，即对永兴达公司出具《承诺函》的行为能力判定适用了中国香港法，对百慕大公司出具《承诺函》的行为能力判定适用了百慕大法。

但是，该案判决并未清晰呈现域外法查明与当事人诉讼请求的实质关系和查明域外法的必要性。原告国民公司主要诉请泰禾公司偿还贷款，其他三被告承担连带清偿责任。该诉讼请求涉及《信托贷款合同》和相关《承诺函》的法律选择问题。对此，《信托贷款合同》明确约定适用中国法，而《承诺函》载明其为贷款合同的一部分，意指也遵循适用中国法之约定。换言之，主合同与从合同均未涉及域外法适用问题。在诉讼中，被告永兴达公司提出，其出具的 2017 年《承诺函》未明确约定准据法，而其最密切联系地在中国香港，因而应适用中国香港法。但这一辩解未被法院采纳。至于因判定永兴达公司和百慕大公司的行为能力而去查明域外法，从当事人诉讼请求看，也无必要性。原告国民公司并未在诉讼请求中质疑这两家公司的行为能力，而且若是提出这一质疑，反而对其诉讼请求的实现不利。这两家公司在答辩中也未以其无行为能力抗辩。既然双方当事人均未提出这一争点，法院对此作出判定的必要性不能不令人质疑，查明域外法也相应地根基不稳。其实，对于查明域外法的必要性，被告泰禾公司在答辩中指出，域外法查明既与主债权的请求无关，也与原告“起诉永兴达公司、百慕大泰禾公司的诉讼请求完全无关”。此外，从有关域外法查明的法律规定也推导不出查明域外法的必要性。我国《法律适用法》第 10 条第 1 款规定：“涉外民事关系适用的外国法律，由人民法院、仲裁机构或者行政机关查明。当事人选择适用外国法律的，应当提供该国法律。”在该案中，当事人在《信托贷款合同》中明确选择中国法作为准据法，而未选择域外法；法院也未依据其他冲突法适用域外法。既然如此，为何要花费重金 60 万元（原告律师费的 3 倍）去查明域外法呢？

即便不考虑查明域外法的必要性，该案判决对域外法适用的合理性和合法性也不无值得商榷之处。判决书援引了《法律适用法》第 8 条，即涉外民事关系的定性，适用法院地法律。在该案中，北京四中院区分了合同争议中的两类争点，即当事人行为能力问题和合同实质问题。对于永兴达公司出具的 2017 年《承诺函》，当事人争议的核心问题是，《承诺函》中提到的“连带责任”是否构成担保法意义上的“连带保证责任”。这一争点，依据我国内地的《民法典》，显然不属于当事人行为能力问题，而是属于担保合同的实质问题。按照该院对准据法的判定，只有永兴达公司行为能力问题适用中国香港法，而有关《承诺函》是否构成保证合同关系应适用中国内地的法律。但是，该院在此后又指出：“永兴达公司虽具有出具 2017 年《承诺函》的行为能力，但该函件中提到的‘连带责任’尚不构成香港法律上的 guarantee（保证）。”此处，该院适用了中国香港法判定担保合同的实质问题。虽然该院紧接着适用内地《民法典》相关规定得出了同样结论，但是若二者结论不同，那么该院应以何地法律为准呢？

二、利邦国际品牌有限公司、利邦品牌管理（山东）有限公司等金融借款合同纠纷案：冲突法中强制性规定的认定

山东省高级人民法院（下文简称“山东高院”）于 2022 年 4 月 20 日判决的上诉人利邦国际品牌有限公司、利邦品牌管理（山东）有限公司与被上诉人香港上海汇丰银行有限公司金融借款合同纠纷案（下文简称“利邦借款案”），[①]是一起有关冲突法中强制性规定如何认定的典型案例。

（一）案情简况

上诉人利邦国际品牌有限公司（下文简称“利邦国际”）和被上诉人香港上

① 山东省高级人民法院民事判决书，（2022）鲁民终 173 号。

海汇丰银行有限公司（下文简称“汇丰银行”）的住所地均在我国香港特别行政区，上诉人利邦品牌管理（山东）有限公司（下文简称“利邦山东”）的住所地为山东省济宁市。2017 年 8 月，汇丰银行与利邦国际等签订《银行授信函》，约定汇丰银行向利邦国际等公司提供港币3亿元循环贷款授信额度和港币7 000万元担保授信额度等综合授信，准据法为中国香港法。2019 年 7 月，利邦山东向汇丰银行出具《担保函》，准据法为中国香港法。因利邦国际到期未偿还贷款本息，汇丰银行向山东省济宁市中级人民法院（下文简称“济宁中院”）起诉，索要欠款本息和相关费用等。

对于该案适用的法律，汇丰银行在一审中主张依授信函和担保函的约定适用中国香港法，并提交了香港安理国际律师事务所于 2021 年 5 月 24 日出具的《中华人民共和国香港特别行政区法律意见书》（下文简称《法律意见书》）。《法律意见书》从 9 方面说明汇丰银行的诉讼请求合乎中国香港法。利邦国际和利邦山东对该法律意见书内容未提出实质性反驳，也未提交香港法律查明文件，仅主张该案涉及外汇管制等金融安全，依法应适用中国内地法。一审法院主要依据《法律适用法》第 3 条、第 41 条的规定，支持了汇丰银行适用中国香港法的请求。针对两被告提出的请求，一审法院认为，在涉外金融业务发展的新形势下，内地已取消跨境担保以登记作为合同生效的要件，该案中的跨境担保不属于违反《法律适用法》第 4 条中强制性规定而不能适用域外法的情形；两被告对于该案中的外汇贷款和担保危害内地外汇管制等金融安全，“并未提交证据证明”，因此，被告适用中国内地法的请求不应得到支持。

利邦国际和利邦山东在上诉中认为，一审适用法律错误，主要理由是利邦山东提供的担保属于跨境担保，涉及外汇管制等金融安全，依据《法律适用法》第 4 条、第 5 条和《司法解释一》第 10 条第 4 项的规定，当事人不能通过约定排除适用中国内地法。同时，上诉人还认为，该案一审法院为济宁中院，利邦山东与利邦国际均为济宁如意品牌投资控股有限公司的关联公司，根据《法律适用法》第 2 条第 2 款，该案涉外民事关系明显与中国内地法之间的联系更为密切，且适用中国内地法更有利于维护中国社会公众利益，因此该案应适用中国内地法。

（二）二审法院判决

对于上诉人以强制性规定为由请求适用中国内地外汇管理法，山东高院并不支持。该院认为，尽管《司法解释一》第 10 条将涉及“外汇管制等金融安全”

的规定列入了强制性规定的范围，但是《跨境担保外汇管理规定》第29条已明确规定，跨境担保的登记或备案等手续不构成跨境担保合同的生效要件，“即关于本案的跨境担保并不属于《中华人民共和国涉外民事关系法律适用法》第四条规定之情形”。该院据此得出结论，“《银行授信函》和《担保函》中关于适用香港法律的约定合法有效，利邦国际、利邦山东关于涉案担保合同因涉及社会公共利益，不能通过约定排除适用中华人民共和国法律的主张不能成立”。

（三）案例分析

中国内地对跨境担保登记或备案的规定，不构成《法律适用法》第4条中的强制性规定，这是山东高院对有关外汇借款担保管理的强制性规定采取的开明态度。自1994年外汇管理改革以来，我国的外汇管理整体上渐趋放松，对资本项目的管制也逐步松懈。①在此背景下，2014年修订后的《跨境担保外汇管理规定》第29条明确规定：“外汇局对跨境担保合同的核准、登记或备案情况以及本规定明确的其他管理事项与管理要求，不构成跨境担保合同的生效要件。”基于我国外汇管理政策的变化，尤其是2014年新法的规定，山东高院将跨境担保的管理规定不再视作强制性规定，体现了我国法院对这一领域强制性规定的态度转变。在笔者检索的类似案例中，山东高院的司法实践具有相当的代表性。而江苏省南京市中级人民法院在2020年一份判决中，亦采用了同样的立场，判定：“对外担保的登记或备案手续的相关规定并非效力性规定，而是管理性规定，旭统公司以……对外担保未办理相关手续为由，主张担保无效，于法无据。”②

对比山东高院“利邦借款案”判决与2014年新法出台前的判决，可更鲜明地呈现山东高院的态度转变。在2013年一起类似涉港金融借款纠纷案中，山东高院对于跨境担保的态度与之截然相反，明确主张：“我国内地法律法规对对外担保问题有强制性规定，应直接适用该强制性规定审理本案所涉保证合同关系。”③

尽管山东高院的这份判决符合我国外汇管理政策的走向，但是其论证的逻

① 马宇，张婷婷：《中华人民共和国成立70年外汇管理政策的演变与发展》，载《云南财经大学学报》2020年第1期，第6－10页。

② 上诉人上海旭统精密电子有限公司与被上诉人南京商络电子股份有限公司、原审被告广州番禺旭东阪田电子有限公司买卖合同纠纷案，江苏省南京市中级人民法院民事判决书（2020）苏01民终8812号。

③ 中国银行（香港）有限公司、潍坊新立克（集团）有限公司、信盟投资有限公司、香港太平洋投资有限公司金融借款合同纠纷案，山东省高级人民法院民事判决书，（2012）鲁民四终字第106号。

辑严密性不乏值得商榷之处。一方面，《跨境担保外汇管理规定》第 29 条仅规定了外汇局对跨境担保合同的管理要求不构成跨境担保合同的生效要件，这是对跨境担保合同生效的规定，它与对跨境担保合同的管理规定是否为冲突法上的强制性规定之间并非等同关系。个案中对冲突法上强制性规定的认定应从立法目的、内容以及适用与不适用的后果差异等多方面分析。况且该案中涉及的外汇管理规定被明确列入 2020 年《司法解释一》第 8 条第 4 项，该院至少应释明，该项中“涉及外汇管制等金融安全的”强制性规定与跨境担保的外汇管理规定各自的内涵与外延及其之间的具体关系，而不应在援引相关法条之后直接断定前者不再涵盖后者。另一方面，该判决未考虑 2003 年《外债管理暂行办法》中的不同规定。该法第 22 条规定：“境内机构对外签订借款合同或担保合同后，应当依据有关规定到外汇管理部门办理登记手续。国际商业贷款借款合同或担保合同须经登记后方能生效。”这条规定依然将办理登记作为担保合同生效的条件。在《外债管理暂行办法》2022 年修订后，这条规定的内容和序号依然未变。①

第四节　展望与建议

一、涉外民事诉讼法的修订

我国涉外民事诉讼法长期处于边缘角色，备受冷落。现行涉外民事诉讼法的主要法律渊源为《民事诉讼法》第四编中的特别规定。作为民事诉讼法的特别法，就条文数量而言，2021 年修订后的现行立法仅有 25 条（第 266—290 条），占全部条文数量不足 1/11。相对于 1991 年《民事诉讼法》第四编（第 237—269 条）33 条的规定，现行立法条文数量减少了近 1/4，而与 1982 年《民事诉讼法（试行）》第四编（第 185—205 条）21 条的数量相近。就内容而言，现行涉外民事诉讼法的实质内容与 1991 年的规定相比并无实质性改变，两者立法架构和思路基本上源自更早的 1982 年《民事诉讼法（试行）》的规定。平行诉讼制度、禁诉令制度等重要制度付之阙如，国际管辖权制度、涉外判决承认与执行制度等具体规定简陋粗疏。

---

①《外债管理暂行办法》（2022 修订）第 22 条。

现行涉外民事诉讼法已无法满足我国对外全面开放和涉外司法实践的现实需求，其缺陷和不足饱受批评，对其尽快修正已成理论界和实务界的共识。1982年我国改革开放之初，对外经贸交往以商品进出口为主，涉外民事案件数量很少；而如今我国已步入全面对外开放的新阶段，多年国际货物贸易量稳居世界第一，国际投资、国际金融、国际服务贸易等数量和种类与当年相比已不可同日而语，涉外案件数量随之大幅攀升，近十年审理的涉外案件就超过了38万件。[①]在对外开放和涉外司法的新形势下，现行涉外民事诉讼法的短板日益凸显。有学者批评其涉外民事管辖制度过于保守，涉外送达和取证的途径不够便捷和多样，有关外国判决承认与执行的规定因可操作性不足而影响了判决的国际流动性。[②]处于涉外司法一线的法官也抱怨，当前的涉外民事管辖规则过于零散，专属管辖范围过窄，协议管辖过于保守，保护性管辖权不足，缺乏平行诉讼协调机制等。[③]

全国人大常委会积极回应理论界和实务界的良善之见，于2022年12月30日在其官方网站公布了《民事诉讼法（修正草案）》并面向社会征求意见。[④]该草案共28条，其中20条（第11至第28条）有关涉外民事诉讼法的修改，9条（第11至第19条）同时针对涉外民事诉讼管辖权。草案中不仅增加了有关消费者保护的管辖权、信息网络侵权管辖权、平行诉讼制度、不方便法院制度等新制度，而且删除了协议管辖制度中的实际联系要求，增加了涉外送达和调查取证的途径，补充完善了外国法院判决承认与执行、外国仲裁裁决承认与执行的规则等等。该草案尽管在修法理念和具体规则相互协调性等方面尚有诸多值得商榷之处，但经过向社会征求意见并进一步修改完善后，应该能在不久的将来顺利获得通过。

二、涉外民事关系法律适用法的完善建议

相对于涉外民事诉讼法立法长期徘徊不前，涉外民事关系法律适用法的立

---

① 《最高人民法院关于人民法院涉外审判工作情况的报告》，http://www.npc.gov.cn/npc/c30834/202210/a3adfb94fc8b4070bb50e4a5a9d25e7b.shtml，2023年1月5日访问。

② 刘敬东：《大国司法：中国国际民事诉讼制度之重构》，载《法学》2016年第7期，第11－14页。

③ 沈红雨：《我国法的域外适用法律体系构建与涉外民商事诉讼管辖权制度的改革——兼论不方便法院原则和禁诉令机制的构建》，载《中国应用法学》2020年第5期，第119－121页。

④ 《民事诉讼法（修正草案）征求意见》，http://www.npc.gov.cn/flcaw/userIndex.html?lid=ff80818184423 0ec0185612c16b27450，2023年1月5日访问。

法进展较为顺利，2010 年便有单行法出台。不过，该法除“附则”外的正文，仅有区区 50 条，内容相当简略，需要司法解释进一步细化。但是，自 2012 年最高人民法院针对该法第一章“一般规定”出台了《司法解释一》，针对后续章节的司法解释十余年后依然未能面世。最高人民法院院长周强首席大法官 2022 年 10 月 28 日在第十三届全国人民代表大会常务委员会第三十七次会议上已明确表态，“深入研究我国法律域外适用条款等问题，健全相关司法解释和配套规则”。[①]希冀最高人民法院与中国国际私法学会密切合作，加强涉外民事关系法律适用法司法解释的研究和起草，尽快出台涉外司法实践中亟需的具体操作规则。

针对上文提到的 2022 年《会议纪要》中有关国际多式联运网状责任制的规定，[②]有两点建议值得有关部门参考。一方面，我国《海商法》正在修订进程中，立法机关可将相关表述进一步明确。从我国多式联运网状责任制的立法历史观察，我国采用这一制度很可能是一个特定立法历史背景下出现的“美丽错误”，将国际公约从全球视野对各国立法权分配的规定，简化转为国内立法。1980 年《联合国国际货物多式联运公约》从未生效，而且将来生效的概率也是微乎其微。因此，我国立法者在构建多式联运货损责任制度时不应受该公约所限，而应从本国当事人和国家利益出发，着眼于“一带一路”建设需求，发挥国际货物多式联运在贸易畅通中的巨大作用。基于上述考虑，我国若保留多式联运合同中的网状责任制形式，则应将其限于指引不同国内实体法的功能。具言之，货物的灭失或者损坏发生于多式联运的某一运输区段的，多式联运经营人的赔偿责任和责任限额，适用调整该区段运输方式的我国有关规定。至于协调不同国家立法管辖权的问题，理应交给我国的冲突法来解决。另一方面，最高人民法院对网状责任制的规定将来不宜上升为司法解释规则。《会议纪要》第 68 条的规定，未充分考虑网状责任制在整部《海商法》中的定位，也未顾及其与 2010 年《法律适用法》的内在联系，将网状责任制不合理地解释为具有冲突法功能。这一规定将会对当事人正当期望的保护以及意思自治原则和最密切联系原则的适用造成阻碍，进而涉嫌背离我国涉外法治政策，对发挥多式联运在“一带一路”建设中的作用产生消极影响。因此，最高人民法院应适时废止此不当规定。但

① 《最高人民法院关于人民法院涉外审判工作情况的报告》，http://www.npc.gov.cn/npc/c30834/202210/a3adfb94fc8b4070bb50e4a5a9d25e7b.shtml，2023 年 1 月 5 日访问。

② 参见本章第二节“综合分析”中“（二）涉外民事关系法律适用制度的发展”之“涉外多式联运合同的法律适用问题”。

是，网状责任制并非不可能在将来涉外多式联运合同法律适用的司法解释中发挥一定的作用。相对于统一责任制，网状责任制有利于实现经营人赔偿与对第三人追偿的平衡。网状责任制在国际公约或示范法中主要体现为对货损地法的尊重。鉴于网状责任制的优点，我国法院在对最密切联系原则的适用予以司法解释时，可适当关照国际货物多式联运合同的特殊性，强调货损地在确定最密切联系地时的重要性，尤其应特别关注货损地强行法的适用。

第十一章　国际商法法治发展

第一节　大　事　记

一、《联合国国际货物销售合同公约》在我国的领土适用范围迎来新突破

2022年5月5日，中国政府向联合国秘书长交存声明，将《联合国国际货物销售合同公约》（CISG）领土适用范围延展至中国香港。根据CISG第97条第（3）款关于6个月等待期的规定，该领土适用范围的延展于2022年12月1日起正式生效。值得注意的是，该声明指出，中国加入CISG时作出的对第1条第（1）款（b）项的保留不适用于香港，也即，CISG第1条第（1）款（a）项和（b）项均适用于香港。根据CISG第100条第（2）款，其适用范围为2022年12月1日起签署的涉香港当事人的国际货物销售合同。此外，对CISG在中国香港与中国内地之间的适用问题，香港特区政府正与中央人民政府商讨相关安排。相信随着制度的进一步落地，基于《粤港澳大湾区发展规划纲要》和《内地与香港关于建立更紧密经贸关系的安排》（CEPA）的贸易关系将释放更大潜力。

二、最高人民法院周强院长作关于人民法院涉外审判工作情况的报告

2022年10月28日，最高人民法院周强院长在第十三届全国人民代表大会常务委员会第三十七次会议上作关于人民法院涉外审判工作情况的报告。报告指出我国涉外法律法规体系不断健全，涉外执法司法质效持续提升，涉外法治保障和法律服务工作成效明显，涉外法治人才队伍日益壮大，开创了新时代涉外法治建设新局面，为维护国家主权、安全、发展利益提供了坚实法治保障。伴随我国高水平对外开放的持续推进，涉外审判工作呈现出新的特点。一是案件数量大幅攀升。二是新类型案件不断涌现，如涉跨境电商、跨境破产、企业

和资产跨境并购、金融衍生产品投资、中欧班列运单等，亟需明晰交易规则、规范行为界限、平衡各方权益。三是案件审理难度加大。因同一争议涉及多国平行诉讼而产生的管辖权国际冲突案件增多，案件审理涉及国际条约、国际惯例和准据法适用的情形增多，司法管辖权和法律适用等问题愈加复杂。四是案件影响力日益提升。涉及当事人已覆盖全球100多个国家和地区，国内国际关注度显著上升，对我外交工作大局和国际形象塑造发挥着重要作用。

三、我国各级人民法院涉外民商事审判工作卓有成效，形成系列跨境纠纷典型案例

2022年，我国各级人民法院在涉外民商事审判领域取得新进展。上海市高级人民法院发布《上海市高级人民法院涉外、涉港澳台商事审判白皮书（2017—2021）》，并首次发布《上海涉外商事审判域外法查明白皮书（2015—2021）》及典型案例。与此同时，上海市徐汇区人民法院发布《上海徐汇法院2017—2022年涉外、涉港澳台商事审判白皮书》；上海市青浦区人民法院召开新闻发布会通报上海市青浦区人民法院涉外商事审判服务保障进博会工作情况，并发布《上海市青浦区人民法院2018—2021年涉外、涉港澳台商事审判工作白皮书》。此外，广东省高级人民法院发布第四批、第五批粤港澳大湾区跨境纠纷典型案例，至今已发布100个跨境纠纷典型案例。江苏省高级人民法院发布涉外、涉港澳台商事十大典型案例，涉及国际货物买卖、外商投资企业、信用证、国际司法协助和国际商事争端解决等。

四、国际商会发布《反垄断损害赔偿诉讼纲要》《可持续贸易及可持续贸易金融标准》《网络安全政策报告》等文件

2021年末至2022年初，国际商会（ICC）陆续发布《反垄断损害赔偿诉讼纲要》欧盟版、英国版、中国版、奥地利版等多国篇章。该纲要收录了来自英国、法国、德国、中国、美国的275个重要案例，通过梳理反垄断损害赔偿诉讼受制因素、介绍不同司法辖区损害赔偿金额计算方法、分析各行业典型案例等方式，解释反垄断损害赔偿诉讼的法律准则，为全球各国的政府组织、监管机构、跨国企业等了解反垄断损害赔偿诉讼程序提供了详细的指导说明。2022年1月，国际商会（ICC）银行委员会发布《可持续贸易及可持续贸易金融标准》。该报告是国际商会开展“定义、认可和制定可持续贸易和可持续贸易金融标准”

项目的初步定位文件，其最终目标是制定全球广泛认可的、可持续贸易及可持续贸易金融的标准和定义。同时，国际商会（ICC）数字经济委员会发布《网络安全政策报告》。该报告指出，政府和企业应以国家法律法规和国际规则为基石，就网络安全的风险、目标、影响、应对措施等达成共识。具体而言，报告的第一部分给出了一份简略的关键问题清单，为各利益相关方提供了一些可行的解决方案；第二部分对商会和商会成员的关键领域政策文件进行了总结梳理，为私营机构和政府部门提供进一步的参考工具和政策建议。

五、国际商会与世界贸易组织共同发布《无纸化跨境贸易标准工具箱》

2022 年 3 月 15 日，国际商会（ICC）与世界贸易组织（WTO）共同发布《无纸化跨境贸易标准工具箱》（Standards Toolkit for Cross－Border Paperless Trade）。工具箱列明 100 项可供全球贸易参与者采用的标准和方案，涵盖国际商事交易中主体和客体识别标准，商业交易文件标准，运输、货运代理文件标准，付款文件标准等。该工具箱对现有标准进行概述，有助于推动各公共部门及私人企业采用现有可行标准，并及时发现潜在漏洞，加速贸易流程数字化。如此，国际贸易将迈向各供应链参与方更安全、可信的未来，释放无纸化跨境贸易的优势。

六、第七届 ICC 国际仲裁亚太年会宣布成立新一任国际商会“一带一路”委员会

2022 年 6 月 22 日，国际商会第七届亚太地区国际仲裁年会在新加坡举办。会议宣布成立新一任 ICC“一带一路”委员会（ICC Belt and Road Commission）。新的委员会将成为联通东西方智慧的桥梁，在“一带一路”沿线国家开展高质量的全球对话、提供深度而专业的培训交流、分享国际领先的经贸法律经验。新一任委员会将进一步发挥国际商会国际仲裁院（ICC International Court of Arbitration）在全球工商业界最具公信力和最受欢迎的优势，全方位、多维度地为“一带一路”参与者，特别是中国参与者，提供高效优质的争议解决服务。ICC“一带一路”委员会同时表示，将继续与 ICC 非洲委员会携手合作，促进 ICC 在区域之间的协同发展。

七、联合国国际贸易法委员会发布《关于使用和跨境承认身份管理和信任服务示范法》

2022年7月5日，联合国国际贸易法委员会（UNCITRAL）在纽约召开第五十五届委员会，审议了《关于使用和跨境承认身份管理和信任服务示范法》草案条文，并核准了修订意见。7月7日，贸法会以协商一致的方式通过了《贸易法委员会关于使用和跨境承认身份管理和信任服务示范法》，法案在不偏重任何技术的基础上，强调在法律上承认身份管理和信任服务，以增强包括电子商务及跨境电子商务在内的法律确定性和可预测性。此外，委员会原则上核准了《关于使用和跨境承认身份管理和信任服务示范法》的解释性说明。

八、联合国国际贸易法委员会发布关于根据《贸易法委员会调解规则》进行调解的建议

2022年7月11日，联合国国际贸易法委员会（UNCITRAL）在纽约召开第五十五届委员会，审议并通过关于协助调解中心和其他有关机构根据《贸法会调解规则》（2021）进行调解的建议。会议认为，“调解”是一种替代诉讼的友好解决国际商业争议的手段，具有便利国际商事交易和减轻各国司法成本等多重价值。本次建议的制定出台将有助于《贸法会调解规则》（2021）作为机构规则的参照模本，可为不同法律、社会和经济制度国家的调解中心和其他有关机构所接受，从而补充现有的国际调解法律框架。

九、联合国国际贸易法委员会批准《关于URDG758下见索即付保函国际标准实务》（ISDGP）

2022年7月11日，联合国国际贸易法委员会（UNCITRAL）在第五十五届委员会上审议来自国际商会《关于URDG758下见索即付保函国际标准实务》（ISDGP）核准请求。ISDGP是URDG 758的配套文件，对URDG 758作了补充，确定和记录了与URDG 758及其他规则有关的最佳做法。委员会在讨论后一致认为，URDG 758提供了一套广泛适用于各类国际和国内合同中为有关支付义务和履约义务提供担保的见索即付保函适用规则，这些规则与委员会1995年拟定并经国际商会1999年认可的《联合国独立担保和备用信用证公约》并行不悖。委员会高度赞扬了国际商会为国际贸易便利化作出的突出贡献，并以协商一致

的方式通过了建议酌情结合 URDG 758 使用 ISDGP 的决定。

十、国际商会发布《国际贸易术语解释通则指南 2020》《国际贸易术语解释通则 2020 决策清单和流程图》

2022 年 9 月，围绕《国际贸易术语解释通则® 2020》（Incoterms® 2020），国际商会（ICC）新发布了《国际贸易术语解释通则指南 2020》（ICC Guide to Incoterms® 2020）、《国际贸易术语解释通则 2020 决策清单和流程图》（Incoterms® 2020 Checklist and Flowcharts），以文字和图示等形式对 Incoterms® 2020 解释说明，进一步实现新版通则的落地。两份文件共同对国际货物买卖中的买方和卖方在 Incoterms® 2020 的 11 条规则下的义务、成本和风险详细说明，并从买方和卖方的观点出发详述如何选择正确贸易术语，为相关实务提供了有益指导。

十一、国际统一私法协会完成《保理示范法》联合筹备工作

2022 年 11 月 28 日至 30 日，国际统一私法协会（UNIDROIT）在第六次工作组会议上，明确了《保理示范法》将在 2023 年正式定稿并公布。制定《保理示范法》的主要目的，其一是为计划引入保理法律或更新现有保理法律的国家提供参考文本，其二是为希望实施更多具体规则以改善其保理法律框架的国家提供示范条款。《保理示范法》的范围比 1988 年《国际保理公约》更广泛，既适用于国内保理业务，也适用于国际保理业务，并允许现有或未来的应收款转让，其适用的应收款范围包括货物和服务的供应或租赁合同所产生的应收款、来自知识产权许可或转让合同的应收款以及代表信用卡交易支付义务的应收款等，但不包括不动产销售或租赁合同产生的或各种金融交易产生的应收款。

十二、国际统一私法协会《仓单示范法》进入定稿阶段

2022 年 12 月 5 日至 7 日，国际统一私法协会（UNIDROIT）仓单示范法工作组第五次会议审议了《仓单示范法》草案，就仓库经营者的权利和义务、仓单上担保权以及法律冲突等问题进行探索与讨论，预计将于 2023 年将草案提交国际统一私法协会理事会审议。鉴于目前尚未有政府间组织通过有助于各国进行改革的仓单示范法，《仓单示范法》文本的面世不仅有助于完善国家法律框架，而且有助于加强国际协调，从而促进跨境交易。

十三、各大国际商事公约的批准国数量增加

2022 年 4 月，哈萨克斯坦批准《联合国关于调解所产生的国际和解协议公约》(《新加坡调解公约》)，成为《新加坡调解公约》第 10 个缔约国。5 月，土库曼斯坦加入《联合国国际货物销售合同公约》，成为 CISG 第 95 个缔约国。7 月，菲律宾共和国交存了其对《联合国国际合同使用电子通信公约》的批准书，以确保电子商务法基本原则得到跨国界承认和执行，促进与伙伴国的跨境贸易。此外，本年度马尔代夫和斯威士兰均通过基于《贸易法委员会电子商务示范法》的国内立法，迄今共有 82 个国家在 162 个法域通过了基于该示范法或在该示范法影响下的立法。另，马尔代夫还通过基于《贸易法委员会电子签名示范法》的国内立法，截至目前共计 38 个国家通过了基于《贸易法委员会电子签名示范法》或在其影响下的立法。

第二节　综合分析

一、2022 年我国涉外商事纠纷司法实践分析

根据 2022 年 10 月最高人民法院周强院长作的《最高人民法院关于人民法院涉外审判工作情况的报告》，全国法院受理的一审涉外民商事案件从 2013 年的 1.48 万件，增长到 2021 年的 2.73 万件，[①]各级法院涉外民商事案件收案规模显著增扩。另截至 2023 年 1 月 1 日中国裁判文书网最终公示信息统计，2022 年全国各级法院上网公开的涉外民商事判决书和裁定书共 8 400 份。[②]应当说明，因中国裁判文书上网公开时间与案件实际审结日期相比有延迟，且考虑到部分依法不公开的案件存在，该检索样本并不能展示 2022 年全国各级法院涉外民商事审判实践的全貌。但基于“人民法院生效裁判文书应当在互联网公开”的原则，通过前述 8 400 份公开的生效裁判展开样本分析，具备可行性。据此统计，绝大部分涉外民商事案件以判决方式结案，通过撤诉、调解结案的

① 周强：《最高人民法院关于人民法院涉外审判工作情况的报告》，载《人民法院报》2022 年 10 月 31 日，第 1 版。

② 数据来源：通过以“2022 年”“民事案件”“涉外”为检索条件，在“中国裁判文书网”检索得到的公开判决书和裁定书为 8 400 份，载中国裁判文书网，https://wenshu.court.gov.cn/，2023 年 1 月 1 日访问。

比例约占 1%，[①]远低于全国法院一审民商事案件的调撤率。这或与两方面原因相关：一是域内外法律文化差异较大，域外诉讼主体习惯“竞技型”的争讼解决方式，对于调解息讼的价值理念尚处逐步接受的过程。二是涉外民商事案件送达方式特殊、举证难度大、法律适用复杂、审理周期漫长，大量涉外商事纠纷为追求高效经济，分流至中立的仲裁或评估调解机构，未有司法程序介入。

2022 年全国法院已上网公开的涉外商事案件中，涉及案由多达 60 余种，其中以合同类纠纷最为典型，所占比重最大，约为 72.53%。[②]此类纠纷又以借贷类、买卖类、建设工程类、运输类合同争议为主，合计占合同类纠纷总数的 51.60%。[③]其他案件类型较多的还包括知识产权类纠纷（约占 9.06%），以及与公司、证券、保险、票据有关的纠纷（约占 5.30%）。[④]其间，也涌现出不少跨境破产、跨境电商、企业和资产跨境并购、金融衍生产品投资等新类型案件。例如，2022 年各级法院审结跨境破产类案件约 9 起，案件争议涉及破产债权确认纠纷、追收未缴出资纠纷、管理人责任纠纷。[⑤]这在一定程度上反映了我国区域经济对外开放纵深发展，商事主体海外投资贸易方式不断拓展和创新。另，有关适用特殊程序的案由也应成为涉外商事纠纷司法实践分析的又一视点。据已公开的生效裁判文书统计，2022 年全国各级法院审结申请承认和执行外国法院民事判决、裁定及申请承认与执行外国仲裁裁决的案件共 5 件，除 1 件申请人自愿撤回申请外，其余均得到我国法院的承认。[⑥]2022 年全国各级法院审结

---

① 数据来源：在前述 8 400 份涉外民商事判决书和裁定书的基础上，按照文书类型区分出裁定书，继而以全文内容含“撤诉”为检索条件，并对所得裁定书逐一核实，最终得到裁定结果为“人民法院准许撤诉”的裁定书 74 份，载中国裁判文书网，https://wenshu.court.gov.cn/，2023 年 1 月 1 日访问。

② 数据来源：在前述 8 400 份涉外民商事判决书和裁定书的基础上，根据“中国裁判文书网”左侧栏目“案由”对涉外民事案件和涉外商事案件类型作进一步区分，经去除“人格权纠纷”“婚姻家庭、继承纠纷”“劳动争议、人事争议”“无因管理和不当得利纠纷”“侵权责任纠纷”等涉外民事类裁判文书，得到涉外商事类判决书和裁定书 7 164 份，其中属于“合同纠纷”的判决书和裁定书 5 196 份，载中国裁判文书网，https://wenshu.court.gov.cn/，2023 年 1 月 1 日访问。

③ 数据来源：在属于“合同纠纷”类的 5 196 份涉外商事裁判文书中，“借贷类合同纠纷”“买卖类合同纠纷”“建设工程类纠纷”“运输类合同纠纷”文书数量位列前四，合计 2 681 份，载中国裁判文书网：https://wenshu.court.gov.cn/，2023 年 1 月 1 日访问。

④ 数据来源：在前述 7 164 份涉外商事类判决书和裁定书中，根据“中国裁判文书网”左侧栏目“案由”显示信息统计，属于“知识产权类纠纷”的文书 649 份，属于“公司、证券、保险、票据有关的纠纷”的文书 380 份，载中国裁判文书网，https://wenshu.court.gov.cn/，2023 年 1 月 1 日访问。

⑤ 数据来源：在前述 7 164 份涉外商事类判决书和裁定书中，根据“中国裁判文书网”左侧栏目“案由”显示信息统计，属于跨境破产类案件 9 起，载中国裁判文书网，https://wenshu.court.gov.cn/，2023 年 1 月 1 日访问。

⑥ 数据来源：在前述 7 164 份涉外商事类判决书和裁定书中，根据“中国裁判文书网”左侧栏目“案由”显示信息统计，属于“申请承认与执行法院判决、仲裁裁决”案件 5 起，载中国裁判文书网，https://wenshu.court.gov.cn/，2023 年 1 月 1 日访问。

涉外商事案件中，申请撤销国内仲裁裁决的案件共 95 件，法院裁定驳回当事人申请的占比 97%。①我国法院在承认和执行外国法院判决、国内外仲裁裁决方面更加积极主动，展露出了开放包容的大国司法姿态。

综合考察中国裁判文书网上显示的本年度全国各级法院审结涉外民商事案件，从案件地域分布来看（如图 11.1 所示），案件数量较多的省份集中在沿海和经济发达地区，辽宁省、广东省、北京市、山东省、重庆市、浙江省、上海市、福建省位居前列。一定程度上体现出区域经济发展与涉外民商事案件量的正相关性，区域经济发展带动更为活跃的国际商事交往，频繁的国际商事交往易催生更多的涉外民商事纠纷。

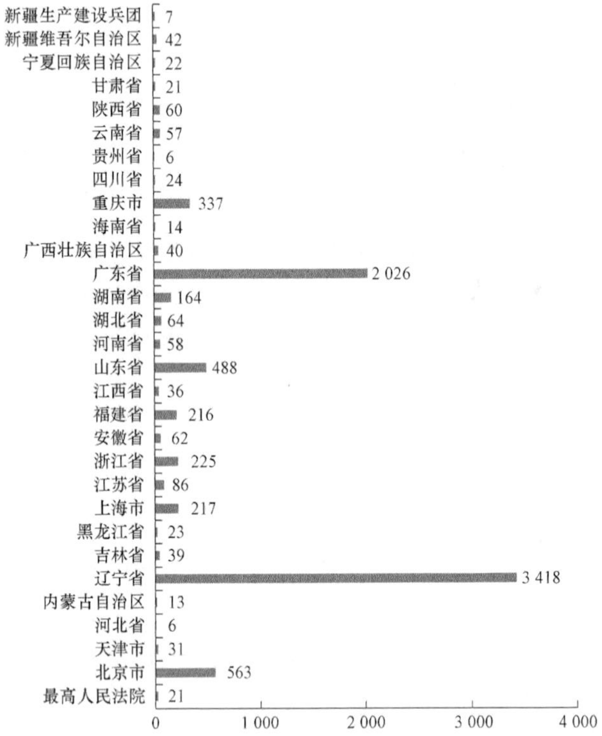

图 11.1　2022 年我国涉外民商事案件地域分布②

① 数据来源：在前述 7 164 份涉外商事类判决书和裁定书中，根据“中国裁判文书网”左侧栏目“案由”“仲裁程序”显示信息统计，属于“申请撤销国内仲裁裁决的案件”95 件。经逐一查看，其中法院裁定驳回当事人申请的 92 件，载中国裁判文书网，https://wenshu.court.gov.cn/，2023 年 1 月 1 日访问。

② 数据来源：在前述 8 400 份涉外民商事判决书和裁定书的基础上，根据“中国裁判文书网”左侧栏目“地域与分布”显示信息统计，载中国裁判文书网：https://wenshu.court.gov.cn/，2023 年 1 月 1 日访问。

从案件审理程序来看（如图 11.2 所示），2022 年我国各级法院一审审结的涉外民商事案件合计 7 018 起，其中由基层人民法院一审审结的案件 6 400 起，占比约 91.20%；由中级人民法院一审审结的案件 616 起，另有 2 起专利纠纷案件由高级人民法院一审审结。这些案件中，一方当事人不服一审裁判提起上诉或再审申请，由二审法院审结的合计 1 166 件，由再审法院审结的共 74 件。一审服判息诉率高达 83.39%。另，二审和再审案件中，二审法院维持原判决和裁定的共 969 件，发回改判的 197 件；再审法院裁定驳回再审申请的 57 件，发回改判的 17 件，即通过二审或再审程序的案件纠错率分别为 16.8%、22.97%，稍高于一般民商事案件的改判率。一定程度上表明，由于涉外民商事案件的复杂性，我国法院对其理解和把握仍然存在一定不足。

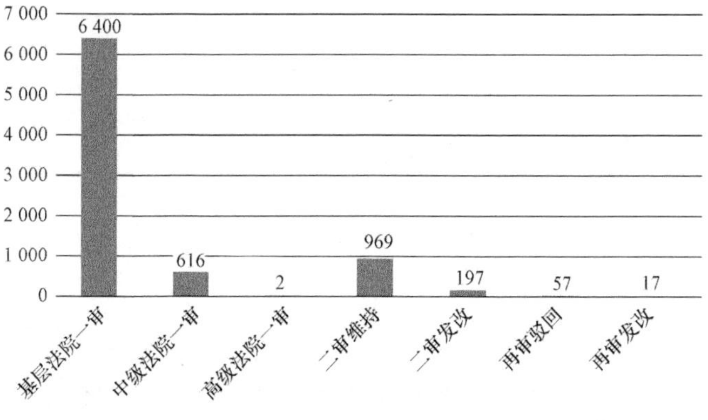

图 11.2　2022 年我国涉外民商事案件审判程序①

从案件所涉国别和地区来看，除美国、日本、韩国、新加坡、俄罗斯等传统贸易伙伴国外，还覆盖蒙古国、土耳其、孟加拉、捷克等多个“一带一路”沿线国家案件。进一步考察涉外商事案件审判的法律适用情况，主要包括适用国际公约或国际商事惯例等统一实体法规范、适用当事人协议选择或依据冲突法规范指引的域外法，以及适用我国国内法三类。

二、2022 年国际商事统一法在我国的司法适用分析

经中国裁判文书网公示信息统计，2022 年全国各级法院上网公开的涉及代表性国际商事统一法的判决书和裁定书共 54 份（如表 11.1 所示），所涉案件类

① 数据来源：在前述 8 400 份涉外民商事判决书和裁定书的基础上，根据“中国裁判文书网”左侧栏目“审判程序”显示信息统计，载中国裁判文书网：https://wenshu.court.gov.cn/，2023 年 1 月 1 日访问。

型集中在国际货物买卖、国际货物运输、国际贸易支付等领域。

表 11.1　2022 年国际商事统一法案件适用情况的统计①

属性	检索对象	判决书数量	裁定书数量
国际公约和协定	《联合国国际货物销售合同公约》	12	2
	《国际铁路货物联运协定》	0	1
	《蒙特利尔公约》	11	0
	《华沙公约》	7	0
	《海牙规则》	1	0
国际商事惯例	《国际贸易术语解释通则》	7	0
	《跟单信用证统一惯例》	1	0
	《见索即付保函统一规则》	2	2
	《托收统一规则》	1	0
	国际惯例/国际贸易惯例/国际商事惯例（不含以上）	11	1

综合 2022 年我国法院援引统一实体法规则出具的裁判文书来看，国际公约方面，《联合国国际货物销售合同公约》（CISG）在本年度涉外商事审判中得到最高频次的引用，已公开的判决和裁定达 14 项。《蒙特利尔公约》次之，据其作出的判决有 11 项。另涉及《华沙公约》的判决 7 项，涉及《海牙规则》的判决 1 项，涉及《国际铁路货物联运协定》的裁定 1 项。国际惯例方面，明确提及《国际贸易术语解释通则》（Incoterms）的判决 7 项、提及《见索即付保函统一规则》的判决和裁定 4 项。明确提及《跟单信用证统一惯例》《托收统一规则》的裁判数量则相对有限，各为 1 项判决。此外，以"国际惯例""国际贸易惯例""国际商事惯例"进行全文检索，撇除前述已明确提及代表性国际商事惯例的裁判文书，得到有关其他国际惯例的涉外民商事案件判决和裁定共 12 项。

进一步从国际公约和协定的具体适用情况分析：

第一，有关 CISG 的司法适用。本年度上网公开的有关 CISG 的 14 份裁判

① 数据来源：在前述 8 400 份涉外民商事判决书和裁定书的基础上，通过以各国际公约和协定名称、"国际惯例""国际贸易惯例""国际商事惯例"为检索条件检索，并逐一核实所得，载中国裁判文书网：https://wenshu.court.gov.cn/，2023 年 1 月 1 日访问。

文书共涉及13起案件（2份文书分别为同一案件的一、二审判决），其中有7个案件直接将CISG作为裁判依据；4个案件因双方当事人协议约定适用准据法，法院明确不再适用CISG；另2个案件则分别是申请撤销仲裁裁决案件，以及因双方当事人协议约定仲裁驳回起诉案件。在明确将CISG作为裁判依据的案件中，适用CISG法律条款频次较高的有第1条（适用范围）、第45条（卖方违反合同的补救办法）、第49条（买方解除合同权利）、第59条（买方支付价款日期）、第74条（损害赔偿）、第78条（支付利息）。一定程度上，显示出我国司法实践高度重视公约适用准确性、买卖双方货物交付检验方面的权利义务，以及通过违约损害赔偿实现救济目的。与此同时，相关审判活动还进一步廓清适用公约与适用国内法的关系问题。一是对于案件符合CISG适用范围的，法院均自动适用CISG；即使双方当事人排除CISG而约定适用其他准据法，法院也会在裁判文书中对该情况作出明确的解释说明。值得一提的是，“瑞雷制造有限公司与艾可米科技（浙江）有限公司国际货物买卖合同纠纷案”中，在被告艾可米公司主张CISG所规定卖方违反合同的补救办法与我国原合同法规定不同时，法院不予支持，并直接自动依据CISG认定原告对合同进行了合法的无效宣告。[①]二是对于不属于CISG调整范围的事项，以国内法为补充。例如“卡鲁纳贸易有限公司（日本）与青岛增发顺食品有限公司国际货物买卖合同纠纷案”中，法院对于CISG未涉及的合同效力问题以及所有权问题，适用《中华人民共和国民法典》予以解决。[②]可见，我国法院在涉外商事审判中逐步形成了较为成熟的CISG适用经验。

第二，有关《蒙特利尔公约》和《华沙公约》的司法适用。从案件类型上看，法院受理案件主要集中在与国际货物运输合同案件相关的运费支付、国际货运代理合同和代位求偿类纠纷，与之相关的案件共计9起；涉及旅客运输或者行李损失的案件共计5起。其中，法院直接援引《蒙特利尔公约》作为裁判依据的7起，适用条款集中在《蒙特利尔公约》第1条（适用范围）、第17条（旅客伤亡—行李损失）、第18条（货物损失）、第19条（延误）、第22条（延误、行李和货物的责任限额）、第29条（索赔的根据）、第30条（受雇人、代

① 瑞雷制造有限公司（RALLY MANUFACTURING，INC）、艾可米科技（浙江）有限公司等国际货物买卖合同纠纷案，浙江省宁波市中级人民法院民事判决书（2021）浙02民初1653号。该案因原告瑞雷公司为美国法人，与我国同属CISG缔约国，法院裁定自动适用CISG处理双方争议。

② 卡鲁纳贸易有限公司（日本）与青岛增发顺食品有限公司国际货物买卖合同纠纷案，山东省青岛市中级人民法院民事判决书（2021）鲁02民初2037号。

理人—索赔的总额）、第 39 条（缔约承运人—实际承运人）、第 40 条（缔约承运人和实际承运人各自的责任）。从审判实践来看，凡是涉及国际航空运输中承运人责任的争议，法院一般都根据所涉国家是否为《蒙特利尔公约》缔约国来确定法律适用，对于《蒙特利尔公约》未规定的事宜，则统一适用我国实体法。例如“中国东方航空股份有限公司与蔡令贻等航空旅客运输合同纠纷案”，因《蒙特利尔公约》未对航空公司拒绝原告乘坐航班引发纠纷的情况并作出明确规定，法院据此裁定适用中华人民共和国法律。①另与《华沙公约》相关的案件，均为双方当事人在货运代理协议中进行约定适用，法院仅将其作为事实认定的依据。

第三，有关《国际铁路货物联运协定》的司法适用。与适用该协定相关的有 1 个案件，即“黑龙江省远洋国际贸易有限责任公司、中国铁路呼和浩特局集团有限公司等国际铁路货物联运合同纠纷案”。②该案对《国际铁路货物联运协定》的适用范围进行探讨。法院遵照《国际铁路货物联运协定》第 1 条（适用范围）的规定，认定经成员国铁路的国际铁路直通货物联运适用该协定。且该协定所规定的货物交付、承运人责任以及索赔等问题对涉案当事人具有约束力。

第四，有关《海牙规则》的司法适用。我国并非《海牙规则》缔约国，该项规则对我国无强制效力，但法院在审判实践中，针对国内法未规定的事宜，通常会参考《海牙规则》进行解释。本年度参照适用《海牙规则》的案例有“中国人民财产保险股份有限公司宁波市分公司与华昌航运私人有限公司（Mandarin Fortune Shipping Pte. Ltd.）海上货物运输合同纠纷案”1 例。③因我国《海商法》未规定承运人管货义务与免责事项的法律关系，法院参照《海牙规则》第 3 条第 1 款（适航义务）、第 2 款（管货义务）、第 4 条（承运人免责事由）认定免责规定无需受制于管货义务的履行。④该案经一审、二审，首次明确适航义务是承运人的首要义务，但承运人管货存在过失，不影响其依法享有免责权利。这一裁判对相关案件具有指导意义。

---

① 蔡令贻与上海华程西南国际旅行社有限公司等航空旅客运输合同纠纷案，上海市浦东新区人民法院民事判决书（2021）沪 0115 民初 62762 号；中国东方航空股份有限公司与蔡令贻等航空旅客运输合同纠纷案，上海市第一中级人民法院民事判决书（2022）沪 01 民终 5792 号。

② 黑龙江省远洋国际贸易有限责任公司、中国铁路呼和浩特局集团有限公司等铁路货物运输合同纠纷案，最高人民法院民事裁定书（2022）最高法民申 150 号。

③ 上诉人中国人民财产保险股份有限公司宁波市分公司与被上诉人华昌航运私人有限公司（Mandarin Fortune Shipping Pte. Ltd.）海上货物运输合同纠纷案，上海市高级人民法院民事判决书（2021）沪民终 13 号。

④ 因《海牙规则》第 3 条第 2 款（管货义务）条文有“在符合第四条的规定下”的措辞，而第 1 款没有（适航义务），法院据此认定承运人管货存在过失，仍然依法享有免责权利。

另从国际商事惯例的司法适用分析：其一，有关 Incoterms 的司法适用。本年度相关的 7 个案件，类型涵盖国际货物买卖合同纠纷、国际货物运输和代理合同纠纷、海上保险合同纠纷，所涉贸易术语有 FOB、CIF、CFR、DDU、DAP。上述案件，法院均遵从 Incoterms 对其法律事实进行认定，表明我国充分尊重国际商事惯例、积极与国际商事惯例接轨的司法理念。但相关裁判也反映出两方面的问题：一是部分裁判未仔细甄别 Incoterms 的版本，如“厦门亿联网络技术股份有限公司、中国人民财产保险股份有限公司厦门市分公司海上、通海水域保险合同纠纷一案”判决书中存在“《2000 年国际贸易术语解释通则》（Incoterms2020）DAP 条目”的表达。[①]尽管涉案贸易术语在该案中仅作为事实认定，与裁判结果关联不大，但 DAP 属《2010 年国际贸易术语解释通则》新增术语，此处表达存在版本有误或贸易术语有误的不确定性。二是对于合同适用特定贸易术语模式，而当事人另有约定与之冲突的情形，法院存在解释误区。例如“广西航记泛洋船舶物流有限公司、中工国际物流有限公司等公路货物运输合同纠纷案”中，一审法院忽略了合同当事人在 DDU 模式下对其他具体事项的特殊约定，直接将 DDU 模式下买卖双方的权利义务分配适用于合同履行全程，认定由卖方承担一切费用和风险。[②]该项判决在二审得到纠正。

第二，有关《见索即付保函统一规则》的司法适用。既有 4 个独立保函案件通过一审审结，由于涉案金额较高，受理法院层级均为中级人民法院。有关涉案事实均为保函申请人起诉要求法院终止开立人支付独立保函项下款项的纠纷。根据《最高人民法院关于审理独立保函纠纷案件若干问题的规定》第五条和第七条规定，在国内的司法程序中，法院认可当事人在保函中约定适用《见索即付保函统一规则》等交易示范规则的效力；即便在保函中未约定适用《见索即付保函统一规则》，在认定保函交单是否构成表面相符时，法院可以参照适用《见索即付保函统一规则》确定的相关审单标准。本年审结的独立保函案件中，75%的案件因涉案保函载明适用《见索即付保函统一规则》，法院认可其独立保函的效力，但具体裁判均以《最高人民法院关于审理独立保函纠纷案件若干问题的规定（2020 修正）》为法律依据。

---

① 厦门亿联网络技术股份有限公司、中国人民财产保险股份有限公司厦门市分公司海上、通海水域保险合同纠纷案，厦门海事法院民事判决书（2021）闽 72 民初 351 号。

② 广西航记泛洋船舶物流有限公司、中工国际物流有限公司等公路货物运输合同纠纷案，广西壮族自治区高级人民法院民事判决书（2021）桂民终 1445 号。

第三，有关《托收统一规则》的司法适用。盐城市坚锋电动工具有限公司、江苏银行盐城分行等委托合同纠纷由中级人民法院二审审结，[①]是本年度参照适用《托收统一规则》（第522号）的唯一案例，适用条款包括第11条（对被指示的免责规定）、第12条（对收到单据的免责）、第13条（对单据有效性的免责）、第14条（对单据延误、在传送中的丢失以及对翻译的免责）。

第四，裁判文书网上显示2022年我国法院审判涉及《跟单信用证统一惯例》的案件同样只有1件，[②]案涉信用证约定受《跟单信用证统一惯例》的约束，但该案系追偿权纠纷，《跟单信用证统一惯例》与案件审理并无较大关系。

另，从统计数字来看，与往年相比，2022年代表性国际商事统一法的适用案例数均呈现不同程度的下降（如表11.2、图11.3 所示），但应当考虑到此为截至2023年1月1日裁判文书网的数据统计，或有部分判决和裁定尚未上网公开。

表11.2　2018年—2022年代表性国际商事统一法适用情况数据表

	2018	2019	2020	2021	2022
《联合国国际货物销售合同公约》	38	45	46	16	14
《国际铁路货物联运协定》	0	1	3	2	1
《蒙特利尔公约》	11	14	18	14	11
《华沙公约》	8	15	11	10	7
《海牙规则》	3	1	2	0	1
《国际贸易术语解释通则》	19	22	25	14	7
《跟单信用证统一惯例》	33	40	25	4	1
《见索即付保函统一规则》	6	32	12	14	4
《托收统一规则》	3	0	1	2	1
国际惯例/国际贸易惯例/国际商事惯例（不含以上）	35	50	31	23	11

① 盐城市坚锋电动工具有限公司、江苏银行股份有限公司盐城分行等委托合同纠纷案，江苏省盐城市中级人民法院民事判决书（2022）苏09民终2517号。

② 招商银行股份有限公司盐城分行、广东盈通融资租赁有限公司追偿权纠纷案，广东自贸区南沙片区人民法院民事判决书（2021）粤0191民初19262号。

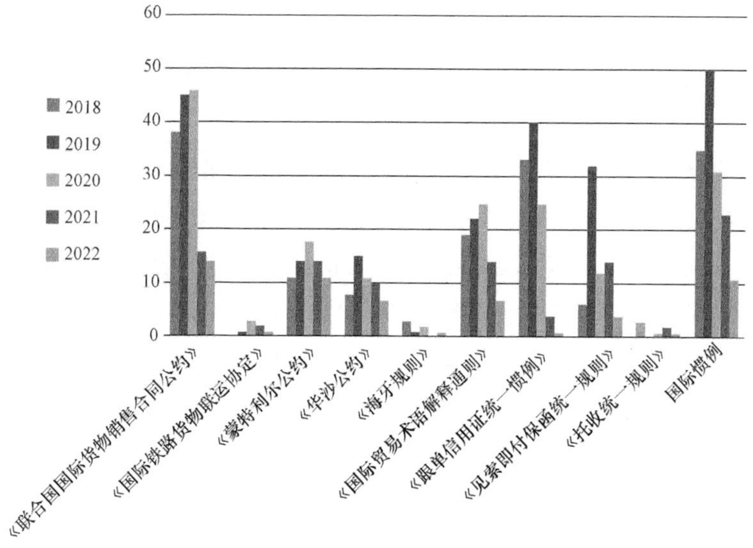

图 11.3　2018 年—2022 年代表性国际商事统一法的适用情况

通过近 5 年各级法院国际商事统一法司法适用情况的梳理，可以发现：一是 2022 年全国各级法院审结涉及统一实体法的案件数量整体保持着一定规律性的发展。进一步观察，自 2020 年以来，适用《跟单信用证统一惯例》的涉外商事案件显著减少，且 2021 年适用《见索即付保函统一规则》的案件首次超过适用《跟单信用证统一惯例》的案件，一定程度上反映出国际结算和担保行为习惯的变化。二是 2022 年我国统一实体法司法适用内容与往年保持了较高的一致性。例如《联合国国际货物销售合同公约》第 1 条（适用范围）、第 11 条（销售合同的订立形式）、第 25 条（根本违约）、第 49 条（买方解除合同权利）；《蒙特利尔公约》第 19 条（延误）、第 22 条（延误、行李和货物的责任限额）；《托收统一规则》（第 522 号）第 12 条（对收到单据的免责）、第 13 条（对单据有效性的免责）、第 14 条（对单据延误、在传送中的丢失以及对翻译的免责）等在近年涉外商事审判中均有较高频次的引用，反映出相关国际商事争议的常见类型。三是形成了一批具有典型性的司法案例，对国际商法的理论与实践发展具有指导意义。

三、2022 年国际商事统一法立法进展分析

2022 年，以联合国国际贸易法委员会（UNCITRAL）、国际商会（ICC）、国际统一私法协会（UNIDROIT）为代表的国际组织在国际商事规则、原则与

惯例的形成、管理、修改过程中不断发挥组织功能，在推进国际商事合同达成、国际运输便利化、国际融资高效化方面持续发挥专业优势。

（一）联合国国际贸易法委员会

2022年6月28日至7月15日，联合国国际贸易法委员会（UNCITRAL）第55届委员会于纽约召开。按照议程安排，委员会审议《联合国船舶司法出售国际效力公约》草案；审议并通过关于协助调解中心和其他有关机构根据《贸法会调解规则》（2021）进行调解的若干建议；审定并通过《贸法会关于使用和跨境承认身份管理和信任服务示范法》，原则上核准关于该示范法的解释性说明草案；批准了《关于URDG758下见索即付保函国际标准实务》（ISDGP），在全世界范围内供相关实践参照适用；并对接下来的立法工作和会议安排作出了新的指示。2022年度，UNCITRAL六个工作小组持续推进相关规范文本的制定与发布工作。第一工作组（中小微企业）、第二工作组（争议解决）、第三工作组（投资人与国家间争议解决制度改革）、第四工作组（电子商务）、第五工作组（破产法）、第六工作组（船舶司法出售）在职责范围内积极推进国际商事统一立法工作，均取得新进展。尤其第六工作组于11月28日至12月2日的会议上正式通过了有关《联合国船舶司法出售国际效力公约》的决议，并建议将该公约简称为《北京船舶司法出售公约》。

（二）国际商会

2022年，国际商会（ICC）在国际仲裁、国际贸易规则、国际贸易争议调解等方面开展了工作。ICC新发布了《国际贸易术语解释通则指南2020》（ICC Guide to Incoterms® 2020）、《国际贸易术语解释通则2020决策清单和流程图》（Incoterms® 2020 Checklist and Flowcharts），为相关实务提供了有益指导。在国际金融规则制订方面，国际商会银行委员会发布《可持续贸易及可持续贸易金融标准》，以制定全球广泛认可的可持续贸易及可持续贸易金融的标准和定义。在争议解决方面，国际商会仲裁与ADR委员会根据《国际商会仲裁规则》与《国际商会专家规则》制定了《担任专家的相关问题指引》报告供使用和参考，并根据最近发布的委员会相关报告进行更新；发布了名为《利用技术实现公平、有效和高效的国际仲裁程序》的新报告，旨在帮助仲裁庭、仲裁员、律师和当事人利用技术，以促进公平、有效及高效的国际仲裁程序；发布中文版《当事人与仲裁庭在国际商会仲裁规则下参与仲裁程序的指引》，旨在就依据《仲裁规则》进行仲裁以及国际商会国际仲裁院的实践做法向当事人和仲裁庭提供实务指引；推出数字案件管理平台，设立国际仲裁案件管理安全和便捷标准，推动国际仲裁案件管理的数据化发展；持续为国际商事贸易行业注入生命力。

（三）国际统一私法协会

2022年，国际统一私法协会（UNIDROIT）在2020—2022工作方案的基础上积极推进实务领域立法、谈判工作，并取得良好进展。一是持续扩大已有立法和参考文件的影响力，持续推进各项会议议程讨论法案的可实用性、适用困境以及解决方案。二是持续推进示范法草案的立法、整理和完善。典型如《保理示范法》和《仓单示范法》均完成了联合筹备工作，进入定稿阶段。其中，《保理示范法》的草案在7月至10月的公开征求意见阶段共收到28份相关意见。工作组于11月28日至30日召开了第六次会议，明确《保理示范法》将在2023年正式定稿并公布。12月5日至7日，工作组第五次会议审议了《仓单示范法》草案，就仓库经营者的权利和义务、仓单上担保权以及法律冲突等问题进行讨论。

（四）2022年度国际商事统一法立法工作的特点

国际商事统一法的立法工作有条不紊，持续推进，且覆盖范围更广、程度更深、相关会议开展涉及的参与主体也更多。联合国国际贸易法委员会（UNCITRAL）第一工作组酌情借鉴《贸易法委员会担保交易示范法》所载相关建议和指导意见，在反映以往审议情况的基础上继续开展关于中小微企业获得信贷的草案编写工作；第二工作组审议了关于预先驳回和初步裁定的指导文本，又合并审议了与技术相关的争议解决和审裁专题，旨在以《贸法会快速仲裁规则》为基础，为这两方面提供一个简易机制的法律框架。国际商会（ICC）聚焦全球网络安全、数据安全、金融安全等多个领域，通过与不同地区的企业进行广泛磋商，发表《国际商会网络安全政策报告》《国际商会金融科技合作指南》《国际商会实现全球互联互通白皮书》等多份工作报告、贸易指南，旨在为政策制定者提供可操作的路线图，同时为跨境贸易提供强有力的支持。

各国际组织开展国际商事立法的交互性、协同性、兼容性不断深化。本年度，不同背景、不同职能的多个不同国际组织继续深度参与国际商事统一立法工作，共同研究、协同发布，在国际商事立法的发展进程中发挥了关键作用。3月15日，国际商会（ICC）与世界贸易组织（WTO）共同发布《无纸化跨境贸易标准工具箱》，不仅是国际商会在国际商事贸易指南、规则制定方面专业性、权威性的体现，更是国际组织协同合作凝结而成的硕果。

更多地考虑发展中国家的提议和建议，新兴市场国家在国际商事统一立法中发挥着日益重要的作用。在联合国国际贸易法委员会工作组会议议程中，可见大量的由发展中国家提出的、为适应市场需求和贸易发展现状的立法要求，新兴市场国家代表在会议前后发表的相关意见都被充分地纳入考量，在立法进程和会议谈判中都起着重要作用。如 12 月联合国大会已经通过的《联合国船舶司法出售国际效力公约》，大会授权在可行的情况下于 2023 年尽快在北京举行公约的签字仪式，并建议将公约命名为《北京船舶司法出售公约》，呼吁各国政府和区域经济一体化组织考虑加入该公约，以完善航运的国际法律框架。此公约填补了船舶司法出售国际效力领域的法律空白，并将成为第一个以中国内地城市命名的国际海事公约。

第三节　热点聚焦

一、《全国法院涉外商事海事审判工作座谈会会议纪要》发布，助力新征程涉外商事审判工作提质增效

2021 年 12 月 31 日，最高人民法院发布《全国法院涉外商事海事审判工作座谈会会议纪要》(以下简称《涉外审判纪要》)，是我国涉外商事海事法律领域的一件大事。该纪要总结了近年全国各级人民法院涉外商事海事审判工作的经验，面向涉外商事海事审判的前沿疑难问题作出规定，明确司法实践中出现的常见争议情形，有效促进裁判尺度统一。《涉外审判纪要》含“涉外商事”“海事”“仲裁司法审查”三部分，涉及 20 个要点，总计 111 条。尽管不能直接援引为裁判依据，但体现了最高人民法院裁判类似问题的一贯标准，在实务中发挥着重要指导作用。据中国裁判文书网公开信息统计，《涉外审判纪要》发布以来，有 29 份裁判文书在法律适用分析部分根据该纪要的规定进行说理。①综合来看，《涉外审判纪要》多项新规与国际商事争议实体问题密切相关，对于统一涉外商事案件裁判思路，增强涉外商事审判公开性、透明度以及可预期性，提高涉外司法国际公信力和影响力意义重大。

第一，进一步明晰涉外民事关系的法律适用。《涉外审判纪要》第一部分“涉

① 数据来源：通过以文书全文含“全国法院涉外商事海事审判工作座谈会会议纪要”为检索条件，在“中国裁判文书网”检索并核实所得；载中国裁判文书网：https://wenshu.court.gov.cn/，2023 年 2 月 27 日访问。

外商事”第五要点分 3 条（第 18－20 条）对涉外民事关系适用国际条约和中国法律的情形作出规定，有效回应了涉外商事审判实践争议。其一，对于涉外商事案件适用国际条约，但该国际条约未对争议事项作出规定或者我国选择保留的，要求人民法院根据我国《涉外民事关系法律适用法》等法律的规定确定法律适用。其二，对于国际货物买卖合同纠纷符合《联合国国际货物销售合同公约》（CISG）适用范围的，坚持 CISG 自动适用的原则，但充分尊重合同当事人意思自治，若当事人明确约定排除适用 CISG，则公约不予适用。与此同时，为明确当事人公约适用与否的意图，《涉外审判纪要》第 19 条载明“人民法院应当在法庭辩论终结前向当事人询问关于适用该公约的具体意见”。该项规定并未将法院询问当事人意见的义务限定在当事人排除适用 CISG 意图不明的情形之下。如果人民法院一概要求法院在法庭辩论终结前向当事人询问意见或有违 CISG 自动适用的原则。换言之，营业地位于 CISG 不同缔约国的当事人缔结的国际货物销售合同未约定适用法律或者约定适用法律不明的，基于 CISG 自动适用原则，只要当事人不涉及排除 CISG 适用的意图，法院理应裁定适用 CISG 而无需在庭审中另行询问意见。建议我国法院慎重适用该条。其三，对于涉外商事案件适用中国法律、行政法规，而有关规定存在两种以上合理解释的，除我国声明保留的条款外，人民法院应选择与我国缔结或者参加的国际条约相一致的解释。这展现出我国切实履行国际条约义务的司法立场，以及开放包容的司法理念。

第二，进一步完善涉公司纠纷典型问题裁判规则。《涉外审判纪要》第一部分“涉外商事”第七要点分 3 条（第 27—29 条）对境外公司内部决议效力、境外公司意思表示认定、外商投资企业隐名投资协议纠纷作出规定，推动审判实践疑难问题规则化、统一化，使涉外公司纠纷审理有规可依。其一，有关境外公司内部决议的效力。《涉外审判纪要》第 27 条遵循并细化了《涉外民事关系法律适用法》第 14 条第 1 款的规定，[①]要求人民法院适用登记地国的法律并结合公司章程对境外法人内部决议效力予以审查认定，充分尊重公司对于注册登记地选择的意思自治。其二，考虑到境外公司管理体制及印章管理制度与我国存在较大差异，《涉外审判纪要》第 28 条将我国公司法制度下法定代表人的代表权规则灵活运用于境外公司的董事之上，规定境外公司的意思表示可以董事

① 《涉外民事关系法律适用法》第 14 条第 1 款：“法人及其分支机构的民事权利能力、民事行为能力、组织机构、股东权利义务等事项，适用登记地法律。”

签字作为判断依据，且未加盖公司印章不影响代表行为的效力，但当事人另有约定或者登记地国法律另有规定的除外。同时，为保护市场交易安全，该条款进一步明确公司对董事代表权的限制不得对抗善意第三人。其三，有关外商投资企业隐名投资协议纠纷。《涉外审判纪要》第 29 条与《中华人民共和国外商投资法》有机衔接。基于《外商投资法》实施后，外商投资适用准入前国民待遇加负面清单管理的制度，补充并发展《最高人民法院关于审理外商投资企业纠纷案件若干问题的规定（一）》第 14 条的规定，[①]要求人民法院审理隐名股东身份确认之诉时，根据外商投资准入负面清单区分三种情况处理：一是外商投资企业属于外商投资准入负面清单禁止投资领域的，实际出资人无权主张显名登记。二是外商投资企业属于外商投资准入负面清单以外投资领域的，外商投资企业可享受国民待遇，实际投资人显名化可获得法院支持。三是外商投资企业属于外商投资准入负面清单限制投资领域的，名义股东负有办理变更登记并协助外商投资企业办理报批手续的义务。《涉外审判纪要》认为涉及外商限制投资领域的隐名出资协议并不存在效力问题，应属合法有效。若因无法办理显名登记则构成名义股东违约，实际出资人可通过追究违约责任的方式进行权利救济。

第三，进一步推动涉金融纠纷实体争议法律适用的统一。《涉外审判纪要》第一部分“涉外商事”第八要点分 3 条（第 30—32 条）对独立保函止付申请、信用证通知行过错及责任认定、外币逾期付款利息认定作出规定，确立相关问题的法律适用标准。其一，对于独立保函止付申请，重申《最高人民法院关于审理独立保函纠纷案件若干问题的规定》相关内容，要求人民法院依法就是否存在欺诈的止付事由进行初步实体审查，并在裁定中列明初步查明的事实和是否准许止付申请的理由。这表明涉外独立保函止付程序的审查重点在于申请人提供的证据能否证明保函欺诈的高度盖然性，司法机关出具独立保函止付裁定将更为谨慎、严格。其二，《涉外审判纪要》明确信用证通知行应当履行审核确认信用证的表面真实性并予以准确通知的义务。同时，该条款从侵权责任的角度，明确通知行履行通知义务存在过错并致受益人损失的，应当承担相应的赔偿责任，赔偿责任的限额应当为信用证项下的直接损失，即信用证项下未付款

① 《最高人民法院关于审理外商投资企业纠纷案件若干问题的规定（一）》第 14 条：“当事人之间约定一方实际投资、另一方作为外商投资企业名义股东，实际投资者请求确认其在外商投资企业中的股东身份或者请求变更外商投资企业股东的，人民法院不予支持。同时具备以下条件的除外：（一）实际投资者已经实际投资；（二）名义股东以外的其他股东认可实际投资者的股东身份；（三）人民法院或当事人在诉讼期间就将实际投资者变更为股东征得了外商投资企业审批机关的同意。”

金额及利息。其三，明确外币逾期付款的利息计算规则。当事人就逾期付款主张利息损失时，有约定的从其约定；未约定的，可以参照中国银行同期同类外币贷款利率计算。该项规定不仅适用于涉金融纠纷案件的审理，对于国际货物买卖合同中拖欠货款类争议的解决也具有指导性。

此外，《涉外审判纪要》还关注到了涉外商事审判的程序性问题，以及海上货物运输合同中无单放货纠纷、集装箱纠纷、涉外多式联运合同法律适用等海事审判热点，为各地法院由于欠缺明确法律依据而导致的裁判不统一提供了规范指引。总体而言，《涉外审判纪要》发布，对于强化涉外商事法律确定性和可预见性、降低国际商事交易成本、统一涉外商事法律适用标准具有重要意义。《涉外审判纪要》的内容彰显出我国信守国际条约、秉持共商共建共享、增进国际法治合作交流的立场，是推进国际法治和国内法治建设进程的应有之义。

二、最高人民法院《关于人民法院涉外审判工作情况的报告》发布，擘画新时代涉外商事审判工作发展蓝图

2022 年 10 月 28 日，最高人民法院周强院长在第十三届全国人民代表大会常务委员会第三十七次会议上作《关于人民法院涉外审判工作情况的报告》（以下简称《报告》）。这是在党的二十大胜利闭幕后不久作出的一项重要报告。《报告》回顾了党的十八大以来人民法院涉外审判工作情况及成效，总结当前涉外审判工作存在的问题和困难，并贯彻落实了党的二十大的新部署和新要求，提出下一步涉外审判工作完善的举措和建议。《报告》多处提到涉外商事审判领域的历史性成就、现实问题和未来展望，为新时代涉外商事审判工作提供了明确指引。

第一，《报告》明确指出当前涉外审判工作呈现案件数量大幅攀升、新类型案件不断涌现、案件审理难度加大、案件影响力日益上升的特点。其中，新类型案件覆盖跨境电商、跨境破产、企业和资产跨境并购、金融衍生产品投资、中欧班列运单等涉外商事领域。涉外商事案件法律适用往往较为复杂，争议问题较多，亟需明晰交易规则、规范行为界限、平衡各方权益。这是加强涉外商事审判工作的重要一环。

第二，《报告》高度肯定党的十八大以来人民法院充分发挥涉外商事审判职能，服务更高水平对外开放的成效。首先，依法审理我国“走出去”企业在基础设施建设、经贸往来、产业投资、货物运输等方面涉外民商事案件；制定审

理独立保函纠纷案件的司法解释，统一独立保函交易规则，全面贯彻了总体国家安全观，切实维护国家发展利益。其次，全面贯彻外商投资法及其实施条例，制定完善配套司法解释，探索设立自由贸易试验区专门审判机构或审判组织，优化自由贸易试验区、自由贸易港法治环境；在涉外司法审判中恪守国际条约、尊重国际惯例，准确适用国际条约和国际惯例审结一批具有规则意义的典型案例；坚持尊重当事人意思自治，严格依照《涉外民事关系法律适用法》确定准据法。再者，立足司法职能积极参与涉外立法工作，助力建设系统完备、衔接配套的涉外法律规范体系，推进司法部门与高等院校、科研院所合作，增强涉外法治研究的实效性。最后，深化国际司法交流合作，积极参与国际法领域重要磋商谈判，为国际经贸规则完善贡献了中国智慧，我国在全球治理体系变革中的话语权和影响力不断提高。

第三，《报告》同时提到当前涉外商事审判工作存在的问题和困难。这具体表现在五个方面：一是服务对外开放能力水平有待提升。世界百年变局和世纪疫情交织，为涉外法治工作带来诸多考验，有的法院在贯彻新发展理念、服务构建新发展格局、推动高质量发展上思路不够开阔，服务对外工作大局的手段和方式还不够丰富。二是涉外法律适用规则体系有待完善。目前，我国对于国际条约在国内法中的地位、跨境数据流动等国际法重大前沿问题尚欠缺上位法依据，有关新类型案件裁判规则有待进一步确立，以统一法律适用标准。三是涉外审判机制改革有待深化，涉外民商事案件管辖机制、涉外案件送达、域外调查取证、域外法查明等难题需要多措并举切实加以解决。四是国际商事纠纷解决机制有待健全。五是涉外审判人才培养有待加强。

第四，《报告》着重建议人民法院在新时代新征程，应奋力推进涉外审判工作高质量发展，为全面建设社会主义现代化国家提供更加有力的司法服务。这要求坚持党的领导，确保涉外审判工作正确政治方向。坚持问题导向，推动完善涉外法律适用规则体系，夯实涉外法治理论基础。坚持改革创新，推进涉外审判工作与智慧法院建设深度融合，不断提升涉外审判质效。坚持目标引领，健全国际商事纠纷解决机制，努力将我国建设成为国际商事纠纷解决的优选地。实施人才强基计划，加强高素质专业化涉外审判队伍建设。坚持合作共赢，完善国际司法协助工作机制，积极参与全球治理体系改革和建设。

人民法院涉外商事审判工作是涉外法治工作的重要组成部分，在营造市场化法治化国际化营商环境，建设更高水平开放型经济新体制，推进国家治理体系和治理能力现代化方面承担着重要职能。《报告》回顾过去、立足现在、展望未来，擘画了新时代涉外商事审判工作发展蓝图，为完善新征程人民法院涉外商事海事审判工作指明了前进方向。

三、山东泰开电力建设工程有限公司、Public Electricity Corporation 等信用证欺诈纠纷：独立保函欺诈纠纷适用法问题

（一）案情简况

山东泰开电力建设工程有限公司（简称“泰开电建公司”“承包商”或“原告”）与 Public Electricity Corporation（简称“也门电力公司”“业主”或“被告一”）于 2012 年 11 月 14 日签订《设计采购安装合同》（简称“EPC 合同”），由承包商泰开电建公司承建 1 座变电站。2012 年 11 月 21 日，泰开电建公司申请中国建设银行股份有限公司山东省分行（简称“山东建行”）向 United Bank Limited，Sana’Abranch（简称“UBL 银行”或“被告二”）开立见索即付的《履约反担保函》和《预付款反担保函》，由 UBL 银行向也门电力公司开立《履约保函》和《预付款保函》。2015 年 3 月 26 日，也门战争爆发，得到也门电力公司的允许，案涉项目停工至今。由于案涉项目未完成但保函即将到期，2020 年 6 月 25 日，也门电力公司先后向 UBL 银行发函申请预付款保函和履约保函的延期，表明不延期即付款。UBL 银行向山东建行发出通知，表示不会延期，请求山东建行根据指示支付保函款项。

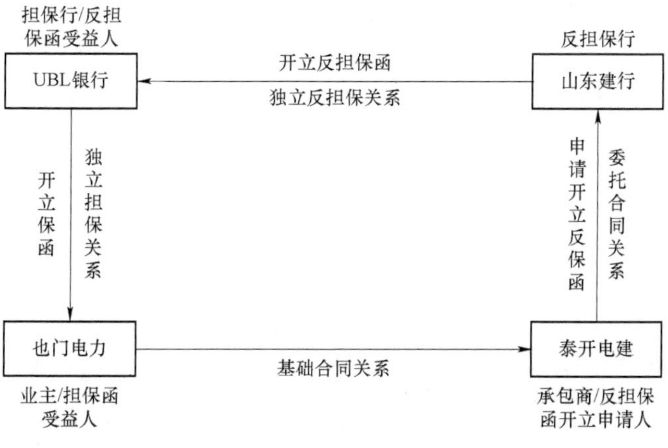

图 11.4　山东泰开电建公司、山东建行、也门电力公司、UBL 银行法律关系

反担保函开立申请人泰开电建公司认为其已完成了合同的大部分约定，案

涉项目停工是因不可抗力，受益人也门电力公司和担保行 UBL 银行存在欺诈索赔，因此于 2020 年 12 月诉诸法院，请求判令担保行山东建行终止支付反担保函项下款项。在本案中，也门电力公司和 UBL 银行为共同被告，山东建行为第三人。

针对案涉保函和案涉反担保函性质的认定问题。法院认为，由于本案为涉外民事案件，根据《涉外民事关系法律适用法》第 8 条规定，涉外民事关系的定性，适用法院地法律。根据我国《最高人民法院关于审理独立保函纠纷案件若干问题的规定（2020 修正）》（简称《独立保函司法解释》）第 1 条的规定，[①] 案涉保函为见索即付独立保函，案涉反担保函为见索即付独立反担保函。泰开电建公司以也门电力公司和 UBL 银行保函欺诈为由，诉请判决山东建行止付预付款反担保函和履约反担保函，该请求系独立保函欺诈之诉。

针对独立保函欺诈准据法的问题。法院认为，虽然涉案保函和反担保函约定适用 URDG458，但 URDG458 适用于保函合同履行中发生的争议解决。本案当事人诉争的独立保函欺诈系侵权纠纷。根据《涉外民事关系法律适用法》第 44 条[②]，和《独立保函司法解释》第 22 条第 2 款规定[③]，侵权结果发生地及反担保保函开立人山东建行的营业地在我国，因此，本案的准据法是中国法。

针对受益人 UBL 银行是否明知其没有付款请求权仍滥用该权利的问题。法院认为，泰开电建公司已经履行了 EPC 合同的部分义务，案涉项目停工至今的原因是也门战争爆发，战争属于不可抗力，向 UBL 银行提交索赔函的也门电力公司没有付款请求权。UBL 银行是根据山东建行预付款反担保函的指示向也门电力公司开立的预付款保函，UBL 银行在收到也门电力公司关于保函的延期请求后，应当向山东建行请求延期，只有在山东建行拒绝延期且 UBL 银行已经向受益人也门电力公司付款的情况下，UBL 银行才有权向反担保人山东建行索赔，截至本案开庭审理时，UBL 银行未向受益人也门电力公司付款，其直接通知山东建行称拒绝延期并要求支付反担保函项下款项，系隐瞒

① 《最高人民法院关于审理独立保函纠纷案件若干问题的规定（2020 修正）》第 1 条规定："本规定所称的独立保函，是指银行或非银行金融机构作为开立人，以书面形式向受益人出具的，同意在受益人请求付款并提交符合保函要求的单据时，向其支付特定款项或在保函最高金额内付款的承诺。"

② 《中华人民共和国涉外民事关系法律适用法》第 44 条规定："侵权责任，适用侵权行为地法律。"

③ 《最高人民法院关于审理独立保函纠纷案件若干问题的规定（2020 修正）》第 22 条第 2 款规定："涉外独立保函欺诈纠纷，当事人就适用法律不能达成一致的，适用被请求止付的独立保函的开立人经常居所地法律。"

事实，诱使山东建行付款，该行为属于明知没有付款请求权仍滥用该权利，构成欺诈。

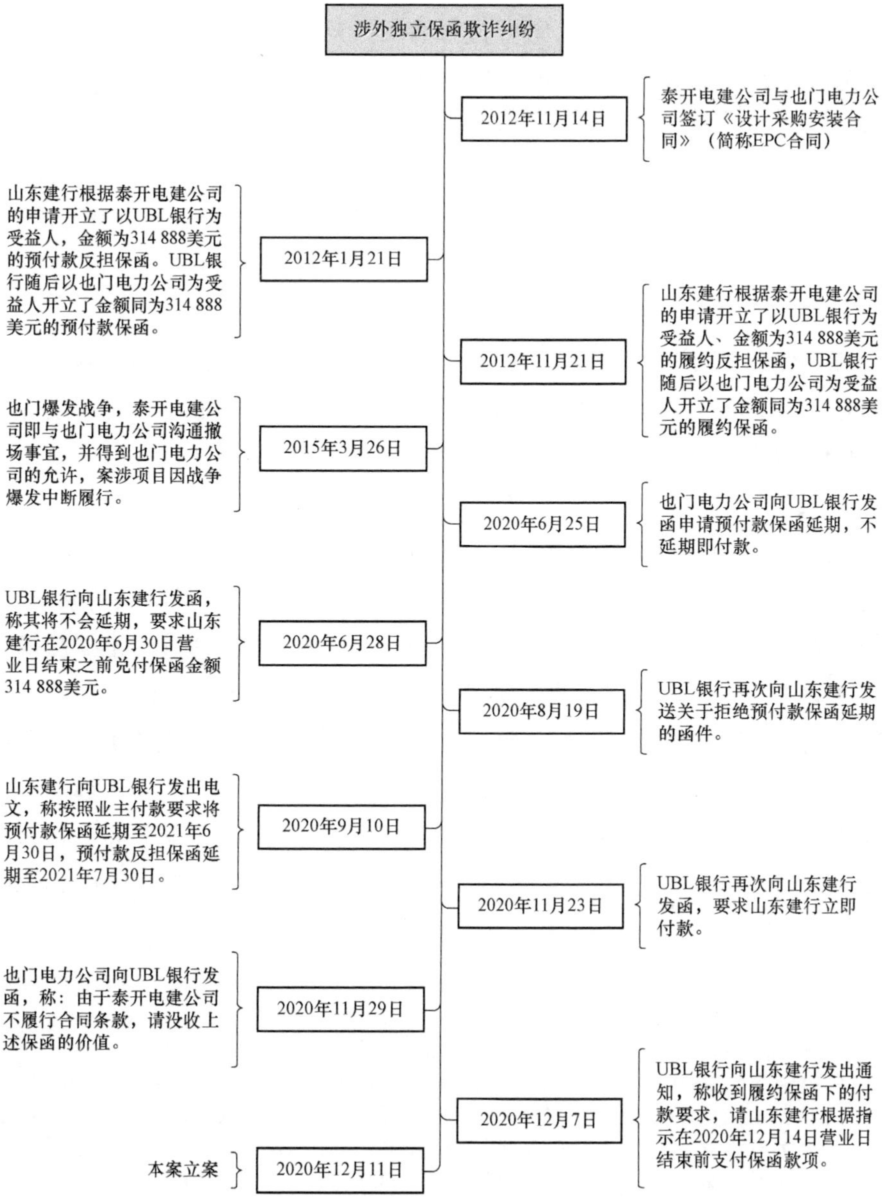

图 11.5　本案时间轴

（二）案例分析

1. 涉外独立保函纠纷可适用的规则

关于独立保函的可适用的国际规则，1978 年国际商会制定了《合同保函统一规则》（URCG 325），1982 年国际商会制定了《开立合约保证书模范格式》，1991 年国际商会制定了《见索即付保函统一规则》（The Uniform Rules for Demand Guarantees ICC Publication No.458. 1992 Edition，简称 URDG458），2010 年国际商会对 URDG458 进行了修订，制定了《见索即付保函统一规则》（The Uniform Rules for Demand Guarantees ICC Publication No.758. 2010 Edition，简称 URDG758）。1995 年联合国大会通过了《联合国独立保函和备用信用证公约》（United Nations Convention on Independent Guarantees and Stand-by Letters of Credit）。

《跟单信用证统一惯例》（Uniform Customs and Practice for Documentary Credits，UCP600）也可以适用于独立保函。但 UCP600 不包含“延期或付款二选一”“保函的适用法律和管辖权归属”等问题的规定，从 UCP600 中许多规则的设计层面，UCP600 并不能很好地适用于保函的争议解决。

UCP600 与 URDG 在我国法律纠纷中的适用有所不同。根据《最高人民法院关于审理信用证纠纷案件若干问题的规定（2020 修正）》第 2 条的规定，①无论当事人是否在信用证中选择适用 UCP600，UCP600 都可以作为准据法得到适用，除非 UCP600 本身对该类纠纷未作规定。相比 UCP600，URDG 的适用具有特殊性。在我国司法实践中，审理独立保函纠纷，应当首先尊重当事人意思自治。《独立保函司法解释》第 22 条确认了独立保函纠纷以当事人选择适用的法律优先。②当事人在保函中约定适用 URDG 的，我国司法解释将其视为保函条款的组成部分，并入保函条款。保函纠纷适用的准据法则需要另行确定。

---

① 《最高人民法院关于审理信用证纠纷案件若干问题的规定（2020 修正）》第 2 条规定：“人民法院审理信用证纠纷案件时，当事人约定适用相关国际惯例或者其他规定的，从其约定；当事人没有约定的，适用国际商会《跟单信用证统一惯例》或者其他相关国际惯例。”

② 《最高人民法院关于审理独立保函纠纷案件若干问题的规定（2020 修正）》第 22 条规定：“涉外独立保函未载明适用法律，开立人和受益人在一审法庭辩论终结前亦未就适用法律达成一致的，开立人和受益人之间因涉外独立保函而产生的纠纷适用开立人经常居所地法律；独立保函由金融机构依法登记设立的分支机构开立的，适用分支机构登记地法律。涉外独立保函欺诈纠纷，当事人就适用法律不能达成一致的，适用被请求止付的独立保函的开立人经常居所地法律；独立保函由金融机构依法登记设立的分支机构开立的，适用分支机构登记地法律；当事人有共同经常居所地的，适用共同经常居所地法律。涉外独立保函止付保全程序，适用中华人民共和国法律。”

本案中，案涉履约保函和履约反担保函约定适用 URDG458，法院肯定了 URDG458 可以适用于该保函合同履行中发生的争议适用规则。[①]

2. 涉外独立保函欺诈适用的法律

由于保函具有复杂性，各国的实践各异，国际惯例在一些问题上，存在未能进行统一且完全涵盖的情况。例如由于独立保函欺诈的手段层出不穷，URDG458 也未能具体规定独立保函项下欺诈索赔的问题，实践中独立保函欺诈纠纷由各国依据国内法予以规制。

最高人民法院第 109 号指导案例暨公报案例中，在确定涉外独立保函欺诈纠纷的法律依据时，适用了《涉外民事关系法律适用法》的规定，认为 URDG 未涉及的保函欺诈的认定标准，应适用中国法律，也就是适用《独立保函司法解释》。

值得注意的是，无论是《涉外民事关系法律适用法》第 44 条还是《独立保函司法解释》第 22 条，都规定了当事人选择适用的法律优先。因此，在涉外独立保函欺诈纠纷中，如果当事人有明确协议适用的法律，人民法院可以适用。

如上所述，本案法院认定，本案系独立保函欺诈纠纷，法院根据《涉外民事关系法律适用法》第 44 条和《独立保函司法解释》第 22 条确定保函欺诈的准据法，认为应当适用中国法律，并根据中国法判决支持泰开电建公司的诉讼请求。因此，在本案中，虽然案涉保函约定适用 URDG458，但在法院审理中以我国的《独立保函司法解释》为依据。

在本案中，我国法院依托《独立保函司法解释》审理案件，并展示了愈发成熟的审判经验和技巧。可见，《独立保函司法解释》的出台，为我国企业从事国际交易提供了更多的可预见性，为我国法院审理独立保函纠纷提供了统一的规则。尤其是在 URDG 等国际惯例未涉及细节问题或疑难复杂问题上，《独立保函司法解释》提供了裁判智慧。

3. 涉外独立保函欺诈纠纷的举证责任分配

在申请开立人认为受益人可能存在欺诈索赔的情况下，可以向人民法院起诉，要求保证行暂时地中止支付或永久地终止支付保函项下的金额。在保函欺诈诉讼中，基于“谁主张、谁举证”的原则，保函开立申请人必须承担举证责任，证明其已经全面、适当地履行了义务，或者其违约的原因是受益人故意不

① 山东泰开电力建设工程有限公司、Public Electricity Corporation 等信用证欺诈纠纷案，山东省济南市中级人民法院民事判决书（2020）鲁 01 民初 4052 号。

当行为。[①]开立申请人申请人民法院止付和终止支付的证明标准不同，根据《独立保函司法解释》第 14 条的规定[②]，申请止付的证明标准为高度可能性，根据《独立保函司法解释》第 20 条的规定[③]，申请终止支付的证明标准为排除合理怀疑。在实践中，申请人提交关于受益人欺诈索赔的强有力的初步证据，法院认定提交的材料达到高度可能性标准，并且满足不紧急止付将造成严重损害、保证行未善意付款等条件后可以暂时地中止支付。[④]在（2022）京 74 行保 1 号案件中，由于申请人的举证未能达到高度可能性的标准，法院裁定驳回止付申请。在申请人以独立保函欺诈为由起诉受益人时，应当提交全面的证据，证明其已经完成基础合同项下的义务，或者存在免责事由，当举证达到排除合理怀疑的标准，人民法院应当判决终止支付。[⑤]

本案为反担保函的终止支付申请，法院在判决书中也强调了排除合理怀疑的标准。泰开电建公司排除合理怀疑地完成了其在涉外独立保函欺诈纠纷中的举证责任，证明了也门业主与 UBL 银行的兑付请求没有事实基础和法律依据。

4. 涉外独立保函欺诈审理应结合基础合同

独立保函的独立性是其基本属性，提高了国际商事交易的效率，保障了交易的顺利进行，但也被不法分子加以利用，向开证行欺诈索付。由于独立保函欺诈对国际贸易的恶劣影响，应当确立“独立保函欺诈例外原则”，对“独立保函独立性原则”进行必要限制。

《独立保函司法解释》第 18 条肯定了在审理独立保函欺诈纠纷时审理基础合同关系的实践做法。[⑥]在申请人以受益人欺诈性索赔提起诉讼时，通常要审查

---

① 最高人民法院第 109 号指导案例暨公报案例，（2017）最高法民再 134 号，安徽省外经建设（集团）有限公司诉东方置业房地产有限公司保函欺诈纠纷案。

②《最高人民法院关于审理独立保函纠纷案件若干问题的规定（2020 修正）》第 14 条规定：“人民法院裁定中止支付独立保函项下的款项，必须同时具备下列条件：（一）止付申请人提交的证据材料证明本规定第十二条情形的存在具有高度可能性；（二）情况紧急，不立即采取止付措施，将给止付申请人的合法权益造成难以弥补的损害；（三）止付申请人提供了足以弥补被申请人因止付可能遭受损失的担保。止付申请人以受益人在基础交易中违约为由请求止付的，人民法院不予支持。开立人在依指示开立的独立保函项下已经善意付款的，对保障该开立人追偿权的独立保函，人民法院不得裁定止付。”

③《最高人民法院关于审理独立保函纠纷案件若干问题的规定（2020 修正）》第 20 条规定：“人民法院经审理独立保函欺诈纠纷案件，能够排除合理怀疑地认定构成独立保函欺诈，并且不存在本规定第十四条第三款情形的，应当判决开立人终止支付独立保函项下被请求的款项。”

④ 翟红，杨泽宇：《独立保函欺诈例外的分析与认定》，载《人民司法》2015 年第 13 期，第 63 – 68 页。

⑤ 翟红，杨泽宇：《独立保函欺诈例外的分析与认定》，载《人民司法》2015 年第 13 期，第 63 – 68 页。

⑥《最高人民法院关于审理独立保函纠纷案件若干问题的规定（2020 修正）》第 18 条规定：“人民法院审理独立保函欺诈纠纷案件或处理止付申请，可以就当事人主张的本规定第十二条的具体情形，审查认定基础交易的相关事实。”

保函本身和基础合同的履行情况，来确定受益人在索赔声明中的陈述与实际情况是否相符、保函受益人在书面索赔声明中是否存在虚假陈述，以此认定是否构成欺诈。①

值得注意的是，最高人民法院认为，为保障独立保函的独立性，以及为了审查是否存在保函欺诈，人民法院可以对基础合同部分进行审查，但不是全面的审查，而是十分有限的审查，即坚持有限及必要原则②，审查范围应限于受益人是否明知不存在申请人的基础合同违约行为，以及受益人是否明知自己没有付款请求权③。

《独立保函司法解释》第 12 条规定了应当认定独立保函欺诈的情形。④法院在审理中应当结合基础合同关系进行审理，综合认定。在本案中，法院认定，在案涉 EPC 合同履行过程中泰开电建公司不存在违约行为，也门电力公司就案涉预付款保函和履约保函没有付款请求权。⑤

在 2022 年审结的有关 URDG 的 4 个案例中，有 3 个案例法院对基础合同的审查主要在于肯定了战争、新冠疫情等不可抗力构成基础合同违约的免责事由。在（2020）鲁 01 民初 4051 号和（2020）鲁 01 民初 4052 号案件中，案涉基础合同规定了关于战争的不可抗力条款，法院也认定项目停工是由于战争的不可抗力。在（2022）粤 01 财保 20 号案件中，法院认可了新冠疫情的发生导致项目停工属于不可抗力，受益人没有付款请求权，并裁定止付。在（2022）京 74 行保 1 号案件中，也涉及了新冠疫情这一不可抗力，但结合其他事实，法院裁定驳回了止付申请。

---

① 翟红，余希：《独立保函纠纷审判难点探究》，载《人民司法》2012 年第 3 期，第 30－33 页。

② （2014）民申字第 64 号，乌兹特拉斯加斯股份有限公司（JointStockCompanyUztransgaz）与上海贝尔股份有限公司独立保函纠纷管辖权异议申请案。

③ 最高人民法院第 109 号指导案例暨公报案例，（2017）最高法民再 134 号，安徽省外经建设（集团）有限公司诉东方置业房地产有限公司保函欺诈纠纷案。

④《最高人民法院关于审理独立保函纠纷案件若干问题的规定（2020 修正）》第 12 条规定："具有下列情形之一的，人民法院应当认定构成独立保函欺诈：（一）受益人与保函申请人或其他人串通，虚构基础交易的；（二）受益人提交的第三方单据系伪造或内容虚假的；（三）法院判决或仲裁裁决认定基础交易债务人没有付款或赔偿责任的；（四）受益人确认基础交易债务已得到完全履行或者确认独立保函载明的付款到期事件并未发生的；（五）受益人明知其没有付款请求权仍滥用该权利的其他情形。"

⑤ 山东泰开电力建设工程有限公司、PUBLICELECTRICITYCORPORATION 等信用证欺诈纠纷案，山东省济南市中级人民法院民事判决书（2020）鲁 01 民初 4052 号。

5. 涉外独立保函欺诈审理应注意区分独立保函欺诈索赔与独立反担保函欺诈索赔

独立保函与独立反担保函是相互独立的。反担保函欺诈的情形包括两种，第一种是双重欺诈。即不仅存在独立保函欺诈，还存在独立反担保函欺诈。在这种情形下，即使存在受益人进行独立保函的欺诈索赔的事实，也不能当然地认定存在担保行进行独立反担保函的欺诈索赔的事实。法院在审理的过程中，应当审查反担保函的受益人在向反担保行要求付款时，是否明知保函受益人存在欺诈以及是否明知欺诈仍然付款这两大要素。第二种是担保行并不以独立保函欺诈为前提，而是基于其自身为反担保函受益人的身份所进行的欺诈索赔，这种情形属于一般的保函欺诈。例如，在（2018）最高法民终 880 号案件中，担保行 UBAF 隐瞒事实，在没有付款请求权的情形下，虚假索赔，诱使反担保行中行河南省分行付款，该行为属于滥用付款请求权的欺诈。

受益人向担保行索赔，银行应审查是否存在保函规定的兑付情形。[①]本案中，也门电力公司通知 UBL 银行不延期即付款，UBL 银行在未能证明也门电力公司的索赔符合独立保函规定的情况下，向山东建行表示不会延期，要求山东建行付款。事实上，反担保函开立申请人泰开电建公司已实际履行了基础合同项下的大部分义务，项目停工的原因是不可抗力，保函受益人也门电力公司不具备索赔权利。在明显受到不相符索赔的情况下，反担保函受益人 UBL 银行通知反担保行山东建行付款，属于没有付款请求权而滥用其权利的欺诈。由于本案中，UBL 银行虽然明知也门电力公司欺诈，但尚未向也门电力公司付款，因此不符合双重欺诈的要件，本案属于一般的反担保函欺诈。

四、坚锋公司、天地公司与江苏银行盐城分行等委托合同纠纷：托收义务以及对单据延误、在传送中的丢失免责

（一）案情简况

住所地位于江苏省盐城市的盐城市坚锋电动工具有限公司（简称“坚锋公司”或“委托方”）是生产企业，委托住所地位于江苏省盐城市的盐城天地国际贸易有限公司（简称“天地公司”）与海外客户开展国际贸易。2019 年 6 月 19 日天地公司受坚锋公司所托将 5 000 套工具箱于宁波港装箱发出，目的地为希

① 陈立虎：《独立担保国际惯例的新规则：URDG758》，载《法治研究》2014 年第 1 期，第 65－73 页。

腊比雷埃夫斯港。

天地公司与位于江苏省盐城市的江苏银行股份有限公司盐城分行（简称“江苏银行盐城分行”）于 2019 年 7 月 24 日签订了一份委托合同，天地公司委托江苏银行盐城分行进行单据托收并提交载明托收付款交单方式、托收行为等的《客户交单联系单》。2019 年 7 月 25 日，江苏银行盐城分行按照天地公司的委托向代收行保加利亚银行作出托收指示，并通过 TNT 快递公司向代收行寄出全套单据，签收日期为 7 月 30 日。2019 年 8 月 8 日，天地公司向江苏银行盐城分行发出《情况说明》，要求江苏银行盐城分行确认 ENKA 公司是否收到托收行赎单付款。2019 年 8 月 9 日，保加利亚银行通过电文向江苏银行盐城分行回复称，该笔业务的付款人并非该行客户，该行收到的提单均为彩色复印件，拒绝托收并退回彩色复印件托收单据。坚锋公司的货物于 2019 年 7 月 31 日在希腊比雷埃夫斯港被 Hgisri Italia 公司提走。坚锋公司和江苏银行盐城分行就江苏银行盐城分行是否应当为无法退回托收单证原件正本承担赔偿责任以及江苏银行盐城分行在履行受托事项中是否有过错产生纠纷。委托方（卖方）以托收方在传送单据过程中存在过错为由要求江苏银行盐城分行立即向坚锋公司返还全套货物单据；如若不能交付全套单据，由该行赔偿上述全套货物单据名下货物价值的损失及相应利息。

一审法院认为双方当事人之间的托收关系属于委托合同关系，应当受我国原《合同法》的相关规定调整，且各方当事人对于本案适用《托收统一规则》（URC522）均表示认可，该约定系双方当事人真实意思表示，且适用的 URC522 系国际商事交易惯例，并不违反我国法律法规的规定，故本案在确认双方责任时也应当适用 URC522 的相关规定，并根据双方在《客户交单联系单》中的约定作出相应认定。一审法院根据原《合同法》和《民事诉讼法》的有关规定，驳回了坚锋公司的全部诉讼请求。

坚锋公司不服该判决，向江苏省盐城市中级人民法院上诉称，江苏银行盐城分行在本案中存在明显过错，且本案不存在 URC522 第 14 条规定的单据传送中延误或损坏的免责事由。

（二）二审判决

对于江苏银行盐城分行在履行受托事务过程中是否存在过错，是否应当向坚锋公司承担赔偿责任问题，二审法院认为江苏银行盐城分行提供了快递公司的投递凭证，已经举证证明其已经履行寄送托收指示和附随单证的义务。因坚锋公司指定的付款人并非代收行客户而被退回，可以认定江苏银行盐城分行在履行受托事务过程中不存在过错，坚锋公司的相关单据遗失不可归责于江苏银行盐城分行。且根据 URC522 第 14 条规定，银行对单证在传送过程中的延误和遗失免责，任何讯息、信件或者单证在传送中因延误及或遗失所引起的后果，或者任何在电讯传递过程中所发生的延误、毁损或其他错误，或者对技术术语的翻译及或解释中的错误，银行不承担责任。基于以上理由，坚锋公司的上诉理由均不能成立，二审法院不予支持。一审判决认定事实清楚，判决结果正确，应予维持。

（三）案例分析

1. 托收合同中托收方的义务界定

在托收业务中，无论是托收行还是代收行，均只是提供服务，不提供信用。银行仅根据出口商的托收指示行事，既无保证付款人必然付款的责任，也无审核单据、保证单据真实有效及与买卖合同是否相符的义务。出口商能否收到款项，完全依赖进口商的信用，银行无需承担任何责任。因此，在整个托收过程中，银行本身并不享有票据权利，其仅是履行通知、提示单据及承兑、代收款项等代理人的义务。本案中，江苏银行盐城分行举证证明其履行了寄送托收指示和附随单证的义务，而且在收到托收行反馈电讯后及时善意地向天地公司进行了通知和指示。法院据此认定江苏银行盐城分行在托收中已经本着诚信的原则，合理谨慎地办理业务，无违约之处。可见，托收合同中托收方的义务在于善意和合理谨慎地行委托之事。

2.《托收统一规则》第 14 条（免责条款）的适用

为促使银行积极参与托收业务，提高国际结算效率，推进全球贸易发展，URC522 规定了若干免责条款，以降低银行承担的风险。其中，URC522 第 14 条规定银行对单证在传送过程中的延误和遗失免责，即任何讯息、信件或者单证在传送中因延误及或遗失所引起的后果，或者任何在电讯传递过程中所发生的延误、毁损或其他错误，或者对技术术语的翻译及或解释中的错误，银行不承担责任。本案中，江苏银行盐城分行举证证明其履行了“善意和合理谨慎”义务，且坚锋公司未能承担相应的举证责任来进一步证明提单遗失和货物没有按照指令交付的事实，二审法院依据 URC522 第 14 条规定的免责事由，认定江苏银行盐城分行无需承担赔偿损失的责任。可见，托收业务实践中，若托收行主张对委托人损失免责时，必须以其行为符合“善意和合理谨慎”义务为条件。若委托人主张免责条款不适用，则需要举证证明托收行存在过错。稍有遗憾的是，本案判决在适用 URC522 第 14 条时，未对单证遗失原因进行明确解释。URC522 第 14 条免责条款的适用以托收行尽善意谨慎义务为前提。换言之，只有在不可归因于银行的情形下造成的单证延误或者损失，银行才可以适用免责条款。若托收行基于自身原因遗失单证，表明其未尽善意谨慎义务，便不能适用免责条款。本案判决在适用 URC522 免责条款时，若能对单证遗失原因作明确说明，将更为精确。

3. 托收业务中委托人和代收行的关系

托收业务中通常存在委托人、托收行、代收行、付款人四方当事主体。其中委托人和付款人是基于货物买卖协议形成的合同关系；委托人和托收行，以及托收行与代收行之间均是基于代理合同形成的委托代理关系；而委托人与代收行之间则无明确的法律关系基础。在代收行发生过错，致使委托人利益受损时，委托人能否以及依据何种法律关系要求代收行承担责任，URC522 并无规定。理论上，我国学者通说认为委托人与代收行之间的法律关系可以用本代理与复代理关系进行规范，即当代收行违反托收指示书约定而导致委托人的损失时，委托人可以复代理关系受到侵害为由向代收行主张权利。[①]本案二审被上诉人（原审被告）江苏银行盐城分行在答辩意见中提及 URC522 第 11 条对被指示的免责规定，即“为使委托人的指示得以实现，银行使用另一银行或其他银行的服务是代该委托人办理的，因此，其风险由委托人承担”。依据该条款，可以认为在托收行控制范围外的风险应由委托人承担，且无论委托人是否向代收行主张权利，托收行尽到善意谨慎义务之后，便无需承担责任。

五、瑞雷制造有限公司（Rally Manufacturing，Inc.）、艾可米科技（浙江）有限公司等国际货物买卖合同纠纷：CISG 的适用、宣告无效制度

（一）案情简况

原告瑞雷制造有限公司（Rally Manufacturing，Inc.），为美利坚合众国法人。被告为艾可米科技（浙江）有限公司、潘某和王某。2020 年 7 月 27 日，原告与被告艾可米公司签订 021352 号订单，约定原告向被告采购大号及特大号丁腈

① 陈治东：《国际托收业务中银行责任之法律分析》，载《武大国际法评论》2004 年第 2 期，第 1－19 页；邓旭：《复代理抑或委托：国际托收中委托人和代收行之间的法律关系辨析》，载《国际贸易问题》2010 年第 4 期，第 106－112 页；谢宝朝：《国际托收中委托人与代收行之法律关系新论》，载《经济导刊》2011 年第 12 期，第 64－65 页。

手套各 10 万盒（2 000 万只），总计货款为 240 万美元，付款条件为 50%预付款，50%尾款。次日，原告向被告艾可米公司支付 120 万美元预付款。但被告出口两单后即停止出口。因此原告多次催促被告发货，被告艾可米公司则称其第三方供货商违约，其所支付的货款被骗，没有能力再履行合同。另外，原告与被告艾可米公司在签订 021352 号订单前曾签订 021274 号、021309 号两份订单，上述三份订单项下被告艾可米公司未发货的金额总计 963 970 美元。

原告向浙江省宁波市中级人民法院提起诉讼，诉请被告返还原告预付货款 963 970 美元，支付违约金 192 794 美元，并要求被告潘某、王某在其认缴的被告艾可米公司 1 000 万元注册资金范围内对前述诉讼请求承担清偿责任。法院最终判决支持了前两项关于返还预付货款和支付违约金的请求。[①]

（二）案例分析

1. CISG 在我国的适用问题

本案中，在双方当事人未对适用法律作出约定的情形下，法院主张因我国及美国均为《联合国国际货物销售合同公约》缔约国，故自动适用《联合国国际货物销售合同公约》处理双方争议。既然当事人未在合同中约定法律适用，则当然不能视为排除了 CISG 的适用，法院依据 CISG 第 1 条（1）（a）项直接适用该法，更正了以往司法裁判中法律适用的不当做法，更加凸显了我国法院拥护并积极适用 CISG 的倾向。事实上，CISG 一经纳入，即成为我国法律体系的一部分，法院应当“自动”“直接”适用 CISG。CISG 作为我国法律体系的一部分，起到“定向替代”相应国内规则的作用。[②]当 CISG 与国内法就某一法律关系规定不同时，CISG 将自动取代国内法的内容，且无需对二者进行比较即可自动适用 CISG。对于案涉 021352 号订单的无效问题，原告主张根据 CISG 其可单方面宣布无效，三被告认为根据我国原《合同法》规定，原告未诉请解除 021352 号订单。法院认为应适用 CISG，不予支持三被告主张。可见在 CISG 与我国原《合同法》规定不同时，法院直接适用 CISG。这进一步明晰了 CISG 在我国的适用规则。

① 瑞雷制造有限公司（Rally Manufacturing，Inc.）、艾可米科技（浙江）有限公司等国际货物买卖合同纠纷案，浙江省宁波市中级人民法院民事判决书（2021）浙 02 民初 1653 号。

② 张普：《CISG 在我国法院的适用——兼论后民法典时代的条约适用问题》，载《东北大学学报（社会科学版）》2022 年第 4 期，第 105 页。

2. CISG 中宣告合同无效的问题

宣告合同无效制度在 CISG 中占有相当重要的地位，是一项公约在吸收借鉴大陆法系与英美法系的合同法定解除相关制度基础上的创造性制度。

本案涉及宣告合同无效的“形式要件”，即公约第 26 条所规定的，守约方宣告合同无效，只有通知到违约方才发生宣告合同无效的效力。①本案中法院主张原告在诉讼中已明确告知三被告其宣告 021352 号订单无效，应认定原告已按照 CISG 的要求进行了无效宣告，符合宣告合同无效的形式要件。案涉事实中，原被告双方都主张对方有违约行为，法院经过比较双方提出的证据，认为原告主张被告艾可米公司因其向第三方供货商的预付款被骗而无法继续履行双方签订的 021352 号订单项下交货义务较为可信，法院据此认定被告艾可米公司不能继续履行合同主要义务，构成违约。

本案也涉及合同宣告无效后的损害赔偿问题。公约第 81 条第 1 款明确规定宣告合同无效解除了双方在合同中的义务，但是应负的任何损害赔偿责任仍应负责。本案法院依据此项规定，认定原告要求被告艾可米公司返还预付款 963 970 美元于法有据。这一判决符合公约宣告合同无效制度的理念之一，即让双方当事人回归到合同订立前的状态。同时通过支持赔偿履约过程中的损害保护受损害方的权利，也符合公平正义原则。

综合来看，本案判决将争议焦点归纳得较为准确、精炼，说理充分、严谨，在法律适用部分对案件所涉 CISG 具体条款进行了详尽列举，并细化到项，层次清晰。尤其在本案被告艾可米公司主张 CISG 规定的内容与我国国内法规定不同适用国内法时，法院不予支持、不作甄别，直接自动依据 CISG 条款审理，充分展现出我国法院对于 CISG 条款的准确理解与适用，以及娴熟的审判技巧。

六、汕头市鼎誉玩具科技有限公司、香港环球易购电子商务有限公司等买卖合同民事纠纷：跨境破产清算中公司法人人格混同、关联企业实质合并破产②

（一）案情简况

原告汕头市鼎誉玩具科技有限公司与三被告香港环球公司、深圳环球公司、

① United Nations Convention on Contracts for the International Sale of Goods，Article 26：A declaration of avoidance of the contract is effective only if made by notice to the other party.

② 汕头市鼎誉玩具科技有限公司、香港环球易购电子商务有限公司等买卖合同纠纷案，深圳前海合作区人民法院民事判决书（2021）粤 0391 民初 123 号。

跨境通宝公司之间一直存在供需合作关系，三被告作为跨境电商经营主体，向原告采购电子玩具产品，双方通过登录被告方的供应商系统进行具体的交易。原告依照双方约定，履行供货义务，但香港环球公司长期以各种理由拒不付清货款，行为显属违约。被告深圳环球公司在诉讼过程中被法院裁定进行破产清算。被告在其供应商系统中的《环球易购供应商系统平台服务协议》载明："本协议所述'环球易购'是指深圳环球公司及其子公司、分公司、分支机构或关联公司，包括但不限于香港环球公司等关联主体。协议由深圳环球公司代表'环球易购'与您签署。"深圳环球公司是香港环球公司的母公司。原告认为三被告在实际经营中的人员、业务、财务等方面存在交叉或混同，应当对货款债务承担连带清偿责任。

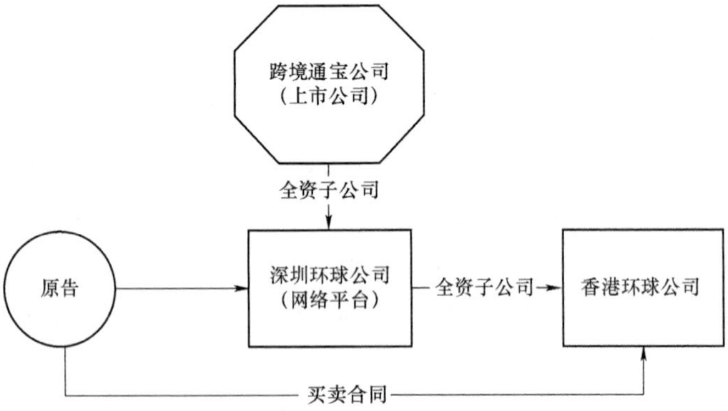

图 11.6　本案当事人法律关系

被告深圳环球公司辩称被告香港环球公司已经在香港高等法院申请破产清算，香港环球公司管理人尚未确定，因此本案不宜审理。且原告与被告深圳环球公司之间不存在合同关系，原告对被告深圳环球公司的诉求没有事实依据。

被告跨境通宝公司辩称原告仅与香港环球公司签署《采购订单》，跨境通宝公司及深圳环球公司并未在《采购订单》上签字或者盖章，该协议对深圳环球公司及跨境通宝公司无约束力。原告提交的《环球易购供应商系统平台服务协议》仅能证明深圳环球公司系该供应商平台的管理者，并不意味着深圳环球公司与香港环球公司混同。

法院认为香港环球公司的唯一股东为深圳环球公司。审理过程中，山西省太原市中级人民法院于 2021 年 11 月 30 日作出（2021）晋 01 破申 14 号民事裁定书，[①]裁定对深圳环球公司进行破产清算。被告香港环球公司为我国香港特别行政区法人，本案系涉港纠纷。本案双方未约定适用的法律，原告、被告深圳环球公司所在地、合同履行地均在我国内地，且原告和被告在庭审中同意适用内地法律，故本案以我国内地法律作为准据法。

本案的一大问题在于被告深圳环球公司是否应对香港环球公司债务承担连带责任。本案中，与原告签订《采购订单》的主体虽然是香港环球公司，但《采购订单》签订平台是深圳环球公司提供，并且深圳环球公司与原告签订了《环球易购供应商系统平台服务协议》，被告深圳环球公司作为香港环球公司的唯一股东，且（2021）粤 03 民终 18351 号生效判决已认定深圳环球公司与香港环球公司在交易过程中存在人格混同，属于滥用公司法人独立地位，势必严重损害债权人的利益。[②]因此，深圳环球公司应当对香港环球公司的上述债务承担连带责任。

另一问题是关于被告跨境通宝公司是否应承担连带责任的问题。被告跨境通宝公司虽是深圳环球公司的唯一股东，但被告跨境通宝公司系上市公司，其财务状况受中国证监会及深圳证券交易所共同监督，并需定期向公众公布，其提交的审计报告等现有证据足以证明其与独资子公司之间不存在财务混同情形。

最终，法院根据《涉外民事关系法律适用法》第 41 条及《最高人民法院关于适用〈中华人民共和国涉外民事关系法律适用法〉若干问题的解释（一）》第 17 条的规定，首先确认了该案所适用的准据法。即“当事人可以协议选择合同适用的法律。当事人没有选择的，适用履行义务最能体现该合同特征的一方当事人经常居所地法律或者其他与该合同有最密切联系的法律”“涉及香港特别行政区、澳门特别行政区的民事关系的法律适用问题，参照适用本规定。”由于本案双方未约定适用的法律，原告、被告深圳环球公司所在地、合同履行地均在我国内地，且原告和被告在庭审中同意适用内地法律，故本案以内地法律作为准据法。其次，法院根据《公司法》第 20 条第 3 款的规定，“公司股东滥用公司法人独立地位和股东有限责任，逃避债务，严重损害公司债权人利益的，应当对公司债务承担连带责任”。根据《企业破产法》第 46 条的规定，“未到期的债权，在破产申请受理时视为到期。附利息的债权自破产申请受理时起停止计

① 《跨境通宝电子商务股份有限公司关于全资子公司被法院裁定受理破产清算的公告》，http://quotes.money.163.com/f10/ggmx_002640_7697778.html，2023 年 1 月 9 日访问。

② 《跨境通宝电子商务股份有限公司关于全资子公司被法院裁定受理破产清算的公告》，http://quotes.money.163.com/f10/ggmx_002640_7697778.html，2023 年 1 月 9 日访问。

息”。最终法院判定被告香港环球公司向原告公司支付货款及逾期付款利息，被告深圳环球公司对香港环球公司所负债务中应付的货款及逾期付款利息承担连带清偿责任，跨境通宝公司对上述债务不承担连带责任。

（二）案例分析

1. 跨境破产清算中公司法人人格混同

本案系全资母公司与子公司在法人人格混同与破产清算过程中违约责任的承担问题。香港环球公司与原告之间签订了买卖合同，在公司资不抵债申请破产中，原告请求其百分百持股的母公司深圳环球公司承担连带责任。基于对公司法人人格的尊重和保护，子公司与母公司在责任承担中应是相互独立的关系，但当两者存在人格混同、侵害利益相关者权益时，根据《公司法》第20条的规定，法律将会刺破公司的面纱，要求股东承担连带责任。本案中香港环球公司的唯一股东为深圳环球公司，在案件审理中同时也申请了破产清算，对其人格混同的关联全资子公司的债务承担连带责任。跨境通宝公司作为上市公司是深圳环球公司的唯一股东，但其财务状况受证监会等机构共同监管并公开，基于公司法人人格独立原则，因而不对其全资子公司与孙公司的债务承担连带责任。

2. 跨境破产中的关联企业实质合并破产制度

公司法人的人格独立是公司制度的基石。一般情况下，关联企业之间的破产同样应当按照法人人格独立原则适用单独的破产程序。然而，一旦关联企业成员之间存在法人人格的高度混同，使得区分各关联企业成员财产成本过高、严重损害债权人公平清偿利益时，可以适用关联企业实质合并破产方式进行审理。最高人民法院在2021年发布第29批指导性案例，其中第163号指导案例提出，当事人对关联公司申请合并破产，各关联企业成员之间的债权债务归于消灭，各成员的财产作为合并后统一的破产财产，由各成员的债权人作为一个整体在同一程序中按照法定清偿顺位公平受偿。[①]即，通过合并破产的方式将股东财产归入。[②]《全国法院破产审判工作会议纪要》第32条规定：“关联企业实质合并破产的审慎适用。人民法院在审理企业破产案件时，应当尊重企业法人人格的独立性，以对关联企业成员的破产原因进行单独判断并适用单个破产程

① 最高人民法院：《指导案例163号——江苏省纺织工业（集团）进出口有限公司及其五家子公司实质合并破产重整案》，https://www.court.gov.cn/fabu-xiangqing-325571.html，2023年1月6日访问。

② 杨林法、沈隆吉：《破产程序中股东与公司“人格混同”处置研究及裁判策略应对——以锅炉公司清算案为研究视角》，载《法律适用》2019年第20期，第3－12页。

序为基本原则。”与最高人民法院 163 号指导案例适用合并破产审理不同，本案通过承担连带责任的方式使深圳环球公司承担对债权人的共同责任。这体现出跨境破产案件中，对于关联公司债权债务责任承担的两种不同处理方式。

第四节　展望与建议

2022 年，国际商事立法再迈新阶，联合国国际贸易法委员会（UNCITRAL）、国际统一私法协会（UNIDROIT）、国际商会（ICC）等国际商事立法机构持续推进各项立法工作，拟定了众多国际公约、示范法，出具了多份国际商事贸易指南。我国深度融入全球经济发展的同时，不仅在国内涉外商事审判实践中充分尊重并准确适用国际商事规则，而且更富建设性地参与国际商事统一法的制定，助力国际商法法律渊源及其司法适用的完善。展望未来，国际商事立法领域将呈现继续向新兴议题拓展、发展中国家话语权显著提升的特点。而随着我国人民法院国际商事审判职能进一步发挥，中国涉外司法公信力和影响力将有效提升。

第一，国际商事立法继续向新兴领域拓展和深化，部分新兴议题国际商事规则正在逐步形成。本年度国际商会（ICC）与世界贸易组织（WTO）共同发布《无纸化跨境贸易标准工具箱》，首次对国际社会通行的数字化贸易标准进行系统整合，建立起无纸化跨境贸易的权威标准指引。该文件旨在推动现有数字化贸易标准的统一认知和适用，有效回应了全球贸易数字化转型的发展新格局。国际商事立法机构积极关注国际社会新出现的各类国际商业交易形式，通过系列立法工作的开展，将有效推动新兴议题国际商事规则的形成和发展。

第二，发展中国家逐步从国际商事立法跟跑者转变为积极推动者，在国际商事规则制定方面的话语权将显著提升。本年度联合国大会通过的《联合国船舶司法出售国际效力公约》正是我国主导推动国际商事规则构建的成功示范。相关问题最初于 2007 年由我国海商法协会提出，随后中国国际贸易促进委员会积极组建筹办工作组，多次在国际会议上提出符合我国国情、来源于我国海事司法实践、切实保护平衡船舶司法出售各利益方的意见和建议，并就公约草案审议稿组织了十余次专家讨论会。[①]随着以中国为代表的新兴市场和发展中国家群体性快速崛起，越来越多源于其国际商事交往实践的主张和诉求被国际立法

① 《中国贸促会举行 12 月例行新闻发布会》，http://www.ccpitbuild.org/mytz/2022－12－29/812.html，2023 年 1 月 7 日访问。

机构采纳。发展中国家对国际商事规则的未来发展将发挥举足轻重的作用。

第三，我国涉外商事审判实践进一步完善，涉外司法的国际公信力和影响力将持续增强。构建国家开放型经济体制离不开司法的支持和配合。本年度全国各级人民法院受理并成功审结了大量涉外商事案件，在充分发挥司法解决国际商事纠纷重要作用、为国际商事交易顺利进展保驾护航的同时，也切实有效地服务于高水平对外开放，彰显出国家法治文明建设成效。此外，各级人民法院在涉外商事审判实践中不断形成典型案例。法院恪守国际条约，尊重国际惯例，通过解释和准确适用统一实体规则，最终实现司法裁判法律效果和社会效果的有机统一。这为今后国内外审理类似案件提供了重要的实践样本，将进一步强化我国涉外司法的国际影响力，助力国际商法发展。

当前，实行高水平对外开放、建设更高水平开放型经济新体制，是我国顺应发展环境变化作出的战略选择。①这一涉外经济发展新态势对我国深度融入国际商法法治发展提出了新的要求。据此，我国首先应当继续坚持国际商事规则建设者的角色担当。一方面，既要加强与国际商事立法机构的交流合作，踊跃参与国际商事立法活动，加快引导中国优秀的法律工作者任职国际商事组织。另一方面，也要密切与企业、商人、商会组织的沟通，切实了解国际商事主体在国际商事法律实践中的难题和需求，进而提出切合实际的议案或主张。同时，重点关注数字贸易、碳排放权交易等统一实体规范严重匮乏的领域，在这些新兴议题国际公约、示范法、国际商事惯例的制定中贡献中国方案。其次，应把握好“一带一路”倡议实施带来区域经贸合作深化、国际共识扩大等利好条件，积极整合“一带一路”实践中跨境商事交易的新特点、新经验以及涌现出的新习惯，在现有国际商事法律制度基础上进行丰富、扩展、创新，助力国际商法法治的完善。最后，应进一步完善涉外商事审判工作机制，优化涉外法律适用规则体系，持续打造具有国际影响力的涉外司法品牌。面对新类型国际商事案件带来的法律挑战，既要加快确立相应裁判规则，统一我国司法适用标准，也要积极促进规则的跨境联通；面对国际条约与惯例在国内法中的地位问题，应及时对涉外商事审判实践作出有效回应，为此类实践提供明确法律依据。

---

① 刘江宁：《实行高水平对外开放》，http://theory.people.com.cn/n1/2022/0324/c40531－32382640.html，2023年1月7日访问。

第十二章　海商海事法治发展

第一节　大　事　记

一、最高人民法院发布《全国法院涉外商事海事审判工作座谈会会议纪要》

12 月 31 日，最高人民法院发布了《全国法院涉外商事海事审判工作座谈会会议纪要》（以下简称《会议纪要》）。《会议纪要》共 111 条，分涉外商事、涉外海事、仲裁司法审查三部分。对 2018 年以来涉外商事海事审判形成的经验进行总结，针对全国涉外商事海事审判工作中存在的前沿疑难问题作出相应规定，以有效统一裁判尺度。

二、交通运输部网站发布《交通运输部关于印发 2022 年立法计划的通知》

2 月 21 日，交通运输部网站发布《交通运输部关于印发 2022 年立法计划的通知》。“海商法（修订）”和“港口法（修订）”被列为第一类，即“年内完成部内工作或者公布的立法项目”。其中，海商法（修订）要由法制司会同水运局、国际合作司、海事局、救助打捞局、大连海事大学，配合司法部开展审核修改工作。港口法（修订）由水运局负责起草，综合规划司、安全与质量监督管理司、海事局、长江航务管理局、珠江航务管理局参加，法制司负责部内审核工作，形成送审稿后适时报送国务院。[①]

① 《交通运输部 2022 年计划修订海商法和港口法》，载中国海商法协会资讯，http://www.cmlanewsletter.cn/index.php?id = 94，2022 年 10 月 20 日访问。

三、《中国海商法协会临时仲裁规则》和《中国海事仲裁委员会临时仲裁服务规则》在京发布

3月18日，中国海商法协会（海协）、中国海事仲裁委员会（海仲）在北京联合召开新闻发布会，同步发布《中国海商法协会临时仲裁规则》（《海协临时仲裁规则》）和《中国海事仲裁委员会临时仲裁服务规则》（《海仲服务规则》）。两规则于2022年3月18日起同步施行。《海协临时仲裁规则》是临时仲裁示范规则，内容涵盖了临时仲裁程序的各个阶段，体现了临时仲裁充分尊重当事人意思自治、程序灵活高效的优势，对包括规则适用范围、送达和期限、仲裁地、仲裁语言、仲裁庭的组成、追加当事人、合并开庭、临时措施、预备会议、举证和质证、裁决、仲裁费用等临时仲裁全流程作出系统规定，力求以最简洁的程序规定保障临时仲裁顺畅高效进行。《海仲服务规则》属于特定临时仲裁服务操作规范，旨在履行好《海协临时仲裁规则》规定以及当事人约定的由海仲担任“指定机构”的服务职责。《海仲服务规则》规定了规则的适用范围、指定机构的工作内容、指定机构服务收费以及免责等主要内容。海仲作为“指定机构”的服务内容限于为临时仲裁提供相应的管理、辅助、支持服务，不进行全程管理。[①]

四、纪念《联合国海洋法公约》通过40周年学术研讨会成功举办

3月19日，“海洋法治与中国贡献：纪念《联合国海洋法公约》通过40周年”学术研讨会线上会议成功举办。会议包括主旨演讲以及三个议题：海洋法治与《联合国海洋法公约》；《联合国海洋法公约》40年反思；国际海洋法发展与中国。与会专家学者紧跟热点，广泛参与，互动发言热烈，多方观点交融，对《联合国海洋法公约》所面临的新问题与新挑战以及我国应对进行了全方位探讨，为我国海洋法治建设贡献了智慧和力量，彰显了海洋法学术界通过理论联系实际，切实为国家建言献策的使命感。[②]

---

① 《〈中国海商法协会临时仲裁规则〉〈中国海事仲裁委员会临时仲裁服务规则〉在京发布》，载中国海事仲裁委员会官方网站，http://www.cmac.org.cn/index.php?id＝606，2022年10月17日访问。

② 《大连海事大学举办“海洋法治与中国贡献：纪念〈联合国海洋法公约〉通过40周年”学术研讨会》，载大连海事大学法学院官方网站，http://law.dlmu.edu.cn/info/1162/8830.htm，2022年10月18日访问。

五、《最高人民法院　最高人民检察院关于办理海洋自然资源与生态环境公益诉讼案件若干问题的规定》生效实施

5 月 15 日，《最高人民法院　最高人民检察院关于办理海洋自然资源与生态环境公益诉讼案件若干问题的规定》（以下简称《规定》）生效实施。《规定》共 6 条，主要规定了三方面的内容：一是规定了有权提起海洋自然资源与生态环境民事公益诉讼的主体为行使海洋环境监督管理权的部门和人民检察院，明确了人民检察院督促、协同和兜底的职能作用，确定了海事法院是海洋环境民事公益诉讼的专门管辖法院；二是规定了对破坏海洋生态、海洋水产资源、海洋保护区，涉嫌犯罪的行为，在行使海洋环境监督管理权的部门没有另行提起诉讼的情况下，人民检察院可以在提起刑事公诉时一并提起刑事附带民事公益诉讼，也可以单独提起民事公益诉讼，有利于提高司法效率、节约司法资源；三是规定了人民检察院有权提起海洋环境行政公益诉讼，明确了海事法院的专门管辖职能，通过行政公益诉讼方式，实现有效督促海洋环境监督管理部门依法履职，保护海洋自然资源和生态环境的目的。①

六、中国海商法协会第十届海商法国际研讨会成功举办

2022 年 5 月 20 日至 5 月 21 日，中国海商法协会第十届海商法国际研讨会采用线上方式召开，在宁波设置直播会场。国内外海事海商业界同仁一起围绕“新形势下国际海商法理论和实务的发展”主题，分“新形势下国际海商法理论和实务的发展”“海洋污染与环境保护”“国际海事海商前沿法律问题”“国际海事争议解决”四个议题进行深入交流探讨，涉及海洋污染与环境保护、国际海事争议解决等热点前沿问题，助力未来学术界、实务界总结疫情期间海事海商行业的新研究、新共识的成果，促进国内外海商法研究成果深入交流，提升我国海商法及海运事业国际话语权。②

① 《“两高”相关部门负责人就关于办理海洋自然资源与生态环境公益诉讼案件若干问题的规定答记者问》，载中华人民共和国最高人民法院官方网站，https://www.court.gov.cn/zixun-xiangqing-358401.html，2022 年 10 月 19 日访问。

② 《中国海商法协会第十届海商法国际研讨会圆满闭幕》，载微信公众号“中国海商法协会”，https://mp.weixin.qq.com/s/KtpSxmY1cs0xrxw79-yX5w，2022 年 5 月 21 日访问。

七、最高人民法院发布2021年全国海事审判典型案例

6月7日，最高人民法院发布2021年全国海事审判典型案例，在充分发挥典型案例示范引领作用的同时，彰显海事司法对加强海洋生态保护、促进海洋经济发展和维护海洋权益的重要作用。此次发布的典型案例具有以下四个方面的特点：一是依法行使海事司法管辖权，坚决维护国家海洋权益。二是保护海洋及通海可航水域生态环境，助力海洋经济发展。三是充分发挥海事司法职能作用，促进国际航运复苏和贸易稳定发展。四是持续实施海事审判精品战略，提升海事司法的国际公信力。

八、新修订的《中国国际贸易促进委员会共同海损理算规则》生效实施

9月1日，新修订的《中国国际贸易促进委员会共同海损理算规则》生效实施，原《北京理算规则》同时废止。原《北京理算规则》实施40多年来，在服务我国海上货物运输和国际贸易方面发挥了重要作用，为我国规范处理海损索赔提供了重要的制度保障。近年来，我国海洋经济和航运事业迅猛发展，相关的国际规则、海事海商法律制度和国际航运实践发生了巨大变化。为适应新形势，促进航运经济健康与可持续发展，中国贸促会根据最新的海运实践和理算实务变化，自2019年启动《北京理算规则》的修订工作。此次《北京理算规则》的修订，对共同海损制度进行重构和诠释，吸纳了国际上共同海损制度发展的最新成果和相关规定，推动海事服务专业化、标准化和国际化，内容更加简明、易懂，更加有利于推广实施。

九、《船舶油污损害赔偿基金理赔导则（2022年修订版）》和《船舶油污损害赔偿基金索赔指南（2022年修订版）》发布

11月17日，中国船舶油污基金秘书处暨交通运输部海事局印发经基金管理委员会会议审议通过的《船舶油污损害赔偿基金理赔导则（2022年修订版）》和《船舶油污损害赔偿基金索赔指南（2022年修订版）》。本次修订是自2016年发布《理赔导则》和《索赔指南》试行版以来的第三次修订。修订内容主要涉及船舶费率标准、天然渔业资源恢复措施费用的审核要求、基金理赔工作流程等多项核心内容。

十、联合国第 77 届大会第六委员会正式通过《联合国船舶司法出售国际效力公约》

相比于船舶扣押规则，国际社会在船舶司法出售方面的规则统一进程相对缓慢，迫切需要通过建立统一船舶司法出售的国际效力制度，增强法律确定性。2012 年在北京召开的第 40 届国际海事委员会（以下简称 CMI）国际会议上，形成了《北京草案》定稿。《北京草案》定稿又经过 2013 年 CMI 都柏林会议及 2014 年 CMI 汉堡会议的讨论及审议，最终在 2014 年 CMI 汉堡会议上获得了通过。2019 年 5 月 12 日至 17 日，联合国国际贸易法委员会（以下简称“联合国贸法会”）第六组召开的第 35 次会议对《北京草案》进行了逐条讨论，并最终审议通过了会议报告。后《北京草案》又经过多次修订。2022 年 6 月 27 日至 7 月 15 日，联合国贸法会第 55 届会议审定并批准了草案的最后文本及其附录，并决定将其提请第 77 届联合国大会审议通过。[①]2022 年 12 月 7 日，联合国第 77 届大会第六委员会正式通过有关《联合国船舶司法出售国际效力公约》的决议。联合国大会赞扬联合国国际贸易法委员会拟定的《联合国船舶司法出售国际效力公约》草案，授权在可行的情况下尽快于 2023 年在北京举行公约的签字仪式，并建议将公约命名为《北京船舶司法出售公约》，呼吁各国政府和区域经济一体化组织考虑加入该公约。该公约填补了船舶司法出售国际效力领域的法律空白，并将成为第一个以中国内地城市命名的国际海事公约。[②]

十一、最高人民法院发布《中国海事审判（2018—2021）》

12 月 12 日，最高人民法院发布中英文双语《中国海事审判（2018—2021）》，全面总结四年来全国海事审判三级法院坚持以习近平新时代中国特色社会主义思想为指导，深入学习贯彻习近平法治思想，充分发挥海事审判职能作用，服务和保障党和国家大局，强化海事审判体系和能力建设，推进建设国际海事司法中心的情况。主要内容分为以下三个部分：（1）依法审理各类海事案件，全面提升审执质效；（2）充分发挥海事审判职能，助力建设海洋强国；（3）持续

① 《中国海商法协会关于参加联合国国际贸易法委员会第 55 届会议（船舶司法出售议题）的报告》，载中国海商法协会网站，http://www.cmla.org.cn/index.php?id = 2582，2022 年 12 月 8 日访问。

② 《第 77 届联大正式通过〈联合国船舶司法出售国际效力公约〉并决定于 2023 年在北京举行签署仪式》，载微信公众号“中国海商法协会”2022 年 12 月 10 日，https://mp.weixin.qq.com/s/ZGgbOD2VRB1LYG8CClqM8w，2023 年 2 月 12 日访问。

强化审判体系和能力建设，推进国际海事司法中心建设。①海事法院依法审理涉及货物运输、综合物流、船舶碰撞等各类海事案件，加强对船舶修造、航运融资、航运保险等涉船舶先进制造业、现代服务业案件的审理，维护航运商贸秩序；依法审理港口作业、码头建设、港口疏浚以及涉及海洋工程、邮轮旅游、海洋开发利用等纠纷案件，促进海洋经济发展；依法审理涉外涉港澳台案件，平等保护中外当事人合法权益，为优化营商环境、服务高水平对外开放发挥司法护航作用。越来越多与我国没有管辖连结点的案件当事人主动选择我国海事法院管辖，充分彰显了我国海事司法的国际公信力和影响力。②

第二节　热点聚焦

一、海洋自然资源与生态环境公益诉讼

（一）构建较为完善、独立的具有中国特色的海洋环境公益诉讼制度

党的十八大作出建设海洋强国的重大部署。党的二十大报告进一步提出“发展海洋经济，保护海洋生态环境，加快建设海洋强国”。保护海洋自然资源和生态环境是建设海洋强国的根本要求和基础保障，亟须对海洋环境保护提供有力司法保障。海洋自然资源与生态环境公益诉讼（下称“海洋环境公益诉讼”）是指海洋自然资源与生态环境受到了不法侵害，由法律规定的机关代表国家及社会公共利益向侵权人提起诉讼进行索赔的制度统称。③我国海洋环境诉讼制度始于 1999 年修订《海洋环境保护法》，并规定在现行《海洋环境保护法》第 89 条第 2 款：“对破坏海洋生态、海洋水产资源、海洋保护区，给国家造成重大损失的，由依照本法规定行使海洋环境监督管理权的部门代表国家对责任者提出损害赔偿要求。”该条款赋予“行使海洋环境监督管理权的部门”（下称“海洋环境监管部门”）代表国家索赔重大海洋生态环境污染损害。2012 年以来，随着《环境保护法》《民事诉讼法》《行政诉讼法》的修订以及《最高人民法院、最高

① 《最高人民法院发布〈中国海事审判（2018—2021）〉》，载央广网，https://news.cnr.cn/native/gd/20221212/t20221212_526092300.shtml，2022 年 12 月 13 日访问。

② 《2018 年至 2021 年全国海事审判三级法院审执结各类海事案件超 13 万件》，载新华社客户端，http://news.cn/legal/2022-12/12/c_1129202451.htm，2023 年 2 月 12 日访问。

③ 余妙宏：《检察公益诉讼在海洋环境保护中的路径与程序研究》，载《中国海商法研究》2021 年第 2 期，第 33-40 页。

人民检察院关于检察公益诉讼案件适用法律若干问题的解释》（下称“《检察公益诉讼司法解释》”）等相关司法解释的出台，逐步建立和细化了环境公益诉讼制度。

为了正确理解和适用《海洋环境法》《民事诉讼法》和《刑事诉讼法》的相关规定，明确提起海洋环境公益诉讼主体和管辖法院，最高人民法院、最高人民检察院于2022年5月11日联合发布了《最高人民法院　最高人民检察院关于办理海洋自然资源与生态环境公益诉讼案件若干问题的规定》（下称“《规定》”）。《规定》的颁布实施，解决了实践中海洋环境公益诉讼存在的诸多问题，对于统一规范海洋环境公益诉讼案件裁判尺度，规范海洋环境公益诉讼案件办理，发挥海洋环境监督管理部门和人民检察院在海洋环境公益诉讼中的不同职能，构建我国海洋环境公益诉讼制度具有重要意义。[①]《规定》共6条，主要涉及海洋自然资源与生态环境公益诉讼的适用范围、诉讼主体和诉讼管辖三方面内容。

1. 明确海洋环境公益诉讼的适用范围

《规定》第1条与《海洋环境法》一致，适用的地域范围包括内水、领海、毗连区、专属经济区、大陆架以及我国管辖的其他海域，不适用于江河、湖泊等内陆水域。对损害行为发生地或损害结果地位于上述海域的海洋环境公益诉讼案件，均应适用本规定。此外，为防止或减轻海洋自然资源与生态环境损害采取相应处置措施而产生的预防费用也属于海洋自然资源与生态环境损失的赔偿范围，因此采取预防措施地所在海域位于上述海域的海洋环境公益诉讼案件，也同样应适用本规定。

2. 明确海洋环境公益诉讼的诉讼主体

（1）海洋环境民事公益诉讼

《海洋环境保护法》第89条第2款将海洋自然资源与生态环境损害索赔的权利赋予依法行使海洋环境监督管理权的部门。而检察机关是否有权提起海洋环境公益诉讼，长期以来一直存在不同观点。本次《规定》明确了检察机关提起海洋环境民事公益诉讼的主体资格。根据《规定》第2条和第3条，检察机关发现破坏海洋生态、海洋水产资源、海洋保护区的行为，可以将有关线索移送海洋环境监督管理部门并告知其提起诉讼。只有在海洋环境监督管理部门经

① 王淑梅，胡方：《〈关于办理海洋自然资源与生态环境公益诉讼案件若干问题的规定〉的理解与适用》，载《人民司法》2022年第22期，第50－54页。

告知仍不提起诉讼的情况下，检察机关才可以直接作为原告提起公益诉讼；海洋环境监督管理部门经告知提起诉讼的，检察机关可以支持起诉。这一规定体现了检察机关与海洋环境监督管理部门提起海洋环境公益诉讼的不同定位，可以实现海洋环境监督管理部门和检察机关提起公益诉讼的有效衔接。

（2）海洋环境刑事附带民事公益诉讼

《检察公益诉讼司法解释》首次规定了“环境刑事附带民事公益诉讼”制度①，此后便进入稳步推进阶段②。《规定》第 4 条进一步明确了检察机关有权提起刑事附带民事海洋环境损害赔偿。对破坏海洋生态、海洋水产资源、海洋保护区，涉嫌犯罪的行为，一方面海洋环境监管部门依然有权就海洋自然资源与生态环境损害另行提起民事诉讼；另一方面在海洋环境监管部门未另行提起民事诉讼的情况下，人民检察院可以在提起刑事公诉时一并提起刑事附带民事公益诉讼，也可以单独提起民事公益诉讼。从过往的实践来看，刑事附带民事公益诉讼已成为救济因环境犯罪造成的海洋生态损害的有效途径。③

（3）海洋环境行政公益诉讼

《行政诉讼法》第 25 条明确了检察机关对环境监管部门的监督职能的发挥。《规定》第 5 条进一步明确了如果海洋环境监管部门不作为，不履行保护海洋环境的法定职责，检察机关应当提出检察建议；若有关部门仍不履行法定职责，则检察机关可以提起行政公益诉讼。鉴于目前我国海洋环境治理存在的“九龙治水”的现象，执法权较为分散，由包括环境保护行政主管部门、海洋行政主管部门、海事行政主管部门、渔业行政主管部门等多部门分工行使，海洋环境行政公益诉讼能够起到一定的督促作用。④

3. 明确海事法院对海洋环境公益诉讼的专门管辖

《规定》第 2 条、第 3 条和第 5 条明确了海事法院对海洋环境民事公益诉讼和海洋环境行政公益诉讼的专门管辖。需要说明的是，《规定》第 4 条并未对海洋环境刑事附带民事公益诉讼案件的管辖法院作出特别规定。但是为了满足目前国际、国内形势发展对海事审判工作的司法需求，最高人民法院正在推进海

① 《最高人民法院、最高人民检察院关于检察公益诉讼案件适用法律若干问题的解释》第 20 条第 1 款。

② 《环境刑事附带民事公益诉讼若干问题探讨》，载微信公众号“中国审判”2021 年 12 月 2 日，https://mp.weixin.qq.com/s/8U_6oaiXrUgjtupx7GSGfQ，2023 年 2 月 12 日访问。

③ 梅宏，殷悦：《涉海环境司法的难题与应对》，载《贵州大学学报（社会科学版）》2019 年第 3 期，第 79–89 页。

④ 王慧，吴晓东：《以检察公益诉讼促进海洋环境治理最优化》，载《检察日报》2022 年 5 月 27 日，第 3 版。

事法院管辖海事刑事案件的试点工作，并指定宁波、海口海事法院作为试点法院审理部分海上交通肇事罪和破坏海洋生态环境资源犯罪案件。因而对于海洋环境刑事附带民事公益诉讼的管辖权制度现状是，如果破坏海洋生态环境资源犯罪案件属于海事法院试点管辖的刑事案件，则由海事法院一并管辖刑事附带民事公益诉讼案件；如果该刑事案件由其他人民法院管辖，则有关海洋自然资源与生态环境的刑事附带民事公益诉讼案件也由其他人民法院一并管辖，但海洋环境监管部门另行单独提起的海洋自然资源与生态环境损害赔偿诉讼，依然由海事法院专门管辖。

（二）海洋环境民事公益诉讼中的难点问题

1. 海洋环境民事公益诉讼的特殊性

相较于环境民事公益诉讼，海洋环境民事公益诉讼不只是增加了“海洋”两个字，在权利主体和诉讼类型等方面具有特殊性。其一，在权利主体方面，海洋环境民事公益诉讼救济的不仅是社会公共利益，还有国家利益。根据《海洋环境保护法》第 89 条的规定，由海洋环境监管部门“代表国家”对责任者提出损害赔偿要求。在海洋环境民事公益诉讼中，国家具有双重身份，一方面作为海域的所有者，对自然资源享有国家所有权；另一方面作为生态环境的监管者，对自然资源的生态价值进行管理。[①]其二，在诉讼类型方面，学界有观点认为海洋环境民事公益诉讼具有普通诉讼（私益诉讼）与公益诉讼的双重性质。[②]造成海洋环境民事公益诉讼“二分”的原因在于国家在其中扮演的双重角色。基于自然资源国家所有权提起的海洋自然资源损害赔偿诉讼，具有私益诉讼或普通诉讼的性质；而生态（环境）利益属于社会公共利益范围，国家作为海洋环境的监管者而提起的海洋生态（环境）损害赔偿诉讼，具有公益诉讼的属性。

2. 社会组织原告主体资格之争

海洋环境公益诉讼作为环境公益诉讼的一种特殊情形，在原告主体资格的规定上与环境公益诉讼不尽相同。在海洋环境公益诉讼领域，有权提起民事公益诉讼的主体仅为海洋环境监管部门和人民检察院。而在一般环境公益诉讼中，除了“法律规定的机关”，符合条件的社会组织也被赋予了环境民事公益诉讼原

---

① 黄锡生，王中政：《海洋环境民事公益诉讼：识别、困境与进路——从《海洋环境保护法》第 89 条切入》，载《中国海商法研究》2020 年第 1 期，第 28 – 35 页。

② 杨华：《海洋环境公益诉讼原告主体论》，载《法商研究》2021 年第 3 期，第 120 – 133 页。

告主体资格。[①]对于除了海洋环境监管部门和人民检察院，“社会组织”是否是提起海洋环境民事公益诉讼的适格主体这一问题学界存在争议。

一种观点认为，相比于《环境保护法》，《海洋环境保护法》第89九条是海洋自然资源与生态环境损害赔偿方面的特别规定，依照特别法优于一般法的原则，海洋环境公益诉讼应优先适用《海洋环境保护法》，因此社会组织不具有原告主体资格。[②]此外，如果从立法用语的角度分析，《海洋环境保护法》的表述为“由依照本法规规定行使海洋环境监督管理权的部门代表国家对责任者提出损害赔偿要求”，《环境保护法》则表述为“符合条件的社会组织可以向人民法院提起诉讼”，前者多了“代表国家”一词，二者起诉时所代表的对象存在重要区别，[③]而具有国家利益和社会公共利益双重性的海洋生态环境损害赔偿更宜由行政机关行使。持相反观点的学者认为，海洋环境公益诉讼所救济权利的社会性决定了其原告主体不可能是一人；其权利来源的多样性和模糊性决定了代表其利益的主体应是多元的，反映到诉讼中即是原告资格的多元化特征。[④]基于海洋环境的公共利益属性，行政机关、社会组织、检察机关均是适格的起诉主体。[⑤]

从司法实践来看，已基本否定了环境保护组织提起海洋环境公益诉讼的主体资格。法院驳回起诉或不予受理主要是基于特别法优于一般法的理由。典型案例如最高人民法院的“自然之友环境研究所与荣成伟伯渔业有限公司、王文波、何延青破坏海洋生态责任纠纷案”[⑥]、“中国生物多样性保护与绿色发展基金会与平潭县流水镇人民政府等海洋自然资源与生态环境损害赔偿纠纷案”[⑦]、“大连环保志愿者协会诉中石油燃料油公司环境民事公益诉讼案”[⑧]。但也存在

① 《民事诉讼法》第58条和《环境保护法》第58条。

② 韩枫：《公益组织在海洋环境公益诉讼中的主体适格性案例评析》，载《世界海运》2018年第7期，第54－56页。

③ 李声高，钭晓东：《我国海洋环境民事公益诉讼证明制度及其完善路径——证明责任分层与证明标准降格的契合》，载《学海》2022年第4期，第70－79页。

④ 戚道孟，周怡圃：《我国海洋环境公益诉讼原告资格多元化机制探讨——溢油案引发的环境法学思考》，载《中国环境法治》2006年，第106－114页。

⑤ 刘家沂：《论油污环境损害法律制度框架中的海洋生态公共利益诉求》，载《中国软科学》2011年第5期，第183－192页。

⑥ 自然之友环境研究所与荣成伟伯渔业有限公司、王文波、何延青破坏海洋生态责任纠纷案，最高人民法院民事裁定书（2019）最高法民申6214号。

⑦ 中国生物多样性保护与绿色发展基金会与平潭县流水镇人民政府等海洋自然资源与生态环境损害赔偿纠纷案，福建省高级人民法院民事裁决书，（2018）闽民终385号。

⑧ 大连环保志愿者协会诉中石油燃料油公司环境民事公益诉讼案，大连海事法院民事裁定书（2015）大连立初字第5号民事裁定书。

极少数个例的裁判要旨，可从侧面被理解为社会组织有权提起海洋环境公益诉讼。如武汉海事法院在“镇江市渔政监督支队与韩国开发银行投资公司通海水域环境民事公益诉讼案”中指出，[①]“起诉人是事业法人单位，既不是法律规定有海洋环境监督管理权的部门，也不是法律规定的有关社会组织，向人民法院提起环境民事公益诉讼没有法律依据。”

3. 检察机关诉前程序的改革

督促适格主体依法行使公益诉权既是检察机关的主要任务，又是检察机关独立提起民事公益诉讼的前置程序，仅当无法定机关或者法定机关不提起民事公益诉讼时，检察机关才能以自己的名义提起民事公益诉讼。依据《检察公益诉讼司法解释》的规定，检察机关拟提起公益诉讼的，应当依法作 30 日的公告。[②]公告的目的在于督促与催告符合条件的诉讼主体提起民事公益诉讼。在海洋环境公益诉讼中，主流观点倾向于认为社会组织不具有诉讼主体资格，有权提起海洋环境民事公益诉讼的主体只有海洋环境监管部门。因此有学者指出，《检察公益诉讼司法解释》规定的公告前置程序不应适用于海洋环境民事公益诉讼，检察机关不应也没有必要采用公告的方式督促海洋环境监管部门。

值得注意的是，《规定》强调了检察机关提起民事公益诉讼的诉前程序，但第 3 条仅表述为，人民检察院发现破坏海洋生态的行为“可以告知”海洋环境监管部门提起海洋自然资源与生态环境损害赔偿诉讼，在有关部门仍不提起诉讼的情况下，人民检察院可以提起民事公益诉讼。《规定》实施生效后，海洋环境民事公益诉讼是否适用《检察公益诉讼司法解释》30 天公告期的规定尚不明确。

4. 证明责任规则的重构设想

在证明责任的分配方面，《民法典》第 1230 条确立了环境污染侵权实行因果关系的举证责任倒置，由被告（污染者）就行为与损害结果之间不存在因果关系承担证明责任。作为特殊的环境侵权诉讼，环境民事公益诉讼沿用该倒置的规则。在海洋环境民事公益诉讼中，有学者认为不宜“一刀切”地适用举证责任倒置的规定。[③]其一，从侵权法理论分析，主流观点认为“环境污染责任”

① 镇江市渔政监督支队与韩国开发银行投资公司通海水域环境民事公益诉讼案，武汉海事法院民事裁定书（2015）武海法立字第 00001 号。

②《最高人民法院、最高人民检察院关于检察公益诉讼案件适用法律若干问题的解释》第 13 条第 1 款。

③ 王传良，张晏瑲：《检察机关提起海洋生态环境民事公益诉讼刍议》，载《中国海商法研究》2021 年第 2 期，第 41－48 页。

仅指狭义上的污染生活环境侵权责任，并不包括破坏生态侵权责任，[①]环境污染责任中举证责任倒置的理论并不当然适用于海洋环境民事公益诉讼。其二，作为海洋环境公益诉讼原告的行政机关或检察机关，对于海洋生态环境损害与污染行为之间是否存在因果关系具有较强的举证能力，实行举证责任倒置显失公平。

因此有学者提出，应当对海洋生态环境损害纠纷案件举证责任倒置的范围予以适当限缩，[②]并积极探索新的举证责任规则。引入因果关系推定的证明责任规则，并实行“证明责任分层”，从时间层面和主体层面分层适用举证责任倒置和因果关系推定，以更好地兼顾起诉方和被起诉方的证明能力。在时间层面，在损害刚刚发生、海洋环境的损害范围尚未扩散、致损区域内能够清晰判断侵权行为的第一阶段，侵权行为与损害结果之间的因果关系较易界定，因而应当适用一般证明责任规则；对于损害范围已经扩散、侵权行为与损害结果之间的因果关系较难界定的第二阶段，则应适用因果关系推定。在主体层面，对于专业性较强的海洋环境监管部门，适用一般证明责任规则；而对于专业性较弱的检察机关，适用因果关系推定的证明责任规则较为适宜。[③]

此外，除了证明责任，海洋环境民事公益诉讼的证明标准方面也存在争议，主要在于是否需要统一适用“高度盖然性”这一民诉法的一般证明标准。对此有学者提出“证明标准降格适用”的理论。与“证明责任分层”理论类似，“证明标准降格适用”理论同样是以侵权的发展阶段为基础，同时根据不同的起诉主体来设定相应层次的证明标准。如在海洋环境侵权的第一阶段，各起诉主体的证明标准相较于第二阶段更严格；而对于处于同一阶段的不同起诉主体之间，证明标准也应有顺位，即检察机关低于海洋环境监管部门。通过证明责任和证明标准的时间逻辑及主体逻辑的分层降格，能够更好地契合海洋环境民事公益诉讼的司法实践。

二、《全国法院涉外商事海事审判工作座谈会会议纪要》

（一）基本情况

2021 年 12 月 31 日，最高人民法院发布了《全国法院涉外商事海事审判工

① 张新宝，汪榆淼：《污染环境与破坏生态侵权责任的再法典化思考》，载《比较法研究》2016 年第 5 期，第 140－155 页。

② 王秀卫：《我国环境民事公益诉讼举证责任分配的反思与重构》，载《法学评论》2019 年第 2 期，第 169－176 页。

③ 李声高，钭晓东：《我国海洋环境民事公益诉讼证明制度及其完善路径——证明责任分层与证明标准降格的契合》，载《学海》2022 年第 4 期，第 70－79 页。

作座谈会会议纪要》（以下简称《纪要》），回顾了 2018 年以来全国法院涉外商事海事审判工作情况，针对审判工作中存在的前沿疑难问题作出规定，统一裁判尺度。《纪要》分为三大部分：（1）涉外商事部分；（2）海事部分；（3）仲裁司法审查部分。《纪要》中海事部分共计 39 条（51—89 条），分为运输合同纠纷、保险合同纠纷、船舶物权纠纷、海事侵权纠纷、其他海事案件五个章节。总体来看，《纪要》呈现出以下三个方面的特点：（1）聚焦航运热点问题，如无单放货纠纷、疫情下频发的集装箱纠纷、“一带一路”中常见的大宗散货纠纷等；（2）着力建设国际海事司法中心，规范多式联运、海洋污染、船员劳动保护等；（3）明晰程序问题，对诉讼时效的计算、举证责任的负担作出更明确的规定。纪要通过对典型案例中裁判观点的凝练，明确近年来海事司法审判的争议性问题，对推进海事司法审判“类案同判”、增强海商海事法律确定性和可预见性、降低航运交易成本具有重要意义。

（二）部分条文解析

1. 海上货物运输合同

（1）托运人的识别

在实践中，法院认为航运存在着多重法律关系，因此提单的记载不能作为识别托运人的唯一标准。[①]《纪要》第 51 条明确规定提单上记载的托运人仅具初步证据效力，法院应当结合运输合同的订立及履行情况准确认定托运人。有证据证明订舱人系受他人委托订舱的，应根据《海商法》中的契约托运人的规定将“他人”认定为托运人。值得注意的是，在 FOB 项下，贸易合同与运输合同应当各自独立地审查，贸易合同中约定的订舱义务归属不能作为识别托运人唯一标准。此外，订舱人负担受他人委托订舱的证明责任。实践中的证明材料包括出口货物报关单、委托报关协议、出口装箱理货单、设备交接单等。[②]

（2）承运人责任

《纪要》第 53 条涉及承运人提供集装箱的适货义务。我国主流观点认为集装箱作为船舱延伸，其本身的缺陷（如制冷故障、破损等）引起的货损视为承运人未履行适货义务；而其本身无缺陷，仅运输中疏于管理和照料导致的货损，

① 新鑫海航运有限公司与中国机械国际合作股份有限公司海上货物运输合同纠纷案，天津市高级人民法院民事判决书（2020）津民终 465 号。

② 山东神氏食品集团有限公司与青岛新海丰国际船舶代理有限公司海上货物运输合同纠纷上诉案，山东省高级人民法院民事判决书（2013）鲁民四终字第 83 号。

应视为承运人未履行管货义务。《纪要》第 53 条进一步澄清承运人对其提供的集装箱承担适货义务，且该义务不可通过约定免除。但应注意，托运人在接受空集装箱时在集装箱设备交接单上签字，只能证明集装箱表面状况良好，而不能证明托运人认可承运人已经履行集装箱的适货义务。[①]

《海商法》第 51 条规定货物自然特性和固有缺陷系承运人的免责事由之一。《纪要》第 54 条进一步明确货物自然特性和固有缺陷表现为同类货物在同等正常运输条件下，即使承运人已经尽到管货义务，采取了合理谨慎措施依然无法防止的损害。司法实践中，法院会考虑货物的检验情况，比如大豆的含水量[②]、动植物检验检疫报告（如是否可能存在病虫害问题等）[③]，承运人援引货物自然特性和固有缺陷作为免责事由，需要证明同类货物在同等运输条件下发生损坏的必然性，即承运人已经尽到管货义务，采取了合理谨慎措施依然无法防止损害的发生。

《纪要》第 56 条涉及承运人对大宗散装货物短少的责任承担。《纪要》明确大宗散货在运输过程中出现合理范围的短少，包括自然损耗、装卸过程中的散落残漏以及水尺计重等的计量允差等，承运人可以免责。但承运人需举证证明该短少属于合理损耗、计量允差以及相关行业标准或惯例。惯例属于不成文规则，内容具有一定的模糊性。《上海市高级人民法院审理海事案件若干问题的讨论纪要（一）（试行）》认为，大宗散货在运输交接过程中的计量允差通常可确定为 5‰。司法实践中，若货物短少量少于 5‰，一般认为货物短少的情况并未实际发生，短量应为计量的合理误差或者自然损耗所致。[④]但如果货物因承运人管货过失出现短少，或卸货后货物短少超出相关行业标准或惯例，承运人又不能举证证明合理因素与不合理因素各自造成的损失，则承运人不能免责。

《纪要》第 57 条涉及不知条款的适用规则。根据《海商法》第 75 条规定，承运人或者代其签发提单的人，知道或者有合理的根据怀疑提单记载的货物的品名、标志、包数或者件数、重量或者体积与实际接收的货物不符，在签发已

① 太平洋日升国际公司诉海贸国际运输有限公司、中远集装箱运输有限公司、上海泛亚航运有限公司海上货物运输合同纠纷案，（2009）大海商外初字第 23 号。

② 江苏北大荒油脂有限公司、萨森罗特海运有限公司海上、通海水域货物运输合同纠纷案，山东省高级人民法院民事判决书（2020）鲁民终 3159 号。

③ 骏凡（上海）国际贸易有限公司为与被告法国达飞海运集团（CMA CGM S.A.）海上货物运输合同纠纷案，上海海事法院民事判决书（2019）沪 72 民初 3019 号。

④《中国法院审理散装大豆货物短量案件的探讨》，载微信公众号“中国船东互保协会咨询平台”，2018 年 4 月 25 日，https://mp.weixin.qq.com/s/RKADmCBiqvLpqzVKHNGosQ，2023 年 2 月 12 日访问。

装船提单的情况下怀疑与装船的货物不符，或者没有适当的方法核对提单记载的，可以在提单上批注，说明不符之处、怀疑的根据或者无法核对。《纪要》第57条进一步明确，承运人依据提单不知条款主张免责的，应当对其批注符合上述《海商法》第75条规定的情形承担举证责任。此外，承运人已履行其适货义务和管货义务是其依据不知条款免责的前提，如有证据证明承运人未履行适货义务和管货义务，承运人仍应承担相应的赔偿责任。

（3）货物交付

《海商法》规定指示提单的承运人应该按照指示人的指示交付货物，但未明确规定承运人是否有审单义务。从国际实践来看，英、美、《鹿特丹规则》都认可了承运人的审单义务。[①]确立审单义务符合我国《海商法》的要求，也符合国际实践的通常做法。[②]《纪要》第59条明确了承运人凭指示提单交付时的合理谨慎审单义务，要求承运人对提单背书的连续性进行形式审查。承运人凭背书不连续的正本提单交付货物，应承担赔偿责任。但如果背书不连续，但是有实质证据证明提单持有人系提单的“合法持有人”，[③]也应当视为承运人完成其审单义务。

《纪要》第61条涉及目的港无人提货的费用承担。首先，本条明确了目的港无人提货的情形，即收货人没有向承运人主张权利。如果收货人已换取提货单，但最终未能完成提货，不视为无人提货，而是收货人违约。[④]其次，关于目的港无人提货的责任主体，《海商法》未有明确规定，根据第86条规定，无人提货或收货人迟延、拒绝提取货物的费用由收货人承担。一般认为，即使根据《海商法》第86条的规定，在特定条件下承运人可以向收货人主张承担无人提货的责任，但该规定并不禁止承运人向运输合同的相对方，即托运人主张权利。原因在于，运输合同是典型的涉第三人利益合同，在第三人接受之前，不得对第三人添设义务。最高人民法院在《关于青岛思锐国际物流有限公司与无锡富

① 英国法通过“提单持有人”这一概念，扩展至“提单的合法持有人”，进一步将背书制度纳入承运人的交货义务。美国在《联邦提单法》中规定承运人交付货物的提单是经过“适当背书”的提单，由此间接确认了承运人的审单义务。《鹿特丹规则》第47条规定持有人适当表明身份并提交单证，承运人方可交付货物。也可认为是对承运人审单义务的间接规定。

② 李天生，张园地：《论指示提单下承运人的审单义务》，载《大连海事大学学报（社会科学版）》2021年第6期，第32－42页。

③ 宁波××能源科技有限公司与以××综合航运有限公司（ZI Mintegrated Shipping Services Ltd.）海上货物运输合同纠纷案，浙江省高级人民法院民事判决书（2011）浙海终字第101号。

④ 王淑梅主编：《海上货物运输合同纠纷案件裁判规则》，法律出版社2021年版，第184页。

通摩托车有限公司海上货物运输合同欠付运费纠纷一案的请示的答复》中明确，收货人处于第三人的地位，当收货人不履行义务时，应当向运输合同的相对方主张违约责任。《纪要》第 61 条进一步明确，承运人有权依据运输合同关系向托运人主张运费、堆存费、集装箱超期使用费或者其他因无人提取货物而产生的费用。

《纪要》第 62 条和第 63 条涉及无单放货纠纷的举证责任。第 62 条规定，发生无单放货损失赔偿时，托运人或提单持有人应当提供初步证据证明其为合法的正本提单所有人、承运人未凭正本提单交付货物以及因此遭受的损失。对于无单放货的证明，可以通过提交承运人公开网站查询到的案涉集装箱流转记录进行证明。[①]若承运人主张货物未交付的，应举证证明货物仍然在其控制之下。比如在涉及巴西的案子中，即使货物已经交往海关，承运人可以通过在系统中对货物进行锁定从而继续控制货物。无船承运人亦可以通过控制单据、申请放货的方式来控制货物。第 63 条规定，承运人援引《最高人民法院关于审理无正本提单交付货物案件适用法律若干问题的规定》（以下简称《无正本提单交付货物规定》）第 7 条进行免责抗辩时，应当举证证明其按照卸货港所在地法律将货物交付给当地海关或港口当局，且丧失对货物的控制权。关于目的港“法律查明”义务在法院还是在承运人的问题，在横美纱线有限公司诉深圳柏域斯浩航国际货运代理有限公司海上货物运输合同纠纷案中，[②]天津市高级人民法院明晰了《涉外民事关系法律适用法》和《无正本提单交付货物规定》的关系，明确当事人援引以免责的外国法的查明义务归属于当事人而非法院。

（4）集装箱超期使用

《纪要》第 65 条和第 66 条涉及集装箱超期使用费标准的认定和诉讼时效。第 65 条确定了在集装箱超期使用费中的当事人意思自治原则、可预见规则和减损规则。集装箱超期使用费有约定应当先从约定，没有约定再适用同期租金。[③]但是，在实践中争议较多的是承运人是否尽到了法定减损义务，以及根据损失

① 在整箱交接（FCL）情形下，承运人拆箱和空箱返回记录可以构成初步证据。在约定运费到付的情形下，运费已交亦可证明。

② 衡美纱线有限公司与深圳柏域斯浩国际货运代理有限公司海上通海水域货物运输纠纷案，天津市高级人民法院民事判决书（2016）津民终 17 号。

③ 以星综合航运有限公司与山东大申进出口有限公司海上货物运输合同纠纷案，福建省高级人民法院民事判决书（2015）闽民终字第 1654 号。本案中，法院还认为，由于货物为易腐水果，承运人 6 个月后才进行处理，违反了减损义务，认定超出 100 日以外的损失由承运人自行负担。

可预见规则确定合理的赔偿数额。法定减损义务要求承运人采取适当措施避免损失扩大，否则不得对扩大的损失请求损害赔偿。承运人应当积极联系托运人，在考虑到目的港法律、要求和习惯以及货物特性、减损费用等因素后自主选择拆箱、留置、拍卖、回运等。[①]可预见规则确定的赔偿数额，在《纪要》出台前，法院实践中一般采用集装箱价值 1–2 倍范围标准，如大连海事法院认为应以 1 倍为限，当承运人预料到集装箱在短期之内不会被归还时，承运人应当另行购买集装箱投入运营。[②]2020 年出台的《最高人民法院关于依法妥善审理涉新冠肺炎疫情民事案件若干问题的指导意见（三）》第 14 条也规定以集装箱价值 1 倍为限。[③]《纪要》与该指导意见一致，明确集装箱超期使用费赔偿额应当在合理限度之内，原则上以同类新集装箱市价 1 倍为基准确定赔偿额，同时适当浮动或调整。同时，《纪要》第 66 条明确了实践中争议较大的集装箱超期使用诉讼时效起算时限问题，规定集装箱超期使用费的诉讼时效为 1 年，自集装箱免费使用期届满次日起开始计算。

（5）港口经营人责任

理论界对于港口经营人法律地位存在较大争议，主要分为以下三种观点：其一，认为港口经营人是承运人的受雇人或代理人；其二，认为港口经营人是实际承运人；其三，认为港口经营人是独立合同人。司法实践中对于港口经营人法律地位的认定也存在较大分歧，法院将港口经营人认定为受雇人、代理人、实际承运人、独立合同人的判例均存在。[④]如大连海事法院在“福建顶益食品诉中远集装箱案”中认为港口经营人系承运人的受雇人或代理人，[⑤]因此可以主张责任限制。而在“烟台环球码头与烟台冰轮股份有限公司上诉案”中，[⑥]山东省高级人民法院认为港口经营人性质为实际承运人，可适用《海商法》中承运人

① 王淑梅主编：《海上货物运输合同纠纷案件裁判规则》，法律出版社 2021 年版，第 241 页。

② 新鑫海航运有限公司诉深圳市鑫联升国际物流有限公司、大连凯斯克有限公司海上货物运输合同纠纷案，（2018）辽 72 民初 758 号。

③ 该条规定：“因疫情或者疫情防控措施导致集装箱超期使用，收货人或者托运人请求调减集装箱超期使用费的，人民法院应尽可能引导当事人协商解决。协商不成的，人民法院可以结合案件实际情况酌情予以调减，一般应以一个同类集装箱重置价格作为认定滞箱费数额的上限。”

④ 陈诗婷，何丽新：《港口经营人法律地位的判例探析》，载《中国海商法研究》2021 年第 2 期，第 65－77 页。

⑤ 中国沈阳矿山机械（集团）进出口公司诉韩国现代商船有限公司等海上货物纠纷案，大连海事法院民事判决书（2001）大海法商初字第 246 号。

⑥ 烟台环球码头有限公司与烟台冰轮股份有限公司货损纠纷上诉案，山东省高级人民法院民事判决书（2010）鲁民四终字第 87 号。

的责任限制。《纪要》第 67 条规定港口经营人不属于承运人、实际承运人、承运人和实际承运人的受雇人或代理人，其在港口作业中造成损失，托运人或者收货人直接以侵权起诉港口经营人，港口经营人不得援用《海商法》第 58 条和第 61 条承运人的免责或赔偿责任限制规定抗辩。

2. 海上保险合同

《纪要》第 73 条涉及的海上保险合同超额保险在实践中存在较大的问题。《海商法》和《保险法》都允许当事人约定保险标的的保险价值，但对保险标的约定的保险价值超过实际价值时，保险人是否有权对超出部分不承担赔付责任这一问题，理论和司法实践均存在较大争议。《纪要》第 73 条第 1 款明确规定，定值保险应以保险合同中约定的保险价值确定保险赔偿责任，保险人不能以保险合同中约定的保险金额明显高于保险标的实际价值为由，对超过实际价值部分免除赔偿责任。根据该项规定，定值保险应以约定保险价值为准认定是否属于超额保险，体现了约定保险价值优先原则以及法院对当事人意思自治的尊重。但存在例外，如果保险人证明被保险人在签订保险合同时存在故意隐瞒或者虚报保险价值，保险人不对约定保险价值超出保险标的实际价值部分承担赔偿责任。另一方面，对于不定值保险，由于合同中未约定保险价值，应以实际保险价值为准认定是否属于超额保险。《纪要》第 73 条第 2 款规定，对于不定值保险，如果合同约定的保险金额明显高于实际保险价值，保险人对于超过实际保险价值部分原则上不承担赔偿责任，除非被保险人证明，保险人在签订保险合同时明知保险金额明显超过实际保险价值。

3. 船舶优先权

根据《海商法》第 22 条规定，船舶在营运中因侵权行为产生的财产赔偿请求具有船舶优先权。在船舶互有过失碰撞中，承运人对他船货物所有人承担碰撞责任，因此他船货物所有人可就其货损基于侵权行为向本船船舶所有人主张船舶优先权。但是对于本船所载运的货物所有人是否可依据侵权行为向本船船舶所有人主张船舶优先权这一问题，《海商法》未有明确规定。《纪要》第 76 条对这一问题进行了明晰，规定承运人履行海上货物运输合同过程中，造成货物灭失或者损坏的，船载货物权利人对本船提起的财产赔偿请求不具有船舶优先权。

4. 海事程序与破产程序的冲突与协调

海事程序和破产程序背后的不同价值取向决定了两者在实践中产生的冲突。对于海事债权人来说，由于船舶的流动性，船舶扣押是其实现债权的最重要手段之一；而对于破产债权人来说，则希望通过统一的破产程序保证受偿债权的最大化。破产程序和海事程序的冲突主要体现在海事破产中的船舶扣押和船舶优先权等问题中。首先，针对船舶扣押，《纪要》第 88 条第 1 款规定，海事法院无论基于海事请求保全还是执行生效裁判文书等原因扣押、拍卖船舶，均应当在知悉针对船舶所有人的破产申请被受理后及时解除扣押、中止拍卖程序。其次，对于船舶优先权，由于船舶优先权的行使以申请船舶扣押为前提，而破产程序一旦启动，对破产债务人所有的财产的保全措施应当解除。但破产程序启动前已经行使的船舶优先权是否受到影响？破产程序启动后，船舶优先权人是否仍然可以扣押船舶的方式行使其优先权？对于上述理论和实践均存在争议的问题，《纪要》第 88 条第 2 款进行了明确，规定破产程序之前当事人已经申请扣押船舶，后又基于破产程序而解除扣押的，有关船舶优先权已经行使的法律效果不受影响。船舶所有人进入破产程序后，当事人不能申请扣押船舶，属于法定不能通过扣押行使船舶优先权的情形，该类期间可以不计入法定行使船舶优先权的一年期间内。船舶优先权人在船舶所有人进入破产程序后直接申报要求从产生优先权船舶的拍卖价款中优先受偿，且该申报没有超过法定行使船舶优先权一年期间的，该船舶优先权所担保的债权应当在一般破产债权之前优先清偿。该项规定在协调海事程序和破产程序冲突的同时，有利于保护船舶优先权人的合法权益。

三、疫情与乌克兰危机对海上货物运输及保险合同的影响

（一）新冠疫情对海上货物运输及保险合同的影响

1. 海上货物运输合同

2022 年疫情持续蔓延，对国际海上货物运输行业影响巨大。疫情影响到海上货物运输合同履行的各个环节，导致纠纷频发。最高院在 2022 年 6 月 7 日发布的“2021 年全国海事审判典型案例”中指出，新冠疫情对国际贸易和海上货物运输产生了重大影响，滞留港口的货物出现爆炸式增长，导致承运人与收货人之间的滞箱费纠纷频发。典型案例“大连凯洋食品有限公司等申请海事强制令案”即涉及新冠疫情问题。在该案中，法院准许了当事人提出的海事强制令申请，责令船东放货。[①]该判决对降低疫情对进出口贸易的影响，疫情下企业复

① 《2021 年全国海事审判典型案例》，载最高人民法院官方网站，https://www.court.gov.cn/xinshidai-xiangqing-361581.html，2022 年 11 月 5 日访问。

工复产具有积极意义。

由于疫情的出现极大影响了当事人的履约能力，包括海上运输在内的各个行业都对关于新冠疫情是否构成不可抗力进行了深入的讨论。通常认为，不可抗力是不能预见、不能避免且不能克服的客观情况。2020 年 2 月 2 日，中国国际贸易促进委员会（以下简称“贸促会”）出具了全国首份与新冠疫情相关的不可抗力事实性证明。①2020 年 2 月 10 日，全国人大常委会法工委发言人、研究室主任臧铁伟也表示：②当前我国发生新冠肺炎疫情，为了保护公众健康，政府也采取了相应的疫情防控措施。对于因此不能履行合同的当事人来说，属于不能预见、不能避免且不能克服的不可抗力。

但是，从司法审判的角度而言，法院并不一定当然认定新冠疫情构成不可抗力。对此，2020 年 4 月 16 日最高人民法院印发的《最高人民法院关于依法妥善审理涉新冠肺炎疫情民事案件若干问题的指导意见（一）》第 2 条规定：“对于受疫情或者疫情防控措施直接影响而产生的民事纠纷，符合不可抗力法定要件的，适用《中华人民共和国民法总则》第一百八十条、《中华人民共和国合同法》第一百一十七条和第一百一十八条等规定妥善处理；其他法律、行政法规另有规定的，依照其规定。”由上可知，新冠疫情并不必然被视为不可抗力，而要看其是否符合不可抗力的法定构成要件。只有符合法定构成要件，才可以适用不可抗力相关的法律规定。

此外，国际海上货物运输合同并不一定适用中国法。由于英国法长期在包括国际海上运输合同在内的国际商事合同领域占据主导地位，很多国际海上运输合同的当事人选择适用英国法。与大陆法系国家相比，英国作为普通法国家没有从法律层面直接对“不可抗力”作出规定，英国法院基本不会在缺乏当事人合同条款约定的情况下主动给予“不可抗力”的免责救济。《最高人民法院关于依法妥善审理涉新冠肺炎疫情民事案件若干问题的指导意见（三）》第 6 条规定：“应当适用域外法律的，人民法院应当准确理解该域外法中与不可抗力规则类似的成文法规定或者判例法的内容，正确适用，不能以我国法律中关于不可抗力的规定当然理解域外法的类似规定。”因此，如果合同约定适用英国法，而

---

①《依法履职，努力做好与新型冠状病毒肺炎疫情相关的不可抗力事实性证明服务》，载贸促行商事认证服务平台，https://www.rzccpit.com/company/infomationdetails.html?id = 97a6bfcbf0ae41b89fc5811331f2191b，2022 年 11 月 5 日访问。

②《全国人大常委会法工委：因疫情防控不能履行合同属不可抗力》，载开封市中级人民法院官方网站，http://kfzy.hncourt.gov.cn/public/detail.php?id = 9543，2022 年 11 月 5 日访问。

当事人没有明确将“新冠肺炎疫情”或“管控措施”或“公共卫生事件”约定为不可抗力的表现形式，则很难援引不可抗力作为免责事由。就合同约定了适用外国法律的当事人而言，其需要仔细考虑相关合同所约定适用的法律。对此，最高人民法院民四庭国际商事法庭协调指导办公室发布了 7 份研究报告，[①]分析了欧洲、美洲、东南亚等地区的国家关于不可抗力的法律规定和案例，为我国当事人提供指引。

需要注意的是，即使海上货物运输合同条款对疫情风险责任进行了分配，法院也不一定会认可其效力。例如，在“马士基有限公司、百鲜食品（福建）有限公司海上、通海水域货物运输合同纠纷案”中，[②]原告马士基为被告百鲜食品公司自秘鲁派塔港运输 5 个 40 英尺（约合 12 米）超高冷冻集装箱的冻鱿鱼至福建马尾港。案涉提单第 15.2 条规定：“货方应就……与货物相关的原因而引起的不属于承运人责任范围之内的全部损失……和费用承担责任，并对承运人作出赔偿。”2020 年 10 月 26 日，涉案货物卸至中转港中国厦门港，等候驳船转运。然而，根据相应的疫情防控政策，冷链食品进口至马尾港须办理必要的疫情防控手续，致使马尾港拥堵且短时间内无法接收后续驳船入港，涉案货物遂滞留厦门港并产生了相应的集装箱超期使用费和码头费用。原告马士基认为，依据提单条款上述费用应该由被告承担。对此，厦门海事法院认为原告预设该提单条款的目的在于试图以双方约定的方式，强行将其责任期间内本不应归责于货方的全部损失和费用转嫁由货方先行负担，从而减轻自己的法定责任和运营成本，与《海商法》第 70 条有关货方的过失赔偿归责原则相抵触，故认定该提单条款无效。但值得注意的是，在本案中厦门海事法院根据《最高人民法院关于依法妥善审理涉新冠肺炎疫情民事案件若干问题的指导意见（三）》第 13 条的规定，认定本案运输合同确因目的港疫情防控因素而无法正常履行，马士基公司将货物安全存放在目的港的邻近港口厦门港后，其本可以主张已履行完毕货物运输合同项下义务，且无需因此承担违约责任，但其仍坚持等到目的港具备卸货条件时，继续完成支线转运任务。马士基公司因疫情防控承受了额外成本负担，百鲜公司作为收货人，从马士基公司提供的海运服务中实际受益。

---

① 这 7 份研究报告可见于最高人民法院国际商事法庭官方网站，http://kfzy.hncourt.gov.cn/public/detail.php?id = 9543，2022 年 11 月 6 日访问。

② 马士基有限公司与被告百鲜食品（福建）有限公司海上、通海水域货物运输合同纠纷案，厦门海事法院民事判决书（2021）闽 72 民初 167 号。

根据公平原则，判定双方对因疫情防控在中转港额外增加的履约成本和费用予以分摊。该判决对鼓励航运企业完成运输合同全部义务、平衡船货双方利益、促进疫情影响下国际贸易顺畅有序发展提供了有力保障。[①]

针对新冠疫情给海上货物运输带来的法律风险，宁波海事法院发布的《关于新冠肺炎疫情背景下海事法律风险提示30条》中详细解释了承运人是否有权拒绝驶往受疫情影响的装货港或卸货港；[②]装卸人员或设备无法卸货时，承运人是否可以将船舶航行到临近有卸货条件的港口进行卸货；以及承运人是否可以托运人因疫情管控而未备妥货物为由解除合同等问题，为航运业提供法律指引。

2. 海上保险合同

受新冠疫情影响，海上运输的风险较之前更有加剧。例如，因疫情的影响，包括“钻石公主号”在内的诸多邮轮被禁止进港，由此导致额外费用以及船期损失。旅客也可能因船上感染病毒而遭受人身伤害，继而对船东提起诉讼。船东如对旅客承担责任，保赔险是否会赔偿此种人身伤害损失存在较大的争议和不确定性。因为常见保赔保险条款约定赔偿的前提是“被保险船舶或与该船舶有关的过失或疏忽行为”。[③]就旅客被感染而言，船东是否存在过错以及在哪些方面存在过错，并不容易判定。

就豪华邮轮而言，船舶所有人可能会购买营业中断保险以弥补停业所造成的损失。营业中断保险，又称利润损失保险，主要保障企业在遭受物质财产损失时，由于重置或修复受损财产而造成“营业中断”所带来的利润损失。一般而言，营业中断保险承保因财产物理损失带来的利润损失，只有当财产遭受了财产损害（直接物质损坏或灭失）后才能索赔利润损失。[④]疫情虽会造成船舶延误、不能进港等情况，但邮轮本身并不存在直接的物质损失，因而无法启动邮轮的营业中断保险。但也有观点认为，虽然和摔坏、跌落、灭失等肉眼可见的物理损坏有区别，邮轮被病毒污染也应视为一种财产的物理损害，邮轮船舶所有人如购买了营业中断保险，应可索赔营业中断损失。

---

① 《2021年全国海事审判典型案例》，载最高人民法院官方网站，https://www.court.gov.cn/xinshidai-xiangqing-361581.html，2022年11月5日访问。

② 《关于新冠肺炎疫情背景下海事法律风险提示30条》，载宁波海事法院官方网站，http://www.nbhsfy.cn/art/2020/4/28/art_1229571830_3421.html，2022年11月10日访问。

③ 《试谈“钻石公主”号所涉保赔保险责任》，载中国海事仲裁委员会官方网站，http://www.cmac.org.cn/index.php?id=520，2022年11月10日访问。

④ 彭先伟，吴亚男：《营业中断保险及其对新型冠状病毒引起损失的适用初探》，载德恒律师事务所官方网站，http://www.dehenglaw.com/CN/tansuocontent/0008/017803/7.aspx?MID=0902，2022年11月10日访问。

在货物保险方面，如遇疫情导致船舶不能进港，或者港口工人减少继而导致港口作业效率低下等情况，船上装运的生鲜农产品等货物可能发生热损、霉变。此种损失不属于中国人民财产保险股份有限公司海洋运输货物保险条款平安险和水渍险的承保范围。如果投保人投保一切险，由于一切险属于非列明风险，应可主张新冠疫情而造成海上航程受阻、延期、强制没收或销毁货物属于保险赔偿范围。值得注意的是，新冠疫情发生后，冷链运输过程中稳定的低温环境可能为病毒远距离传播创造条件。为此，我国政府加大了对进口冷链食品的监管和防疫检测力度，检测出新冠病毒阳性的货物，会面临被海关进行无害化处理，不论对于企业还是政府都将产生较大负担。为此，2021 年初天津市商务局、天津市肉类协会紧急召集全市各大保险机构磋商，要求快速推出冷链抗疫保险产品，助力解决港口经济发展问题。人保财险天津市滨海支公司成立新冠货损专项项目领导小组，设计了冷链食品新冠货损保险方案。截至 2022 年 6 月 30 日，人保天津市分公司已累计实现新冠货损保险保障风险 93 亿元，服务天津入关企业 219 家。①如果保险公司的保险条款对此作出明确约定，将有利于弥补现有海上货物运输保险条款存在的问题。

（二）乌克兰危机对海上货物运输及保险合同的影响

1. 海上货物运输合同

在海上货物运输合同方面，与疫情类似，也同样涉及乌克兰危机是否构成不可抗力的问题。对此，乌克兰工商会（The Ukrainian Chamber of Commerce and Industry，UCCI）在其官方网站宣布，②根据乌克兰 2 月 12 日颁布的《乌克兰工商会法》（Law of Ukraine “On Chambers of Commerce and Industry of Ukraine” of 02.12. 1997 №671/97－VR）第 14 条的规定，从 2022 年 2 月 24 日直到其正式结束，俄罗斯的军事行动对于商业实体和/或个人履行合同而言是不可避免的特殊情况，可以构成不可抗力。但需要注意的是，不可抗力一词并没有出现在乌克兰的《民法典》中。《乌克兰工商会法》中的不可抗力定义，仅适用于办理不可抗力事实证明书。对特定民商事法律关系而言，如果当事人之间就是否存在不可抗力存在争议，仍需由法院予以裁判，乌克兰工商会的不可抗力证书仅仅

① 《人保财险新冠货损险护航天津港口贸易经济发展》，载天津市保险学会官方网站，http://www.tjia.org.cn/a/baoxianxinwen/baoxiandongtai/2022/0904/28611.html，2022 年 11 月 10 日访问。

② “Reading the Certification of Force Majeure”，载乌克兰工商会（UCCI）官方网站，https://ucci.org.ua/en/press-center/ucci-news/protsedura-zasvidchennia-fors-mazhornikh-obstavin-z-28-02-2022，2022 年 11 月 10 日访问。

是证据之一。[①]

在俄罗斯方面，由于此次特别军事行动在性质上不属于战争，其在俄罗斯法律下可能不构成不可抗力。[②]俄罗斯联邦工商会向俄罗斯最高法院提出申请，希望能出台司法解释将其认定为不可抗力，但俄罗斯最高法院至今仍未作出解释。此外，根据《俄罗斯联邦民法典》的第 401 条第 3 款关于不可抗力的特别规定，如果不能履约是缺乏原材料和资金造成的，则不能视为不可抗力。[③]由于在此次特别军事行动中，俄罗斯很多合同不能履行的原因是缺乏原材料，如果不能将其视为不可抗力，将会对俄罗斯企业产生巨大影响。因此，有提议将《俄罗斯联邦民法典》第 401 条修改为，由于不友好国家的制裁行为所导致的合同履行不能，不需承担违约责任，并可解除合同。目前，这一修正提议一审还未通过，但通过的可能性较大。

关于战争或军事冲突是否构成不可抗力，我国法院案例不多，但有限的案例显示我国法院对此会审慎予以认可。例如，在“邓济时与上海赛维洗衣经营管理有限公司特许经营合同纠纷案”中，原、被告签署了《赛维健康洗衣生活馆特许经营合同》，约定原告向被告支付 60 360 元作为加盟费定金，在缅甸果敢经营加盟店。原告主张定金支付后特许加盟地址果敢便发生了战争导致无法经营，请求解除合同，并要求被告返还定金。上海市闵行区人民法院认为，[④]缅甸果敢地区发生了缅甸政府军与各武装组织间的武装冲突。“冲突”性质虽与“战争”不同，结果均为武装对立，互相射击、开火，造成人员伤亡，极大破坏人民的生活、工作秩序，使社会变得动荡、缺乏安全感，认定“冲突”符合不可抗力的特征，也符合双方对于不可抗力的合同约定。此外，对于“贸易战”是否构成不可抗力的问题，在“共青城磐晖投资管理合伙企业（有限合伙）与白

① 单文华：《丝绸之路经济带部分国家不可抗力制度研究报告》，载最高人民法院国际商事法庭官方网站，https://cicc.court.gov.cn/html/1/218/347/329/378/1614.html，2022 年 11 月 13 日访问。

② 格洛莫夫：《俄乌局势下中俄贸易的风险及应对》，载法制网官方网站，http://www.legaldaily.com.cn/Finance_and_Economics/content/2022 – 06/08/content_8730253.html，2022 年 11 月 13 日访问。

③ Civil Code of Russian Federation，Article 401（3）：Unless otherwise provided by a statute or the contract，a person who has not performed an obligation or has performed an obligation in an improper manner in the conduct of entrepreneurial activity shall bear liability unless he proves that proper performance became impossible as the result of force majeure，i.e.，extraordinary circumstances unavoidable under the given conditions. Such circumstances do not include，in particular violation of obligations by contract partners of the debtor，absence on the market of goods necessary for performance，nor the debtor's lack of the necessary monetary assets.

④ 邓济时与上海赛维洗衣经营管理有限公司特许经营合同纠纷案，上海市闵行区人民法院民事判决书（2016）沪 0112 民初 2341 号。

莉惠等合同纠纷案”中，[1]北京市高级人民法院认为，中美贸易摩擦属于商业风险，可能会造成誉衡集团流动资金短缺，因而不能正常履行合同，但这些因素并不符合不可抗力的情形。

2. 海上保险合同

在船舶保险方面，战争风险（包括战争本身、其他敌对行为和恐怖主义、扣押和使用所谓的“战争武器”）引起的责任不在常规保赔险范围内，[2]需要购买额外的战争险。船舶战争险包括战争、革命、叛乱、暴动或内乱、交战方发起或针对交战方的任何敌对行为所造成的有形损失或损害、租金损失、扣留和改道费用。目前乌克兰危机只发生在俄罗斯和乌克兰之间，因此，目前的战争险将仍然有效。与此同时，除非购买战争险，传统的协会罢工和延误险不承保此次乌克兰危机引起的航行限制、港口关闭等导致的船舶延误。

在货运保险方面，根据中国人民财产保险股份有限公司的《海洋运输货物战争险条款（2009 版）》第 1 条，战争险的承保范围为：“（一）直接由于战争、类似战争行为和敌对行为、武装冲突或海盗行为所致的损失；（二）由于上述第（一）款引起的捕获、拘留、扣留、禁制、扣押所造成的损失；（三）各种常规武器，包括水雷、鱼雷、炸弹所致的损失；（四）本条款责任范围引起的共同海损的牺牲、分摊和救助费用。”乌克兰危机局势下，被保险人最关心的问题是，货物被中途卸下而无法抵达原定乌克兰或俄罗斯港口时，其风险是否属于战争险承保范围。根据《海洋运输货物战争险条款（2009 版）》第 2 条规定，“根据执政者、当权者，或其他武装集团的扣押、拘留引起的承保航程的丧失和挫折而提出的任何索赔”属于战争险的除外责任。因此，基于乌克兰危机直接导致的航程的丧失和挫折而提出的索赔可能不属于赔偿范围。此外，区别于《海洋运输货物保险条款（2009 版）》的“仓到仓”责任期间，原则上仅对货物在航程中的风险负责。其原因在于战争时期存放于港口码头上的货物往往不易疏散，容易造成大量积压，风险过于集中。[3]

此外，值得注意的是，乌克兰危机发生后美国加大了对俄罗斯的制裁力度，

---

① 共青城磐晖投资管理合伙企业（有限合伙）与白莉惠等合同纠纷案，北京市高级人民法院民事判决书（2018）京民初 122 号。

②《乌克兰和俄罗斯敌对行为－租船合同和保险问题》，载 Standard Club 官方网站，https://www.standard-club.com/zh/knowledge-news/ukrainian-russian-hostilities-charterparty-and-cover-issues-4177/，2022 年 11 月 13 日访问。

③ 姚新超编著：《国际贸易运输与保险》（第 3 版），对外经济贸易大学出版社 2013 年版，第 314 页。

被制裁的船舶遭受的损失可能不属于船舶保险承保范围。例如，“金泰发展有限公司与中国人民财产保险股份有限公司青岛市分公司海上、通海水域保险合同纠纷”中，[①]原告的船舶“SHENGDA6”轮在长江口附近水域碰撞不明物体，造成螺旋桨叶片严重受损并引起主机等一系列相关设备损坏。原告向保险人索赔被拒绝。青岛海事法院认为，在原告并未向被告披露过“SHENGDA6”轮在美国OFAC制裁名单的情况下，根据《船舶保险保险单》特别约定清单“制裁限制与除外条款”的约定，被告不应当承担赔偿责任。就货运保险而言，由于制裁风险不具备水险的特性，制裁风险一般属于“不承保危险”或者“除外危险”。因此，美国次级制裁所采取的扣押、扣留等措施也不属于战争险的承保范围。[②]

第三节　展望与建议

回望2021年，我国海事审判在保护海洋自然资源与生态环境以及审理涉外海事纠纷方面均取得积极进展。首先，我国海事审判近年来在保护海洋自然资源和生态环境方面扮演重要角色。一方面，先后出台《最高人民法院关于审理船舶油污损害赔偿纠纷案件若干问题的规定》和《最高人民法院关于审理海洋自然资源与生态环境赔偿纠纷案例若干问题的规定》等司法解释，对我国管辖海域发生的船舶油污损害民事责任主体、责任形式、赔偿范围、责任限制和强制责任保险等问题作出具体规定，对我国加入的《1992年国际油污损害民事责任公约》《2001 年国际燃油污染损害民事责任公约》等国际公约进行了较为系统的国内法转化，并与《海洋环境法》和《船舶油污损害民事责任保险实施办法》等法律法规共同构建了我国船舶油污损害双层赔偿法律体系，对保护污染损害受害人利益和海洋环境具有重要意义。2022 年 5 月 11 日，最高人民法院与最高人民检察院联合发布了《最高人民法院　最高人民检察院关于办理海洋自然资源与生态环境公益诉讼案件若干问题的规定》，明确提起海洋民事、行政和刑事附带民事公益诉讼的诉讼主体和管辖法院，统一海洋环境公益诉讼案件裁判尺度，规范海洋环境公益诉讼案件办理，为不同主体提起公益诉讼的衔接

---

① 金泰发展有限公司与中国人民财产保险股份有限公司青岛市分公司海上、通海水域保险合同纠纷案，青岛海事法院民事判决书（2018）鲁72民初1860号。

② 何丽新，郑乃容：《国际贸易制裁风险的承保问题探索》，载《中国海商法研究》2020年第3期，第12－24页。

作出制度安排，对发挥海洋环境监督管理部门和人民检察院在海洋环境公益诉讼中的不同职能，构建我国海洋环境公益诉讼制度具有重要意义。另一方面，建立专业化审判机制，高效公正审理了包括渤海湾康菲溢油系列案、达飞佛罗里达轮系列案等涉及海洋自然资源与生态环境保护的案件。最高人民法院 2022 年 6 月发布的涉及严厉打击非法捕捞、非法采砂等违法违规行为以及依法审理新型养殖设备建造合同纠纷的海事审判典型案例，同样彰显出海事司法对加强海洋自然资源及生态环境保护的重要作用。但同时应当看到，对于互有责任碰撞造成的船舶溢油中的非漏油船责任、社会组织能否成为海洋环境公益诉讼的主体，以及海洋环境公益诉讼的举证责任等问题，理论界仍存在较大争议。此外，《船舶油污司法解释》与《海洋自然资源与生态环境损害赔偿司法解释》在恢复期间损失的赔偿问题上也存在一定程度上的不一致，需要进一步进行明确。

第二，本年度涉外海事审判同样取得积极进展。《全国法院涉外商事海事审判工作座谈会会议纪要》在对典型案例进行凝练的基础上，对集装箱滞箱费、海上保险中的超额保险、海事程序和破产程序的衔接等涉外海商海事领域中存在较大争议的问题进行了明确，对统一裁判尺度、促进类案同判、加强涉外海事审判的确定性和可预见性具有重要意义。此外，在新冠疫情防控进入常态化的背景下，疫情带来的涉外海事纠纷持续出现。根据《最高人民法院关于依法妥善审理涉新冠肺炎疫情民事案件若干问题的指导意见（三）》，法院作出准许海事强制令的裁决以及因疫情防控增加的滞期费在船货双方进行合理分摊等判决，为促进疫情影响下的国际贸易和航运顺畅发展提供司法保障。但应注意到，新冠疫情与乌克兰危机给运输合同和保险合同带来的风险持续存在，应进一步为我国当事人的风险预防和合同履行提供适当指引，便于明确风险预期以及部署风险防控。

此外，本年度海商海事立法稳中求进，取得新进展。在国内立法方面，对《防治船舶污染内河水域环境管理规定》《船舶安全监督规则》《海运固体散装货物安全监督管理规定》等部门规章进行了修订。此外，持续推动《海商法》的立法修订。目前，学界和实务界对主要问题已达成一致。但对于港口经营人的法律地位、海上运输有毒有害物质损害赔偿和诉讼时效等问题仍存在分歧。未来，需对争议问题进行更加深入的理论研究，进一步优化完善海商法结构与制度，继续推进《海商法》的立法修订进程。同时，《海事诉讼特别程序法》（以下简称"《海诉法》"）自 2000 年实施以来，对我国海事审判提供重要的制度支持，对正确审理海商海事案件、维护当事人合法权益、促进我国航运发展发挥了重要作用。但随着我国海事审判实践的不断发展以及《民事诉讼法》的数次修订，《海诉法》也出现了与审判实践不适应的情况。未来应继续积极探索对《海诉法》的修订，进一步完善我国海事法律制度体系。在国际立法方面，我国主导推动以调整船舶司法出售国际承认问题的《联合国船舶司法出售国际效力公约》获联合国大会批准通过。公约凝结了包括我国在内的各国司法、立法等实践经验，旨在建立国际船舶司法出售统一规则，有利于完善船舶司法出售法律制度体系，弥补船舶司法出售国际承认的立法缺失，为以司法出售方式出售的船舶的购买者提供法律保护，同时保障船舶所有人和债权人的利益，并对船舶司法销售价格产生积极影响。联合国大会授权在可行的情况下于2023年在北京举行公约签字仪式，并建议将公约命名为《北京船舶司法出售公约》。该公约将成为第一个以我国内地城市命名的国际海事公约，对增强我国海事规则制定话语权，提高我国海事司法国际公信力和影响力，具有重大意义。未来应继续深度参与国际海事规则的制定。2022 年 1 月 10 日国际海事组织（International Maritime Organization，IMO）海上安全委员会发布《海上自主水面船舶规则路线图草案》，标志着对无人船舶相关国际统一规则的制定进入实质性磋商阶段。[①] 我国在引领科技发展的同时，应对无人船舶相关核心法律问题展开深入研究，积极参与 IMO 相关法律规则的制定，为国际规则的制定贡献中国智慧。

---

① 袁雪，于博：《国际海事组织海上自主水面船舶的法律规制进程及中国因应》，载《国际法研究》2023 年第 1 期，第 38－57 页。

第十三章 国际商事争议解决法治发展

第一节 大 事 记

一、国际商事诉讼

（一）海牙国际私法会议管辖权项目现状与发展

2022 年 2 月 14 日至 18 日，海牙国际私法会议（以下简称“HCCH”）以线上视频方式举行“管辖权项目”第二次工作组会议，包括中国在内的 27 个 HCCH 成员及 2 个观察员组织的 60 余名代表与会。本次会议在 2021 年 10 月第一次工作组会议基础上，继续就平行诉讼问题讨论制定法律文书，即相同当事人就同一诉讼标的向不同国家法院起诉时，有关国家法院应如何处理。工作组对平行诉讼的定义、法律文书的适用范围、管辖权规则、平行诉讼基础规则、法院受理时限、建立合作沟通机制及后续工作展望等主要问题进行深入讨论，虽然较第一次会议取得一定进展，但对多数问题仍未形成具体规则，留待后续讨论。

2022 年 9 月 19 日至 23 日，HCCH 以线上线下相结合方式举行“管辖权项目”第三次工作组会议，进一步就平行诉讼问题讨论制定法律文书，包括中国在内的 24 个 HCCH 成员及 2 个观察员组织的 60 余名代表与会。本次会议主要就以下问题进行讨论：管辖权规则及“反向管辖权”、更适合法院的考虑因素、更适合法院原则的适用方式、建立合作沟通机制和法院受理的时限问题。工作组对绝大多数问题议而未决，并拟于 2023 年 2 月召开第四次会议，虽有公约草案作为后续讨论的基础，但制定具体规则仍需弥合大量分歧。

（二）海牙承认与执行外国民商事判决公约即将生效

2019 年 7 月 2 日，在荷兰海牙举行的海牙国际私法会议第 22 届外交大会上，来自 70 多个国家、欧盟和 10 多个国际组织共 400 余名代表谈判通过了《承认与执行外国民商事判决公约》（以下简称《判决公约》）。中国及其他各国代表对最终的公约文本予以确认。目前，欧盟于 2022 年 8 月 29 日交存了 2019 年 7

月 2 日进行签署确认的《判决公约》的加入书，成为《判决公约》的第一个缔约方。同日，乌克兰也交存了《判决公约》的批准书。至此，《判决公约》已有两个缔约方，触发其生效条件，将于 2023 年 9 月 1 日正式生效。[①]

（三）最高人民法院发布《人民法院在线运行规则》

2021 年 12 月 30 日，最高人民法院审判委员会第 1861 次会议审议通过人民法院在线运行规范性文件。2022 年 2 月 22 日，最高人民法院举行新闻发布会，发布《人民法院在线运行规则》（以下简称《运行规则》），并于 2022 年 3 月 1 日起施行。[②]《运行规则》共包括 5 个部分 45 条内容，涵盖人民法院在线运行的基本原则、适用范围，确定了人民法院用以支持在线司法活动的信息系统建设、应用、运行和管理要求。《运行规则》立足于智慧法院建设应用成果，进一步指导和规范信息系统建设、完善应用方式、加强运行管理，支持和推进在线诉讼、在线调解等司法活动，完善人民法院在线运行机制，方便当事人及其他参与人在线参与诉讼、调解等活动，提升审判执行工作质效。同时通过《人民法院在线诉讼规则》《人民法院在线调解规则》和《运行规则》三个既各有侧重，又相互配合、有机衔接、三位一体的规则体系，推动构建中国特色、世界领先的互联网司法模式。

（四）最高人民法院发布《关于人民法院涉外审判工作情况的报告》

2022 年 10 月 28 日，最高人民法院发布《关于人民法院涉外审判工作情况的报告》（以下简称《报告》）。[③]《报告》指出：党的十八大以来，伴随我国高水平对外开放的持续推进，涉外审判工作呈现以下新特点：一是案件数量大幅攀升。全国法院受理的一审涉外民商事案件从 2013 年的 1.48 万件，增长到 2021 年的 2.73 万件。二是新类型案件不断涌现。随着经济发展、科技进步、国际分工日益深化，涉跨境电商、跨境破产、企业和资产跨境并购、金融衍生产品投资、中欧班列运单等新类型纠纷不断涌现，亟须明晰交易规则、规范行为界限、平衡各方权益。三是案件审理难度加大。因同一争议涉及多国平行诉讼而产生的管辖权国际冲突案件增多，案件审理涉及国际条约、国际惯例和准据法适用

① The EU and Ukraine join the 2019 Judgments Convention-Ukraine ratifies the 2007 Maintenance Obligations Protocol，https://www.hcch.net/en/news-archive/details/?varevent = 870，2023 年 2 月 10 日访问。

②《最高人民法院关于印发〈人民法院在线运行规则〉的通知》，https://www.court.gov.cn/fabu-xiangqing-346471.html，2023 年 2 月 10 日访问。

③《最高人民法院关于人民法院涉外审判工作情况的报告》，http://www.npc.gov.cn/npc/c30834/202210/a3adfb94fc8b4070bb50e4a5a9d25e7b.shtml，2023 年 2 月 10 日访问。

的情形增多，司法管辖权和法律适用等问题愈加复杂。四是案件影响力日益提升。涉及当事人已覆盖全球 100 多个国家和地区，国内国际关注度显著上升，对我国外交工作大局和国际形象塑造发挥着重要作用。人民法院认真落实统筹推进国内法治和涉外法治要求，坚定不移贯彻对外开放的基本国策，加快推进涉外审判体系和审判能力现代化，我国涉外审判覆盖的国家和地区范围不断扩大，境外当事人主动选择中国法院管辖的案件日益增多，我国法院判决得到越来越多国家的承认和执行，在参与国际规则制定中发挥的作用更加凸显，涉外司法国际公信力和影响力持续提升，有力传递出新时代中国改革不停顿、开放不止步的坚定决心，在向第二个百年奋斗目标迈进的新征程中承担着越来越重要的历史使命。

（五）最高人民法院发布《关于涉外民商事案件管辖若干问题的规定》

2022 年 8 月 16 日，最高人民法院审判委员会第 1872 次会议通过《关于涉外民商事案件管辖若干问题的规定》（以下简称《规定》）。2022 年 11 月 15 日，最高人民法院正式发布《规定》，自 2023 年 1 月 1 日起施行。[①]《规定》明确第一审涉外民商事案件由基层人民法院管辖。法律、司法解释另有规定的除外。中级人民法院管辖：争议标的额大的涉外民商事案件；案情复杂或者一方当事人人数众多的涉外民商事案件；其他在本辖区有重大影响的涉外民商事案件。高级人民法院根据本辖区的实际情况，认为确有必要的，报经最高人民法院批准，可以指定一个或数个基层人民法院、中级人民法院对第一审涉外民商事案件实行跨区域集中管辖。《规定》的出台，有利于进一步优化涉外民商事案件管辖机制，便利中外当事人诉讼，维护中外当事人的合法权益，提升涉外民商事案件审判质效，实现涉外民商事审判"调结构""定职能"的作用，推动基层人民法院重在准确查明事实、实质化解纠纷，中级人民法院重在二审有效终审、精准定纷止争，高级人民法院重在再审依法纠错、统一裁判尺度，最高人民法院监督指导全国涉外审判工作，确保法律正确统一适用。

（六）国际商事法庭建设

2018 年 6 月，最高人民法院第一国际商事法庭在广东省深圳市、第二国际商事法庭在陕西省西安市揭牌。[②]上线国际商事法庭中英文双语网站，总访问量

---

①《最高人民法院发布〈关于涉外民商事案件管辖若干问题的规定〉》，https://www.court.gov.cn/zixun-xiangqing-379181.html，2023 年 2 月 10 日访问。

②《国际商事法庭简介》，https://cicc.court.gov.cn/html/1/218/19/141/index.html，2023 年 2 月 10 日访问。

已突破 378 万人次，覆盖全球 149 个国家和地区。截至 2022 年 8 月，这两个国际商事法庭受理了 27 件案件，审结 11 件。最高人民法院随后出台 2 个服务保障“一带一路”建设意见，发布 3 批 28 件涉“一带一路”建设典型案例，完善相关法律适用规则，并在苏州、北京、成都、长春、泉州、厦门、无锡、南宁等地法院设立国际商事法庭，努力建设国际商事纠纷解决新高地。

（七）《民事诉讼法》修正草案拟对涉外民事诉讼程序相关内容作实质性调整

全国人大常委会就第五次《民事诉讼法》修正草案（《民诉修正草案》）于 2022 年 12 月 30 日向社会公开征求意见。《民诉修正草案》共作出 28 处调整，涉及 29 个法律条文，其中新增条文 16 条，修改条文 13 条。涉外编实现了对前四次《民事诉讼法》修正的进一步完善，首次对涉外民事诉讼程序的内容作出了实质性调整，主要包括：合理增加管辖涉外案件的类型，适度扩大相关管辖依据，进一步完善人民法院对涉外民商事案件的管辖规则；妥善协调国际民商事诉讼管辖权冲突；丰富涉外送达手段，提升解决争议效率；增设域外调查取证条款；拓宽查明事实通道，完善承认与执行外国法院判决的制度规则等内容。[①]

二、国际商事仲裁

（一）联合国国际贸易法委员会关于今后可能开展的争议解决工作的专题讨论会

联合国国际贸易法委员会（以下简称“贸法会”）第二工作组于 2022 年 3 月 28 日至 4 月 1 日在联合国总部举行了第 75 届会议。与会人员围绕“数字经济争议解决的发展”“网上争议解决平台”“与技术相关的争议解决”和“审裁”等问题展开了专题讨论。[②]数字经济争议解决的发展和与技术相关的争议解决两部分强调了传统的争议解决在实践中无法完全满足及适应以数字经济和高新技术产业为代表的新经济所产生争议的新特点及其解决争议的新需求。网上争议解决平台和审裁两部分的讨论则围绕近年来、特别是新冠疫情以来，各国仲裁

---

① 《民事诉讼法修正草案提请审议拟对涉外民事诉讼程序相关内容作实质性调整》，http://www.npc.gov.cn/npc/c30834/202212/0dbc93bc905d4bd8a9e0b359e14df149.shtml，2023 年 2 月 10 日访问。

② UNCITRAL Colloquium on Possible Future Work on Dispute Settlement，https://uncitral.un.org/en/disputesettelementcolloquium2022，2023 年 2 月 10 日访问。

机构、法院和其他争议解决机构为响应争议解决更高效便捷的需求所做的各种努力以及这些新举措所带来的问题与挑战。贸法会第二工作组的本次研讨会，以数字经济和高新技术产业为代表的新经济下争议解决的发展方向和重点工作为核心，具有重要的现实意义和前瞻性。

2022 年 10 月 10 日至 10 月 14 日，贸法会第二工作组第 76 届会议以线上线下相结合的方式在维也纳召开。[①]会议审议了“预先驳回和初步裁定”及“技术相关的争议解决和审裁问题”两个核心议题。关于预先驳回和初步裁定议题，会议具体讨论了指导文件的具体形式及文本内容，会议认为指导文本将作为仲裁程序说明的一部分，不单独成篇，以增强该文本对仲裁庭审程序的指导性，同时确保文字表述的简洁性，保证实际应用时的灵活性。关于技术相关的争议解决和审裁问题议题，会议具体讨论了程序的时限和结果、专家和中立人的指定和作用、保密程序、快速程序和证据等。贸法会以“可能的示范条款”和“立法备选方案”，展示了第二工作组的审议情况以及各国和其他有关利益关系方提出的建议，为日后生成详细内容和草案文本奠定了基础。

（二）国际商事争端预防与解决组织推出《国际商事争端预防与解决组织商事仲裁规则》

国际商事争端预防与解决组织（以下简称“ICDPASO”）是中国贸促会、中国国际商会按照“共商、共建、共享”的理念，联合有关国家商协会、法律服务机构等共同发起设立的非政府间、非营利性国际性社会团体。2022 年 7 月 18 日，ICDPASO 首届理事会第五次会议审议通过并发布了《ICDPASO 商事仲裁规则》（以下简称《规则》）。[②]《规则》共 7 章 53 条，规定了本规则的适用、仲裁程序的开始、仲裁庭、仲裁程序的进行、和解与调解、裁决等内容。《规则》兼顾了仲裁程序的公平和效率问题，尊重当事人的意思自治。以国际环境演变和国际仲裁新发展为驱动，《规则》围绕 ICDPASO“提供从国际商事争端预防到解决的多元化服务，保护当事人合法权益，营造高效便捷、公平公正的营商环境，推动构建公正合理的国际经济秩序”的宗旨，在借鉴先前国际仲裁规则的基础上进行了调整和创新，以满足国际仲裁中的当事人需求。

---

① Working Group II：Dispute Settlement，https://uncitral.un.org/en/working_groups/2/arbitration，2023 年 2 月 10 日访问。

②《国际商事争端预防与解决组织商事仲裁规则》，http://www.icdpaso.org/content/2309，2023 年 2 月 10 日访问。

（三）更新“一站式”国际商事纠纷多元化解决机制的国际商事仲裁机构名单

最高人民法院办公厅发布《关于确定第二批纳入“一站式”国际商事纠纷多元化解决机制的国际商事仲裁机构的通知》（以下简称《通知》）。2018 年，最高人民法院根据中共中央办公厅、国务院办公厅《关于建立“一带一路”国际商事争端解决机制和机构的意见》有关精神，建立了诉讼与调解、仲裁有机衔接的“一站式”国际商事纠纷多元化解决机制。《通知》规定为进一步落实中央关于推进共建“一带一路”高质量发展的决策部署，更好发挥“一站式”国际商事纠纷多元化解决机制的作用，根据相关机构自主申报，经综合考虑各机构受理国际商事纠纷案件的数量、国际影响力、信息化建设、服务“一带一路”建设工作实效等因素，最高人民法院研究，确定广州仲裁委员会、上海仲裁委员会、厦门仲裁委员会、海南国际仲裁院（海南仲裁委员会）、香港国际仲裁中心作为第二批纳入“一站式”国际商事纠纷多元化解决机制的仲裁机构。①

（四）最高人民法院发布第 36 批指导性案例

最高人民法院于 2022 年底发布了第 36 批共计 6 件指导性案例，均为仲裁司法审查案例。6 件指导性案例分别从仲裁协议独立性原则的具体含义和法律效果、仲裁庭首次开庭前对仲裁协议提出异议的效力、仲裁协议高度的意思自治原则、人民法院和仲裁机构办理涉及虚拟货币案件时对国家虚拟货币金融监管规定的考量、“临时仲裁”和“快速仲裁”的法律概念及国际单项体育组织内部纠纷解决机构作出的纠纷处理决定法律性质认定等多个方面给出了具有指导意义的裁判。发布该批案例，旨在加强仲裁司法审查案例指导工作，确保裁判尺度统一，促进法律正确实施，实现严格公正司法，努力让人民群众在每一个司法案件中感受到公平正义。②

三、国际商事调解

（一）《新加坡调解公约》动向

2018 年 12 月，联合国大会通过《联合国关于调解所产生的国际和解协议

① 《最高人民法院办公厅关于确定第二批纳入“一站式”国际商事纠纷多元化解决机制的国际商事仲裁机构的通知》，https://cicc.court.gov.cn/html/1/218/149/192/2214.html，2023 年 2 月 10 日访问。

② 《最高人民法院发布第 36 批指导性案例》，https://www.court.gov.cn/zixun-xiangqing-384731.html，2023 年 2 月 10 日访问。

公约》（以下简称《公约》），2019 年 8 月 7 日在新加坡开放供各国签署，并于 2020 年 9 月 12 日生效。截至 2022 年 3 月，《公约》共有 9 个批准的缔约国，分别是白俄罗斯、厄瓜多尔、斐济、格鲁吉亚、洪都拉斯、卡塔尔、沙特阿拉伯、土耳其和新加坡。①《公约》没有调解地的概念，在任何国家或地区达成的国际和解协议都可以在其缔约方申请执行；《公约》的适用范围有一定限制，例如公约将法院程序中的和解协议，以及可作为仲裁裁决执行的和解协议排除在适用范围以外，需要当事人更加注意其和解协议是否满足其适用条件，是否得到充分的执行保障；另外，《公约》未设置互惠保留条款，可能出现和解协议在非缔约方得不到执行但在缔约方可以得到执行而不得以互惠保留拒绝执行和解协议的情况。总体而言，《公约》是调解发展历史上具有里程碑式意义的文件，为全球跨境商事纠纷开启了调解的大门。

（二）国际商事争端预防与解决组织推出《国际商事争端预防与解决组织商事调解规则》

2022 年 5 月 26 日，国际商事争端预防与解决组织正式发布了《国际商事争端预防与解决组织商事调解规则》（以下简称《调解规则》），该规则自发布之日起施行。②《调解规则》共有 17 条，涵盖调解的范围和定义（第 1 条和第 2 条）、规则的适用（第 3 条）、调解原则（第 4 条）、联合调解（第 5 条）、调解程序的开始（第 6 条）、当事人代表或代理人（第 7 条）、调解员的选定（第 8 条）、调解员的披露义务（第 9 条）、调解的进行（第 10 条）、和解协议（第 11 条）、调解程序的终止（第 12 条）、保密（第 13 条）、在其他程序中的证据可采性（第 14 条）、诉讼、仲裁或其他争端解决程序（第 15 条）、调解费用（第 16 条）、免责（第 17 条）。《调解规则》最为突出的几个特点包括：一是引入了调解地的概念，与国际仲裁的仲裁地相呼应，明确了国际调解的和解协议的籍属问题；二是扩大了当事人选择调解员的范围；三是创新性地引入了争端解决组织与其他机构的联合调解；四是设计了调解与仲裁的衔接机制，即当事人可以根据达成的和解协议请求仲裁庭作出裁决书或调解书，解决了《新加坡调解公约》过渡期及非公约缔约国当事人面临的和解协议执行难问题，保障调解成果最终通过《纽约公约》在全球大多数国家得到承认和执行。

---

①《状况：〈联合国关于调解所产生的国际和解协议公约〉》，https://uncitral.un.org/zh/texts/mediation/conventions/international_settlement_agreements/status，2023 年 2 月 10 日访问。

②《国际商事争端预防与解决组织商事调解规则》，http://www.icdpaso.org/content/2281，2023 年 2 月 10 日访问。

（三）健全完善特邀调解名册制度

2021年7月12日，最高人民法院发布《关于进一步健全完善民事诉讼程序繁简分流改革试点法院特邀调解名册制度的通知》。[①]《通知》提出了4个创新试点举措：一是改进建册模式，实行“分建分管”“统建共享”。首先，试点法院要针对调解组织、调解员的不同特点，区分特邀调解组织名册和特邀调解员名册，分别管理、统筹使用。其次，要结合市域社会治理现代化工作进程，推动由上级法院统一建立辖区各试点法院共享的特邀调解名册。二是区分调解组织和调解员，首次提出明确的入册标准，有效解决了入册标准难以把握的问题。《通知》针对特邀调解组织，从成立依据、监管机构、设立程序、组织经费、禁止性条件等方面，提出相应入册标准。三是加强名册规范化管理，完善运行和违规处理机制。《通知》规定试点法院要会同相关主管机构对名册实行“双重管理”，并健全完善业务指导、业务培训、数据统计、绩效评估、信息公示、补贴发放等工作机制，健全违规行为发现、调查、申辩、决定等工作程序。四是结合试点探索，优化调整司法确认案件管辖规则，进一步降低当事人的解纷成本。当事人主动选择在诉前通过调解解决纠纷，达成协议后申请司法确认的，除调解组织所在地、调解协议签订地外，还可以向调解协议履行地、标的物所在地或者纠纷发生地等与争议有实际联系的地点的试点法院提出。

第二节　综合分析

一、我国承认和执行外国民商事判决

（一）我国承认和执行外国民商事判决的依据

《民事诉讼法》对承认和执行外国民商事判决的依据作出了基本规定，首先是依照中华人民共和国缔结或者参加的国际条约，在没有前述国际条约的情况下，按照互惠原则。

截至目前，我国与意大利、巴西、俄罗斯、白俄罗斯、乌兹别克斯坦、哈萨克斯坦等39个国家缔结双边司法协助条约，其中有35个含有民商事判决承

① 《最高人民法院关于进一步健全完善民事诉讼程序繁简分流改革试点法院特邀调解名册制度的通知》，https://www.court.gov.cn/fabu－xiangqing－313061.html，2023年2月10日访问。

认和执行的内容。[①]我国尚未加入海牙国际私法会议《承认与执行外国民商事判决公约》，该公约也尚未生效。由此可见，与我国缔结涉及民商事判决承认和执行的双边司法协助条约的国家有限，我国承认和执行外国民商事判决很大程度上需要按照互惠原则。为此最高人民法院发布的《全国法院涉外商事海事审判工作座谈会会议纪要》(《纪要》)，对互惠关系的认定作出规定：(1)根据该法院所在国的法律，人民法院作出的民商事判决可以得到该国法院的承认和执行；(2)我国与该法院所在国达成了互惠的谅解或者共识；(3)该法院所在国通过外交途径对我国作出互惠承诺或者我国通过外交途径对该法院所在国作出互惠承诺，且没有证据证明该法院所在国曾以不存在互惠关系为由拒绝承认和执行人民法院作出的判决、裁定。这体现了我国法院就互惠关系的认定标准中对“法律互惠”的重视。

(二)不予承认和执行外国民商事判决的事由

《民事诉讼法》对不予承认和执行外国民商事判决的事由仅作一般性规定，即不违反中华人民共和国法律的基本原则或者不侵害国家主权、安全、社会公共利益。《纪要》就基于互惠原则进行审查，不予承认和执行外国民商事判决的事由作出详细规定：(1)根据中华人民共和国法律，判决作出国法院对案件无管辖权；(2)被申请人未得到合法传唤或者虽经合法传唤但未获得合理的陈述、辩论机会，或者无诉讼能力的当事人未得到适当代理；(3)判决通过欺诈方式取得；(4)人民法院已对同一纠纷作出判决，或者已经承认和执行第三国就同一纠纷作出的判决或者仲裁裁决。外国法院作出的发生法律效力的判决、裁定违反中华人民共和国法律的基本原则或者侵害国家主权、安全、社会公共利益，对其不予承认和执行。这些事由为各国所认可，也与海牙国际私法会议《承认与执行外国民商事判决公约》不予承认和执行外国民商事判决的事由相似。

第一项事由是判决作出国法院对案件没有管辖权，判断的依据是执行地法律，即中华人民共和国法律。第二项事由是当事人，特别是被申请人正当程序权利未得到保障。第三项事由是判决通过欺诈取得，是对虚假诉讼的防范。第

① 《最高法相关部门负责人就涉外商事海事审判服务高水平对外开放工作情况答记者问》，https://www.court.gov.cn/zixun-xiangqing-373281.html，2023年2月10日访问。

四项事由是解决平行诉讼问题。就平行诉讼，我国《民事诉讼法》不承认在先受理法院管辖权优先的原则，就同一纠纷，当我国法院和外国法院都作出了判决时，对外国法院的判决不予承认和执行；当两个以上外国法院作出判决时，在先在我国承认和执行的外国判决优先。

二、我国对国际商事仲裁裁决的司法审查

（一）仲裁裁决籍属的判断

在《纽约公约》的框架下，以仲裁地作为判断仲裁裁决籍属的标准。而我国《仲裁法》和《民事诉讼法》则采用机构标准。在我国自贸试验区允许境外仲裁机构设立业务机构审理国际商事仲裁案件的背景下，现实需要最高人民法院就境外仲裁机构以我国内地为仲裁地作出的仲裁裁决的籍属判定标准表明立场，否则境外仲裁机构在自贸试验区作出的仲裁裁决，即撤销其管辖法院和管辖标准就存在不确定性。在美国布兰特伍德工业有限公司申请承认和执行外国仲裁裁决案中，我国法院基于仲裁地标准，认定国际商会国际仲裁院在仲裁地中国广州作出涉案仲裁裁决，系外国仲裁机构在中国作出的仲裁裁决，可以视为中国涉外仲裁裁决。《仲裁法（修订）》（征求意见稿）纳入了仲裁地概念。《纪要》在总结近期案例的基础上，规定境外仲裁机构以我国内地为仲裁地作出的仲裁裁决，应当视为我国内地的涉外仲裁裁决，确立了仲裁地作为判断仲裁裁决籍属的标准。《民事诉讼法（修正草案）》也将仲裁地作为判断仲裁裁决籍属的标准。

（二）《纽约公约》下外国仲裁裁决违反公共政策的认定

根据《纽约公约》，不予承认和执行外国仲裁裁决的事由包括两类，第一类是当事人需提供证据证明的事由，第二类是法院需主动查明的事由。第二类事由之一为承认和执行外国仲裁裁决违反执行地公共政策。由于违反执行地公共政策的认定弹性较大，我国法院对基于此项事由不予承认和执行外国仲裁裁决把握严格。《纪要》在总结近期案例的基础上，规定了应当认定为承认和执行外国仲裁裁决违反执行地公共政策的情形，即人民法院生效裁定已经认定当事人之间的仲裁协议不成立、无效、失效或者不可执行，承认和执行该裁决将与人民法院生效裁定相冲突。

第三节　典型案例

一、中国法院首次基于法律互惠承认英国判决——挪威船东向上海海事法院申请承认英国法院判决案①

（一）基本案情

2018 年 3 月，申请人挪威船东向被申请人所在地管辖法院上海海事法院提出承认英国法院判决的申请。申请人与被申请人的香港全资子公司签订了三份船舶期租合同，被申请人向申请人出具三份履约保函，担保三份期租合同的履行。后因承租人无力履行期租合同，申请人依保函约定在英国高等法院对被申请人提起诉讼，被申请人在英国高等法院的诉讼中败诉，败诉后上诉至英国上诉法院，最终英国上诉法院驳回其上诉。2022 年 3 月 17 日，上海海事法院在最高人民法院批准后作出对涉案英国法院判决予以承认的裁定。

（二）法院观点

上海海事法院经审理认为，我国与英国之间尚没有缔结或者参加相互承认和执行法院民商事判决、裁定的国际条约，故应以互惠原则作为审查依据。《民事诉讼法》在规定互惠原则时并没有将之限定为必须是相关外国法院先行承认我国法院民商事判决，我国法院作出的民商事判决可以得到该外国法院的承认和执行即可认为双方存在互惠。

（三）分析

该案是中国法院依照法律互惠首次承认英国法院商事判决效力的案件。就基于互惠原则承认和执行外国民商事判决，我国司法实践长期以来坚持事实互惠，即把外国法院先行承认和执行我国法院民商事判决作为认定互惠关系的必要条件。2017 年，第二届中国—东盟大法官论坛通过的《南宁声明》，就中方倡导的“推定互惠”达成共识。2018 年 8 月，最高人民法院与新加坡最高法院签署《关于承认与执行商事案件金钱判决的指导备忘录》。人民法院以更为灵活、合理的方式适用互惠原则，有力促进外国民商事判决的相互承认和执行。2021 年 12 月最高人民法院发布的《全国法院涉外商事海事审判工作座谈会会议纪

---

①《互惠关系的认定采用什么标准？上海海事法院首次承认英国法院商事判决》，https://mp.weixin.qq.com/s/OakLoKcObVGYT_EjK6I0yg，2023 年 2 月 10 日访问。

要》（以下简称《纪要》）对互惠关系的认定采用了法律互惠的认定标准，即根据该法院所在国的法律，人民法院作出的民商事判决可以得到该国法院的承认和执行，可以认定我国与该国存在承认和执行民商事判决的互惠关系。本案根据互惠原则承认英国法院判决，是《纪要》发布后依照法律互惠的标准对外国法院判决予以承认的首例案件，有利于进一步推动我国与相关国家间司法判决朝着互认的方向相向而行。

二、利用在先案例查明新加坡法律确认存在有效仲裁协议——以色列某科技公司与北京某科技公司买卖合同纠纷案[①]

（一）基本案情

以色列某科技公司于2014年6月与北京某科技公司签订《独家代理协议》。协议中争议解决条款约定：凡因本合同引起的或与本合同有关的任何争议，双方经友好协商仍未得到解决，则应将争议提交新加坡国际经济贸易仲裁委员会，按照申请仲裁时该会实施的仲裁规则进行仲裁。2016年8月、2017年7月、2021年3月，双方分别签订了《关于源代码购买的补充协议》《关于购买全部源代码的补充协议》及《实际欠款与支付计划》，约定补充协议均系《独家代理协议》的补充协议，并对购买源代码过程中北京某科技公司欠付的款项进行了确认，约定了支付计划。之后，因北京某科技公司未履行约定的付款义务，以色列某科技公司起诉请求北京某科技公司给付相应款项。

（二）法院观点

法院认为，双方在三份补充协议中均未对争议解决方式作出明确约定，故应当适用双方在主协议《独家代理协议》中约定的争议解决条款。双方均同意本案涉外仲裁协议的效力适用（2017）京04民特24号案件中查明的新加坡法律相关规定，不再另行查明。根据《新加坡国际仲裁法》第6条“除非仲裁协议无效、不能实行或不能履行，新加坡法院必须认可仲裁协议的效力，并将所有的与仲裁协议之下事项相关的法律程序予以中止”的规定，只要当事人仲裁的意思表示在仲裁协议中是明确的，一个包含不存在的，或模糊的仲裁机构的仲裁协议也可以是有效的且被支持的。《独家代理协议》中虽约定了不存在的仲裁机构，但双方将争议交由仲裁机构进行仲裁的意思表示是明确的。据此，驳

---

① 《跨境纠纷化解、域外法律查明、涉外仲裁承认……围观这场发布会带你了解涉外商事审判的“北京经验”》，https://bj4zy.bjcourt.gov.cn/article/detail/2022/07/id/6782350.shtml，2023年2月10日访问。

回了以色列某科技公司的起诉。

（三）分析

本案讨论的核心问题是，当事人就涉案争议是否达成了有效的仲裁协议，有效的仲裁协议排除法院对涉案争议的管辖权。就仲裁协议有效性准据法的确定，《涉外民事关系法律适用法》第 18 条规定，当事人没有选择仲裁协议适用的法律，适用仲裁机构所在地法律或者仲裁地法律。鉴于当事人没有约定仲裁协议的准据法，当事人约定的仲裁机构不存在，约定了仲裁地为新加坡，因此涉案仲裁协议有效性准据法为新加坡法律。这就涉及新加坡法律的查明问题。《纪要》规定了域外法查明的路径：（1）由当事人提供；（2）由中外法律专家提供；（3）由法律查明服务机构提供；（4）由最高人民法院国际商事专家委员提供；（5）由与我国订立司法协助协定的缔约相对方的中央机关提供；（6）由我国驻该国使领馆提供；（7）由该国驻我国使领馆提供；（8）其他合理途径。本案当事人均同意本案涉外仲裁协议的效力适用法院已生效的仲裁协议效力确认案件查明的新加坡法律相关规定，不再另行查明，提高了域外法查明效率。这属于《纪要》规定的域外法查明路径中的其他合理途径。随着我国涉外案件中域外法查明的情形不断增加，已查明法律也在不断积累，就相同法律问题涉及的相同域外法，利用在先案例已查明的法律进行域外法查明是值得推广的域外法查明路径。

三、向第三方资助机构披露仲裁案件进展不构成对仲裁规则的违反——苏南瑞丽航空有限公司、云南景成集团有限公司等民事执行异议案①

（一）基本案情

国银飞机租赁（天津）有限公司（以下简称“国银公司”）与苏南瑞丽航空有限公司（以下简称“瑞丽公司”）、云南景成集团有限公司（以下简称“景成公司”）、董某就相关纠纷提请中国国际经济贸易仲裁委员会（以下简称“贸仲委”）进行仲裁，仲裁庭作出裁决后，瑞丽公司、景成公司、董某向江苏省无锡市中级人民法院申请不予执行仲裁裁决。国银公司接受了第三方资助，将仲裁案件进展情况、开庭、裁决书等内容披露给了第三方资助人。被申请执行人认为，仲裁庭未遵守不公开审理的规定，纵容国银公司对外界透露仲裁案件情况，

① 江苏省无锡市中级人民法院（2022）苏 02 执异 13 号。

破坏了保密性要求，违反仲裁规则。

（二）法院观点

法院认为涉案仲裁裁决系涉外仲裁裁决，基于不予执行涉外仲裁裁决的事由，对仲裁程序是否与仲裁庭仲裁规则不符进行审查。首先，仲裁规则对保密性的规定主要是不公开审理，仲裁案件的审理并未公开进行，程序上不存在违反上述规定的情形。其次，仲裁中的第三方资助披露，主要是对于利益冲突及透明度的要求，国银公司主动披露第三方资助，仲裁案件双方当事人也就第三方资助的合法性交换了书面和口头意见，仲裁庭对第三方资助进行了审查并记录于裁决书中，仲裁庭在此程序上并无违反《仲裁规则》之处。最后，国银公司向第三方资助人披露仲裁案件的进展，并无任何事实表明该行为会影响裁决结果的公正性。据此，法院认为，在关于第三方资助事项上，仲裁庭并未违反《仲裁规则》。

（三）分析

我国对仲裁中的第三方资助多限于理论探讨，实践中尚未对第三方资助进行规范。在本案中，就申请人向第三方资助机构披露仲裁案件进展，归于以下不予执行涉外仲裁裁决的事由：仲裁程序是否与仲裁庭仲裁规则不符。法院的两个观点值得注意：一是认为仲裁案件当事人向仲裁庭披露第三方资助，是基于避免利益冲突和透明度的要求，仲裁庭对此的处理并未违反仲裁规则。二是就仲裁案件当事人向第三方资助人披露仲裁案件的进展，仲裁庭的行为未构成仲裁程序与仲裁规则不符以致影响仲裁案件公正裁决。

第四节　展望与建议

一、国际商事调解机制建设

最高人民法院周强院长在《关于人民法院涉外审判工作情况的报告》中提出我国应适时制定商事调解法，为国际商事调解机制提供法律依据。最高人民法院打造“一站式”国际商事纠纷多元化解决平台，也需要国际商事调解的法律供给。

商事调解法立法，在协调国内商事调解机制和国际商事调解机制方面，可以效仿《民事诉讼法》《仲裁法》，对涉外调解部分作专章规定。参考《仲裁法

（修订）》（征求意见稿），涉外调解部分主要规定涉外调解协议的法律适用，不在调解机构管理下的独立调解员调解机制。商事调解法应建立调解协会作为调解行业的自律组织，规范调解机构和调解员的行为。国际商事调解机制要成为解决国际商事争议的重要解决方式，必须赋予调解下达成的国际和解协议强制执行力，使国际商事调解成为无需依赖国际商事仲裁或国际商事诉讼的独立国际商事争议解决机制。

二、"一带一路"国际商事争议网上解决平台的构建

最高人民法院已建成"一站式"国际商事纠纷多元化解决平台，在此基础上，可建立国际商事调解、仲裁和诉讼多元化的"一带一路"国际商事争议网上解决平台。

"一带一路"国际商事争议网上解决平台的初级模式，可以参考亚太经济合作组织（APEC）的做法，搭建技术中立平台，对接"一带一路"沿线各国国际商事争议解决机构，由当事人自主选择平台中的机构解决纠纷。"一带一路"国际商事争议网上解决平台的深度发展是实现人员共享和机构融合，形成"一带一路"国际商事沿线各国共同参与的国际商事法院、国际商事仲裁机构和国际商事调解机构。国际商事法庭法官为"一带一路"沿线各国法官组成，在法院组庭时，应考虑各方当事人的国籍以及中立的要求。国际商事仲裁机构的仲裁员名册包括"一带一路"沿线各国仲裁员，国际商事调解机构的调解员名册则包括"一带一路"沿线各国调解员。

最高人民法院国际商事法庭可为"一带一路"国际商事争议网上解决平台提供组织和人员支撑。其一，对提交平台的国际商事争议，针对个案特点协调不同争议解决方式如调解、仲裁和诉讼的分流。其二，可以作为"一带一路"国际商事争议网上解决平台的中方联络机构，与"一带一路"沿线各国联络机构一起，就国际商事争议网上解决线下跨境保全事宜，国际商事争议网上解决结果的线下跨境执行加强司法合作，就国际商事争议网上解决程序制定范本，就国际商事争议网上解决中立第三人制定行为标准。